21世纪高等院校国际经济与贸易专业精品教材

国际商务谈判

INTERNATIONAL BUSINESS NEGOTIATION

（第五版）

刘宏 白桦 主编
吴征 潘小敏 副主编

东北财经大学出版社
Dongbei University of Finance & Economics Press
大连

图书在版编目（CIP）数据

国际商务谈判 / 刘宏，白桦主编．—5版．—大连：东北财经大学出版社，2024.2

（21世纪高等院校国际经济与贸易专业精品教材）

ISBN 978-7-5654-5128-7

Ⅰ．国…　Ⅱ．①刘…②白…　Ⅲ．国际商务-商务谈判-高等学校-教材　Ⅳ．F740.41

中国国家版本馆CIP数据核字（2024）第025284号

东北财经大学出版社出版

（大连市黑石礁尖山街217号　邮政编码　116025）

网　　址：http://www.dufep.cn

读者信箱：dufep@dufe.edu.cn

大连雪莲彩印有限公司印刷　东北财经大学出版社发行

幅面尺寸：185mm×260mm　字数：374千字　印张：16.25

2024年2月第5版　2024年2月第1次印刷

责任编辑：孙　平　责任校对：吴　奂

封面设计：原　皓　版式设计：原　皓

定价：46.00元

教学支持　售后服务　联系电话：（0411）84710309

如有印装质量问题，请联系营销部：（0411）84710711

第五版前言

国际商务谈判是一门科学，同时也是一门艺术，它是理论与实践并重的科学。从理论上讲，它具有很强的综合性，涉及经济学、管理学、心理学、行为学、语言学、逻辑学等多学科的内容，汇集运用了多学科的基础知识和研究成果；从实践上看，它是一门注重实践、讲求实用、解决实际问题的应用科学。

2016年9月，G20峰会在中国杭州举行；2017年9月，金砖国家峰会在中国厦门举行；2018年6月，上合组织峰会在中国青岛举行；2019年4月，第二届“一带一路”国际合作高峰论坛在北京举行；2020年11月，第三届中国国际进口博览会在上海举行；2023年5月，中亚峰会在陕西省西安市举行；2023年10月，第三届“一带一路”国际合作高峰论坛在北京举行。中国拥抱世界，世界也离不开中国，中国与世界的经济交往日益深化和广泛，国际商务合作日趋多样，商务往来日益频繁，国家商务谈判活动地位日益突出。国际商务谈判作为国际商务交往的起点，其结果直接关系到国家和企业的利益。

党的二十大报告指出，我们实行更加积极主动的开放战略，构建面向全球的高标准自由贸易区网络，加快推进自由贸易试验区、海南自由贸易港建设，共建“一带一路”成为深受欢迎的国际公共产品和国际合作平台。我国已成为一百四十多个国家和地区的主要贸易伙伴，货物贸易总额居世界第一，吸引外资和对外投资居世界前列，形成更大范围、更宽领域、更深层次对外开放格局。今天的中国，深度参与全球产业分工和合作，维护多元稳定的国际经济格局和经贸关系，迫切需要国际商务谈判高手和一流的谈判人才。

本书紧紧以国际商务谈判为轴心，将谈判理论及相关知识融入国际商务谈判实务技能的体系中。国际商务谈判的主要内容包括国际商务谈判的基本内容、国际商务谈判人员、国际商务谈判的准备、国际商务谈判各阶段的策略、国际商务谈判的沟通艺术、国际商务谈判的礼仪、国际商务谈判风格等。这些内容紧密相联、互相影响、互相制约，同时又统一为整体的国际商务谈判体系。

本次修订在保留第四版体系结构的基础上，将党的二十大精神及时准确地融入教材，同时基于国际经贸形势的演进，结合新的技术手段、商事法律、谈判实践，更新了教材的部分内容。本书通过循序渐进的知识引领、首尾呼应的案例分析，引发学生学习与训练的积极性和自觉性，实现知识与任务的对接。本教材可用36学时进行教学，具体学时分配参考表如下：

章目	教学内容	学时安排
一	国际商务谈判概述	6
二	国际商务谈判的基本内容	4
三	国际商务谈判人员	4
四	国际商务谈判的准备	4
五	国际商务谈判各阶段的策略	6
六	国际商务谈判的沟通艺术	4
七	国际商务谈判礼仪	4
八	不同国家和地区的商务谈判风格	4

本书由刘宏、白桦担任主编，吴征、潘小敏担任副主编。书中存在的不足之处，敬请学术界同行和读者不吝赐教，以期不断修订完善。读者意见反馈信箱：1459845803@qq.com。

编　者

2024年1月

目 录

第一章

国际商务谈判概述

❖ 学习目标

通过本章学习，你应该：

√掌握国际商务谈判的概念、特点；

√熟悉国际商务谈判的特征和程序；

√在了解国际商务谈判基本要素和各种不同类型、形式的基础上，能够根据其不同特征和要求采取有效的谈判策略。

❖ 重点提示

学习本章前，先对以下内容有一个初步印象，等学习完本章后再看看对这些内容的把握程度：

√国际商务谈判的定义、特征、类型和程序；

√国际商务谈判的基本要素；

√国际商务谈判的原则；

√电话谈判的特点、函电谈判的程序和网络谈判的特点。

❖ 引导案例

AT&T收购T-Mobile：一场监管机构审查下的国际商务谈判

2018年，美国电信巨头AT&T公司计划以850亿美元的价格收购T-Mobile美国公司。然而，这笔交易引起了美国联邦贸易委员会（FTC）的关注，因为它可能会减少竞争，提高消费者的费用。AT&T公司和T-Mobile美国公司进行了多次协商和交涉，以获得FTC的批准。它们提出了各种解决方案，例如，出售部分资产和业务，以减少竞争担忧。此外，它们还进行了公开演讲和游说，以争取支持。在谈判过程中，AT&T公司和T-Mobile美国公司需要面对FTC的审查和反对者的质疑。它们需要在保护自身利益的同时，考虑到公众利益和监管机构的担忧。最终，经过多轮谈判和交涉，AT&T公司和T-Mobile美国公司达成了一项协议，同意出售T-Mobile美国公司的一部分资产和业务，并支付一定的罚款。这笔交易最终得到了FTC的批准。

案例来源　GOLDSTEIN J D．Best in Law Blogs：AT&T's Proposed Acquisition of T-Mobile—Why You Should Care［J/OL］．［2023-12-25］．https：//xueshu.baidu.com/usercenter/paper/show?paperid=f5cc7bd1c3d135912900c0d919aa91da&site=xueshu_se.

【问题】在国际商务谈判中，如何处理监管机构的审查和反对意见？在国际商务谈判中，如何平衡双方的利益，同时考虑公众利益和风险？

【案例评析】没有哪一个谈判是双方一接触就成功的，“一触即成”不是谈判。价格磋商是谈判的需要，有谈判就有较量。在双方的较量中，你来我往，有要求与满足要求，有僵持与让步，甚至出现僵局。然而，经过相应的让步与双方的努力，可以打破僵局，使前景柳暗花明，最终达成协议，这才是谈判。在国际商务谈判中，双方需要进行充分的沟通和协商，以达成双赢的结果。同时，谈判过程中的风险和不确定性也需要得到充分的考虑。

随着国内市场竞争的加剧，中国企业越来越多地进行对外投资，以获取新的市场份额和资源。中国企业的国际商务活动正在经历着从传统制造业到服务贸易和技术创新的转变。随着中国企业的国际化步伐加快，这一趋势将进一步加强，为中国企业在全球市场的竞争提供更多机会和带来更多挑战。国际商务谈判在国际商务活动中具有重要的作用，它不仅可以促进贸易和解决争端，还可以寻求商业机会、促进投资和促进国际经济合作。

第一节　国际商务谈判理论回顾

早在16世纪，英国哲学家培根就写出了《谈判论》，这是人类历史上最早专门论述谈判的文章。20世纪60年代以前，已有大量有关谈判的专著出现，但并没有形成一门完整的学科。人们只进行了某些独立的研究，其内容主要涉及政治外交领域，而且大多数是描述性的，以德·卡利尔斯（de Callieres）和尼克松（Nicolson）为代表，也有一些涉及谈判在若干经济特定问题中的应用，如集体制定工资、双方规定垄断价格等，以泽森（Zeuthen）和希克斯（Hicks）为代表。

20世纪60年代以后，各种各样的谈判论著达2 000余种，研究者将谈判与政治外交情景分开，把谈判视为一个共性问题加以研究，奠定了谈判学的基础。其中谈判技巧理论最为成熟。英国谈判学家比尔·斯科特（Bill Scott）总结出三种不同的谈判方针：谋求一致的方针；皆大欢喜的方针；以战取胜的方针。美国学者约翰·温克勒详细探讨了谈判组织、谈判风格、谈判策略等问题，在《讨价还价技巧》一书中提出了谈判的十大原则。哈佛大学法学院教授罗杰·费希尔（Roger Fisher）和威廉·尤里（William Ury）于20世纪70年代末提出了普遍适用的谈判方法——原则谈判法（principled negotiation）。除此之外，经过卡洛斯（C. L. Karrass）、帕特里克·赫恩（Patrick Hearn）、霍华德·雷法（Howard Raiffa）等学者的共同努力，人们对谈判技巧已经进行了很好的文献整理，对具体的谈判活动起到了有效的指导作用。

博弈论在应用过程中产生了谈判理论分支学科，从更深层探求谈判的本质规律，力求构造出完整的谈判理论框架，代表性著作有荷瓦德·赖华（Howard Raiffa，1982）的《谈判的艺术与科学》。赖华在书中分别讨论了在两个谈判者讨论一个议题、两个谈判者讨论多个议题、多个谈判者讨论多个议题的情况下谈判适用的策略，指出影响谈判结果的主要因素包括：局中人人数、谈判方内部的统一性、博弈次数、议题的关联性、联盟的形成、要挟的可能性等。

纳什（Nash，1950）运用博弈论的研究成果，采用公理化的方法求得了理论上的纳什谈判解（公平协议点），纳什谈判解的提出预示着人们对谈判的研究进入到崭新的阶段，研究者以博弈论为工具，对谈判问题进行了量化研究，使之更接近于科学而非艺术。巴托斯（Bartos）将静态纳什解转变为一种动态过程，也有学者对多人以及不完全信息下的谈判解进行了试探性的研究。博弈论的引入不仅为谈判研究注入了新的方向，而且也推动了其自身的发展。

梅耶（Mayer，1981）、凯南和瑞兹曼（Kennan and Riezman，1988）、麦克拉伦（McLaren，1997）、弗如萨瓦（Furusawa，1999）以及帕克（Park，2000）对实力不对称的国家间的贸易谈判进行了研究，尤其是弗如萨瓦的研究表明谈判时滞较短时，富有耐性的国家将在谈判中获得更多利益，帕克论证了直接转移将改善建立在双边谈判论坛基础上的实力不对称国家间谈判的福利效果。

金永汉（Young-Han Kim，2004）则探讨了新的贸易谈判回合（多哈回合）中的最优谈判战略问题。他以谈判参与者的市场力量大小不同为标准建立模型，谈判者市场力量大小差异导致谈判实力的不对称，分析比较了四种不同的贸易谈判机制（非合作纳什均衡机制、全球贸易合作、多边贸易合作、双边贸易合作）下大国和小国经济的福利水平，证明了大国愿意采取的最优谈判策略是依次开展双边贸易谈判，而小国为了达到福利最大化最好在谈判的初始阶段就采取多边贸易谈判策略。世界福利在采取多边贸易谈判体制的情况下得到改善。

这些研究的缺陷在于，博弈论模型大多将国家视为国际关系中最基本的分析单位。

威尔弗雷德（Wilfred，2001）建立模型分析WTO在当代贸易自由化进程中的一些特征：贸易协定是多边的；自由化是渐进的；贸易谈判是互惠的、非歧视性的；争端解决机制得以建立并不断发展；谈判的领域稳步拓展到除了货物贸易壁垒外还包括允许执行的保护手段和政策；对所谓的违反协定的惩罚被延迟和对违约的惩罚通常与违约的程度对等。分析认为：这些特征是当代贸易自由化过程中一系列内在问题的反映。这不仅仅是历史影响问题，认清这些事实将影响到我们未来对贸易谈判的研究。

西方谈判理论主要有谈判技巧流派、历史描写流派、有效行为流派、结构-动机流派、角色实验流派和博弈论流派。谈判技巧流派主要从总结实际经验的角度出发，研究具体的谈判技巧，以求给谈判者具体的指导，代表人物有雷法、斯禾附等。历史描写流派的主要特点是研究与谈判直接有关的事实与征象，研究重点为谈判各方的实力、威胁等，以及关键时刻、关键问题等对谈判的影响，代表人物有扎特曼等。有效行为流派的分析对象是谈判中人的行为及需要，代表人物有尼伦伯格等。结构-动机流派的主要特点是按问题的结构、动机或目的来进行分析，代表人物有德鲁克曼等。角色实验流派主要采用模拟法或实验室法求得研究结果，代表人物有齐格尔、戴维斯等。博弈论流派的主要特点是以博弈论为工具，借用博弈论的成果分析谈判结果，代表人物有纳什、巴托斯等。

学思践悟

党的二十大报告指出，建成世界最大的高速铁路网、高速公路网，机场港口、水利、能源、信息等基础设施建设取得重大成就。我们加快推进科技自立自强，全社会研发经费支出从一万亿元增加到二万八千亿元，居世界第二位，研发人员总量居世界首位。基础研究和原始创新不断加强，一些关键核心技术实现突破，战略性新兴产业发展壮大，载人航天、探月探火、深海深地探测、超级计算机、卫星导航、量子信息、核电技术、新能源技术、大飞机制造、生物医药等取得重大成果，进入创新型国家行列。

中国在基础设施建设、科技自立自强、关键核心技术突破等方面的成就，不仅在国内产生了深远影响，也在国际商务谈判中提升了中国的地位。这些成就使中国在全球经济中的影响力逐渐增强，成为多边贸易和自由化进程的重要推动者。在多边性方面，中国积极参与全球贸易体系，推动WTO等多边贸易组织的改革和发展。中国主张维护多边贸易体制的权威性，推动贸易自由化便利化，促进全球贸易的稳定增长。在自由化的渐进性方面，中国通过逐步开放市场，降低关税和非关税壁垒，与各国开展互利共赢的经贸合作。这种渐进式自由化不仅有利于中国的经济发展，也为全球贸易增长注入了动力。在互惠和非歧视性的贸易谈判方面，中国积极推动自由贸易区建设，与多个国家和地区签署了自贸协定。这些自贸协定不仅促进了双边贸易和投资的增长，也体现了中国坚持互惠和非歧视性原则的决心。中国还主张通过多边和双边谈判解决贸易争端，推动建立公平合理的国际经济新秩序。在争端解决机制的发展方面，中国积极参与WTO争端解决机制的改革和完善，推动其更加公正、透明和高效。中国还倡导通过对话和协商解决贸易争端，反对单边主义和保护主义措施，维护多边贸易体制的稳定性和可预见性。面对大国博弈的挑战，中国坚持和平发展道路，推动构建人类命运共同体。中国主张通过对话和合作解决分歧和摩擦，维护国际关系的和平与稳定。在经贸领域，中国致力于维护多边贸易体制的权威性，推动建设开放型世界经济，为全球经济复苏和发展做出积极贡献。

第二节 国际商务谈判及其特征

国际商务谈判有着悠久的历史。从古代到现代，人们的交换关系已从简单的物物交换发展成为社会再生产各种要素的错综复杂的运动，交换关系已从国内发展到国际。国际商务谈判也从形式、内容、程序到手段都发生了巨大的变化，它随着国际经济关系的出现而出现，同时又推动着国际经济关系不断向前发展。

一、国际商务谈判的内涵

（一）谈判的内涵

谈判（negotiation）的含义相当宽泛，人们对谈判的定义从来没有形成过统一的认识，每个人从不同的角度出发，都可能对谈判有自己的理解。美国谈判学家雷法不主张对谈判下精确的定义，在人们对谈判领域还缺乏深入系统的认识之前，及早地、过于清晰地界定谈判的某些概念，反倒容易束缚谈判学的发展和完善。他认为谈判既具科学性，又具艺术性，艺术性的存在要求谈判概念模糊化，因为只有模糊才能给谈判艺术发挥的空间。

我们可以从以下四个方面理解谈判：

1.谈判是一门艺术

谈判的艺术包括人际交往的技巧，说服与被说服的能力，运用大量谈判手法的能力，知悉何时使用和如何使用这些手法的智慧（赖华，1986）。在国际交往环境下，谈判的艺术还包括了解一国在相互交往方面的惯例、评价标准和文化以及企业在探索与某个外国政府谈判方式时对方可能采取的谈判策略和对上述因素的敏感性，因此就需要采取不同的人际交往技巧和谈判手法。

2.谈判是一门科学

它的科学性要求分析各方讨价还价的相对实力和各方可以采取的战略选择，估计他方对各种谈判手法的反应。所谓实力是人们控制他人或者事物或者活动行为的能力。实力只有在相互关联的各方之间才会发挥作用，也就是说如果各方之间没有任何关系，无论一方如何力量强大和有影响力，也谈不上其对另一方的控制和影响。谈判实力取决于三个因素：双方对对方必须提供的条件的评价；双方各自所具有的可选择方案的数量；双方各自愿意用于谈判的时间长短。

3.谈判是一个过程

谈判是指双方（或多方）为了改变和建立新的社会关系，并使各方达到某种利益目标所采取的某种协调行为过程。谈判是各方为化解冲突而进行沟通的过程，目的是使各方达成一项协议、解决一个问题或做出某种安排（白远，2002）。美国谈判学会会长杰勒德·I.尼尔伦伯格提出，谈判是“人们为了改变相互关系而交换意见，为了取得一致而相互磋商的一种行为”，是直接“影响各种人际关系，对参与各方产生持久利益的”一种过程（参见杰勒德·I.尼尔伦伯格1968年出版的《谈判的艺术》一书）。谈判过程可以按照发生顺序用四个“C”来表示：共同利益（common interests）、利益冲突（conflicting interests）、妥协（compromise）和准则（criteria）。

4.谈判是获取利益的基本方式

谈判是人们为了各自的目的而进行相互协商的活动。谈判存在一定的利益冲突，同时也存在一定程度的共同利益，因为当利害完全一致时无须谈判，当利害全然对立则无谈判基础。美国谈判专家威恩·巴罗认为，“谈判是一种双方都致力于说服对方接受其要求时所运用的一种交换意见的技能，其最终目的就是要达成一项双方都有利的协议”。美国法学教授罗杰·费希尔等在《谈判技巧》一书中把谈判定义为“为了达成某种协议而进行的交往”。可见，参加谈判的每一方都有一个可接受的范围或区域，他们愿意在这一范围之内进行谈判。当谈判双方的可接受条件范围有所重叠时，便存在共同的谈判基础，但如果双方范围没有重叠，谈判也并非一定以失败告终。通过相互沟通，双方可能会同意改变自己的出价，调整自己的可接受条件范围，进而找到谈判的共同点。

谈判的涉及面相当广泛，可以分为许多类型。按谈判的内容分，可分为政治军事谈判、商务谈判等；按谈判的形式分，有双边谈判和多边谈判、直接谈判和间接谈判、公开谈判和秘密谈判、重复性谈判和一次性谈判、口头谈判和书面谈判等；按谈判的性质分，可分为硬性谈判、软性谈判和原则谈判。

【案例1-1】

□美国与苏联的核武器削减谈判：这是一场涉及全球安全和核武器控制的重要谈判，旨在减少两国之间的核武器库存，降低核战争的风险。

□苹果与三星的专利纠纷：这是一场涉及科技行业知识产权保护的重要谈判，旨在解决两家公司之间的专利纠纷。

□美国与欧盟的贸易谈判：这是一场两大经济体之间的重要贸易谈判，旨在解决双方之间的贸易问题和争端。

□联合国气候变化大会：这是一场涉及全球各国（地区）的重要气候变化谈判，旨在解决全球气候变化问题和争端，达成全球气候变化协议。

□企业与员工之间的薪资谈判：这是一场涉及企业与员工的直接谈判，旨在解决员工薪资、福利等问题。

□政府与企业之间的政策谈判：这是一场涉及政府与企业的间接谈判，旨在解决政策问题和争端，促进经济发展和社会稳定。

□企业之间的并购谈判：这是一场企业之间的重要并购谈判，通常是秘密进行的，旨在解决并购价格、交易条件等问题。

□企业与供应商之间的长期合作谈判：这是一场涉及企业与供应商的重复性谈判，旨在解决长期合作的问题和争端，维护供应链的稳定和可持续发展。

□夫妻在离婚过程中就财产分割、子女抚养、赡养费等问题进行的一次性谈判。这种谈判通常是在双方同意离婚的情况下进行的，旨在解决离婚过程中的财产分割、子女抚养、赡养费等问题，减少离婚过程中的矛盾和争议。

□某公司与一家供应商进行了一次关于产品价格的书面谈判。在谈判中，公司向供应商提出了降低产品价格的要求，并给出了降价的理由。供应商则表示，他们已经尽力降低成本，无法再降低价格。双方在书面谈判中反复交换意见，最终达成了一个双方都能接受的价格协议。

□一家公司与另一家公司进行了一次关于产品价格的硬性谈判，双方都坚持自己的立场，不肯做出让步，最终谈判破裂，双方未能达成协议。

□一家公司与另一家公司进行了一次关于产品价格的软性谈判，双方都能够做出一定的让步，最终达成了一份双方都能接受的价格协议。

□一家公司与另一家公司进行了一次关于产品质量的原则谈判，双方都坚持一定的原则，不妥协，最终达成了一份双方都能接受的产品质量协议。

（二）商务谈判

商务谈判（business negotiation）是指参与各方为协调彼此的经济关系，满足贸易的需求，围绕标的物的交易条件，通过信息交流、磋商协议达到交易目的的行为过程。英国谈判专家马什则下了这样的定义："所谓商务谈判（或称交易磋商）是指有关贸易双方为了各自的目的，就一项涉及双方利益的标的物在一起进行洽商，通过调整各自提出的条件，最终达成一项双方满意的协议，这样一个不断协调的过程。"商务谈判是买卖双方为了促成交易而进行的活动，是最普遍的谈判类型，具体包括商品买卖、投资、劳务输出输入、技术贸易、经济合作谈判等。

产生商务谈判的前提是：双方（或多方）有共同的利益，也有分歧之处；双方（或多方）都有解决问题和分歧的愿望；双方（或多方）愿意采取一定行动达成协议；双方（或多方）都能互利互惠。商务谈判是一项集政策性、技术性、艺术性于一体的社会经济活动，它除了具有一般谈判的特征以外，还具有其自身的特点：

1.商务谈判是以获得经济利益为目的的

不同的谈判者参加谈判的目的是不同的，外交谈判涉及的是国家利益，政治谈判关心的是政党、团体的根本利益，军事谈判主要是关系双方的安全利益。虽然这些谈判都不可避免地涉及经济利益，但是常常是围绕着某一种基本利益进行的，其重点不一定是经济利益。商务谈判的目的则十分明确，谈判者以获取经济利益为基本目的。在商务谈判中，谈判者都比较注意谈判所涉及的技术的成本、效率和效益。人们通常是以获取经济效益的高低来评价一项商务谈判的成功与否。

2.商务谈判是以价值谈判为核心的

商务谈判涉及的因素很多，但价值几乎是所有商务谈判的核心内容。这是因为在商务谈判中价值的表现形式——价格最直接地反映了谈判双方的利益。谈判双方在其他利益上的得与失，在很多情况下或多或少都可以折算为一定的价格，并通过价格升降而得到体现。需要指出的是，在商务谈判中，我们一方面要以价格为中心，坚持自己的利益；另一方面又不能仅仅局限于价格，应该拓宽思路，在付款方式、供货地点、运输方式、货物包装形式、售后服务等方面提供优惠条件，以此让对方易于接受。

3.商务谈判注重合同条款的严密性与准确性

商务谈判的结果是由双方协商一致的协议或合同来体现的。合同条款实质上反映了各方的权利和义务，合同条款的严密性与准确性是保障谈判获得各种利益的重要前提。在商务谈判中，谈判者不仅要重视口头上的承诺，更要重视合同条款的准确性和严密性。如果在拟订合同条款时掉以轻心，不注意合同条款的完整、严密、准确、合理、合法，就会付出惨重的代价，这种例子在商务谈判中屡见不鲜。

（三）国际商务谈判

国际商务谈判（international business negotiation）又称涉外经贸谈判、涉外商务谈判、国际贸易谈判，指的是在国际商务活动中，处于不同国家或地区的商务活动当事人为满足某一需要，彼此通过信息交流、磋商协议达到交易目的的行为过程。

二、国际商务谈判的特点

国际商务谈判既具有一般商务谈判的特征，又具有其特殊性。一般贸易谈判都是以经济利益为目的，以价格作为谈判的核心，而国际商务谈判则具有以下几个特点：

（一）影响因素复杂多样

国际商务谈判具有跨国家或跨地区性，组织利益受多方面因素制约，有政治、经济、文化、科技等客观因素，也有谈判主体的情绪、性格、知识、文化等主观因素。国际商务谈判的风险因素较多。在国际商务谈判中，除了要考虑运输风险、价格风险、商业信用风险以外，还要考虑安全风险、政治风险和外汇风险等。因此，在国际商务谈判的准备阶段和谈判过程中，要注意摸清对方的资信情况和经营能力，密切注意有关市场变化情况、外汇市场的走势以及国际风云的变幻，并综合考虑对方国家（地区）对中国的政治态度和两国（地区）政府之间的经贸关系，以便在谈判过程中正确决策，避免失误。

（二）政策性强

国际商务谈判既是一种商务交易谈判，也是一项国际交往活动，具有较强的政策性。由于谈判双方的商务关系是两国或两个地区之间整体经济关系的一部分，常常涉及两国之间的政治关系和外交关系。因此，在国际商务谈判中，当事人会面对一个以上国家的法律、政策和政治权利等方面的问题。这些法律和政策可能是不统一的，甚至是彼此直接排斥的。所以，国际商务谈判必须贯彻执行国家的有关方针政策和外交政策，同时，还应注意别国政策，以及遵守和执行对外经济贸易的一系列法律和规章制度。

（三）遵循国际商法

由于国际商务谈判的结果会导致资产的跨国转移，必然会涉及国际贸易、国际结算、国际保险、国际运输等一系列问题。由于不同国家之间在法律、贸易政策、商业习惯等方面存在着差异，因此，在国际商务谈判中要以国际商法为准则，并以国际惯例为基础。谈判人员要熟悉各种国际惯例，熟悉对方所在国的法律条款，熟悉国际经济组织的各种规定和国际法。如《联合国国际货物买卖合同公约》《跟单信用证统一惯例》等，这些问题是一般国内商务谈判不会涉及的，应当引起国际商务谈判人员的特别重视。

（四）谈判难度大

由于国际商务谈判的谈判者代表了不同国家和地区的利益，有着不同的社会文化和经济政治背景，人们的价值观、思维方式、行为方式、语言及风俗习惯各不相同，从而使影响谈判的因素更加复杂，谈判的难度更大。在实际谈判过程中，对手的情况千变万化，作风各异，不同表现反映了不同谈判者有不同的价值观和不同的思维方式。因此，谈判者必须有广博的知识和高超的谈判技巧，不仅能在谈判桌上因人而异，运用自如，而且要在谈判前注意资料的准备、信息的搜集，使谈判按预定的方案顺利地进行。在处理与当地商人的关系时，不能在不知情的情况下生搬硬套固定的文化模式，而需在深入了解当地文化的基础上做出现实的假定。

三、国际商务谈判的作用

在国际商务活动中，不同的利益主体需要就共同关心或感兴趣的问题进行磋商，协调和调整各自的经济利益或政治利益，谋求在某一点上取得妥协，从而使双方都感到有利而达成协议。所以，国际商务谈判是对外经济贸易活动中普遍存在的一项十分重要的经济活动，是调整和解决不同国家和地区政府及商业机构之间不可避免的经济利益冲突的一种必不可少的手段。

（一）传递、沟通信息

谈判人员是公司与客户间的桥梁，谈判使沟通成为现实。在谈判过程中，谈判的双方都会得到诸如产品设计、质量、竞争以及市场等方面的信息资料。例如，顾客对产品设计以及对产品主要评价条件的要求，竞争者的产品品质、特点及功能，竞争者有关市场营销战略与战术的变化情况，顾客的抱怨及对产品的使用情况，顾客对价格的意见及顾客愿付价格与产品成本间的关系，同类产品市场及技术的变化情况等。

在谈判过程中，不仅要搜集到自己所需的情报，而且还要向顾客传递有关的产品、服务以及企业发展的信息。有时候对方是因为产品而购产品，有时候是因为服务而购产品，还有的时候是因为企业的生产条件和声望而购产品。可见，这些信息对于签订合约和扩大企业影响是非常重要的。

（二）解决利害冲突，实现共同利益

在市场经济条件下，组织与组织之间、组织与个人之间存在冲突是不可回避的现实，谈判可以消除和避免组织和上级部门、政府机构、合作者以及竞争者等各类公众之间的误解、纠纷。比如，发展中国家与发达国家谈判建立一个合资企业，由发展中国家提供生产场地，发达国家提供先进技术。建立这样一个合资企业，发达国家方面的目的和需要是利用技术上的优势，通过合资企业的形式，绕过贸易壁垒，开拓市场，获得长期丰厚的利润；而发展中国家的目的和需要是利用先进技术，提高本国的生产水平，获得利润，进而积极争取出口，开拓国际市场。显然，双方的目的和需要既具有互补性也具有竞争性，这使谈判成为必要。有时在经济合作过程中，合同的某些缺陷会给工作带来麻烦，通过谈判求同存异，寻找解决问题的方法，可以使双方的利益都得到保证。

（三）满足国际商务的需要

在经济全球化的今天，任何一个国家都不可能将自己封闭起来。世界在缩小，贸易往来日益频繁。有关资料显示，中国累计设立外商投资企业已突破100万家。从不同媒体的广告中，我们接触到的外国产品或品牌不断增多。我国在境外的企业也在不断扩张，中国跨国企业的足迹已经遍及世界上的每一个大陆。国际贸易不管是通过什么策略和手段进行，最终都将通过谈判进行。国际商务谈判困难程度远远超过国内的经济谈判。其原因在于：语言不通，法律与风俗习惯不同，贸易障碍，沟通接洽不便，货币与度量衡制度不同，商业习惯复杂，海关及汇兑手续复杂，运输困难，保险及索赔技术不易把握，而且信用、汇兑、运输、价格、政治和商业风险极大。尽管经过长期的发展，国际贸易为使洽谈方便而形成了多种简便的交易术语，但不能将谈判省略掉，国际贸易中往往要通过面谈或书信、函电、电子网络进行磋商。

学思践悟

党的二十大报告指出，当前，世界百年未有之大变局加速演进，新一轮科技革命和产业变革深入发展，国际力量对比深刻调整，我国发展面临新的战略机遇。同时，世纪疫情影响深远，逆全球化思潮抬头，单边主义、保护主义明显上升，世界经济复苏乏力，局部冲突和动荡频发，全球性问题加剧，世界进入新的动荡变革期。

首先，国际商务谈判有助于解决贸易争端。在国际贸易中，由于各国的法律、风俗习惯、贸易壁垒等方面的差异，难免会出现贸易争端。通过国际商务谈判，各方可以坐下来进行协商，寻求解决问题的途径，避免贸易摩擦升级，维护国际贸易的稳定和可持续发展。其次，国际商务谈判有助于达成合作协议。在国际贸易中，各方往往需要就价格、质量、运输、保险等方面进行协商和谈判。通过国际商务谈判，各方可以就这些方面达成一致意见，形成合作协议。这些合作协议为国际贸易的顺利进行提供了保障，促进了国际经济合作的深化和发展。最后，国际商务谈判有助于促进国际经济合作。在经济全球化的背景下，各国之间的经济联系更加紧密，相互依存度不断提高。通过国际商务谈判，各方可以加强交流和合作，共同应对全球性挑战和问题，如气候变化、能源安全、金融风险等。这种合作可以为各国带来共同利益，推动全球经济的繁荣和发展。国际商务谈判在国际经济合作中发挥着重要的作用。通过国际商务谈判，各方可以解决贸易争端、达成合作协议，为全球经济的繁荣和发展做出贡献。因此，在国际经济合作中，应重视国际商务谈判的作用，加强谈判技巧和跨文化沟通能力的培养，以更好地应对挑战和机遇。

第三节　国际商务谈判的原则与阶段

在国际商务谈判过程中要想取得较好的谈判结果，就要遵循谈判活动的内在规律，商务谈判原则就是这些规律的体现，遵循谈判原则，是谈判成功的基本保证。

一、国际商务谈判的原则

任何谈判活动都要依据既定的方针和原则进行，将其作为行为规范的准则。所谓谈判原则，是指在谈判过程中，谈判双方必须遵守的思想和行为规则。谈判原则指导谈判目标的实施，指导谈判策略的制定和使用，起着引导谈判方向的作用。因此，谈判原则是谈判前必须明确的问题。国际商务谈判应当坚持合作原则、平等互利原则、依法办事原则、双赢原则、求同存异原则、立场服务利益原则、客观标准原则。

（一）合作原则

合作原则是指在谈判中应坚持将对方作为合作对象的原则。参与谈判的各方究竟是合作者还是竞争者，历来是谈判学家在理论上争论的焦点。在商务交往中，谈判一直被视为是一种合作或作为合作而进行的准备。因此，商务谈判最圆满的结局应当是谈判的所有参与者各取所需，各偿所愿，同时也都照顾到其他各方的实际利益，是一种多赢的局面。

如果把谈判对方看作对手，在谈判过程中必然要论出输赢，无论结果如何，都不是商务谈判最理想的结果。正如谈判专家尼尔伦伯格所指出的："陷入输赢的谈判状况时，我们越想胜利，奋战得就越艰苦，因为对方也期望胜利。"

（二）平等互利原则

在国际商务谈判中，要坚持平等互利的原则，既不强加于人，也不接受不平等条件。中国是发展中国家，平等互利是中国对外政策的一项重要原则。

各方在谈判中应平等参与，无论是国家之间的谈判还是企业之间的谈判，都应确保各方有平等的发言权和参与权。没有任何一方应该被排除在谈判之外或被剥夺权利。谈判的目的是达成一项互利的协议，各方应通过互惠的合作来实现共同利益。在商务谈判中，各方应尊重彼此的需求和利益，通过合作和妥协来找到满足双方利益的解决方案。谈判双方应确保信息的对等和透明，避免信息不对称导致一方占据优势的局面。双方应分享相关信息，确保各自都有完整和准确的信息进行谈判。各方在谈判中应相互尊重对方的权益、文化和政治制度等。对方的意见和观点应得到尊重，不能以一方的主观意愿压制另一方，而应通过平等的对话和协商来解决争议。

（三）依法办事原则

任何谈判都是在一定的法律约束下进行的，谈判必须遵循合法原则。所谓合法原则，是指谈判及其合同的签订必须遵守相关的法律法规。对于国际谈判，应当遵守国际法及尊重谈判对方所在国家的有关规定。所谓合法，主要体现在四个方面：①谈判主体必须合法，即参与谈判的企业、机构或谈判人员具有合法资格；②谈判各方所从事的交易项目必须合法；③谈判各方在谈判过程中的行为、手段必须合法；④签订的合同必须合法。

谈判主体合法是谈判的前提条件。无论是谈判的行为主体还是谈判的关系主体，都必须具备谈判的资格，否则就是无效的谈判。交易项目合法是谈判的基础。如果谈判各方从事的是非法交易，那么为此进行的谈判及谈判所达成的交易内容都是违法的，交易者会受到法律的制裁。谈判行为合法是谈判顺利进行并且取得成功的保证。谈判要通过正当的手段达到目标，而不能使用不正当手段。只有在谈判中遵循合法原则，谈判及其签订的协议才具有法律效力，谈判当事人的权益才能受到法律保护，实现其预期的目标。

（四）双赢原则

一项商务谈判的结果有四种可能：我赢你输、你赢我输、你输我输、你赢我赢。前两种结果实际上是一方侵占了另一方的利益，即使在特定情况下出现，也往往是“一锤子买卖”；第三种结果是双方都不愿意看到的，因而应尽力避免；而第四种结果达到了互利互惠，这是双方通力合作的成果。

在国际商务活动中，谈判的双方或多方都有着一定的共同利益，但他们之间也存在商业利益的冲突和矛盾。商务谈判是谈判各方当事人在追求共同商业目标，实现双方商业利益过程中一个不断地化解冲突、实现谈判者最大利益的手段。谈判双方首先要树立“双赢”的观念。所谓双赢，就是你的利益必须以对方利益的存在为前提，你的利益在对方身上体现出来。兼顾双方利益就是要达到双赢。实践证明，在竞争越来越激烈的市场上，谁能够有效地掌握这一手段，谁就会在商务活动中顺利地实现自己的商业目标，取得自己期待的主要商业利益。一场谈判的结局应该使谈判的双方都要有“赢”的感觉，事情才可以做下去。如果只要一方觉得赢了，而另一方觉得输了，即使谈判结果暂时得到了执行，最终也不会长久。

（五）求同存异原则

国际商务谈判的双方之间存在商业习俗、法律制度、文化背景的差异以及利益上的分歧，但也蕴含着利益上的一致。这就要求谈判者分清各方的利益所在，对于一致之处，达成协议；对于一时不能弥合的分歧，不强求一律，允许保留，以后再谈。遵守求同存异的原则，首先要求谈判者正确对待谈判和谈判对手。谈判的前提是各方需要和利益的不同，但谈判的目的不是扩大分歧，而是弥合分歧，使各方成为谋求共同利益、解决问题的伙伴。此外，谈判者要在利益分歧中寻求相互补充的契合利益，达成满足各方需要的协议。例如，在中美双边投资协定（BIT）谈判中，由于中美国情不同，社会制度、历史文化和发展阶段有别，两国在一些问题上存在不同看法和分歧是正常的，关键是双方要坦诚互信，尊重和照顾彼此的核心利益，通过平等对话与磋商妥善处理存在的分歧，其谈判的核心是确保中美双方以非歧视性原则对待对方的投资者和投资。

（六）立场服务利益原则

经验表明，许多僵持很长时间的谈判多是过于重视立场或原则，谈判双方各自坚持自己的立场，往往将某项原则或立场视为谈判所坚持的重要条件。明智的谈判需要协调利益，而非立场。对立的立场背后有更多的利益因素；针对每项利益，都有满足这个利益的多种可能的立场；在谈判双方对立的立场背后，既可能存在冲突的利益，而实际上还可能存在共同的或可以彼此兼容的利益。谈判是共享利益的创造，兼容利益的协调，冲突利益的交换。

国际商务谈判者必须彻底分析交易双方的利益所在，认清哪些利益对于己方是非常重要的，是绝不能让步的；哪些利益是可以让步的，可以用来交换对方的条件。在不分清利益因素的情况下，盲目追求坚持立场和原则，会使谈判陷入僵局，甚至失败。

【案例1-2】

某公司与另一家公司进行了一次关于产品销售的谈判。双方都坚持自己的立场，某公司希望以最高的价格出售产品，以获得最大的利润。另一家公司希望以最低的价格购买产品，以降低成本。不肯做出让步，最终谈判陷入僵局。这时，双方的谈判代表经过深入分析，发现双方的利益所在，认清哪些利益对于己方是非常重要的，是绝不能让步的；哪些利益是可以让步的，可以用来交换对方的条件。经过重新调整谈判策略，双方最终达成了一个双赢的协议。某公司同意以一个比较低的价格出售产品，另一家公司则同意购买更多的产品。这样，双方都达到了自己的目的，实现了双赢。

（七）客观标准原则

在谈判过程中，尽管充分理解对方的利益所在，并绞尽脑汁为对方寻求各种互利的解决方案，同时也非常重视与对方发展关系，但还是可能会遇到令人非常棘手的利益冲突问题。

在利益冲突不能采取其他的方式协调时，国际商务谈判中使用客观标准就能起到非常重要的作用。在谈判中谈判者运用客观标准时，应注意以下几个问题：

1.建立标准的公平性、普遍性和适用性

通常，在商务谈判中，标准可以有多种形式，不同国家、不同社会制度，标准的差异极大。如果坚持公正、公平的原则确定标准，就可以使标准更好地发挥作用。一般遵循的客观标准有市场价值、科学的计算、行业标准、成本、有效性、对等的原则、相互的原则等。客观标准的选取要独立于双方的意愿，要公平和合法，并且在理论上和实践中均是可行的。

某些谈判内容可参照的标准有很多，选择哪一个则取决于标准的适用性。比较好的做法是找一个双方认为是公正的“第三方”，请他建议一种解决争端的标准。

2.建立公平的分割利益的步骤

例如，在两个小孩分橘子的传统例子中，“一个人切，由另一个人挑选切开的半个橘子”；大宗商品贸易由期货市场定价进行基差交易；在两位股东持股相等的投资企业中，委派总经理采取任期轮换法等。这些都是通过一定步骤来公平分割利益的例子。

3.善于阐述自己的理由并接受对方提出的合理的客观依据

一定要用严密的逻辑推理来说服对手。对方认为公平的标准必须对你也公平。运用你所同意的对方的标准来限制对方漫天要价，甚至两个不同的标准也可以谋求折中。

4.不要屈从于对方的压力

来自谈判对手的压力可以是多方面的，如最后通牒、以信任为借口让你屈从、抛出不可让步的固定价格等，不能屈从，而要灵活化解，但是无论哪种情况，都要让对方陈述理由，讲明所遵从的客观标准。

二、国际商务谈判的阶段

国际商务谈判的阶段又称国际商务谈判程序。一个正规的国际商务谈判一般分为五个阶段。五个阶段是指开局、报价、磋商、妥协和成交，如图1-1所示。

图 1-1　谈判阶段示意图

（一）开局阶段

在谈判刚刚开始的一段时间内，谈判双方通过相互介绍彼此了解、熟悉，为以后的正式谈判做好准备。这是进入正式谈判的前奏，主要是让参与的人通过介绍与对方认识，增进双方的了解与信任。

在导入阶段，谈判人员一般不马上进入主题，以免造成谈判气氛紧张。为了消除双方的紧张情绪，高明的谈判者总是在导入阶段说一些与谈判内容没有直接关系，但双方都感兴趣的话题，使整个会场产生轻松、愉快的气氛，但时间不宜过长。这类轻松话题有电视体育、文艺节目，个人的音乐、体育、戏剧、诗歌、棋类爱好，一路上的旅途见闻，不同地区的天气变化、风土人情，回顾以往的合作经历，讲个故事或笑话，等等。当然，谈判人员也可以在谈判的开局就采取单刀直入的办法，这主要是为了给对方造成压迫感，人们一般很少使用这一办法。

（二）报价阶段

这是谈判的正式开始阶段。谈判正式开始后，双方各用一段时间陈述自己的主要立场和观点。在这一阶段，谈判各方用简短的语言概略地表达自己的目标及想法，让对方基本把握你的意图，同时隐藏不想让对方知道的其他材料，不是一味地将自己的心事坦白剖析出来。

在这一阶段要注意：第一，介绍基本情况时，要说清楚，将本方的谈判立场、基本要求、解决方案向对方讲明。发言人应当语言通俗易懂，口齿清晰，陈述有条理。同时，尽量让对方多讲一些。第二，讲完己方概况后，要注意观察对方的反应。同时，尽量在对方阐述观点时仔细倾听，找到符合与违背己方利益的要点所在。第三，要注意言谈举止的行为方式，尽量不要引起对方的反感、焦虑等不良情绪。言谈要委婉，举止要有礼，否则一开始就会使对方筑起敌对之墙。第四，要掌握隐蔽和泄情的技巧。高明的谈判者一般遵循后发制人的原则，在报价阶段不摆出自己的真实意图和掌握的全部资料。这就要求谈判者掌握好隐蔽和泄情的关系，该说的说，不该说的不说。

在报价阶段，谈判人员除了要说，更重要的是听，在倾听的时候还要积极思考，了解对方来谈判的真实意图，明确谈判双方的基本价值区域，找到谈判双方可以讨价还价的协议区及其临界点。另外，对方在陈述时，往往会通过一些形体语言表露出其真实的思想，因此谈判的参加者要善于观察，准确判断。

（三）磋商阶段

磋商是谈判的主旋律。谈判双方经过报价阶段，基本摸清了对方谈判的临界点和争取点，也就搞清楚了协议区所在。为了使协议点向有利的一方倾斜，双方便要进行艰苦的磋商。在磋商阶段中，每一方都会列举大量的事实与理由来阐明自己的观点，并随时准备针对对方提出的论据进行质疑与反驳。谈判各方间的对立状态在这个阶段会真正显示出来，气氛趋向紧张，因此必须有心理准备。当然，磋商阶段并不能证明一方强于另一方，而是要求我们利用施与受的原则找出双方合作的可能性以及妥协的范围。谈判磋商阶段不同于辩论比赛，取胜不仅在于言辞的犀利，还在于运用施与受的原则，阐明利害，使对方采纳自己的方案。在磋商阶段，谈判人员要充分地运用问、答、说服的技巧。

（四）妥协阶段

经过磋商之后，谈判开始进入柳暗花明、水落石出的阶段。各方已经把握了可能妥协的范围，开始寻求一一妥协的途径。谁应先向对方妥协，有时候这是很棘手的问题，但妥协范围最终界定后，各方从此范围中做出各自的一定让步并从对方的让步中得到相应补偿，取得理想中的利益，这是令谈判双方都满意的结果，否则就不是成功的谈判了。

（五）成交阶段

这是谈判的最后阶段。经过妥协，各方对一致同意的妥协方案表示认可，并以文字形成协议书，由各方代表签字使其具有法律效力，必要时还须进行公证。这样，谈判这个过程便告结束，因而成交阶段也称“拍板阶段”或“协议阶段”。

第四节　国际商务谈判的构成要素

从广义的角度看，一个谈判常常由三个因素构成：谈判当事人、谈判的标的和谈判的背景。

一、谈判当事人

在国际商务谈判中，谈判当事人指主持谈判、参与谈判的人员以及与交易利益相关的人员。当事人出现的形式有两种情况：台前，即直接上谈判桌；台后，即不直接与对方谈判，而是为台前的谈判人出谋划策或准备文件资料。在谈判一线——台前的谈判当事人包括主谈人、谈判组长、辅助人员。三类人员中主谈人、谈判组长最重要，存在两职分离、两职合一的情况。两种不同的情况，对于谈判的组织有不同的影响。

（一）谈判台前当事人

1.两职分离的当事人

在两种职责分离时，势必由两名代表组成为一方的当事人核心。若己方亦如此组织谈判当事人，则应掌握两种职责的界限及不同职责的作用。

主谈人是谈判桌上的主要发言人，也是谈判的组织者。其作用是将会下研究的谈判目标和策略在谈判中得以实现。一般来讲，谈判班子中应有一名技术主谈人，一名商务主谈人。

谈判组长是交易一方在台前的领导者，肩负交易一方对谈判目标实施的任务。他虽在谈判桌上不是主要发言人，但有权发言。其内容既可以是补充主谈人的论述，也可以独立回答或驳斥对方。在主谈人出现偏差时，可以做出严肃的否决，以维护谈判效果。当然，有经验的主谈人很少出现重大失误。作为谈判组长，要深刻理解己方的谈判目标，熟悉标的的技术特征，对问题观察深入而全面，组织能力强，工作方法灵活，实践经验丰富。在实务中，担当谈判组长的人，多在30岁以上，没有性别的限制。

由于主谈人和谈判组长均是重要的谈判组织者，因此配合很重要。原则上，整个谈判组的所有活动应由谈判组长负责，如组织谈判前的方案准备，在谈判桌上协助主谈人实现方案；每次谈判后，进行组织分析、小结，再拟出下场的谈判方案，及时向上级请示汇报。主谈人在方案的准备过程中，应服从谈判组长的领导，在每场的谈判中是主要发言人，是谈判桌上的组织者，也是预定方案的执行者。无论出现何种情况，在谈判桌上，两者应互相尊重、互相合作、互相补充。

2.两职合一的当事人

当谈判组长与主谈人为同一人时，该人员即应具有二者的作用与功能。实务中，这种具备上述二者特点的人员不是很多，即主谈人兼谈判组长的人总会有这样或那样的不足，无论谈判的哪一方均是如此。作为一身两职的人员，更应该随时保持头脑清醒，切忌主观片面，要力求客观，尤其要向行政或企业主管多请示汇报，争取理解与指导，并虚心听取助手们的意见。

（二）谈判台后当事人

谈判当事方的台后人员，主要是指负责该项谈判业务的主管企业、公司或部门的领导，以及谈判组中不上谈判桌，但要为上谈判桌的人员准备资料的人员。他们对谈判的成败影响极大。

1.领导

领导的职责在于监督并指导谈判组的全部工作进展，直至完成预定的谈判目标。虽然谈判成败的命运掌握在主谈人和谈判组长的手中，但领导能否尽职，是任何一场谈判成功与否的关键。至于谈判是否需要领导的密切关注，当然要看谈判标的的大小与重要性。

在需要领导参与谈判时，应掌握三个重要环节：

第一，布阵。在谈判组成立后，要明确谈判成员的分工、各自的谈判方案、各自的谈判目标、谈判战略及战术上的安排。

第二，听取汇报。谈判展开后，作为领导可以主动提出汇报的要求：随时或者阶段性汇报。中大型谈判，可以分为四个阶段听取汇报：技术谈判结束前，即解决最后分歧之前；合同条文谈判的最后分歧妥协前；价格谈判中期，即双方均开始讨价还价后，各自均有动作之时；最后结束谈判分歧之时。从实务看，这四个时机应抓住汇报工作。

第三，适当干预。在谈判陷于僵持之中，为解除困境，领导主动出面干预是必要的。干预方式可以是会见，也可能是便宴，还可以是某个让步。在谈判过程中，对方谈判负责人有可能要求会见领导，就会出现被动干预的情况。在被动干预中，首先要详细了解谈判态势，其次不要轻易表态，更不能碍于面子，信口许诺。

2.二线人员

二线人员的作用很重要，尤其在大型的谈判中，涉及的面很宽，资料翻译、查阅、分析需要人力、时间。准备得越充分，掌握的资料越多，谈判的成功率就越大，失误的机会就越小。他们犹如后方的军工厂，为前方制造弹药、武器，谈判成败有他们的功与责。所以，用好这些人员很重要。

二线人员要做到：

第一，了解全局。让二线人员了解谈判总貌（而非细节）是必要的，使他们有更多的参与感，才会有更多的责任感。了解方式有：让其参加谈判桌下的情况通报会，让其负责人参加谈判等。

第二，出好题目。不要随意让他们搜集整理什么资料，应根据谈判的实际需要，分轻重缓急地提出资料单。因为时间紧，在人手有限的情况下，应有重点地使用力量。若完不成甲项，就改为乙项，会使他们对所交任务的严肃性失去认识，随之会产生懈怠。

第三，适当评价。在二线人员的资料被应用后，最好通报一下给予鼓励。在言谈之中，应注意重视二线人员的作用，不宜过分地归功于台上的人员。

二、谈判的标的

谈判的标的是谈判的核心，是一切谈判活动的中心。国际商务谈判的标的是谈判双方当事人的权利与义务共同指向的客观事物，是权利与义务的基础。标的决定当事方的谈判参加人，各方所属企业、部门乃至政府的态度，同时决定谈判的组织准备工作的方式及内容。任何一个谈判手绝不会忽视谈判的标的问题。

（一）标的类别

在国际商务谈判中，可谈判的标的几乎没有界限。任何可以买卖转让的有形的物品和无形权利，都可成为商业谈判的标的，归纳起来主要有：

1.代理合同

销售或采购及货运代理人要求谈判的是代理合同。代理有独家与非独家、全面与部分、有签字权与无签字权之别，各种差异形成不同的代理谈判的标的。

2.买卖合同

买卖合同是商业谈判最主要的标的，这主要不是就其重要性而言，而是指其数量，大量的谈判标的是买卖合同。至于买卖的标的，可以是货物、工业产权、有价证券。其性质，可以是公开的，也可以是保密的。

3.合作合同

合作合同是人们在简单交易之后发展起来的比较高级的贸易形式。它产生的基础反映了人类的进步：由谋求短时间的暴利，到谋求长期稳定的利益。其形式有合作开发或生产，合资经营，补偿贸易，来样、来图、来料加工等。

4.企业兼并合同

企业兼并，依其产生的经济与金融背景条件，派生出多种兼并形式的股权转让，如瑞士瑞好公司，收购美国生物工程有限公司60%的股份；中国国际信托投资公司，购买国泰航空公司部分股份。整个企业的收购，其中有完全改变企业名称的收购，也有保留原来商标、牌号、销售网的收购。

5.咨询顾问合同

咨询顾问通常被称为出售智慧。它的表现形式有：有结果与无结果责任的咨询；有决定权与无决定权的顾问，如对某项咨询课题，按合约方要求，咨询人可提出多种建议方案，但取舍全在雇主，他不对所取方案后果负责任。不过，在咨询顾问合同中，很少有人愿签带后果责任的咨询合同，除非其咨询费高得惊人，具有成功的把握。在工程项目的咨询顾问中，有的顾问按约是顾而不定，可以提意见但不做决定；有的顾问按项目承担人的要求，可以在顾问现场做出决定并要求施行。对这种决定权，直接涉及风险与费用的问题。

6.承包合同

承包合同多指一揽子合同，如交钥匙合同。这类合同可能是工业项目，如工厂建设，土木工程，承建水库、住宅等；可能是农业项目，如农场的承建等。其特点是：承包人按工程项目主人的要求，从选择地点（有的工程项目人已选定地址）、工程设计、建造、试运行直到实现承包合同规定目标后，才将承包工程的经营管理交给工程项目主人。人员培训与技术指导，一般也含在承包合同之中。此外，还有以租赁（多以机械或成套生产线作为租赁内容）和租船（承租或包租一个航次或一段时期）合同为谈判标的的。

（二）标的特征

标的特征是指标的类别会给谈判带来的不同影响，提醒谈判者要随机应变、"对症下药"。

1.标的的普遍性特征

不管什么标的，只要属商业谈判范畴，就总离不开对责权利的划分。这个特征具有普遍性，也是谈判人要遵循的基本规律。例如，代理合同中，有代理人的责任，享有的权利，应有的利益；买卖合同中，有交货的责任、支付的义务、索赔的权利等。不管形式如何变化，万变不离责权利。

2.标的的特殊性特征

标的除了具有责权利外，不同类型的谈判还具有各自的特点。根据谈判标的的特点，我们将代理与咨询顾问合同的谈判标的称为A类；将买卖、承包、承租、租赁、企业兼并等合同称为B类；将合作合同称为C类。这三类标的在谈判中各具特征，若不注意它们存在的特征，也同样会犯错误，使谈判走弯路。

（1）A类的特征。首先，谈判地位倾斜性大。代理人、咨询人（顾问）均可称为受托人，相对于委托人来讲，其谈判地位明显弱。虽说受托人可能名望颇高，但总体来讲，服务性标的，对于提供人存在推销问题，这是由其交易地位的本质所决定的，况且大多数以智慧产品来出售，在未见成果之前，很难让人信服和接受。这样，谈判中地位的倾斜是无法否认的。其次，谈判的伸缩性大。因为，智慧的效益与成本在未确定目标之前，或目标未实现之前，是很难估价的。加之受托人对于提供给其的业务，多是久经钻研的业务，心理上较轻松，对自己所获得的利益，视其消耗费用可大可小，可依据委托人的境况和服务项目的重要性提出要求。这样委托人与受托人都不会因为服务范围或报酬而纠缠不休。

（2）B类的特征。首先，谈判中斗争性强。这类合同以营利为目标，以少负责任、少担风险为原则，所以，交易双方往往会进行激烈的讨价还价。如有的买卖合同为了1%的优惠，谈判双方可以从晚上8点一直僵持到次日凌晨。有时为了减少一点责任，如合格率的问题，讨论起来可能两三个人（商务、技术、法律方面的谈判人员，有时包括谈判组长或在场的各自领导）一起上台论战，气氛紧张，各不相让。其次，谈判手法多变。由于利益攸关，参与谈判者会竭尽全力，千方百计实现利益目标。

（3）C类的特征。其主要体现在谈判地位的平等性、谈判条件的互惠性上。合作合同的立足点，是既有需求，又互补长短。在需求与长短合在一起时，谈判双方会有互相依存又相互弥补的需要。合作的标的表现为取长补短。如来料加工合同谈判，一方只有认为另一方具有良好的加工能力，才会提供料，要求其加工。再如合资合同，也是一方认为另一方有优越的地理环境，良好的企业管理，优秀的工程技术人员，良好的基础设施条件等，而另一方认为这一方有先进的工艺技术和畅通的国际销售渠道等，互相满意才可共同探讨合资事宜。虽然这类谈判较为复杂，但仍不离其需求与长短，所反映的谈判特征也是平等性、互惠性。

三、谈判的背景

谈判所处的环境条件，也就是进行谈判时的背景条件，是影响谈判的重要因素，是谈判思想不可缺少的成分，是组成谈判的不可忽视的构件，正如表演需有舞台布景一样。环境条件涉及交易方所在国的政治背景、国际经济状况、人际关系等。

（一）政治背景

谈判的政治背景主要指交易各方所在国之间的外交关系所处的状态，以及谈判进行时所在国的政局状况。

1.友好国家

与中国建交，遵守建交时双边签订的各项条约的国家，都可以视为友好国家。交易双方所在国若属友好国家，谈判的后顾之忧就少些，谈判中碰到困难可以借助国家干预的可能性就大些（如有些工程项目），执行合同可靠性高。但由于社会制度、政治信仰的不同，某些西方国家虽说与中国建有外交关系，但在思想意识形态、政治上对我采取一定的歧视态度，对于这些国家的交易方来说，我们又不能完全以友好国家态度对待。

2.敌对国家

一般来讲，在国际商务谈判中所讲的敌对国家的概念，与政治外交范畴的敌对概念不同。前者主要体现为没建交和建交后仍持有歧视政策的国家，而后者更侧重于面临或正在进行冷战或热战的国家。与这些国家的谈判手谈交易，受到的限制大，交易的成败自主性小，签约以后履约的难度也大。所以，一开始就要审查各种基本条件（许可证、支付方式、运输交货方式、验收方式），而后方可开展交易的谈判，否则劳而无功不说，还可能带来政治影响。

3.时局动态

时局动态是指交易谈判有关方所在国家或地区的时局是否稳定。其所在国政府稳定还是在换届之中？国内是否处在罢工、民族纠纷之中？经济建设发展了，还是后退了？有无自然灾害，与别国、别地区有无战争？这些时局上的因素与交易谈判直接有关。

对局势的看法，在谈判手之间可以明示、坦率交换，也可以查阅有关资料。有的谈判手忌谈本国时局或从正面谈得较多，客观性不够；有的不太关心时局。资料查阅是重要的，引用时应委婉，尤其涉及对手所在国时局的阴暗面时，要注意不伤对手自尊心，否则会引起个人的反抗情绪，使贸易谈判误入歧途。

（二）国际经济状况

国际经济状况主要指谈判标的在国际市场的市场状态及交易双方所处的宏观及微观经济环境。

1.垄断市场

垄断市场是指谈判的标的在其同行业市场中占有各方面（品质、数量、占有率）的绝对优势，如日本家用电器在销售上就占有世界市场的绝对优势。谈判双方围绕垄断的形势，决定交易的水平。另一方代表会有垄断的不可谈判性，一方代表会在累计垄断回收利益上做文章，力争可谈判性。谈判的特点似乎应由表及里，先从垄断的形势出发，充分分析双方地位本质后，才有机会讨价还价，否则，谈判没有条件。

2.供大于求

供大于求是指商品处于滞销状况下，或者标的物处在激烈竞争中。谈判双方的特点为推销和选择力很强。一方会卖力推销，即让对手确信其优，其谈判手一定会以宣传战开道，然后再争利；而另一方则会以选择为压力，咬住不放。

3.求大于供

求大于供是指商品处于畅销状况下，或者标的物处在竞争均势中。谈判人会谨慎考虑供求配对，即寻找合适的供家与买家。他们均认为，在此经济条件下，彼此能够平衡。换句话讲，一个是好卖主，一个是好买主。如某个商品同时有几个买家，也有几个供家，他们会各显神通。那么，互相选择合适的对手，谈判成功的概率会更高。若不能互相平衡，则谈判手共同语言少，条件不易配合。

4.经济形势

经济形势系指谈判进行时的外在经济状况，如货币的汇率变化、股市的涨跌、通货膨胀的升降、国家经济增长的快慢，均是国际商务谈判的经济背景。这些背景资料，有助于谈判人在谈判中计算风险和收益，也可以成为预测对方条件范围的参照。如作价原则是报价及估价的依据，是谈判人进行商业条件谈判的手段之一。不知汇率变化，就不可能掌握合同货币的风险，也无法判断成交后的利益所在。从股市变化既可判断上市企业的状况，又可看出行业的发展状况。通货膨胀率与作价有关，尤其对合同期长的商业谈判，通货膨胀率的高低会直接影响作价。国家经济形势的好坏，对劳动力成本、综合材料成本、标的成本有影响。谈判时的经济形势是谈判人员妥协与否的计量依据。

当前世界经济总体上仍然增长乏力，虽呈现出见底企稳的向好迹象，但不同国家、不同经济体经济形势错综复杂，谈判人员对此要有警惕意识、机会意识，“危”和“机”总是相伴相随的。

（三）人际关系

国际商务谈判中的人际关系是指谈判手之间，谈判手所属企业、部门的领导、行政管理人员之间的关系等。这种关系可能是自然人之间的，也可能是法人之间的；可以是近期的，也可以是历史的。人际关系存在三种状态：初次交易关系、多次交易关系、中间人。

1.初次交易关系

初次交易即第一次谈判，双方不认识，也未有交易历史。这一点对谈判人有不利之处。陌生、不了解会花费时间，延迟谈判进程。同时，谈判一般要求起步不乱，不能因为不了解而草率从事，从而使谈判无端复杂化。在初次谈判中，谈判的特点多为：以敬为上，摸底为先，战而不激，收而不死。也就是说，谈判手应互相表示敬重，力求留下好印象，让对手放松“敌对”的警惕，制造自由谈话的环境，为后面的争利创造气氛、创造条件。

2.多次交易关系

有过交往的谈判手总有一种底数，如对手的习性、风格以及个人的经历，均会给人以信心，一般在交易桌上、桌下气氛较为友好、随便。或许是老对手，初次痛苦相交的经历，使彼此之间有了共同语言，也会促使双方去适应对方，以趁合适的机会达到自己的目标。多次交易的谈判特点体现为：直截了当、随便，但不轻松；可能会带个人色彩，甚至会使用不公开手法。前者为正常的、健康的谈判特征，它是个自然的结果；而后者是不正常的、违法的谈判“病毒”，它是由于人为的弱点所致。前者会使交易长期稳定并得以发展，后者则会使交易陷于泥坑而不可能发展，甚至会出现合同纠纷和其他不愉快事件。

3.中间人

上两种情况均是直接与交易人谈判，而有的谈判通过中间人进行，有点类似人际关系，一般视为缓冲器。不论有什么情况产生，都可通过该缓冲器予以周旋。在人际问题上，该中间人的力量取决于他对双方的熟悉程度，以及其地位与能力。据此，对中间人也要作初交、深交的分析，并按分析的结果来指导谈判。此外，看其地位和能力，对这两种分析结果的辅助作用的大小，来调整谈判态度和步骤。

第五节　国际商务谈判的类型

国际商务谈判分类的目的在于有的放矢地组织谈判，提高谈判人员分析问题的能力，增加自觉能动性，减少盲目性，争得谈判的主动权。

当谈判运用于国际贸易时，国际商务谈判主要分为两类：第一类是国与国的贸易谈判，以政府作为谈判主体，谈判的目的在于解决彼此间的贸易纠纷与摩擦，借以突破国外的贸易壁垒，扩展本国产业在国际上的活动空间。第二类则是不同国家之间进出口商品，互通有无，双方为谋取最大利益，就交易的各项条件进行协商，这类贸易谈判通常是在各国企业间进行。

国际商务谈判分类的方式有：按目标分类、按谈判内容分类、按交易地位分类、按谈判所在地分类和按谈判所持态度分类五种。

一、按目标分类

（一）不求结果的谈判

不求结果的谈判主要表现为：一般性会见、技术性交流和封门性会谈。

1.一般性会见

一般性会见是谈判的初级阶段或是准备阶段。会见可以是高级的，也可以是中低级的；可在行政人员之间进行，也可在技术人员之间进行。在同高级行政人员会见时，旨在确定方向性或可能性，气氛大多热情友好，注意培养友谊和连续性；与中低级行政人员会见，则具有较强的探询性与表述性，要注意礼貌，并力争会见对方高级领导，以求得到更多的信息；跟技术人员会见，则应较注重商品的性能与市场考察，或者介绍自己商品的优点。此间要注重第一印象，在时间上给对方方便。无论同什么类型的人员会见，均应重视信息的传递，努力创造具有吸引力的形象。

2.技术性交流

技术性交流是交易的前奏。它的表现形式也较丰富，如报告会、讨论会、演示或展示等。不管其表现形式如何，突出的特点是：广告性强，即大力宣传自己的商品；与广告性相对的特点是审视性强，对交易方的技术能力充分地提问或讨论。若不是合作性技术交流，而是营利性、交易性的技术交流，必然具有保守性，许多时候技术人员的技术解释与介绍，要听从领导的意见或按在场领导的意图行事；为了保证交易的价值，交易人也会在广告性上做些文章，保守技术秘密，隐藏商品缺陷。

3.封门性会谈

无论是主动约请还是应约会谈，只要是想封门，即堵死某项交易的可能性，或了结正在进行中的谈判，封门性会谈即具有外交的委婉性。另外，封门性会谈常常是开“远期空头支票”。为了不伤害与对方的友谊，谈判人在封门时，常常做远期、有条件的许诺，使对手可望而不可即，可气不可恼。若是封谈判中的某项交易的门，还会伴有卸责陈述，即要罗列、分析不能继续的责任在彼，在客观而不在己，以减缓情绪上的压力；甚至在自我批评时，仍会转嫁到与己无关的客观上，做到有错而无过，“请见谅了”，而溜之大吉。优秀的谈判者从不在封门的尴尬的谈判中刺激对方情绪。

（二）协商与合同的谈判

根据谈判所达成协议的形式可分为协商谈判、合同谈判以及准合同谈判。

1.协商谈判

协商谈判也称一般性商业谈判。它是合同谈判的前提和基础，包括一般性会见、访问交流、意向性谈判等。一般谈判中的意向性谈判是指买卖双方为明确交易的愿望，初步确定合作条件，最终签订意向书和协议书。但这种意向书或协议书对双方均无法律约束力，所以，它不同于合同谈判。如果双方对意向书中的内容条款有分歧，可以写成“甲方认为就第七条款采取……而乙方要求是……”，这种情况在合同条款中是绝对不允许的。这种谈判的主要目的是双方建立关系，沟通信息，探测摸底。

2.合同谈判

合同谈判是为实现某项交易并使之达成契约的谈判。在谈判中，谈判双方如果就标的、质量、数量、费用、期限、付款方式等几个要件达成协议，并以法律形式规定下来，这就是合同谈判。在经济贸易谈判中，合同谈判是十分重要的谈判形式。因为绝大多数贸易，特别是国际贸易，都是通过签订合同最终实现的。合同谈判具有以下几个特点：第一，谈判目标明确，涉及实质问题。第二，合同谈判是以法律形式确定双方交易的有效性。签订合同要符合法律程序，具有合法性。第三，谈判争议力强。商业交易是以利益贯穿其中，所以在合同的谈判中，必然要围绕责任与义务、给予与收益、利益与风险之类问题争论。第四，谈判中手法多变。

3.准合同谈判

准合同是带有先决条件的合同。该先决条件是指决定合同要件成立的条件，如许可证落实问题、外汇筹集、待律师审查或者待最终正式文本的打印、正式签字（相对草签而言）等。准合同与合同从形式上无根本区别，内容格式均一样，只是有时有草本和正式本之别。但从法律上说，准合同与合同有根本的区别。准合同可以在先决条件丧失时自动失效，而无须承担任何损失责任；而合同则必须执行，否则就违约。因为二者均是在交易诚意下所进行的谈判，所以从谈判的角度讲，二者无本质区别，它们所表现的谈判特征也相似。

（三）意向书与协议书的谈判

为了明确双方交易的愿望，保持谈判的连续性、交易的可靠性，谈判双方往往要求签订意向书或协议书。这可以是一场谈判的目标，也可能是结果。这两种文件有许多共同的特点。

从法律的角度讲，这两种文件作为初步谈判结果的记录时，具有同样的效果：起到总结与展望的作用，但无约束力。但如文件中包括了明确的许诺，即对合作或交易标的、价格条件、实施期限比较具体地予以了规定时，文件的性质就具有契约性，就具有约束力。尤其是协议书，更具有两重性。是意向书、备忘录或准合同，还是合同，主要取决于写法。

二、按谈判内容分类

按国际商务谈判的内容来分，有商品贸易谈判、投资项目谈判、技术贸易谈判、劳务贸易谈判和索赔谈判等。

（一）商品贸易谈判

商品贸易谈判即一般商品的买卖谈判，主要是指买卖双方就买卖货物本身的有关内容，如质量、数量、货物的转移方式和时间、买卖的价格条件与支付方式，以及交易过程中双方的权利、义务等问题所进行的谈判。商品贸易谈判是国际商务谈判中最常见也是数量最多的一种谈判，也是本书研究的重点。

（二）投资项目谈判

投资是指把一定的资本（包括货币形态资本、物质形态资本、所有权形态资本和智能形态资本等）投入和运用于某一项目之中，以获取一定的利益。投资项目谈判是指谈判的双方就双方共同参与或涉及双方关系的某项投资活动，对该投资活动所涉及的投资目的、投资方向、投资形式、投资内容与条件、投资项目的经营与管理，以及投资者在投资活动中的权利、义务及相互之间的关系所进行的谈判。近年来，随着资本市场的开放，企业资产重组、兼并以及产权交易日益活跃，这类商务谈判也日益增多。

（三）技术贸易谈判

技术贸易谈判是指谈判双方在技术贸易中关于技术的内容、性能、使用权益等方面的谈判，它包括技术服务、技术培养、专有技术的保密、商标以及标准和考核验收等内容。由于技术本身的特点，技术贸易谈判与一般商品贸易谈判有着较大差别。

（四）劳务贸易谈判

劳务贸易谈判是劳务贸易双方就劳务提供的形式、内容、时间、劳务的价格、计算方法及劳务费的支付方式等有关买卖双方的权利和义务关系所进行的谈判。由于劳务本身不是物质商品，而是通过人的特殊劳动，改变某种物质或物体的性质或形式，来满足人们一定需要的劳务过程，因此，劳务贸易谈判与一般货物买卖谈判有本质的区别。

（五）索赔谈判

索赔谈判是在合同义务不能或未能完全履行时，合同当事双方进行的谈判。在合同执行过程中，因各种原因违约或部分违约的事件屡见不鲜，无论是数量、质量、期限、支付等，还是生产、运输、索赔额的谈判都是索赔谈判。因而，各类索赔谈判一般都具有针锋相对、紧张激烈的特征。

在多数情况下，索赔谈判是由于一方或双方违约造成损失，受损方要求对方赔偿的行为。由于给某一方造成损失，所以，在谈判的初始阶段，双方就会摊牌，受损方会提出具体的索赔要求，而另一方马上针锋相对，提出自己的立场。双方的这种较量不同于意向书谈判与合同谈判，后者是双方试探、摸底，以求最大限度满足己方要求的合作，而索赔要求是在双方合作中出现矛盾或重大分歧，给某一方甚至双方造成损失的情况下提出的，双方在感情上、行动上都比较冲动，态度也比较强硬，谈判的气氛自然也比较紧张。由于谈判人员处在解决问题的对立面，所以要达成赔偿的协议十分困难，场面也令人十分不快。许多谈判专家认为，索赔谈判是最为困难的谈判之一，因而，索赔谈判一定要讲究策略。

三、按交易地位分类

（一）买方地位的谈判

买方是指一切求购商品、证券、服务、不动产的一方。在国际商务中，业务员以买方的身份承担谈判任务时，应注意买方谈判人的特点。

1.情报搜集工作量大

大凡买主采购的谈判，首先要搜集大量的情报，包括技术水平与市场价格，以确定谈判目标。这种搜集情报的工作主要反映在谈判的准备阶段、开始谈判阶段，甚至贯穿整个谈判过程。

2.压价任务重

没有买方在买卖谈判中不压对方价格的，即使是原有商品、原有供货渠道，买方谈判均会以“新形势下”“新的用途”等词语来压倒相异点，追求更优惠的价格。在压价时要根据自己所处地位度势压价，这是买方谈判的鲜明特征。

（二）卖方地位的谈判

卖方是指所有提供商品、证券、服务、不动产的一方。卖方谈判主要有以下特点：

1.紧疏结合

为了应对买方谈判者的重压，克服客地谈判的不便，卖方谈判常表现为一时紧锣密鼓，似急于求成，一时又暂息旗鼓，但又留下再见的可能，待观察一阵买方动静后，再返回客地或恢复谈判。采取这种形式，对卖方来讲，可以加强谈判地位，也利于考虑各种方案或结果的细节。它作为一种形式，常常被卖方谈判员采纳，自然也形成了他们自身参加谈判的必然特色。

2.主动性强

由于卖方总是身系企业、职工就业、市场占有率、投入的回收等问题，所以其谈判的主动性较强。日本出口商出口谈判主动性极强，自不待言。美国人为推销其电话交换机，常常派大型专家团进行技术交流，派高级职员进行上层活动，构成一幅主动性极强的卖方谈判“图”。

（三）代理地位的谈判

代理谈判是指受人委托参与某项交易或合作的谈判。代理有两种情况：只有谈判权，无签约权；全权代理。两者在谈判中有其共同点，也有其不同点。两者的共同点有：

1.姿态超脱

因为是代理，不是自己私有财产，谈判中较为超脱、客观。代理谈判人的一种策略是：貌似公允，以迷惑、说服对手，常以第三人身份来评论买卖两方条件。

2.谈判权限观念强

代理谈判十分注重自己的授权范围。因为代理人不是交易的主人，一旦超过授权范围而应允什么，今后合同无法兑现，他也负不起责任。所以，绝大多数代理人总是谨慎地、准确地在委托范围内行事。

3.态度积极

由于代理人地位居中，是受某一方委托，不是物主，客观上决定其态度进取、积极。因为若代理人不采取进取、积极态度，就不可能让委托人产生信心，从而给予他更大谈判余地，也不可能让对方感到他的实力地位（至少心理上感觉）和易于接近的态度。

有签约权与无签约权的代理谈判有一个谈判目标不同的特点，前者谈判直奔成交签字，后者则仅到成交为止。谈判中要区别两者，并应采取不同的谈判策略。

（四）合作者地位的谈判

合作者是指经济活动中的各方，愿以人力、智力（管理或技术）、财力及物力来协作完成某个共同制定的目标，并按其协作的份额，分享实现预定的目标所带来的利益。合作者谈判一般具有如下特点：

1.共同语言多，对抗性小

由于合作双方均是因为有心而无力的形势所迫才寻求伙伴，自然就具有共同语言。为了把对方拉住，不可能一开始就咄咄逼人，必然要以甜言蜜语来相劝。游说的吸引力是主动“求偶”，虽不能说花言巧语，但对抗性的确很小，无论从立场到用语，皆是和平友好的，气氛是和谐的，双方会充分肯定共同之处的分量与价值。

2.谈判面广而深

合作者谈判首先注意的是合作目标的可行性。为研究可行性，合作方的谈判人员几乎（说几乎，是因为双方在信息中仍会有保留）坐在“一条板凳上”，分析研究双方专家提出的政策、经济、能源、地理、文化、劳动力、资源、市场等方面的文件和资料。但要去伪存真，归纳运用各种数据，最终得出盈利性的结论，也并非易事。

3.谈判直接性强

合作方的谈判不喜欢中间环节多，一则不易直接了解合作对方的意图；二则合作复杂程度高，中间环节会破坏对合作的直接控制权；三则也会在实际合作经营中加重费用支出，进而影响效益。在合作方的谈判中，双方可以带顾问、律师，但一般不要代理人。

四、按谈判所在地分类

（一）主场谈判

主场谈判也称主座谈判，是指在自己一方所在地、由自己一方做主人所组织的谈判。主场谈判会给己方带来很多便利和优势，具体表现为：

1.易于建立心理优势

由于是在本企业所在地进行谈判，特别是进行国际商务谈判时，无论是在谈判日程的安排、各种资源的准备、新问题的请示，还是谈判班子的调查都比较方便，从而很容易使主场谈判方建立心理优势，谈判过程中底气十足，心中有数。这样，谈判人在掌握谈判的火候上就有把握。

2.在通信、联络、信息等方面占据优势

谈判人员可以随时与企业和上级领导联络，可以方便地获取各种资料，因此，能够在谈判中保持极大的灵活性。

3.易掌握主动权

由东道主身份所带来的谈判空间环境的主动权，会使谈判者在处理各种谈判事务时比较主动，便于主动掌握谈判进程。

4.以礼待客

东道主一般总是以礼节来表现自己，包括邀请、迎送、接待、洽谈组织等，如果东道主在上述活动中能够注意礼节，给客方创造良好的谈判环境，那么无疑会给客方留下良好印象，并在谈判中以一定的让步作为回报。尤其是谈判间隙专为客方安排的游览观光和领导人接见等活动，更能给客方以“礼貌”的感觉，非常有利于交易的达成。因此，要根据对象的不同，做到深浅有度。

5.内外线谈判

因为谈判战场在自己的家门口，客座谈判人就有条件了解主座谈判人内部的情况，比如客方可能要求进行实地参观考察，也可能要求会见主场谈判方的上级。所以，主场谈判人员在主场谈判中不仅要打好外线，注意客方的反应，还要注意内线反应，尤其是向助手们讲明谈判意图，向上级及时汇报谈判中的问题。只有做到内外兼顾，才能有效发挥主座谈判的优势。

（二）客场谈判

客场谈判也称客座谈判，是指在谈判对手所在地组织有关贸易的谈判。客座谈判，由于身处异地，特别是在国际商务谈判时，身处异国会形成一些客观上的劣势，诸如谈判期限、谈判授权、信息交流以及语言障碍等，所以客场谈判是一种难度较大的谈判。客座谈判有如下特点：

1.语言过关

在海外谈判首先是语言问题，不仅要会说当地语言，也要会写，否则就要双方达成一个统一的工作语言。一旦定下共同的工作语言，双方代表均应熟习；否则，谈判将遇到麻烦，甚至无法进行。

2.客随主便与主应客求

身处异国会有拘束感，若系初次“出征”或初到该国，许多陌生的东西造成无形阻碍。刚开始谈判多为客随主便，较多地尊重主人。要入境问俗，入国问禁，要了解各地、各国不同的风俗和国情、政情，以免做出伤害对方感情的事情。随着谈判的逐步展开，对环境及对方情况的了解逐步加深，使谈判向以客方为主的方向过渡。

3.易坐冷板凳

客居他乡的谈判人，受着各种限制的束缚，如客居时间、上级授予的权限、国内同事的要求、远距离通信的困难等。面对顽强的谈判对手，可以施展的手段有限，除了市场的竞争条件外，就是让步或者坚持到底。

4.审时度势、反应灵活

出国谈判非易事，谈判代表的行为是关键，故所有被派出海外谈判的代表，均应具备审时度势、反应灵活的特点。常见的审时度势方法是分析市场、主谈判方地位和心理变化等。反应灵活则表现在谈判态度的灵活转换上，即有成功希望则坚持原立场，无成功希望则要把握谈判速度；对方有签约诚意则灵活调整可提供的优越条件，若无意成交则不必随便降低己方已经提出的要求。

（三）客主座轮流的谈判

客主座轮流的谈判指在同一项商业交易中，谈判地点时而在交易这一方，时而在交易另一方所在地的谈判组织方式。客主座轮流的谈判一般具有如下特点：

1.时间与效益相应

客主座轮流情况的出现，说明了交易的不寻常，准确地讲，至少不会是单一、小额的商品买卖。它可能是大宗的商品买卖，也可能是成套项目的买卖，这些复杂的谈判，拖延的时间较长，对交易效果影响也较大。因此，当交易谈判进入客主谈判的状态时，双方主谈人必然会考虑时间表对双方利益的影响。时间表有时会促使人们决定是否取消客主谈判形式。

2.阶段利益目标

客主座轮流情况的出现，说明双方所从事的交易复杂，每一次换座谈判必会有新的理由和目标。

3.换座不换帅

主客座轮换，也可能引起将帅的更换。在谈判中易人，尤其是易主谈人是不利于谈判的，但实际中这种情况仍常常发生。从谈判的复杂性上讲，这种谈判应强调主谈人的连贯性。由于公司的调整、个人的升迁、时间安排等客观原因，有时会导致中间易帅。另外，出于谈判策略也有可能考虑易帅。

五、按谈判所持态度分类

（一）硬式谈判

硬式谈判也称立场型谈判，是指谈判者以意志力的较量为手段，很少顾及或根本不顾及对方的利益，谈判者将对方视为对手，以取得己方胜利为目的，要求对方让步作为建立关系的前提条件。硬式谈判对人和问题都态度强硬，绝不相信对方，坚持立场，甚至向对方发出威胁。

硬式谈判有明显的局限性，一般应用于以下两种情况：一是一次性交往，这种谈判必然是“一锤子买卖”，也就是为取得一次胜利而拿未来的合作做赌注；二是实力相差悬殊，在这种情况下，己方处于绝对优势。

（二）软式谈判

软式谈判也称让步型谈判、关系型谈判、温和式谈判，是一种为了保持同对方的某种关系所采取的退让与妥协的谈判类型。

软式谈判有以下几方面的特点：谈判者视对方为朋友，目标是达成协议，常通过做出让步来维系关系。谈判者对人和问题都态度温和，完全相信对方，容易变换立场。谈判者向对方发出要约，向对方亮底牌。谈判者为达成协议宁愿亏损，追求对方所能接受的单一结果。谈判者强调达成协议，避免意愿的较量，屈服于对方的压力。

在软式谈判中，一般做法是：提议、让步、信任对方、保持友善，以及为了避免冲突对抗而屈服于对方。软式谈判较之利益的获取更强调建立和维护双方的关系，然而就国际商务谈判的目的来说，在实际的国际商务谈判中，采取这种谈判类型的人极少，一般只限于双方的合作关系非常友好，并有定期的业务来往的情况。

（三）原则式谈判

原则式谈判也称价值型谈判、实质利益型谈判。它是指谈判的出发点和落脚点均建立在公正的利益目标上，友好而高效地取得谈判各方均感满意的结果。原则式谈判主要有以下特征：

第一，把谈判双方都看作问题的解决者，既不把对方当朋友，也不当作敌人，而是就事论事，就问题解决问题，双方都有责任和义务妥善解决问题。

第二，把人与问题分开，谈判者以公正的态度参加谈判，不带私人感情。

第三，谈判原则使用社会公认的客观标准、科学原则、国内和国际法律、风俗习惯、传统的道德规范、宗教规则等解决分歧，双方不能主观自设原则或自立标准。

第四，对人和事采取不同态度，对人采取软的态度，对事采取硬的态度，对事件按原则处理，对双方的谈判者仍以礼相待。

综合以上的分析，硬式谈判、软式谈判和原则式谈判这三种类型的谈判，在目标达成、谈判出发点、使用手段、态度、立场、做法、方案、表现、结果等方面都有很大的不同，如表1-1所示。

表1-1 **硬式、软式、原则式谈判的比较**

类型／角度		硬式谈判	软式谈判	原则式谈判
目的		赢得胜利	达成协议	圆满有效地解决问题
策略	对手	将对方视为敌人 不信任对方	将对方视为朋友 信任对方	将对方视为问题的共同解决者
	立场	坚持自己的立场	轻易改变自己的立场坚持要达成协议	重点放在利益而不是立场上，坚持客观的标准
	出发点	要求对方让步而 不顾关系	为增进关系而做出让步	利益为重，坚持客观的标准
方法	手段	对人和事都强硬	对人和事都温和	对人温和，对事强硬
	做法	威胁对方	提出建议	共同探究共同利益
	协议	要有所获才肯让步	为达成协议而让步	达成对双方都有利的协议
	方案	找出自己愿意接受的方案	找出对方能接受的方案	规划多个方案供双方选择
	表现	双方意志力的较量	尽量避免意气用事	根据客观标准达成协议
结果		施加压力使对方屈服或谈判破裂	屈服于对方压力之下	服从原则而不屈服于压力

第六节 国际商务谈判的形式

国际商务谈判一般可分为口头谈判、书面谈判两种形式。口头谈判是指买卖双方面对面谈判及电话商谈。书面谈判是指买卖双方利用信函、电报、传真等通信工具载体表示的文字或图表进行洽谈交易，主要包括函电谈判和网络谈判。由于后面章节的内容主要是针对面对面谈判的，因此在此只介绍电话谈判、函电谈判和网络谈判。

一、电话谈判

电话谈判就是借助电话通信进行信息沟通、协商，寻求达成交易的一种谈判方式。它是一种间接的、口头的谈判方式，具有快速、方便、联系广泛的特点。采用电话谈判的优点是：

第一，争取主动。想取得谈判的优势地位时，可采用电话谈判方式，并且争取主动把电话打给对方。这样，从谈判双方的状态看，你是有备而来，而对方很有可能是匆忙应战，相对而言主动打电话方自然占了上风。

第二，控制信息流出。要控制商务信息的流传面，最好采用电话谈判的方式，因为电话的两端一般各只有一人，便于保密。

第三，忽视身份差异。想缩小谈判双方地位的悬殊时，电话谈判能收到预想的效果。无论对方身居何职，谈判双方面对的都只是一部电话机。通过电话，双方各自阐述自己的条件和要求，电话两边的人的身份、地位、职务都显得不太重要。

第四，可以轻易地说不。在拒绝谈判对手时，或者想中断谈判时，用电话谈判的方式最为简便易行。这样，拒绝的话容易说出口，不会出现尴尬难堪的局面。

第五，态度强硬。故意表示对某项业务或某些谈判不关心时，以及故意表示我方谈判态度强硬和立场坚定时，采用电话谈判方式进行，可以收到预期效果。

第六，毅然决定。对待难以沟通和难以对付的谈判对手，运用电话谈判方式更具实效。如前所述，因为电话铃声普遍难以抗拒，即使难以对付的谈判对手也会拿起电话听筒与你沟通和洽谈。

第七，当面对面谈判方式难以进行时，宜采用电话谈判方式，这样可能会收到“柳暗花明又一村”的效果。

由于电话谈判的双方相距较远，也由于电话自身功能的局限，比如目前大部分电话通信还只能听到对方的声音，不能看到对方的表情、手势等，这些都给电话谈判带来不便，造成缺陷。电话谈判的缺点主要有：

第一，容易产生误解。由于电话没有视觉反馈，不仅看不到对方的面部表情，更看不出对方的行为暗示，另外，对语音、声调的理解也往往有误，加之一些字词容易混淆，所以，听懂并非易事，听错也不罕见。这是电话谈判要比面对面谈判更容易产生误解的原因。

第二，容易被拒绝。电话谈判，双方看不到对方，“不”字更容易出口。例如，一方拨了另一方的电话号码，很有礼貌地说：“如果你不介意的话，我想请你做这件事……”另一方可以很干脆地回答：“不行，我现在忙得很，多谢你打电话来。”

第三，某些事项容易被遗漏和删除。在双方交谈中，各自理解的重点和产生的兴趣不会完全一致，说和听都会带有选择性。在运用电话谈判方式时，多数情况下是一次性叙谈，很少重复，所以，谈判者有意无意地将某些事项遗漏或删除，总是在所难免的。

第四，存在一定风险。在电话中无法验证对方的各类文件、证据和许诺的真伪，有可能上当受骗，因此要冒一定的风险。

第五，时间限制了谈判的严谨性，易出差错。电话谈判较其他谈判方式而言，时间有限，谈判者缺乏深入思考的时间，尤其是受话者一方，往往是在毫无准备的状态下仓促面对某一话题，甚至进行某一项决策，因此容易出现失误。

第六，接电话的人通常处于不利的地位，没有做好充分的准备，无法提供证据，也无法进一步调查。

电话谈判方式与面对面谈判方式的不同点在于：一个是远距离不见面的磋商，而另一个是近距离面对面的磋商；其相同点在于都是用语言的表达方式进行磋商，而且电话谈判方式也包括探询、约谈、成交、签约等步骤。双方在洽谈之前，都需要做有关的准备工作；洽谈开始，也要做简短的寒暄；洽谈过程中，也少不了讨价还价；洽谈之后，要记录整理有关情况和资料。有的电话洽谈自始至终都做录音，双方在电话中达成的口头协定也构成有法律约束力的口头合同。

二、函电谈判

函电谈判是指通过邮政、电传、传真等途径进行磋商，寻求达成交易的书面谈判方式。函电谈判方式与电话谈判方式有相同之处，也有不同之处：两者都是远距离、不可见的磋商，但一个是用文字表达，而另一个是用语言来表达。函电谈判方式在国际贸易的谈判中使用最普遍、最频繁，但在国内贸易的商务谈判中则较少使用。

（一）函电谈判的特点

函电谈判作为传统的书面谈判方式，有其优点和缺点。

1.函电谈判方式的优点

（1）方便、准确。函电谈判采用的电传、传真是现代化通信手段，如同电话一样具有方便、及时、快速的特点。即使是用函件往来，也是简便易行的。而且，在函电谈判方式中，来往的电传、信函都是书面形式，绝不会出现电话中的错听、误解等现象。来往函电做到了白纸黑字，准确无误。

（2）有利于谈判决策。函电谈判方式所提供的谈判内容都是书面文字，既不像面对面谈判那样必须当面决策，有较充裕的时间思考，又便于谈判双方各自的台前、台后人员进行充分的讨论和分析，甚至可以在必要时向有关专家咨询、请教，从而有利于慎重决策。

（3）材料齐全、有据可查。函电谈判方式可以充分利用文字、图表来表达，使谈判内容较之电话谈判方式要全面、丰富。而且，谈判双方经过反复多次的函电磋商，这些来往的函电就是今后达成交易、签订合同的原始凭证，有根有据，便于存查，具有一定的法律效力。

（4）省时、低成本。由于函电谈判方式是借助于邮政、电信手段来实现远距离谈判，使谈判人员可以坐镇企业而无须四处奔波，一来省时，二来省去了差旅费等。所以，函电谈判方式的费用开支要比面对面谈判方式少。此外，函电谈判方式中的谈判人员是不见面的，双方谈判代表可以不考虑谈判对手的身份、地位、个性等，从而把主要的精力集中到交易条件的磋商上，成交较为理性。

2. 函电谈判方式的缺点

函电谈判方式用书面文字沟通，有可能出现词不达意的情况，使谈判对方耗时揣摩。如果因此造成谈判双方各有不同解释，就会引起争议和纠纷。

谈判双方代表不见面，就无法通过对方的语调、表情、情绪以及习惯动作来判断对方的心理活动。此外，谈判双方缺少面对面的接触，往往讨论问题不深入、细致，彼此的印象很感性而不深刻。

（二）函电谈判的基本要求

函电谈判是一种书面谈判的方式，其基本要求包括函电的拟写与处理两个方面。

1.函电的结构

用于函电谈判方式的函电，一般包括标题、编号、收文单位、正文、附件和发文单位六个部分。

（1）标题。标题是函电的题目或函电的名称。标题是函电内容的集中和概括，要求简明、确切，不要文不对题。标题和函电内容应相互对应。

（2）编号。编号是函件所标的“字”“号”。“字”代表发文单位，“号”代表发文次序。对函电进行编号，是为了收文和发文单位便于分类登记和进行查询。

（3）收文单位。收文单位是行文单位的对象，即函电送达的单位。

（4）正文。正文是函电的主要部分。正文一般由三部分组成：

第一，开头。正文的开头多从发函的原因写起，便于对方了解发函的原委。文字要求简明扼要。

第二，主体部分。主体是函电最重要的部分。它的任务是阐述发函的目的和要求，一定要做到目的清楚、要求明确，既充分表达己方的意图、要求和条件，又使对方清楚明白、一目了然。

第三，结尾。结尾有两种方法：一是主体写完即可结尾；二是写两句与主体相照应的话以加深印象。商务函电有惯用的结束语，如“特此函复”“即请函复”“财祺”等。

（5）附件。随函电发出的销售合同、协议、报价单、发票、单据等都作为附件处理，附在函电之后寄发。附件的名称、号码、件数必须清楚地写在函电的末尾。

（6）发文的单位、日期、盖章。在函电末尾，或者在附件的下一行偏右处，写上发文的单位名称，单位名称下边写明发函日期（年、月、日）。在日期上面加盖发文单位的印章。加盖印章是表示对发函严肃负责，有些函件则须单位负责人签名才有效。

2.函电的拟写

要把各种各样的商务谈判函电写好，就要努力实现以下各项要求：

（1）函电要符合政策法规、风俗习惯，特别是对外商务函电要充分体现中国对外商务的各项方针政策。这是写好函电的基础和指导思想，也是我们搞好国际商务、发展对外商务的有力保证。

（2）要讲究策略，积极主动地开展业务活动。函电洽谈贸易，要针对客户条件、货源等不同情况灵活对待；在处理争议和纠纷时，要针对不同情况，采用不同对策。

（3）函电要书写正确、及时，每次函电的内容应当正确、完整。对交易磋商、签订合同、处理争议问题等各类函电，都要抓紧时间及时处理，不能拖延，以免丧失良机，造成经济上的损失或带来不良影响。

3.函电的处理

商务函电面广、量大、内容复杂、时间性强，因此对函电的处理应当做到有计划、分步骤、不积压、不遗漏、不出差错。

（三）函电谈判的程序

函电谈判作为商务谈判的一种具体形式，其程序应该说与商务谈判程序是一致的，但是，函电谈判作为国际商务活动中经常使用的一种谈判方式，其程序又有独特的内涵。

1.询盘

询盘（inquiry）又称探盘，是指谈判一方大致地询问另一方（或多方）是否具有供应或购买某种商品的条件，只是了解供求情况，以衡量对方的实力和需求，具体而详尽的交易条件需在双方沟通的基础上进一步磋商。询盘多由商品的卖方发出，但买方也可根据自己的需要发出询盘。

【案例1-3】

从你方8月5日的来信中我们注意到你们希望和我们发展纺织品贸易。在研究过贵公司产品目录之后，我们对货号510和512的两款台布感兴趣。请报最低的CIF郑州价为盼，并注明可供数量和最早交货日期。如价格合理、质量令人满意，我们将长期大量订购。

询盘的目的主要是寻找合适的买主或卖主，而不是同买主或卖主正式进行谈判，因此不具有约束力。尽管如此，询盘时，应结合实际，仔细考虑，在同一时间对同一地区的客商询盘不宜太多，否则对日后交易合作会造成不良的影响。

2.发盘

发盘（offer）又称要约，是谈判的一方因想出售或购买某项商品，而向谈判的另一方提出买卖该商品的各种交易条件，并表示愿意按这些交易条件成交。发盘既可由卖方提出，也可由买方提出。由于发盘是由买卖双方中的一方向另一方提出交易条件和要求，所以发盘有两个关系人：一个是发盘人；另一个是受盘人。若一项发盘是由卖方发出的，卖方就是发盘人，而买方就是受盘人，反之亦然。按照发盘人在受盘人接受发盘后是否承担订立合同的法律责任来划分，发盘可分为实盘和虚盘。在函电方式的商务谈判中，搞清楚实盘和虚盘的法律含义对谈判双方来说都是非常重要的。

（1）实盘（firm offer）。实盘是对发盘人有约束力的发盘，也就是发盘人在一定期限内愿意按所提条件达成交易的肯定表示。发盘内容具有达成交易的全部必要条件，而且发盘人在规定的有效时限内，受发盘的约束，即未经受盘人的同意不得撤回或修改，受盘人在有效时限内若无异议地接受，合同即告成立，交易也就达成了。实盘有三个基本条件：①各项交易条件详尽、清楚、明确；②注明所发的盘是实盘；③明确发盘的有效时限。实盘内容完整肯定，对受盘人比较有吸引力，可以促使受盘人从速做出决定，达成交易。

【案例1-4】

谢谢你们11月20日对大豆的询盘。作为答复，兹发盘如下：

品名：黑龙江大豆，2023年产

质量：一级

数量：500公吨

价格：每公吨620美元，CIF伦敦价

包装：新麻袋装，每袋净重约50千克

支付：不可撤销信用证

交货日期：收到信用证之后一个月装运

该发盘为实盘，以你方答复在12月15日前到达我方为有效。

（2）虚盘（offer without engagement）。虚盘是发盘人所作的非承诺性表示，不具有约束力。对于虚盘，发盘人可以随时撤回或修改、变更内容，受盘人即使对虚盘表示接受，也需要经过发盘人的最后确认，才能成为对双方都具有约束力的合同。

虚盘一般有三个特点：①发盘中有回旋余地，常用“以我方确认为准”等术语加以说明；②发盘的内容不明确，不作肯定的表示；③缺少主要交易条件。虚盘对于发盘人来说较灵活，可以根据市场变化修改交易条件，选择合适的对手，但是受盘人常常将其看作一般的业务联系而不加重视，因而不利于达成交易。

【案例1-5】

8月5日询盘收悉。兹报100公吨葵花籽，2023年产，杂质不超过3%，含油量不低于88%，每公吨CIF Lagos价1 800美元，新麻袋装，每袋净重约23千克，10月份装船，凭不可撤销的信用证付款，该报价以货未售出为准。绿豆暂无货。

3.还盘

还盘（counter offer）是指受盘人在接到发盘后，不能完全同意发盘人在发盘中所提出的交易条件，为了进一步磋商，对发盘提出修改意见的一种表示。受盘人一旦还盘，原发盘即失去效力，原发盘人也不再受原发盘的约束，还盘也就成了新的发盘。

商务谈判中，如果原发盘人对受盘人发出的还盘提出新的建议，并再发给受盘人，叫作再还盘。在国际商务的函电谈判中，一笔生意的谈判往往要经过多次还盘和再还盘，就像谈判桌上进行多次讨价还价一样，当然也有接到实盘后不作还盘而直接签约的，这就像口头谈判桌上一拍即合的情况。

4.接受

接受（acceptance）又称承诺，是受盘人完全同意对方的发盘或还盘的全部内容所做的表示。根据《联合国国际货物销售公约》的规定，一项有效的接受，应具备下列三个条件：①接受必须是由受盘人或特定的法人做出，才具有效力，第三人做出的接受不具有法律效力；②接受的内容或条件应与发盘（或还盘）相符，这样才表明就交易条件达成一致；③接受必须在有效期内表示，才具有法律效力。过期接受或迟到接受，都无法律效力。

【案例1-6】

兹确认接受你方订购100公吨葵花籽，每公吨1 800美元CIF Lagos，11月装船。随函寄去我方第GD964号销售确认书一式两份，请签退一份以便存卷。请尽早开立以我方为受益人的信用证，以便及时安排装运。

信用证条款必须与合同条款严格相符，以免日后不必要的修改。

5.签订合同

签订合同（sign a contract）是一场商务谈判的尾声。买卖双方通过交易谈判，一方的发盘或还盘被另一方接受后，交易即告达成，但在商品交易中，通常通过签订书面合同予以确认。合同经双方签字后即告成立，具有法律约束力，买卖双方都应当遵守和执行合同中的各项内容，否则任何一方违背合同内容都要承担法律责任。

一般来说，大宗商品和重要的机器设备，均须使用正式合同；一般商品或成交额不大的交易，多使用销售确认书。书面合同的正本，一般都是一式两份，经交易双方签署后，各方保留一份。

三、网络谈判

网络谈判（internet negotiation）是伴随着互联网发展而兴起的谈判方式。尽管网络谈判出现时间很短，尚未形成成熟的理论，但其所展现出来的生命力、冲击力都不容忽视。尽管面对面谈判仍然是最主要的谈判方式，尤其是高层次的谈判，但是互联网提供了一种新的谈判方式。网络谈判与互联网的普及程度、企业的介入程度、网民的数量、购买力、购买趋向息息相关。

（一）网络谈判的特点

网络谈判就是借助互联网进行协商、对话的一种特殊的书面谈判。相对于传统的书面谈判，网络谈判具有信息交流快捷、谈判模式新颖、隐性信息难以获得等特点。

1.信息交流快捷

（1）谈判中信息传递快。过去商务函件要几天才能收到，并且有可能迟到、遗失，现在通过互联网，几分钟甚至几秒钟就能收到，而且准确无误。网络谈判既具电话谈判快速、联系广泛的特点，又有函电内容全面丰富、可以备查之特点，可使企业、客户掌握其需要的最新信息，同时有利于扩大贸易机会，开拓新市场。

（2）谈判中信息传递广。商务本身在朝着国际化、全球化发展，在网络环境下电子商务谈判在真正意义上实现了“世界就是一张偌大的谈判桌”，这使得谈判信息传递广，促进了电子商务国际化、全球化。谈判中的信息来源广、多，但杂，所需信息须经更好地研究、甄别。

2.谈判模式新颖

（1）不再需要安排时间、场地，突破了时空的局限。一是传统谈判中因时间、地点无法确定而引起的麻烦已不再存在，双方可随时在任何地方交换意见；二是由于不安排场地，双方在网络空间中谈判，不涉及谈判主场对主方的有利因素，也避免了客场对客方的不利条件，保障了谈判双方的公平性；三是由于不考虑谈判适宜的时间，不布置谈判环境，不做接待工作，双方不用到一张实物的桌子上谈判，故可以简化谈判环节，减少交易的成本和时间。

（2）信息渠道单一。确立了谈判双方后，他们不用面对面地坐到一起来，二者之间的信息渠道单一，使双方都不受复杂的人际关系的影响。谈判中“人”与“问题”掺杂往往使双方关系与讨论的实质问题纠缠不清，而电子商务谈判使双方能将“人”与“问题”分开，将双方的关系建立在正确的认识、清晰的沟通、适当的情绪上，保障了公平竞争。

（3）谈判方式由横向转向纵向发展。由于电子商务谈判是在网络上传输信息，必然有一定时滞，使人的思维有一定延迟。在这种情况下，宜采用纵向的谈判方式。横向谈判方式是指将准备谈判的议题全面铺开，并在规定了每轮要讨论多少个问题之后，按规定的先后顺序一轮一轮地谈判，其特点是在规定的时间内必须讨论完一定的问题，即使对原定问题没有按时解决，也要暂时搁下来，另议时间解决。纵向谈判方式是将要谈判的问题整理成一个系列，按问题的内在逻辑依次序进行谈判，其特点是：一般每次只谈一个问题，这个问题不解决，下个问题就无从讨论。纵向方式适合对链条或复合问题的谈判，横向方式适于面对面的商谈。由于网络的交互式环境远不如人与人之间的直接交流灵活，因此为保证谈判的效率采用链条状的纵向谈判方式更适合网络谈判。

3.获取隐性信息更加困难

电子商务谈判是在网络上进行的，因此谈判人员不必在一定的场所会面。在传统谈判中，除了从语言中获取信息外，从谈判现场还可以获取其他隐性信息来辅助决策：从人的仪态、举止、目光、面部表情获取无声语言信息；从人所用的道具、动作中获取更多信息。在电子商务谈判中，双方谈判代表无法接受到这种肢体语言所传达的信息，谈判的气氛控制也与传统谈判有很大的不同。

4.有利于慎重决策

网络谈判以书面形式提供议事日程和谈判内容，又能在几秒钟内送达，使得谈判双方既能仔细考虑本企业所提出的要点，特别是对那些谈判双方可能不清楚的条件进行书面传递，又能使谈判双方有时间同自己的助手或企业领导及决策机构进行充分的讨论和分析，甚至可以在必要时向那些不参加谈判的专家请教，有利于慎重决策。

5.谈判成本低

谈判者利用互联网及其搜索功能可以更容易地找到交易对象，分析比较不同客户的回函，从中选出对自己最有利的协议条件，使企业降低了人员开销、差旅费、招待费以及管理费等，相应降低了谈判成本、开发成本和机会成本。

6.谈判班子的组织自由度更大

传统谈判中由于人、财、物力因素，必须选派有限的人员组成谈判班子，还必须进行谈判前的合作训练。网络谈判不需谈判者亲自前往，因此对人员数量限制不大，并可随时调拨人员，最大限度地发挥集体智慧。

（二）网络谈判的报文构成

网络谈判作为一种特殊的书面谈判，其报文由主数据和商品交易报文组成。

1.主数据

（1）参与方信息。参与方信息报文是商业往来开始时，贸易伙伴第一次交换的报文，用于把地址和相关的经营管理、商业和财务信息传递给贸易伙伴，如果在以后的商务往来的各个阶段信息有变化，参与方信息应重新更换，以保持贸易伙伴的主数据最新。

（2）价格/销售目录。价格/销售目录报文由卖方传送给买方，以目录或列表形式给出供货方产品变化的预先通知。该报文有时给出产品一般信息，对所有买主都适用；有时给一个单独的买主提供一个专门信息，如特殊价格等。

2.商品交易报文

（1）报价请求。报价请求报文是由买方向一个或多个卖方发出的要求提供商品或劳务信息的报文，表明买方向卖方提出其所要求的答复内容，如买方欲购得价格。买方可以同时向几个供方发送报价请求，以便进行衡量，获取最满意的货物和购价。

（2）报价。报价报文是由供货方发送给买方的报价请求的答复。该报文包括对买方要求的货物或服务以及有关信息的详情答复。

（3）订购单。订购单报文是由买方向供方发送的订购货物或劳务并提出有关数量、日期和发货到达地等的报文。

（4）订购单确认函。订购单确认函报文是由供方发送给买方，告知买方已收到订购单，提出补充或通知买方拒绝或接受全部或部分订购单内容。

（5）订购单变更请求。订购单变更请求报文是由买方向供方提供的对订购单的修改，买方可以请求变动或取消某项货物或劳务订购信息。

（三）网络谈判中的信息问题

1.信息的安全性

任何谈判都必须保护企业的商业秘密，避免在谈判中泄漏。在开放的网络环境中，尤其要重视做好商业信息的保密工作。在谈判中要预防非法的信息存取，提防信息在传输过程中被非法窃取。企业要加强保密技术、强化安全管理，保障信息的安全。

2.信息的可靠性

网络谈判是建立在信息流的运动之上的，只有信息流动畅通才能使谈判继续下去。因此，谈判双方都必须提供准确可靠的信息，为此要解决由于平台不一致，软、硬件不一致所带来的信息交流障碍；还要有效清除网络故障、操作错误、应用程序错误、硬件故障、系统软件故障及人为破坏产生的不可靠的信息。

3.信息的一致性、完整性

由于谈判双方在信息传输时的意外差错或欺诈行为，可能导致信息的丢失、信息重复或信息传递的次序差异，也会导致谈判各方获取信息的不同，而信息的完整性将影响到谈判方式、策略。保持信息的一致性、完整性是网络谈判应用的基础，因此要预防对信息的随意生成、修改和删除，同时要防止数据传送过程中信息的丢失和重复，并保证信息传送次序的统一。

4.网络谈判后签订合同的问题

电子商务环境下，网络谈判取代了传统谈判，纸质合同也将被电子合同所取代。那么电子合同签订的方式及技术如何？电子合同的有效性是开展电子商务的前提，必须给它提供可靠的标识。

（四）网络谈判应注意的事项

网络谈判属于书面谈判形式，与函电谈判一样，其谈判程序也包含询盘、发盘、还盘、接受和签订合同等五个步骤。这种借助于互联网的新的商务谈判形式，关键不在于更好地提供信息，而在于建立起与客户、合作伙伴之间的新的联系和沟通方式，也就是说，通过无处不在的网络，商务活动完全可以在网上进行，从而达到提高客户、合作伙伴的满意程度，降低成本，提高灵活性，缩短谈判时间，提高工作效率等目的。但要达到这些目的，有几个方面值得注意：

1.加速网络谈判人员的培养

实行网络谈判方式，需要谈判人员既有商务知识与谈判技巧，又懂信息技术，而目前的事实是，谈判人员往往善于从事商务谈判，但缺乏IT知识，或者有IT知识，而对商务谈判知识与技巧了解少。所以，面对电子商务的快速发展，要加速网络谈判人才的培养。

2.加强与客户关系的维系

由于互联网是公开的大众媒体，使用网络谈判也就意味着你与客户、合作伙伴之间的关系公开化。竞争对手可以通过互联网随时了解到你的报价、技术指标，以及你的客户和合作伙伴的需求，甚至你与客户、合作伙伴之间存在的分歧等。通过对这些资料的分析，竞争对手有可能抢走你的客户。所以，借助于互联网进行商务谈判，还应注意情感的培养，提高服务水准，以更好地维系与客户、合作伙伴的关系。

3.加强资料的存档保管工作

互联网易受病毒的侵害和黑客的破坏，而网络谈判所使用的E-mail等需要通过互联网传递，一旦网络发生故障或受到病毒、黑客的攻击，往往就会影响谈判双方的联系，甚至会丧失合作机会。所以，商务谈判过程中的发盘、还盘、确认等资料要及时下载，打印成文字，以备存查。

4.必须签订书面合同

网络谈判达成的交易，一经确认或接受，一般即认为合约成立，交易双方均受其约束，不得任意改变。但为了明确各自的权利与义务，加强责任心，双方必须签订正式合同，促使双方按合同办事。

此外，开展网络谈判，对如何进行品牌管理、如何吸引新的客户、如何争取客户的信任、如何进行组织管理这些新问题也有待于进一步研究与解决。

随着互联网技术的不断进步，从电子邮件、文件处理到先进的网络会议、网络电话、网上视听系统等，这些使得基于互联网的交易飞速增长。不过，互联网技术要真正成为主要的谈判工具可能还需要一定的时间，尤其是涉及网络合同谈判及其争端解决的问题，这些基于网络的谈判技术需要不断开发和完善，包括网络虚拟会议、虚拟眼球、语言辨别技术、电脑的个性化信息处理技术等，这样才能使网络谈判真正人性化，使谈判进程更加顺利。

表1-2对四种谈判方式进行了比较。

表1-2　　四种谈判方式的比较

比较项目 \ 谈判方式	面对面谈判	电话谈判	函电谈判	网络谈判
接触方式	直接	间接	间接	间接
表达方式	语言	语言	文字	文字
商谈内容	深入、细致	受限制	全面、丰富	全面、丰富
情感气氛	可利用	无法利用	无法利用	无法利用
个性心理	有影响	有影响	不影响	不影响
联系方式	慢、窄	快速、广泛	较慢、较窄	快速、广泛
费用	最大	较大	较少	很少
适用范围	一对一 团体谈判 大型项目	一对一 小型项目	日常交易 国际交易	日常交易 国际交易

复习思考题

1.什么是国际商务谈判？它的主要特点有哪些？

2.国际商务谈判的原则是什么？

3.国际商务谈判有哪些构成要素？

4.选择主场谈判对谈判者有哪些优势？谈判人员参加客场谈判应注意哪些问题？

5.试比较让步型谈判、立场型谈判和原则型谈判三种谈判的特点。

6.电话谈判、函电谈判和网络谈判各有什么特点？

实训题

1.某企业预购3 000吨一级优质绿豆，请你按实盘和虚盘要求各拟写一份求购的函电。

2.一天，你突然接到某学院的电话，从声音和口气可以听出来，对方是有采购授权的。你与对方从来未见面，对方也从未用过你公司的产品。

对方在电话里告诉你，其所在学院为了迎接全国高职示范校评估工作，计划筹建智慧校园。对方询问你公司是否可以在两个月内交付一套相关设备。对方对设备标准和一些交易条件似乎了如指掌。对方解释说，他的时间比较紧，手头也有一些其他公司提供该设备，但是要求你公司的报价在118万元以下。你建议面谈，对方讲太忙，只有接受其报价后，才会安排会面。

问题：面对这种情况，你将怎么办？

案例分析题

【案例】中美经济合作谈判：这是中美之间的重要谈判，涉及两国之间的投资、金融、能源、技术等领域的合作。这一刻，举世关注。当地时间2020年1月15日13时许，中共中央政治局委员、国务院副总理、中美全面经济对话中方牵头人刘鹤与美国总统特朗普正式签署中美第一阶段经贸协议。这是双方从大局出发，朝着解决经贸分歧的正确方向迈出的重要一步，不仅为妥善处理后续问题奠定良好基础，也为推动两国经贸关系重回正轨、促进世界经济的稳定与发展注入正能量，有利于中国、有利于美国，也有利于全世界。

美国白宫东厅内，1个多小时的协议签署仪式，跨越了过去近两年中美经贸磋商“打打谈谈、边谈边打”的艰难历程。这是来之不易的阶段性成果，更是博弈和斗争得来的结果，意味着世界上最大的两个经济体正尝试寻找一种更理性的方式打破困境。事实证明，合作是中美两国唯一正确的选择，相向而行才是问题解决之道。只要秉持平等和相互尊重的原则，坚持对话协商，办法总比困难多。

中美两个大国虽然在政治制度、意识形态等方面存在差异，但也有巨大的共同利益。中美经贸磋商能够破冰，求同存异是关键一步。只要双方牢牢把握住两国人民的根本利益，尊重彼此尊严、主权、核心利益，就没有克服不了的困难。

从协议内容看，无论是双方扩大农产品、制成品、能源、服务等领域的贸易规模，进一步放宽市场准入，还是双方承诺加大知识产权保护力度，并建立双边评估和争端解决安排，以及美方承诺取消部分对华产品加征关税等，协议在相当程度上解决了双方关切，既顺应中国深化改革开放和推进高质量发展的大方向，有利于满足中国市场日益扩大的需求、保持国际收支基本平衡，也有利于两国工商界和消费者，实现了双方互利共赢，受到国际社会、金融市场的普遍欢迎。

协议的签署启示我们，越是复杂情况，越要保持战略定力，关键要办好自己的事情。近两年的中美经贸磋商，正值中国决胜全面建成小康社会第一个百年奋斗目标的关键期。国际形势波谲云诡，国内改革发展任务艰巨繁重，面对各种唱空和质疑之声，中国经济不但没有如中美贸易战之初美方预言的被“轻易击垮”，反而一直保持6%以上的增速稳中有进，到2019年底经济总量接近100万亿元人民币，人均国内生产总值超过1万美元，压力面前企业和民众的心态也更加成熟淡定。

当然，第一阶段协议的签署，并不意味着一劳永逸、万事大吉。前期中美经贸磋商的跌宕起伏表明，第一阶段协议的签署是解决中美经贸问题良好的开端，当下首要的是努力把协议落实好。凡事预则立，不预则废。要充分认清中美经贸问题的长期性、复杂性、艰巨性，中美双方应按照两国元首确定的原则精神，始终把握经贸合作互利共赢的主流，用好协议达成的争端解决机制等对话平台，沿着解决问题的正确路径相向而行，为新时代中美经贸关系创造良好的开端。

中国要发展，最终要靠自己。面对前行路上的困难挑战，我们要始终坚信办法总比困难多，因为我们有以习近平同志为核心的党中央坚强领导，有中国特色社会主义的制度优势，有70多年积累的坚实基础和丰富经验，更有勤劳智慧的人民。

持续扩大开放的中国还将通过自身稳定发展为全球经济做出更大贡献。一句话，世界好，中国才能好；中国好，世界才更好！

案例来源　新华社评论员．办法总比困难多——写在中美签署第一阶段经贸协议之际［EB/OL］．［2020-01-16］．http：//www.xinhuanet.com/world/2020-01/16/c_1125467375.htm.

问题：为什么中美经济合作谈判是困难、复杂而漫长的？中美经济合作谈判应遵循什么原则？有何重大意义？

第一章案例分析题参考答案

第二章

国际商务谈判的基本内容

❖ 学习目标

通过本章学习，你应该：

√掌握商品买卖谈判的内容与特点；

√掌握技术贸易谈判的内容与特点；

√了解工程承包、租赁、合资合作谈判的内容与特点。

❖ 重点提示

学习本章前，先对以下内容有一个初步印象，等学习完本章后再看看对这些内容的把握程度：

√商品贸易谈判的内容；

√技术贸易谈判的内容；

√工程承包谈判的特点；

√租赁业务谈判的特点。

❖ 引导案例

双赢的对赌协议

特斯拉在中国建设工厂之初，曾与中国政府签订了一个对赌协议。协议规定：上海超级工厂从2023年年底起，每年须纳税22.3亿元。如果不能达成这一条件，除了收回建设工厂的土地之外，特斯拉还必须在未来5年在上海工厂投入140.8亿元人民币的资本支出。特斯拉在中国拿到的贷款年利率是3.9%。特斯拉承诺从2023年开始，每年向中国缴纳不少于22.3亿元人民币的税款，否则必须归还土地。这意味着特斯拉在中国市场的发展必须取得长期的成功，以保证税收的连续缴纳。特斯拉大量的资金投入不仅带动了当地的经济发展，也为特斯拉在中国市场的稳固立足打下了坚实的基础。特斯拉在上海的投资不仅是资金上的支持，还包括了技术和产业的引进。作为全球领先的电动汽车制造商，特斯拉将其先进的技术和生产经验带入中国市场，提升了中国的制造水平和技术能力。同时，特斯拉的投资还吸引了更多的国内外制造业公司到上海投资，形成了一个制造业集群，促进了上海经济的发展。

除了税收和投资，特斯拉在对赌协议中还承诺要实现所有零部件的国产化，达到95%以上的供应链本土化。这意味着特斯拉将在中国建立自己的供应链体系，从而降低生产成本，提高产品的竞争力。同时，特斯拉国产化也为中国本土供应商提供了机会，带动了中国零部件制造业的发展，促进了产业链的完善和提升。特斯拉的国产化不仅有助于降低成本和提高效益，还能够减少对进口零部件的依赖，提高产品的供应稳定性。特斯拉在国内建立的供应链体系还有助于吸引更多的优秀供应商加入，形成共赢的合作关系。通过与中国本土企业的合作，特斯拉可以更好地融入中国市场，满足中国消费者对高品质、高性能电动汽车的需求。

特斯拉在上海的投资和承诺不仅对特斯拉自身发展具有重要意义，也对中国新能源汽车市场产生了积极的影响。首先，特斯拉的进入推动了中国新能源汽车产业的发展。特斯拉作为全球电动汽车领军企业，其进入中国市场等于给了中国新能源汽车行业一个强有力的推动者和引领者。特斯拉的成功经验和先进技术能够为中国新能源汽车企业提供宝贵的借鉴和参考，促使它们加快技术创新、产品升级和市场拓展的步伐。其次，特斯拉的投资也为中国新能源汽车产业链的完善提供了机会。特斯拉的国产化和供应链建设，不仅增加了国内供应商的市场机会，也带动了中国本土零部件产业的发展。中国作为全球最大的汽车市场，特斯拉的发展将带动更多优秀的本土供应商崛起，形成一个完整的新能源汽车产业链，提高中国新能源汽车产业的竞争力和影响力。最后，特斯拉的进入也对中国消费者产生了积极影响。特斯拉作为全球知名的电动汽车品牌，以其高品质、高性能和独特的设计风格，吸引了众多消费者的关注和青睐。特斯拉的投资让中国消费者有机会接触到全球领先的电动汽车技术和产品，提供了更多选择和机会，推动了中国消费者对新能源汽车的接受和认可度的提升。

特斯拉与上海市政府之间的对赌协议，通过税收、投资和国产化等方面的约定，为特斯拉在中国的发展提供了有力的支持和保障。特斯拉的投资和国产化不仅对特斯拉自身有利，也对中国新能源汽车市场产生了积极的影响。特斯拉的进入推动了中国新能源汽车产业的发展和升级，提高了中国新能源汽车的技术水平和市场竞争力。特斯拉的成功经验和先进技术也为中国企业提供了借鉴和学习的机会，促进了中国新能源汽车产业的快速发展。特斯拉与上海市政府之间的对赌协议，不仅是双方的合作和共赢，也为中国新能源汽车市场注入了新的活力和动力，提升了中国在全球新能源汽车领域的地位和影响力。特斯拉和上海都是真正的赢家，它们的合作为中国新能源汽车产业发展指明了方向，也为其他国家和地区的新能源汽车产业提供了借鉴和启示。

案例来源　张世宇. 浅析我国发展新能源汽车产业面临的挑战——以特斯拉在中国上海工厂为例 [J]. 环渤海经济瞭望，2021 (5)：50-51.

【问题】谈判协议的基本内容有哪些？

【案例评析】从该谈判案例中，我们可以看到谈判内容具有繁杂、具体、专业的特点。

国际商务谈判的内容非常广泛，既包括商品、技术、劳务的贸易谈判，也包括工程项目、投资和经贸合作谈判。

第一节　商品贸易谈判

商品贸易主要包含商品进口和商品出口两个主要环节。商品贸易谈判在贸易谈判中占很大比例。由于产品种类及用途广泛，性能各异，因此，谈判内容也有一定差别。但不论什么样的商品贸易谈判，都应就以下几个方面的内容进行谈判：

一、价格

几乎所有的谈判都涉及价格这一问题。在许多交易中，价格的高低是影响双方利益分配的重要因素，因此有关价格的谈判往往是整个谈判进程中最为重要、最为敏感也最为艰巨的一环。

在一般情况下，卖方是按照行业售价的惯例提出产品售价。但买方应清楚，行业的定价惯例是用以保护销售者的。如果买方在谈判中另辟蹊径，往往可以获得十分优惠的价格让步。例如，在计算卖方的成本费用时，可以包装费用为突破口，如以每吨公里运价计算，常常会得到对方较大的让步。另外，价格的确定与许多因素有关，如商品品质、交易数量、交货期限、支付条件、运输方式、交货地点、合同期的长短等。双方在确定最终价格时，必须考虑这些因素。

价格由单价和总值构成。单价即单位商品的价格，包括计量单位、计价货币、单位金额和价格术语四个部分。

（1）计量单位，即计算商品数量的单位。

（2）计价货币，即计算商品价格使用的标准货币。在国内贸易中人民币是法定的计价货币；在对外贸易中，使用何种货币计价，要由双方协商确定，一般出口贸易要争取选用“硬通货”，进口贸易争取使用“软通货”。

（3）单位金额，即商品每一计量单位以计价货币表示的金额。

（4）价格术语，也称价格条件，为国际贸易中代表不同价格构成，表示买卖双方各自应承担的责任、费用、风险以及划分货物所有权转移界限的一种术语。依据有关国际贸易惯例，较常用的价格术语有FOB（装运港船上交货价）、CFR（成本加运费价）、CIF（成本、保险费加运费价）等。随着“三资”企业在国内的发展，价格术语在国内贸易中也常遇到，谈判人员要学会运用适用于任何运输方式的FCA、CPT、CIP等贸易术语。

此外，双方还应就商品的作价方法进行商讨。一般情况下，双方对所交易的商品都要确定一个固定价格，但如果商品的价格市场波动较大，交货期又比较长，也可以采用后定价格或滑动价格来对商品进行作价。价格作为谈判中的核心内容，直接关系到谈判双方的经济利益，对此应给予高度重视。

二、质量、原材料、生产工艺

质量是产品具有使用价值的保证。质量高意味着产品的耐用性、实用性、适用性都比较好。因此，在谈判中，双方对质量条款也十分重视。双方应明确所交易的产品的质量标准、检验质量标准的方法，以及卖方所提供的产品如达不到质量标准应负的责任和赔偿方式。

某些技术性比较强的产品，所采用的原材料及生产工艺也是双方谈判的内容，成为双方讨价还价的筹码。这类问题较多的是与产品质量条款一起讨论的。

三、规格、型号

在商品交易中，规格、型号也是双方应明确的问题。商品的规格是反映商品品质的技术指标，例如化学成分、含量、纯度、大小、长短、粗细等方面的指标。各种商品的品质特征不同，其规格也不相同。有时卖方提供的产品规格、型号不对路，会给买方带来很大损失。因此，明确规定交易产品的规格、型号以及出现问题后双方的责任是十分必要的。

买卖双方用规格表示商品的品质，并作为谈判的条件，称为凭规格买卖。一般来说，凭规格买卖是比较准确的，所以大多数商品交易都采用这种方法。

四、支付方式

在商品交易中，付款的方式也很重要。从表面来看，不论以什么方式付款，用什么支付工具付款，买方的付出和卖方的收入都是合同中规定的总额。但实际上，在不同的支付条件下，尽管支付的价格总额不变，但买卖双方实际的支付和收入水平可能会有很大差异。

（一）预付款和最终付款

预付款是指买方在订货时就预付给对方的款项，当产品制造完成并经买方检验合乎合同确定的标准时，买方可作最终付款。预付款的比例、最终付款的期限和方式、支付期限延长的赔偿、提前支付的折扣、产品在制造加工期间的其他付款等，都是双方协商的内容。

（二）支付金额和支付货币

支付金额一般是指合同规定的总金额，但在有些情况下，支付金额与合同金额会不一致，例如，分批交货、分批付款，采用滑动价格，品质优劣浮动价格或数量溢短装规定，谈判时一些附加费用暂难确定等。支付货币在国际贸易中情况比较复杂，涉及汇率风险的问题，一般应选择兑换比较方便、币值相对稳定的货币作为支付货币。

（三）支付方式

支付方式包括支付时间、支付地点和具体支付方式。国内贸易中货款的结算通常有现金结算和转账结算两大类，其中又包括多种具体方式。国际贸易中支付有汇付、托收以及信用证三种基本方式，一般多采用信用证结算。在支付方式中较为关键的是支付时间，时间不同，对双方利益会有较大影响，谈判中应予以重视。

学思践悟

党的二十大报告指出，健全宏观经济治理体系，发挥国家发展规划的战略导向作用，加强财政政策和货币政策协调配合，着力扩大内需，增强消费对经济发展的基础性作用和投资对优化供给结构的关键作用。健全现代预算制度，优化税制结构，完善财政转移支付体系。深化金融体制改革，建设现代中央银行制度，加强和完善现代金融监管，强化金融稳定保障体系，依法将各类金融活动全部纳入监管，守住不发生系统性风险底线。健全资本市场功能，提高直接融资比重。

数字人民币是中国金融监管的重要内容之一，其使用范围和支付方式也在不断扩大和创新。随着中国经济的快速发展和对外开放程度的提高，人民币国际化已经成为必然趋势。国际贸易中的支付方式也发生了很大的变化，从传统的现金、支票等方式逐渐向电子化、数字化方向发展。数字人民币作为一种新型的支付工具，具有安全、便捷、高效等特点，可以更好地满足国际贸易中不同参与方的需求。人民币国际化以及国际贸易中的支付方式的变化都是中国金融监管的重要组成部分，它们共同推动了中国经济的发展和金融体系的完善。

五、商品包装、装运与交付

商品包装主要是为了保护商品，但许多商品需要特殊包装，这样双方还要对包装的形式、费用进行磋商，明确写入合同条款。

对于商品的包装，谈判中主要应当明确：

第一，包装材料。包装材料涉及采用何种物质对商品进行包装，如纸箱、木箱、金属包装、麻袋、塑料袋以及竹、柳、草制品包装等。包装材料直接关系到包装成本，应尽量选择资源丰富、价格低廉的物质作为包装材料。

第二，包装形式。包装形式涉及如何对商品进行包装，如筐装、外包麻布、麻绳捆扎、每筐重50千克等。

第三，包装费用。按照交易惯例，包装所涉及的费用是包含在货价之中的，不再向买方另行收取。但如果买方有特殊要求，双方可另行商定，或提高商品的价格，或另行收取包装费。

除此之外，双方在谈判中还应就运输标记、包装物的循环使用、是否回收以及包装物的供应方法等进行商谈或确定，在合同中明确予以表述。

在谈判中，要对商品的装运和交接问题做出明确的规定：

第一，运输方式。商品的交接必须借助于空间的转移来实现，运输方式不同，运费差别很大。双方应在明确由谁支付运费的基础上，规定运输方式及应负的责任。运输方式包括海洋运输、铁路运输、公路运输、航空运输、管道运输和联合运输等。双方应根据时间的要求和运输成本，来选择合适的运输方式。

第二，交货时间。在经济活动中，许多合同纠纷起因于装运和交接货物的时间规定比较模糊。为尽可能避免纠纷，谈判人员应在切实可行的基础上，力求把装运和交接货物的时间定得明确合理。通常情况下，卖方谈判人员应在充分考虑货源情况、运输条件、市场供应情况及商品本身状况等因素的基础上决定装运时间或交货时间。双方在确定交货日期后，应明确卖方延期交货或买方不能按期接货所应负的责任，以及由此给对方带来损失的赔偿方法。

第三，交货地点。交货地点的选择关系到运费和结算价格的高低，同时也与交接双方所承担的责任有关。地点规定必须明确具体，谨防因过于笼统或重名问题引起合同履行中的麻烦。

六、保险、进口关税和许可证

国际贸易中的货物一般都要经过长途运输。在运输过程中，货物可能遇到自然灾害或意外事故，从而使货物遭受损失。货主为了转嫁风险，通常都要投保货物运输险。商品运输保险是被保险人或投保人在货物装运以前，估定一定的投保金额（即保险金额），向保险人或称承保人（即保险公司）投保货物运输险。被保险货物若在运输过程中遭受自然灾害或意外事故造成经济损失，则保险人负责对保险险别责任范围内的损失，按保险金额及损失程度赔偿保险利益人。大部分商品交易项目都有保险条款。在对外贸易谈判中，商品运输保险较为复杂，应在了解中国人民保险公司有关保险条款、对方国家的有关保险条款及国际通行做法的基础上，根据商品的性质、金额、包装情况、装载条件及赔偿及时与否，合理确定保险金额、险别以及按何种保险条款办理保险等事宜。

谈判还应规定哪一方负责缴纳和办理所需的进口关税和许可证，包括海关检验的手续费。

第二节　技术贸易谈判

现代社会技术种类很多，如电工技术、电子技术、激光技术、计算机技术、医疗技术、生物技术、育种技术等，随着国际贸易和科学技术的发展，技术贸易得到了迅速发展。

一、技术与技术贸易

技术贸易是指技术的出让方与技术的购买方就某项技术的性能、价格、支付等的协商过程，是一种有偿的技术转让。技术是指人们在生产活动中，制造某种产品、应用某项生产方法或提供某种服务的系统知识。技术不是物，而是以知识的形态存在，如一项发明创造、一种新的制造工艺与技术资料等。技术必须凝结在劳动力和生产资料中才能变为物质力量，才能充分体现其使用价值。

在技术贸易中，当一方转让某项技术时，通常是使用该项技术可以实现何种新的工艺，生产出什么新产品，或者达到何种改进生产状况的预期目标。而这种预期目标是否能够达到，从技术引进方来说，只能在签订技术转让协议、经过使用该项技术后，才能体验评估出来。技术贸易与商品贸易有一定区别，这是由于技术是一种特殊产品，它不像一般商品那样具有可见的形状，可以计量、检验质量。

商品交换的过程是相对短暂的，一笔交易完成后，双方的买卖关系就告终止，而技术交易往往是一个很复杂的过程，从谈判签约、转让技术到投产受益，往往要延续较长的一段时间。因此，在技术贸易中，每笔交易都要签订合同，对技术转让过程中可能出现的争议都要明确规定。

技术保密是技术交易中的另一个特点。商品在成交前是不保密的，甚至可以先试用，但在技术市场上，潜在的供方为了保护自身的利益，对技术是保密的。在技术交易签约前，对受方是保密的，或者不愿透露技术的关键细节，这在某种程度上也会影响技术交易谈判的进行。

二、技术贸易谈判

技术贸易谈判，是指技术拥有方按商业交易的条件和方式，通过贸易谈判对技术需求方进行有偿技术和有关权利的转让，从而达到交易目的的行为过程。

（一）技术贸易谈判的特点

将技术作为特殊的商品进行买卖，有其独有的特点：

1.技术贸易多数是技术使用权的转让

由于同一技术同时可供给众多生产企业使用，所以国际上绝大多数的技术贸易都是技术使用权的转让，而不是技术所有权的转让，技术拥有方并不因为把技术转让给他人而失去所有权。他自己仍可使用或转让给其他企业使用这项技术（技术贸易合同规定不得使用的除外）。

2.技术贸易是一个双方较长期的密切合作过程

技术转让是知识和经验的传授，其目的是使技术引进方消化和掌握这项技术并用于生产。因此，签订技术贸易合同后，履行合同一般要经过提供技术资料、技术人员培训、现场指导以及进行技术考核、验收，乃至继续提供改进技术等过程，这就需要技术贸易双方建立较长期的密切合作关系。

3.技术贸易双方往往既是合作伙伴，又是竞争对手

技术贸易双方往往是同行，技术转让方想通过转让技术获取收益，同时又担心接受方获得技术后，制造同一类产品，成为自己的竞争对手。因此，技术转让方一般不愿把最先进的技术转让出去，或者在转让时可能附加某些不合理的限制性条款，以束缚技术接受方的手脚。

4.技术贸易的价格较难确定

技术贸易中技术的价格不像商品价格那样主要取决于商品的成本，另外，技术转让后，技术转让方并不失去对这项技术的所有权，他仍可使用这项技术或可多次转让，以获取更多的经济效益，因此，决定技术价格的主要因素是接受方使用这项技术后所能获得的经济效益。而接受方所获得的经济效益在谈判和签订合同时往往是难以准确预测的，这就形成了确定技术贸易价格的复杂性。

（二）技术贸易谈判的内容

技术贸易谈判一般分为两个部分，即技术谈判和贸易谈判。

技术谈判是供受双方就有关技术和设备的名称、型号、规格、技术性能、质量保证、提供资料的范围、份数、交货的时间和地点、技术服务与人员培训、试生产验收问题进行商谈，受方通过谈判可以进一步了解对方的情况，摸清技术和设备是否符合本单位的实际和要求，最后确定是否引进。

贸易谈判是供受双方在技术谈判的基础上就技术或设备的价格、支付方式、运输、保险、税收、仲裁、索赔、法律适用、侵权与保密、合同生效、合同有效期限等问题进行商谈。通过商谈确定合理的价格、有效的途径与方法，以及如何将技术设备顺利地从供方转移到受方。

技术贸易谈判应包括以下几方面内容：

（1）明确协议项目及转让技术的范围，包括产品设计、制造工艺、测试方法、质量控制、材料配方等。其中，合同产品的系列、型号、规格，以及要求达到的技术参数，必须专立附件，明确规定。这是双方对合同产品进行验收的标准依据，即明确受方利用引进技术生产产品应达到的水平。如同时引进设备和材料，也应明确规定。

（2）明确供方必须及时提供的一切有关的技术数据和技术资料，并规定如供方提供材料不完整、不及时应负有的责任。明确的细则包括技术资料清单、件数，各种图纸的数量，资料交付的时间、地点等。

（3）明确转让技术的所有权问题。引进技术涉及专利和商标使用权等问题，受方必须明确有否引进专利的必要、供方专利的实际情况、各项专利的期限等。

（4）明确提供的技术属供方所有，并正在使用。

（5）技术服务条款。双方应明确，供方指派技术专家帮助实施技术，生产合格产品的

日期、地点、次数、人员、费用等。

（6）培训受方技术人员。双方应根据实际需要，协商确定培训的内容，受方技术人员的专业、职务、人数、实习期限，供方培训的技术内容、受训器材等。

（7）安装试车与考核验收。设备的安装试车和技术考核验收是实现技术有效转移，保护受方利益的主要环节。双方应明确除对技术资料和设备的验收外，还必须使供方对提供的专利、专有技术和设备进行综合性的考核和验收。此外，双方还应规定出现问题时各自的责任及处理办法。

（8）技术的改进与发展。现代技术更新换代极快，因此，在合同有效期内，可能会出现技术改进或发展，双方在磋商时应明确改进和发展后的技术如何处理，如改进技术专利申请权的归属，相互转让改进技术支付的费用等。

（9）保密。技术交易与商品交易的区别之一就是技术保密。双方应明确保密范围、保密的对象、技术资料外流和所有权泄密的责任等问题。

（10）价格与支付方式。在技术交易中，价格条款的协商比较困难。一般商品的价格是成本加利润，而技术价格则是由直接费用、间接费用和利润补偿三部分构成的：①直接费用，包括供方为转让技术而花的费用，如派出谈判人员、接待考察、复制资料和提供样品等的费用；②间接费用，是指供方对技术的研究、开发费用的补偿，它是按照技术可能转让的次数分摊的；③利润补偿，是指对由于转让技术使供方蒙受利润损失的补偿，这部分是技术价格的主体。此外，还应考虑技术无形损耗、支付方式等方面的问题。

（11）销售。技术转让涉及引进技术投产后的产品销售权问题，即用引进技术生产的产品销往何处，是国内还是国外？这也是谈判双方争论的焦点之一。销售条款应与技术费用相关。

（12）不可抗力。由于技术转让获得效益费时较长，在此期间，很可能由于各种外界条件，如战争、地震等影响协议的履行，因此，双方必须明确规定不可抗力出现后的联系与处理，以及必要条件下的协商问题。

（13）规避技术风险。技术风险是指在国际商务谈判中，由技术选择、技术应用和技术执行等原因造成的风险。谈判中的技术风险所反映的内容很多，包括过分奢求引起的风险、合作伙伴选择不当引起的风险、强迫性要求造成的风险等。

三、国际许可贸易谈判

技术贸易的方式有三种：许可贸易、技术服务和技术所有权的转让。

许可贸易是技术贸易中最主要、最常用的方式，它是指技术拥有方允许技术需求方在一定条件下使用其技术，进行产品的生产和销售的一种商业性交易。许可贸易主要指专利许可贸易、商标许可贸易和专有技术许可贸易。近几年，世界上许多国家对进口商品都设置了许多关税和非关税壁垒，使国际企业以传统的产品贸易方式进入国际市场遇到了严重的阻碍，而采用许可贸易方式，以技术出口代替商品出口，就能克服商品贸易壁垒，同样可以进入国际市场，取得与出口商品异曲同工之效。尤其当进入国际目标市场的东道国严格限制产品进口和外国投资时，许可贸易往往是国际企业进入目标市场唯一可选择的贸易方式。

企业一旦决定采用许可贸易方式进入国外目标市场，就要在目标市场上选择合适的许可人，然后就价格、技术等主要问题进行谈判和协商，最后签订许可合同。国际许可贸易方式中的权利和义务是通过许可合同来确定的。许可合同中有关条款的谈判和制定，是企业采用许可贸易方式进入国际市场的重要环节。

（一）定义条款

定义条款是许可方式中最重要的条款之一。由于语言的障碍和专业术语的使用，许可合同中所包括的重要名词必须有一个明确的定义，才能避免双方对该名词有所误解而产生争议。对于不同名词的定义条款，合同双方应注意诸如技术合同产品、许可技术等定义名称。

（二）价格条款

要想在价格谈判中获胜，必须了解成交价的变动范围。成交价的变动范围是由许可方的最低售价和被许可方的最高投标价决定的。最低售价是许可方的机会成本和向被许可方转让技术的成本之和。最高投标价由以下三个数额的最低值组成：

（1）被许可方使用该技术获得的递增的现金流入。

（2）来自其他企业的相同或相近技术的成本。

（3）被许可方自己开发这种技术的成本。

许可方一旦了解到被许可方的最高投标价，就掌握了成交价的变动范围，真正做到了知己知彼，这样才能在价格谈判中取得成功。

（三）支付条款

在支付条款的谈判中，许可方为了保证自己的技术转让收入，通常会采用以下一些具体措施：

1.规定履约保证金

许可人将技术转让给被许可人使用，有时被许可人不能按时支付技术使用费，那么许可人为了保证自己的利益，在支付条款的谈判中，要求被许可人如约向许可人支付履约保证金。

2.规定技术使用费的调整条款

在以提成方式计价的许可合同中，技术使用费的多少常随被许可方的生产条件和市场条件的变化而变化。许可方为保障自己取得稳定的技术使用费，往往在合同中规定，如果市场条件和生产条件变化，导致被许可方产品销量上升或下降时，技术使用费的提成比率也应该以相反方向调整。至于调整的比率应为多少，通常由双方当事人另以协议形式拟定，协议不成时，则交付仲裁。

3.制定税收转嫁条款

这一条款规定许可人在合同期内不负担任何税负，一切税负由被许可人负担。通过这一条款，许可人可以把由于取得技术使用费收入产生的税负转嫁给被许可人。有时，这种做法与被许可方国家的法律相冲突。此时，许可方往往通过预先提高技术使用费，将应付的税收计入使用费中。这种做法与税收转嫁在实质上并没有什么根本的区别。

（四）技术条款

1.技术资料交付条款

技术资料是许可方将其拥有的技术转让给被许可方的媒介和桥梁。没有这个媒介，技术的转让就难以实现。所以，对许可方式的当事双方来说，技术资料的交付是一个十分重要的环节。

2.技术服务和人员培训条款

在谈判与签订技术服务和人员培训条款时，许可方应对技术服务人员、技术服务时间有明确的规定，同时对技术培训的内容、费用也必须有明确的规定。

3.保证条款

制定保证条款的主要目的是用来保护被许可方的利益。对许可方来说，保证条款越少越好，被保证的内容越少越好，但为了达成许可协议，许可方往往不得不就许可方式的某些方面向被许可人进行保证。当许可人违背这些保证条款时，被许可人有权索赔。

（五）法律性条款

1.侵权与保密条款

侵权是对专利和商标而言的，它们受专利法和商标法的保护，但这种保护是有地区性的。如果在专利法和商标法保护的范围之外，有第三方获得该项专利和商标的合法使用权，那么，当事双方在该地的许可交易或某一方在该地出售有关的技术产品就会构成对第三方的侵权。

2.解决争议条款

在利用许可方式进行国际贸易时，许可方与被许可方发生争议是难免的，也是一种十分正常的商业现象。所以，要专门设立争议解决条款，作为解决今后可能产生争议的依据。在签订解决争议条款时，许可双方对以下几个问题都应加以注意：

（1）规定解决争议的办法。必须明确规定争议解决的办法。一般来说，双方发生争议，首先通过友好协商解决；无法解决时，可由第三方出面调解；仍然无法解决时，诉诸有关贸易仲裁机构仲裁。

（2）规定仲裁的方法。必须明确规定仲裁的地点、机构、程序裁决的效力和仲裁费的负担等问题。仲裁的地点最好在签约当事人的所在国，当然也可以设在第三国。仲裁的机构和程序是相互关联的，不同机构的仲裁程序往往是不同的。仲裁裁决是终局性的，对双方具有约束力，必须立即执行。仲裁费用一般由败诉方负担。

（3）规定仲裁过程中的合作问题。须明确规定在仲裁过程中，除正在进行仲裁的部分外，合同的其他部分应继续执行。

学思践悟

党的二十大报告指出，推动战略性新兴产业融合集群发展，构建新一代信息技术、人工智能、生物技术、新能源、新材料、高端装备、绿色环保等一批新的增长引擎。

技术研发是中国推动技术贸易出口的重要引擎。中国的科技实力在许多领域，如人工智能、新能源、新材料等，都取得了显著的进展。这些技术的研发和应用，不仅提升了中国自身的产业竞争力，同时也为全球的技术进步做出了贡献。在技术贸易中，技术条款通常涉及技术的提供方式、应用范围、所有权归属以及后续的技术支持和更新等内容。对于中国来说，与合作伙伴明确这些条款，确保技术的顺利转移和应用，是推动技术出口的关键。人工智能技术在贸易合同中的应用，为避免贸易纠纷提供了强有力的支持。通过人工智能技术，可以更准确地分析合同条款、预测潜在的纠纷风险并及时采取应对措施。在技术贸易中，法律条款涉及知识产权保护、技术转让的合法性、合同违约的后果等内容。随着人工智能技术的进步，合同审查、争议解决等法律服务也将得到进一步优化。中国在推动战略性新兴产业发展的同时，也需要加强相关法律法规的建设，确保技术贸易的公平、透明和可持续。通过建立完善的法律环境，可以进一步促进技术贸易的发展，提升中国的国际竞争力。

第三节 合资、合作经营谈判

一、合资经营谈判

国外资本一般是以合资的形式在中国市场上投资的。在合资的初期，首先涉及的就是国际商务谈判问题，而在这一问题上，中方碰到的这样或那样的问题很多，有时问题处理不当，会致使中方遭受很大损失。

合资经营是国际经济技术合作的常见方式之一，也是国际投资的重要形式，它是由两个或两个以上国家或地区的企业、经济组织或个人按一定资金比例联合投资，共同兴建企业的一种生产经营形式。

（一）合资经营企业的特点

（1）合资经营企业以货币计算各自投资的股权和比例，并按股权比例分担盈亏和风险。

（2）合资经营必须建立具有法人地位的合营实体，合资企业的组织形式为有限责任公司，即合资企业仅以自己公司的财产承担责任，投资者对企业债务所负的责任，也仅以自己的投资额为限，股东之间互相不负连带责任，债权人不能追索股东投资以外的债务。这种有限责任制易为合资各方所接受，因此，目前已被国际上普遍采用。

（3）合营各方实行共同投资、共同经营、共担风险、共负盈亏。投资各方共同组成董事会，聘任总经理，组成经营管理机构，共同负责企业的生产经营活动。

（二）提供较好的谈判环境

中外合资企业的谈判一般由中方尽地主之谊，选择谈判地点及方式，为使谈判顺利进行，使双方取得满意的谈判结果，提供良好的谈判环境是必不可少的。这里的环境包括两方面内容：

1.谈判的场合

谈判一般应选择规范的场合，严肃、安静，不受干扰，要营造一种气氛，要有书面的记录和承诺，切忌场合过于随便，工作准备不严密。

2.遵循一定的规范

谈判过程中人的素质最重要，谈判者的话要具有法律效力。中国在中外合资企业谈判中有时表现得不够规范，突出问题是参加谈判的人员多而杂，各级领导都有发言权，有时在谈判过程中往往出现意见不统一的现象，使谈判很不符合规范，增加了谈判的难度，使谈判难以顺利进行。

（三）掌握谈判原则

谈判是双方意见、目的统一的过程，在这一过程中，坚持必要的谈判原则，是谈判成功的保证。

1.平等互利原则

要明确合资双方是平等互利的伙伴关系，在这种关系中，既不要因贪图外方巨额投资而无限制地让渡中方利益，也不要因中方是东道国而提出外方难以接受的条件，而应是平等对待、互利互惠。

2.主权原则

在中外合资企业立项谈判中，涉及主权问题时，必须立场坚定，旗帜鲜明，绝不容许出现丧权辱国行为。

3.保护外方合法权益原则

外方投资企业的权益，在中国有明确的法律规定，《中华人民共和国中外合资经营企业法实施条例》（根据2019年3月2日《国务院关于修改部分行政法规的决定》第六次修订）、《中华人民共和国外商投资法》以及《中华人民共和国公司法》（根据2023年12月29日第十四届全国人民代表大会常务委员会第七次会议第二次修订）等法律法规明确规定了外方的权利和义务，具体谈判时中方应依法行事，这样我们的市场才会对外方有吸引力，才会对谈判有利。事实上，对外方投资者的调查资料表明，外方在中国投资所看重的是完善的法律和广大的市场，而不是所谓的优惠政策。

根据以上谈判原则，具体应做到：

第一，合法。在国际商务谈判中，要符合我国法律规定，要求谈判人员对法律有详细的了解或聘请法律顾问。

第二，明示。谈判过程是双方相互了解的过程，一场谈判下来之后，要明确以下几点：

（1）明确合作主体，即谁是合作人。要掌握合作主体资产来源情况，有无上层公司，有无法人资格，注册资本情况，动产、不动产情况等，以此来判断其立项能力及谈判实力。这里要特别说明的是，不同地区注册资本有不同特点，如大多数国家和地区的注册资本是依公司的规模而定，而有的国家和地区不论公司经营规模大小，注册资本都是相同的。这时我们就不能仅凭注册资本来判断公司的能力，还需进行其他辅助性调查。

（2）明确谈判对手与合作人之间的关系。中方要根据对等关系原则派出相应级别的人员进行谈判，防止出现中方是总裁出席，而外方却是小职员来谈判，这样会使中方有失身份，对以后的谈判不利。

（3）把各种经济关系和法律关系毫无保留地放到桌面上，在这一点上来不得半点含糊，如具体涉及汇率风险如何承担，投资成本如何回收等，所有经济利益关系都应明示，不要隐藏，防止隐患。

（4）明确操作步骤及方法。谈判合同必须有可操作性，要考虑周到，一般的谈判合同最好包括两部分：第一部分是定义、概念；第二部分是具体合同内容。这样可避免合同的歧义性。具体执行合同时，一旦发生歧义，也有章可循。

第三，规范。首先是场合、规格、谈判参与人员的规范，是形式和内容的统一。正规的谈判场合可使谈判双方都引起重视，使合作顺利进行。其次是程序、过程、语言、文本要规范。谈判纪要完备，签字程序规范。最后是作风规范，参与谈判的人员班子要规范。主谈手只设一人，其他人员只能在谈判桌下互相交换意见。谈判的人要懂业务、懂法律、懂规矩。

总之，在中外合资企业的国际商务谈判中，中方应做到注意协调各种关系，做到以诚相待，互利互惠，真正达到吸引外资、促进经济共同发展的目的。

二、合作经营谈判

合作经营是由两个或两个以上的国家或地区的企业、经济组织或个人，通过双方协商同意，由一方提供有关生产技术或各方提供不同的有关生产技术，共同生产某种合同产品，并在生产过程中实现国际技术转让的一种经济合作方式。其主要特点为：

（1）有关各方应以法人身份共同签订经营企业合同。它可以是具有法人资格的企业，也可以是不具有独立法人资格的合营实体。

（2）合作各方提供的合作条件，一般不以货币折算为投资股金，不以合作各方的投资额计股分配利润。合作各方对收益、分配或风险、债务的分担，企业经营管理方式，以及合作期满的清算办法，均应在合作经营企业合同中规定。

（3）合作经营企业可以加速折旧还本或以其他方式收回投资。投资收回后，在未满的合营期限内，仍应按原投资额对合作经营企业的债务承担责任；否则，合作经营企业万一出现亏损时，则无法清偿，对债权人的利益无保障。所以，如何保证还本后至合营期满一段时期内，合作各方仍对合作经营企业出现的经营风险承担责任，合同中也应有明确的规定。

（4）合作经营企业的注册资本可采用三种选择方式：第一，仅以外国合作者无息提供的资金、设备（当己方合作者无现金投入时），为注册资本；第二，以外国合作者无息提供的资金、设备，加上己方少量投入的现金，为注册资本；第三，将双方提供的合作条件均折算为投资本金，作为注册资本。其中以第三种选择方式最为普遍。

【案例2-1】

中国两大互联网巨头阿里巴巴和腾讯宣布加强合作，现在点击微信广告的用户可以直接进入淘宝和天猫的电商平台。这一举措标志着两家公司在多年的竞争后开始寻求更多的合作机会。

两家公司宣布，通过阿里巴巴的数字营销平台在微信频道上投放的“优质”广告，将可以直接链接至淘宝和天猫的店铺和直播间。此外，微信的社交功能“微信时刻”和小程序也已经开始支持链接到阿里巴巴的在线购物广告。值得注意的是，从2021年开始，流媒体平台“腾讯视频”已经支持直接链接到淘宝。

经过多年的竞争，尤其是在中国政府加大力度打破技术垄断的背景下，阿里巴巴和腾讯开始逐渐打破各自服务之间的隔阂。尽管如此，一些数字壁垒仍然存在。例如，微信支付尚未支持在淘宝上进行交易，同样，支付宝也未能在微信小程序上支付。

面对经济增速放缓的挑战，以及来自如豆瓣等年轻对手的竞争，阿里巴巴和腾讯正在寻求更多的合作机会。2023年7月，阿里巴巴的淘宝与腾讯的热门手机游戏“王者荣耀”联手举办了一场邀请赛，总决赛在淘宝直播上进行了直播播出。

案例来源　边际财经实验室. 破冰！阿里与腾讯联手，微信广告直通淘宝天猫［EB/OL］.［2023-09-27］. https：//www.163.com/dy/article/IFKQ127T0539BX8Z.html.

第四节 国际工程承包谈判

一、国际工程承包谈判的特点

工程承包是指一个工程建筑企业（称为承包人）通过国际通行的投标或接受委托等方式，与兴办一项工程项目的另一个企业或个人（称为发包人或业主）签订合同或协议，以提供技术、劳务、设备、材料等，负责承担合同所规定的工程设计、建造和机械设备安装等任务，并按合同规定的价格和支付条款，向发包人收取费用及应得的利润。

工程承包谈判与商品交易谈判有很大区别。如果用买方和卖方的观点来看，买方是工程的使用单位，卖方则是工程的承建单位。

工程承包谈判是最复杂的谈判之一。这不仅仅是由于谈判的内容涉及广泛，还由于谈判常常是两方以上的人员参加，使用方、设计方、承包方。承包方又可能有分包商、施工单位，而使用方还可能有投资方、管理方等。

在工程承包谈判中，卖方即承包方是通过对其人工成本、分包商成本、所购入原材料和安装设备成本的计算，提高标价来获取利润的。因此，标价越高，获利也越大。但买方在多数情况下是通过招标的方式来选择自己的谈判对手。这样，在谈判开始之前，双方对标价就有一个大概的估价，在谈判中着重讨论的是工程预算的各项成本费用、工程的质量标准、工期、保险等。同时，承包商的信誉、能力以及技术人员的经验，都是影响谈判双方的重要因素。

工程承包是一种综合性的交易，它涉及劳务、技术、设备、材料、商品以及资金等许多方面，因此具有以下一些特点：

（一）交易内容和程序复杂

由于工程承包涉及的面广，程序复杂，从经济、技术和法律等方面的要求来看，都比一般商品贸易和一般经济合作项目的要求高得多。在技术上，往往包括勘探、设计、建筑、施工、设备制造和安装、操作使用、生产；在经济上，包括商品贸易、资金信贷、技术转让，以及招标与投标、项目管理等。如属于国际工程承包，要考虑国际惯例，又要熟悉东道国法律、法规、税收制度等。此外，派出人员还必须了解东道国的风俗习惯等。不具备这几方面的条件，就很难签订一个平等互利并能顺利进行的合同。

（二）工程营建时间长，金额大，承担的风险也大

一个承包工程项目，尤其是国际承包工程项目，从投标或接受委托到工程完成，一般要经过几年时间，最小的项目金额也有数十万美元，一般是几百万美元、几千万美元，大项目在10亿美元以上。在国际政治、经济风云多变，某些国家又经常发生政变或政策多变的情况下，承包人承担的风险很大。此外，通过投标的承包项目，投标人的报价必须是实盘，一经报出，不得撤销，如果撤销，不但投入的费用无法收回，而且投标保证金也将被没收。因此，承包人必须量力而行，认真研究，谨慎行事。

（三）国际承包工程市场的竞争十分激烈

由于承包工程具有金额大和内容繁多的特点，是一项综合性的输出，许多国家都积极参与这一经济活动，并直接开设或支持本国的工程承包公司，开展这方面的业务，采取措

施，使本国的承包公司从单纯的劳务输出向承包工程发展，从小型项目向大型项目发展，从劳动密集型项目向技术密集型项目发展。现在参与国际工程承包的国家越来越多，有些国家的承包公司还采取与外国承包公司联合的方式，把各自的优势结合在一起，以增强竞争地位。

二、工程承包谈判的内容

工程承包谈判一般应包括以下内容：

（一）人工成本

由于工程项目需要人员施工，因此，人工成本在工程预算中占很大比重，双方人员应认真磋商这部分支出的合理比例，如工资额、奖金额以及其他支出。

（二）材料成本

在工程建设中要耗费大量的钢材、木材、水泥等建筑材料，对于这部分费用的估价要仔细研究确定。

（三）保险范围和责任范围

为避免在施工过程中的人员伤亡，以及妥善处理伤亡后的各类事宜，双方必须明确保险范围和责任范围。

（四）进度报告

双方还应明确，承包公司有责任提供有关已完成作业比例的进度报告。同时，买方也应及时核实卖方的工程进度报告。

（五）承包公司的服务范围

有关承包公司的服务范围及其责任规定得越详尽越好；否则，双方只在合同中笼统地规定各自的责任范围，即使说明可以变更，但买方要承包公司承担另外的责任，往往要付出很高的代价。

（六）工程设计调整

在工程项目施工期间，更改设计几乎是难以避免的。双方在谈判中应明确规定谁有权要求和批准设计变更，有什么程序，承包公司应如何计算必需的变更费用，以防止承包公司漫天要价。

（七）价格变动

双方还应考虑到在施工期间，由于人工费用增加、材料成本价格变动的影响，在合同中应做怎样的规定。

（八）设备保证书

由生产厂家制造的设备在安装过程中可能会有所改动，这样原制造厂家对安装要求和运转数的说明书、保证书有可能失效。因而，为了避免在以后使用中出现责任不清的情形，双方在谈判中应明确由谁负责担保。

（九）工程留置权

承包公司可能将所承包的任务转包给其他公司，如果分公司没有得到承包公司应付的款项，有可能拒绝转移所有权，因而影响买方的利益。所以，双方在谈判中应明确规定出现上述情况时双方的责任及赔偿方式。

其他诸如不可抗力、执照和许可证、侵犯专利权等都是双方谈判所涉及的内容，不可忽略。另外，需要特别强调的是：在施工过程中，买方可能常常会对设计进行一些调整，以提高建筑水平或改变项目的范围。如不能规定明确的计算费用标准，很可能被承包商钻空子，许多承包商都是靠设计变更以获得额外收入来补偿最初投标的低利或无利的。

第五节 国际租赁谈判

所谓租赁业务，是指出租人（租赁公司）按照契约规定，将从供货人（厂商）处购置的资本货物，在一定时期内租给承租人（用户）使用，承租人则按规定付给出租人一定的租金。在租赁期间，出租人对出租的设备拥有所有权，承租人享有使用权和受益权；租赁期满后，租赁设备则退还出租人或按合同规定处理。

一、国际租赁业务的特点

租赁业务，从其性质上来讲，它是典型的贸易与信贷、投资与筹资、融资与融物相结合的综合性交易，它既有别于传统的商品买卖，又不同于传统的企业筹资与信贷。租赁业务具有自身的特点，主要表现为融资性、财产所有权与使用权分离、复杂性等特点。

（一）融资性

承租人所需的机械设备，由出租人提供或垫款购买。承租人无须付款购买，即可取得机械设备的使用权，等于出租人向承租人提供了信贷便利；承租人在设备正式投产后，以租金的形式支付租赁设备费用，这样企业可以在资金不足的情况下，提早使用设备，使生产早日上马，早获经济效益。租赁业务是一种以租物形式达到融资的目的，将贸易与金融结合在一起的信贷方式，这是租赁业最主要的特点。

（二）财产所有权与使用权分离

租赁设备的财产所有权与使用权截然分开，设备所有权属于出租人，承租人仅享有使用权和受益权，在法律上，出租人的所有权不可侵犯。

（三）复杂性

租赁业务往往是三边交易，即租赁双方和供货人。租赁公司介于供货人和用户之间，租赁业务由销售合同和租赁合同共同完成。因此，租赁合同要比普通的买卖合同复杂得多。

二、租赁业务谈判的主要内容

（一）明确租赁合同双方的权利和义务

1.出租人的权利和义务

在租期内保有租赁财产的所有权，向承租人收取租金；租赁期届满可收回租赁财产；在租赁期内有权检查其所出租的设备和设备使用情况；租赁设备如因承租人的过失而损坏停工，承租人有权向承租人索赔；应向承租人供应适合生产的先进设备，保证设备性能可靠、运转正常和及时更换不合格的零配件；在融资租赁的情况下，根据合同规定，向供货人支付货款；当供货方不履行合同时，协助承租方向供货方索赔；按经营租赁的要求，出租人应负责提供全部技术服务。

2.承租人的权利和义务

在融资租赁情况下，可自由选择供货方和租赁物品；在租赁期内享有租赁财产的使用权；在经营租赁情况下，出租人如未按合同及时补偿零部件或维修不符合质量要求，承租人有权自行从其他来源获得零配件或提出赔偿损失，直至解除合同；依照合同的约定交付租金；应以出租人名义向保险公司投保租赁设备，保险费由承租人负担，受益人为出租人；对租赁设备的性能和技术资料应予保密，不得泄露租赁设备的构造和使用特点；在租赁期间应在设备上附有设备人的标签，以防设备被扣作抵押，以保证设备的安全；应按合同规定的地区和固定的企业使用机器设备；在融资租赁情况下，承租人负责租赁设备的保养和维修。

（二）租金条款

1.明确租金的数额、租金交付日期、给付办法、给付地点和货币类别等

明确租金的构成和计算方法。租金基本上是出租人购买设备的价值、利息、利润的总和，并参照双方的其他义务而定，有关费用亦应计入租金。计算公式可参照如下：

每期租金=租赁物原价−估计残值+利息+税金+保险费+佣金/支付期数

2.明确规定缴纳租金的期数

缴纳租金期数是根据整个租赁合同的期限和每次缴纳租金时间间隔计算，可以按月、季、半年、年缴纳，承租人应根据企业本身经营情况、支付能力等经过认真核算后，做出合理的规定。明确第一次交付租金的时间，通常规定第一次缴纳租金要在租用设备开始正常运转之后，以便承租人用该设备生产的产品出售后获得的利润交付租金。

3.关于租金的变更条款

在一般情况下，租金确定后是固定不变的，如有变动，由租赁双方在洽谈中确定。

（三）租赁标的、交货

要规定承租人确认出租人与供货人之间的有关销售合同中的租赁物件由承租人选定；明确租赁物件交付的时间、地点以及方式；明确规定如交付人不能按时交付租赁物件时，其应负的责任，同时也要明确，因哪些情况造成租赁物件的延迟交付不属于交付人的责任等内容；应明确租赁物件到达交货地点后应由承租人自负保管责任。

如果供货人延迟交货或租赁物件的规格、式样、性能、功能等与购买合同所规定的内容不符而使承租人受到损失，对这个问题，出租人虽不负责任，但在合同中要明确规定出租人有义务将销售合同中对供货人的索赔权转给承租人，并有义务协助承租人办理有关索赔事宜。

复习思考题

1.商品贸易谈判中，价格条款主要涉及哪些内容？

2.技术贸易谈判应包括哪几个方面的内容？

3.合资经营谈判与合作经营谈判有什么不同点？

4.工程承包谈判的特点有哪些？

实训题

1.列举某项技术贸易实例，拟定谈判内容，假设你作为卖方或买方，列出你的提问内容。

2. 列举某项国际工程承包实例，拟定谈判内容，假设你作为承包方，列出你的提问内容。

案例分析题

【案例】非洲埃塞俄比亚每年都被旱季和雨季交替折磨，当雨季来临时洪涝肆虐，而旱季则滴雨不降、土地干涸。这给当地的农业发展和经济民生带来了巨大的影响。为了改变水资源窘境，埃塞俄比亚决定联合澳大利亚共同修建特克泽水电站项目。但在经过再三权衡之后，埃塞俄比亚最终取消了和澳大利亚的合作，转而向中国寻求帮助。2018年，中国政府开始支持中国企业参与特克泽水电站项目的建设。经过多次协商和谈判，中国企业最终与埃塞俄比亚政府签订了合作协议。在项目的实施过程中，中国企业严格遵守国际合作规则和国际标准，确保项目的质量和安全。经过长达两年的建设，特克泽水电站于2020年正式投入运营。这一项目的成功实施不仅帮助埃塞俄比亚改善了水资源利用状况，提高了农业发展和经济民生水平，也为中国企业走出国门、参与国际经济合作提供了有力的支持。通过特克泽水电站一举帮助埃塞俄比亚实现了包括灌溉、发电和蓄水在内的多个目标，而这一笔订单也令澳大利亚十分眼红，毕竟原本这笔订单是澳方承包的，最后却落到了中国手里，自然令其感到愤愤不平，特克泽水电站是埃塞俄比亚发展经济、造福民生的一项重要工程，集水力发电和灌溉等功能于一体。

案例来源　吴冠宇. 三峡集团非洲水电建设巡礼［J］. 中国三峡，2018（8）：70-73.

问题：非洲“三峡”水电站项目的谈判属于哪种谈判？埃塞俄比亚为什么最终选择中国修建水电站？

第二章案例分析题参考答案

第三章

国际商务谈判人员

※ 学习目标

通过本章学习，你应该：

√了解国际商务谈判人员应具有的基本素质；

√熟悉商务谈判人员的构成；

√掌握选拔商务谈判人员应遵循的原则；

√重视谈判组织群体结构的优化和管理。

※ 重点提示

学习本章前，先对以下内容有一个初步印象，等学习完本章后再看看对这些内容的把握程度：

√谈判人员的素质和能力要求；

√谈判人员的组织与管理。

※ 引导案例

素质风险

某中国公司希望与一家美国公司合作，在美国建立一家合资企业。中国公司负责提供资金和技术，美国公司负责提供市场和管理经验。双方开始了谈判，希望达成一项双赢的协议。在选择谈判人员的过程中，中国公司并没有充分考虑到谈判人员的能力和经验。他们选择了一些年轻技术主管领导负责谈判，这些技术主管领导缺乏谈判技巧和经验，无法在谈判中有效地维护公司的利益。在谈判过程中，双方都非常强硬，都希望自己的利益得到最大化。中国公司希望获得更多的股份和利润，而美国公司则希望控制更多的管理权。双方在谈判中互不相让，最终谈判破裂，双方没有达成协议。

【问题】合作失败的责任在哪方？对中国公司而言，这是一种什么风险？如何规避这种风险？

【案例评析】从以上的案例中我们可以看出，在开展国际商务活动中，参与者的素质欠佳会给谈判造成不必要的损失。我们把造成这种损失的可能称为素质风险。在国际商务合作中，对客观环境不了解、对专业问题不熟悉是很正常的事，关键是谈判人员要正视自己的不足，充分地进行调查分析，认真全面地做好可行性研究，特别是聘请一些专家顾问，如工程技术人员、律师、会计师等参与可行性研究，对客观因素的影响做出“预先”估计，并采取相应措施。在谈判中，谈判人员要不断加强素质培养和锻炼，以赢得谈判的成功。

第一节 谈判人员的基本素质

国际商务谈判的成败与谈判队伍的素质紧密相关。因为国际商务谈判是智慧、能力的较量。谈判者的素质直接影响谈判过程的发展，最终影响谈判成败和利益分割。

一、谈判人员的知识结构

国际商务谈判在某种程度上是双方谈判人员的实力较量。谈判的成效如何，往往取决于谈判人员知识方面和心理方面的素质。由于国际商务谈判所涉及的因素广泛而又复杂，因此，通晓相关知识十分重要。

参加商务谈判的人员需要具备多方面的基础知识，并善于综合运用各种知识，是全能型专家。所谓“全能”，是指除了国际贸易、国际金融、国际市场营销、国际商法这些必备的专业知识外，谈判人员还应涉猎心理学、经济学、管理学、财务知识、法学、政治学、历史学、外语、有关国家的商务习俗与风土人情以及与谈判项目相关的工程技术等方面的知识。“专家”是指能够专长于某一方面。因此，谈判人员应当具备“T”形知识结构，也就是说，横向方面指围绕本专业的有不同联系的各类必要知识，纵向方面指本专业内的纵深知识，两者构成一个“T”形的知识结构。

（一）横向方面的基本知识

（1）必须熟悉中国对外经济贸易方面的方针政策，并了解国家关于对外经济贸易方面的具体政策措施。

（2）价格水平及其变化趋势的信息。

（3）产品的技术要求和质量标准。

（4）要有较强的法律意识，熟练掌握本国经济法规以及国际经济法的有关规定，并了解有关国际贸易、国际技术转让和国际运输等方面的法律、惯例以及有关国家的政策措施、法规和管理制度等方面的知识。

（5）学习与掌握有关工程技术知识对于一个商务谈判人员来说是必不可少的，否则合同中有关的技术标准、验收标准等条款的确定就会变得相当困难，包括在合同的实施过程中也会不断出现类似的争议与纠纷，倘若商务谈判人员缺乏必要的工程科学技术知识，那么无论是在内部沟通还是与合作方沟通方面都会缺乏必要的基础。

（6）必须掌握洽商交易过程中可能涉及的各种业务知识，如商品知识、市场知识、金融知识以及运输、保险等方面的知识。

（7）各国、各民族的风土人情和风俗习惯以及宗教等状况，否则就会闹笑话，如有的谈判人员向来自热带地区的商人大谈要用“滚雪球”的方式积累资金，使对方百思不得其解。此外，还要了解有关对方谈判人员在其特有的文化背景下所形成的谈判作风与谈判方式。

（二）纵向方面的基本知识

（1）丰富的商品知识，熟悉商品的性能、特点及用途。

（2）了解某种商品的生产潜力或发展的可能性。

（3）应当熟练地掌握外语，并能用外语直接洽谈交易。

（4）具有较高的政治、心理素质和策略水平，并善于机动灵活地处理洽商过程中出现的各种问题，拥有较丰富的谈判实践经验。

（5）了解国外企业、公司的类型和不同情况。

（6）懂得谈判心理学和行为科学。

（7）熟悉不同国家谈判对手的风格和特点。

总之，谈判人员应具有广博的知识，较高的文字与口头表达能力，以及良好的专业基础知识。此外，作为一个谈判人员，还应具备一种充满自信心、具有果断力、富于冒险精神的心理状态，只有这样才能在困难面前不低头，风险面前不回头，才能正视挫折与失败，拥抱成功与胜利。

【案例3-1】

云南省某发电厂与丹麦史密斯穆勒公司之间的纠纷。当时，云南省某发电厂决定引进丹麦史密斯穆勒公司的技术，建设一座大型火力发电厂。然而，在项目实施过程中，双方发生了纠纷。纠纷的原因是史密斯穆勒公司提供的技术存在严重的质量问题，导致发电厂的运行出现了重大问题。发电厂要求史密斯穆勒公司承担责任，并进行赔偿。然而，史密斯穆勒公司拒绝承担责任，并声称自己没有任何过错。双方的纠纷一度陷入僵局，史密斯穆勒公司采取了“打擦边球”的策略，试图推脱责任，把赔偿金额压到最低。合同要求脱硫率是90%，脱硫率瞬间值达到了这一指标，甚至还高于90%。但中方要求的是长期值而不是瞬间值，对方试图以瞬间值逃脱一定责任，而中方则以平均值说明问题。中方经过长期统计，平均值仅为80%左右，远远没有达到合同要求。在脱硫剂石灰上，丹麦的国家制度规定石灰原料由国家提供，而中国则由企业自己提供。史密斯穆勒公司认为，脱硫效率低是中方未提供合适的石灰造成的，中方应负一定责任。根据调研结果，对照原合同中的条款和参数，中方最终认定应由史密斯穆勒公司负责。经过多次协商和调解后，双方达成了和解协议。根据协议，史密斯穆勒公司同意承担一定的责任，并向发电厂支付赔偿金。

案例来源　第一范文网. 谈判经典案例［EB/OL］.［2022-07-22］. https://www.diyifanwen.com/fanwen/tanpanjiqiao/7436777.html.

【案例3-2】

中国某工程承包公司在加蓬承包了一项工程任务。当工程的主体建筑完工之后，中方由于不需要大量的劳动力，便将从当地雇用的大批临时工解雇，谁知此举导致了被解雇工人持续40天的大罢工。中方不得不同当地工人进行艰苦的谈判，被解雇的工人代表提出让中方按照当地的法律赔偿被解雇工人一大笔损失费，此时中方人员才意识到他们对加蓬的法律太无知了。根据加蓬的劳动法，一个临时工如果持续工作一星期以上而未被解雇则自动转成长期工，作为一个长期工，他有权获得足够维持两个妻子和三个孩子的工资，此外，还有交通费和失业补贴等费用。一个非熟练工人如果连续工作一个月以上则自动转成熟练工，如果连续工作三个月以上则提升为技术工人。工人的工资也应随着技术的提升而提高。而我国公司的管理人员按照国内对临时工、长期工、非熟练工、熟练工以及技工的理解来处理加蓬的情况，结果为自己招来了如此大的麻烦。谈判结果可想而知，公司不得不向被解雇的工人支付了一大笔失业补贴，而且这笔费用属于意外支出，并未包括在工程的预算中，全部损失由公司自行承担。

案例来源　第一范文网．谈判经典案例［EB/OL］．［2023-04-12］．https：//www.diyifanwen.com/fanwen/tanpanjiqiao/10828954.html.

二、气质、风度与性格

个性是表现在人身上的经常的、稳定的心理特征的总和。个性是由多个层次、多侧面的心理特征的结合构成的整体，这些层次特征包括气质特征、性格特征、能力特征等。每个人都有与别人不同的、独特的风格和心理面貌。

商务谈判人员是商务谈判的主要参与者，商务谈判人员的个性对商务谈判的方式、风格、成效都有着较大的影响。对商务谈判个性的研究和掌握，可以提高对商务谈判的适应性，有利于开创性地开展谈判和争取赢家的谈判成果。

（一）气质

一个人具备什么样的气质，对其精神面貌有很大的影响。所谓气质，一般是指人们相当稳定的个性特点、风格和气度。良好的气质，是以人的文化素养、文明程度、思想品质和生活态度为基础的。气质美首先要建立在丰富的内心世界上，品德则是气质的又一重要方面，为人诚恳，心地善良是不可缺少的。文化水平在一定程度上对气质也起着很大的影响作用。气质美看似无形，实为有形，它通过一个人的态度、个性、言语、行为等表现出来，举手投足、待人接物皆属此列。

气质是人具有的稳定的心理特征，是人心理活动进行的速度、强度、指向性等方面的心理特点。由于人的神经类型的差异，人的气质是具有个体差异性的。出于谈判需要，要根据谈判人员的气质特征、气质类型来选择谈判人员和采取相应的谈判策略。

（二）风度

风度是气质、知识及素质的外在表现。风度美包括以下几个方面的内容：

1.饱满的精神状态

谈判人员应身体健康，精力充沛。一入场就神采奕奕、精力充沛、自信而富有活力，这样能激发对方的兴趣，活跃会场的气氛。

2.诚恳的待人态度

不管是谁，一入场就应该对所有的对手表现出诚恳而坦率的态度。应端庄而不矜持冷漠，谦逊而不矫饰做作，热情而不轻佻。

3.受欢迎的性格

性格是表现人的态度和行为的特点的较稳定的心理特征。性格是通过行为表现出来的，与风度密切相关，要使自己的风度得到别人的赞赏，就应加强性格修养。要大方、自重、认真、活泼、直爽，尽量克服性格中的弱点，诸如轻佻、傲慢、幼稚等。

4.幽默文雅的谈吐

美的风度在语言上的体现是言之有据，言之有理，言之有物，言之有味。语言是风度的窗口，出言不逊，满口粗话，就一点风度都谈不上了。

5.洒脱的仪表礼节

一个人仪表秀美整洁，俊逸潇洒，就能使人乐于亲近。这种魅力不仅在于长相和衣着方面，更在于人的气质和仪态，这是人的内在品格的自然流露。

6.适当的表情

人的神态和表情，是沟通人的思想感情的非语言交往的工具，是社会交往的具体表现方式，所以一定不可忽视表情，哪怕是细微的表情也一定要注意。

（三）性格

性格是指人对客观现实的态度和行为的方式中表现出来的稳定的心理特征。从事国际商务谈判的人员应培养自身良好的性格，尽量克服性格中的弱点。

1.人的性格倾向

一个人对某些事物的态度，在其生活经验中巩固起来，并形成习惯性的反应，形成习惯性的行为方式，这就构成了他的性格特征。

谈判人员往往各有其性格特点。有的人精明，反应灵敏，而有的人固执呆板；有的人沉稳冷静，而有的人易兴奋冲动；有的人喜欢直言，而有的人则幽默而善于旁敲侧击。此外，谈判人员按其性格类型可分为进取型、关系型和权力型等类型。

对于商务谈判，每一种性格倾向都可能有其长处和不足。急性子人虽不拖泥带水，但易急于求成，急中容易出现差错，被人钻毛躁的空子；慢性子人，在谈判中反应慢，但把性格的弱点藏起来，可显得像老练的谈判人员一样。性格温善的人，待人以善意，但用在谈判桌上，就显得幼稚、单纯，易轻信于人，缺乏识别人的本领；性格泼辣的人，外露，勇于争辩，但他们往往语言尖刻，不给人以面子，也不给自己留有退路。谈判不仅取决于谈判方所处的优势谈判地位，而且取决于谈判人员的个性和魅力。在谈判过程中，善于发挥每个人性格的优势作用，掩盖其弱点，是争取谈判成功的一个关键。

2.针对性格的策略

谈判对手的性格类型不同，要采用相应的策略办法与之周旋。

对于进取型的谈判对手，可以针对他们对成功期望高，急于求得谈判利益，对关系期望低的特点，对其要有一个较详尽的谈判计划来积极应对。要策略地控制谈判进程，以求谈判能取得成果。在谈判中，考虑到对手参与的热情高，应适当尊重其意见，让其适当实现谈判目标，使其有获胜的心理满足，但不能轻易让步，同时也利用其追求成果的心理争取其做出让步。

对于关系型的谈判对手，可以考虑到他们对关系的期望高，而对权力的期望较低的特点，不过分苛求对方，积极主动地进攻，控制谈判的程序和局势。同时，对其热情的态度不能掉以轻心，以防止掉入人际关系的“陷阱”里去。

对于权力型的谈判对手，可以利用他们对成功和关系的期望一般，对权力的期望高，希望能够影响他人的特点，让其参加谈判程序的准备，让其先做陈述，使他觉得自己获得了某种特权，以满足其对权力的需求；不要企图控制他，支配他，不要提出过于苛刻的条件，但不能屈服于其压力，要运用机会和条件争取他的让步。

三、能力

能力是人顺利完成各种活动必须具备的个性心理特征。商务谈判人员为了能顺利地开展谈判活动，就必须具备一定的能力。

（一）谈判能力

谈判能力是谈判人员的能力表现，是谈判人员具有的可以促使谈判活动顺利完成的个性心理特征。

为了有效地开展谈判，谈判人员必须具备有助于顺利完成谈判活动的一般能力和特殊能力。

商业经营中诚信非常重要。中国自古就有“货真价实，童叟无欺”的八字箴言，英文中也有一个八字经典：“NO TRICKS”。从字面上看，它与中文的意义非常相近。不过“NO TRICKS”并不仅仅代表字面的意思，每一个字母还有更深一层的含义——谈判中的八种能力。

谈判能力在每种谈判中都起到重要作用，无论是商务谈判、外交谈判，还是劳务谈判。在买卖谈判中，双方谈判能力的强弱差异决定了谈判结果的差别。对于谈判中的每一方来说，谈判能力都来源于八个方面，就是“NO TRICKS”每个字母所代表的八个单词——need，options，time，relationships，investment，credibility，knowledge，skills。

“N”代表需求（need）。对于买卖双方来说，谁的需求更强烈一些？如果买方的需要较多，卖方就拥有相对较强的谈判力。卖方越希望卖出产品，买方就拥有较强的谈判力。

“O”代表选择（options）。如果谈判不能最后达成协议，那么双方会有什么选择？如果你可选择的机会越多，对方认为你的产品或服务是唯一的或者没有太多选择余地，你就拥有较强的谈判资本。

“T”代表时间（time）。其主要是指谈判中可能出现的有时间限制的紧急事件。如果买方受时间的压力，自然会增强卖方的谈判力。

“R”代表关系（relationships）。如果与顾客之间建立强有力的关系，在同潜在顾客谈判时就会拥有关系力。但是，也许有的顾客觉得卖方只是为了推销，因而不愿建立深入的关系，这样在谈判过程中将会比较吃力。

“I”代表投资（investment）。在谈判过程中投入了多少时间和精力？为此投入越多、对达成协议承诺越多的一方往往拥有较少的谈判力。

“C”代表可信（credibility）。如果潜在顾客对产品的可信性也是谈判力的一种，如推销人员知道潜在顾客曾经使用过某种产品，而他的产品具有价格和质量等方面的优势时，无疑会增强卖方的可信性，但这一点并不能决定最后是否能成交。

“K”代表知识（knowledge）。知识就是力量。如果你充分了解顾客的问题和需求，并预测到你的产品能如何满足顾客的需求，你的知识无疑增强了对顾客的谈判力；反之，如果顾客对产品拥有更多的知识和经验，顾客就有较强的谈判力。

“S”代表的是技能（skills）。这可能是增强谈判力最重要的内容了。但是，谈判能力是综合的学问，需要广博的知识、雄辩的口才、灵敏的思维。

总之，在国际商务谈判中，应该善于利用“NO TRICKS”中的每种能力，当然还要做到no tricks。

（二）运筹、计划能力

谈判的进程如何把握？谈判在什么时候、什么情况下可以由准备阶段进入到接触阶段、实质阶段，进而达到协议阶段？在谈判的不同阶段要注意重点的转移，采取何种技巧、策略？对此，谈判人员都要进行精心的计划与统筹安排。当然，这种计划离不开对谈判对手背景、需要、可能采用的策略的调查了解与充分估计，唯有如此才能做到知己知彼、成竹在胸。

（三）观察能力

对谈判进程的把握、谈判中语言技巧的运用，都离不开对谈判对手的了解与认识，而这种了解与认识的依据不能仅仅从对手的背景调查中得到，面对面的谈判为了解与认识谈判对手提供了直接的机会和丰富的信息，而这就需要依赖于谈判人员的观察能力。

观察是人的有目的的、有计划的、系统的、比较持久的知觉。观察力是能够随时而又敏锐地注意到有关事物的各种不显著但却重要的细节或特征的能力。敏锐的观察力有助于很好地洞察事物的本来面貌，捕捉到与事物本质相联系的某些“蛛丝马迹”，洞察人们的心理状态、意图。

作为一个谈判人员，在商务谈判中的观察力体现在对对手口头语言、动作语言、书面语言等各方面表述中所体现的心理状态及其细微变化的体察能力，而且还反映为谈判人员捕捉到这些信息后能做出迅速的判断与有效的反应。谈判人员必须具备良好的观察力，才能在商务谈判的独立作战或群体作战中明察秋毫，审时度势，避开险滩，探索行动的方向和路子，寻求突破。

（四）决断能力

谈判是一项相当独立的现场工作，很多事务的决断需要在谈判现场作出，这就需要谈判人员具备良好的对事物的判断和决策能力。

决断能力表现在谈判人员可以通过对事物现象的观察分析，由此及彼，由表及里，去粗取精，去伪存真，排除各种假象的干扰，了解事物的本质，做出正确的判断；表现在能及早地洞察存在的问题或关键所在，准确地预见事物发展的方向和结果；表现在综合运用各种方法、手段，对不同条件、不同形势下的问题能及时作出正确的行为反应和行动选择。谈判人员的决断能力与了解掌握科学的判断和决策的有关知识有关，与一定的专业实践经验的积累有关，谈判人员应注意在学习和实践这两个方面下功夫，提高自身的决断能力。

（五）语言表达能力

所谓谈判就是要靠“交谈”来消除双方观点的分歧，达成彼此观点一致的过程。语言作为谈判和交际的手段，谈判人员必须熟练地掌握它，提高自身语言的表达能力。因此，语言驾驭能力是谈判人员的基本素质之一。

语言表达能力的提高，一要注意语言表达的规范，要增强语言的逻辑性；二要注意语言表达的准确性，叙述条理清晰，用词准确明白，即使对于某些专业术语，也能以简明易懂的语言加以解释；三要讲究语言的艺术性，表现在语言表达的灵活性、创造性和情境适用性上。

谈判人员驾驭语言方面的不足不仅容易引起交流中的误解，造成沟通障碍，而且会使自己的合理要求在谈判结果中得不到有效表达和保障。语言是沟通的主要工具，要提高沟通的能力，就必须有效地克服语言沟通的障碍，提高语言表达技巧。此外，要注意无声语言、暗示性语言、模糊语言、幽默语言、情感语言的运用，谈判人员不仅要熟练地运用本国语言（包括某些主要的方言），还应精通外语。除此以外，谈判人员还应善于运用和理解身体语言，以增强谈判的沟通能力和理解能力。

（六）跨文化交流能力

国际商务谈判的跨文化性主要是由于参与谈判的各方处在不同的文化、宗教、伦理环境中造成的。谈判各方一般具有不确定的思维方式、价值观念、行为方式，在语言表达及风俗习惯上也有明显的区别。在国际商务谈判特殊性中，跨文化性表现得更为突出。正是由于国际商务谈判的难度要远远高于国内商务谈判，因此要求国际商务谈判人员不仅在知识结构、语言表达能力、谈判策略及技巧的实际运用能力等方面具备更高的水准，而且要求各参与方在尊重各自文化差异的基础上，具有娴熟的跨文化交流能力，从而协调好参与方的经济利益关系。

（七）应变能力

灵活性是谈判人员素质中不可缺少的组成部分，与谈判人员意志力的坚韧、顽强互为补充、相得益彰。商务活动的一个重要特点就是带有较大的不确定性。这种不确定性要求从事商务活动的人员要有应对不确定性的准备和办法，要有临场应变的能力。所谓应变能力，是指人对异常情况的适应和应对的能力。

商务谈判中，经常会发生各种意想不到的异常情况。当这些异常事件、情况出现时，如果谈判人员缺乏处理异常情况的临场应变能力，就有可能使谈判失败或招致不利的后果。处变不惊，应是一个优秀的谈判人员具备的品质。面对复杂多变的情况，谈判者要善于根据谈判情势的变化修订自己的目标和策略，冷静而沉着地处理出现的各种问题。

应变能力需要创造力的配合。如果一个人在谈判中只是表现出单纯的原则性和坚韧的精神，那往往会使双方陷入争执，这时候坚持强硬的立场常常使僵持局面得不到化解。在这种情况下，谈判人员发挥应有的创造力、想象力，并在制订与选择方案上表现出灵活性，对于推动谈判的发展具有关键作用。

此外，国际商务谈判人员还应有较强的人际交往能力，特别是要注意积累各方面的关系，同各国的政府、金融机构、工商企业等各界朋友建立广泛的联系。这样，在谈判时就可能获得一个方便的信息通道或若干义务咨询顾问，这无论是对谈判对手的了解、对谈判方案的确定、对谈判僵局的突破都大有益处。

四、谈判人员的素质

素质最初是个心理学、生理学上的概念，主要是指人通过遗传机制获得的生理学上的特征。随着社会的发展，素质的概念逐步突破了心理学和生理学的范围，而扩大到教育学、社会学、人类学乃至哲学的领域，其内涵也不断丰富和发展，主要是指以人的先天禀赋为基础，在后天的环境和教育影响下形成发展起来的、相对稳定的性质综合体。素质不单纯是个先天的性质，更多的是通过后天环境和教育所形成的综合性质。

一个优秀的谈判人员应具备怎样的素质呢？

（一）政治素质

在国际商务谈判中，谈判者不仅关系到国家、企业和个人的经济利益，同时也关系到国家、企业和个人的形象，因此，谈判者必须具有良好的政治素质。

政治素质主要指政治立场、政治观点和政治敏锐性等问题，主要包括具备马克思主义的立场、观点和方法，具有爱国主义精神、民族气节和阶级气节，具有正确的人生观。

马克思主义是一个完整的、开放的、发展的科学理论体系，它是我们认识世界和改造世界的强大武器，同时也是指导我们一切行动的根本方法体系。不断地学习、发展和应用马克思主义，具有马克思主义的立场、观点和方法，是国际商务谈判人员的根本素质，具体应做到：正确处理与谈判有关的国家、企业和个人利益之间的关系，把谋求组织利益和国家利益放在首位，忠于祖国，发扬爱国主义精神，维护国家主权和民族尊严；了解和熟悉国家有关的政策、方针、法规及国际惯例，以及对方国家的有关政策、法律与规定，分清内外，严守国家机密，严格执行保密规定；恰当地运用综合国力和地位平等的国际准则，提出可以争取的最高和可以接受的最低谈判方案和条件，并善于为实现最有利的方案和条件而进行不懈的努力和斗争；在争取实现方案和条件的过程中，要坚持客观标准，“不拿原则做交易”，同时决策选择具有灵活性，异中求同，在许可的范围内做不失时机的妥协来实现最佳方案，从而达到高度原则性和高度灵活性结合的统一体；站稳立场，坚持原则，在国际商务谈判中，不为私利而损害组织利益，不做有损国格、人格的事情。

（二）心理素质

谈判人员良好的心理素质是谈判取得成功的重要基础条件。谈判人员相信谈判成功的坚定信心、对谈判的诚意、在谈判中的耐心等都是保证谈判成功不可或缺的心理素质。良好的心理素质，是谈判者抗御谈判心理挫折的条件和铺设谈判成功之路的基石。

商务谈判人员应具备的基本心理素质有：

1.自信心

谈判人员应具有百折不挠、不达目的决不罢休的信心和决心。所谓自信心，就是相信自己的实力和能力。它是谈判者充分施展自身潜能的前提条件。缺乏自信往往是商务谈判遭受失败的原因。没有自信心，就难以勇敢地面对压力和挫折、面对艰辛曲折的谈判，只有具备必胜的信心才能促使谈判者在艰难的条件下通过坚持不懈的努力走向胜利的彼岸。

自信不是盲目的自信和唯我独尊。自信是在充分准备、充分占有信息和对谈判双方实力科学分析的基础上对自己有信心，相信自己要求的合理性、所持立场的正确性及说服对手的可能性。自信才有惊人的胆魄，才能做到大方、潇洒、不畏困难、百折不挠。

2.耐心

商务谈判的状况各种各样，有时是非常艰难曲折的，有些对手会以拖延时间来试图消磨我方的意志，以求获取更好的谈判条件，商务谈判人员必须有抗御挫折和打持久战的心理准备。这样，耐心及容忍力是必不可少的心理素质。耐心是谈判者抗御压力的必备品质和谈判争取机遇的前提。在一场旷日持久的谈判较量中，谁缺乏耐心和耐力，谁就会失去在商务谈判中取胜的主动权。

有了耐心，可以调控自身的情绪，不被对手的情绪牵制和影响，使自己能始终理智地把握谈判的正确方向。有了耐心，可以使自己有效地倾听对方的诉说，观察了解对方的举止行为和各种表现，获取更多的信息。有了耐心，可以提高自身参加艰辛谈判的韧性和毅力。

3.诚意

商务谈判是一种建设性的谈判，这种谈判需要双方都具有诚意。具有诚意，不但是商务谈判应有的出发点，也是谈判人员应具有的心理素质。诚意，是一种负责的精神、合作的意向，是诚恳的态度，是谈判双方合作的基础，也是影响、打动对手心理的策略武器。

有了诚意，双方的谈判才有坚实的基础；才能真心实意地理解和谅解对方，并取得对方的信赖；才能求大同存小异，取得和解和让步，促成上佳的合作。

要做到有诚意，在具体的活动中，对于对方提出的问题，要及时答复；对方的做法有问题，要适时恰当地指出；自己的做法不妥，要勇于承认和纠正；不轻易许诺，承诺后要认真践诺。

诚意能使谈判双方进行良好的心理沟通，保证谈判气氛融洽稳定，能排除一些细枝末节的小事的干扰，能使双方谈判人员的心理活动保持在较佳状态，建立良好的互信关系，提高谈判效率，使谈判向顺利的方向发展。

4.抗压力

谈判人员经常会面临四面受压的局面，压力既有来自谈判对手一方的，也有来自自己一方的。当谈判陷入争执不下、久拖未果的境地时，这种压力还会呈现几何级数的增长。

来自内部的压力往往是由于某些领导者不了解实际情况，急于求成，以主观意志代替客观分析，以行政命令干预谈判具体工作所造成的。然而领导者的决策正确与否，跟具体工作人员的工作水平、工作作风关系极大。在具体的项目谈判中，谈判人员一定要坚持实事求是的原则，不管谁说了什么，不管周围的压力有多大，都应该据实测算分析，如实反映报告，这样才能帮助领导做到心中有数，保证决策的正确性，为项目合作争取有利的条件。

能否在谈判中顶住来自内部和外部的压力，不但是对谈判人员耐心与毅力的考验，也是对谈判人员能否坚持原则的考验。谈判者应该从工作实际出发，严格按商务谈判的客观规律办事，善于顶住来自各方面的压力，有效维护国家、企业的利益，争取项目的最大效益。

（三）身体素质

商务谈判往往是一项牵涉面广、经历时间长、节奏紧张、压力大、耗费谈判人员体力和精力的工作。若赴国外谈判，还要遭受旅途颠簸、生活不适之苦；若接待客商来访，则要尽地主之谊，承受迎送接待、安排活动之累。所有这些都要求谈判人员必须具备良好的身体素质，同时也是谈判人员保持顽强意志力与敏捷思维的物质基础。

对谈判人员身体（身心）素质的具体要求是：年龄一般为30～55岁，社会阅历丰富，思想比较成熟；身体健康状况良好，精力充沛，思路敏捷；接受新事物快，反应能力强，记忆力好，具有强烈的事业心、责任感和进取心。

五、情绪的管理与调控

情绪是人脑对客观事物与人的需要之间关系的反映。它是人在认识客观事物的基础上，对客观事物能否满足自己的需要而产生的一定程度的心理体验。

情绪的适当运用，能加强谈判的影响力，对谈判有帮助。但任何情绪在谈判场上像脱缰的野马一样随意狂奔，使谈判过于情绪化，则无益于谈判。作为谈判的任何一方，为使谈判能按照自己预期的方向发展，都需运用相应的办法和技巧，对己方或对方的谈判情绪进行有效的调控。作为谈判人员，能够敏锐地知觉他人情绪，善于控制自己的情绪，巧于处理人际关系，才容易取得谈判活动的成功。

（一）国际商务谈判情绪

国际商务谈判情绪是参与商务谈判各方人员的情绪表现。在谈判活动中，谈判方的需要和期望满足的情况会千变万化，谈判者的情绪心理也往往会随之波澜起伏。当情绪波动出现时，要善于采用适当的对策，不能让情绪对谈判产生负面影响。在谈判出现情绪过激之后，应尽量缓和、平息或回避，防止有害的僵局出现，导致谈判流产。

（二）商务谈判情绪的调控

情绪调控能力是指人有能力通过情绪调节和控制，使积极的个人情绪压倒消极的个人情绪。一般情况下，谈判人员不仅对自己的情绪要加以调整，对谈判对手的情绪也应做好相应的防范和引导。商务谈判人员的情绪要服从商务谈判的利益，要进行情绪的调控，不能让其随意宣泄。谈判人员个人要有良好的意志力，不管谈判时处于顺境还是逆境，都能很好地控制自己的情绪，而不是被谈判对手所控制。当然，这并不是说什么时候都要表现出温顺，而是要在保持头脑冷静清醒的情况下控制自己，适当地表现强硬、灵活、友好或妥协。当年赫鲁晓夫在联合国大会上用皮鞋敲桌子“示怒”，实际上不是真正到了怒不可遏的地步，只不过是想借此来加强发言的效果，提醒别国注意苏联的立场。

1.情绪策略

在国际商务谈判过程中，谈判对手可能会运用攻心术或红白脸策略来扰乱我方的情绪，牵制我方并干扰我方的策略思考，对此必须有所防范。

（1）攻心术。攻心术是使对方心理上不舒服或软化来使对方意乱情迷而作出错误策略，常见的形式有：第一，以愤怒、指责的情绪和态度使谈判对方感到强大的心理压力，在对方惶惑之际迫使对方作出让步；第二，以人身攻击来激怒对手，严重破坏谈判对手的情绪和理智，扰乱其思路，引诱对方陷入圈套；第三，以眼泪或可怜等软化方式引诱谈判对方同情、怜悯而让步；第四，谄媚讨好谈判对方，使对方在得意之下忘乎所以地作出让步。

（2）软硬兼施策略。软硬兼施的运用是心理策略的一种具体形式。强硬与温柔相结合，能使人的心态发生很大的变化。强硬会使对方看到你的决心和力量，温柔则可使对方看到你的诚意，从而可以增强信任和友谊。

软硬兼施战术的功效源自第一位谈判者与第二位谈判者的“联线作业”。第二位谈判者就是要利用对方对第一位谈判者所产生的不良印象，继续其“承前启后”的工作。第一位谈判者的“表演”若未成功，第二位谈判者自然也就没戏可唱了。

2.情绪调控的原则

由于随时都可能面对对手的心理战，谈判人员在谈判时，要做好以下的调控情绪的思想准备：

（1）注意保持冷静、清醒的头脑。保持清醒的头脑就是要保持敏锐的观察力、理智的思辨能力和言语行为。当发现自己的情绪不对、思路不清、反应迟钝时，应设法暂停谈判，通过休息、内部相互交换看法使自己得以恢复到良好的状态。

（2）要始终保持正确的谈判动机。商务谈判是追求谈判的商务利益目标，而不是追求虚荣心的满足或其他个人利益的实现，要防止被对方的挖苦、讽刺和恭维而迷失方向。

（3）将人和事分开。处理问题要遵循实事求是的客观标准，避免被谈判对手真真假假、虚虚实实的手腕所迷惑。

（三）调控谈判情绪的技巧

处理谈判问题要注意运用调控情绪的技巧。在与谈判对手的交往中，要做到有礼貌、通情达理；要将唐突的问题与人划分开来；在阐述问题时，少指责或避免指责对方，切忌意气用事而把对问题的不满发泄到谈判对手个人的身上，对谈判对手个人指责、抱怨甚至充满敌意；当谈判双方关系出现不协调而紧张时，要及时运用社交手段表示同情、尊重，弥合紧张关系，消除敌意。

（1）在谈判中，考虑到人的受尊重的需要，注意尊重对方。尊重对方是指态度、言语和行为举止上具有礼貌。尊重就要注意自己言谈举止的风度和分寸。谈判时见面不打招呼或懒得致意，脸红脖子粗地争吵，拍桌子，当众摔东西或闭起眼睛跷起二郎腿不理不睬，这些行为都会伤害对方的感情，甚至使对方感到侮辱，不利于谈判。然而，尊重对方并不是屈从或任对方侮辱，对于无礼的态度、侮辱的言行应进行适当的反击，但这种反击不是以“以牙还牙”的方式，而是以富有修养的、有针对性的批评、反驳，以严肃的表情来表明自己的态度和观点。

（2）在国际商务谈判过程中，当对方提出与我方不同的意见时要予以肯定，表现得通情达理，以缓和对方的不满情绪，使其容易接受我方的看法。当对方人员的情绪出现异常时，我方应适当地加以劝说、安慰、体谅或回避，使其缓和或平息。情绪调控要注意防止出现心理挫折，如出现心理挫折则要按照心理挫折调控方法进行调控。

六、心理挫折的防范与应对

商务谈判人员应做好防范谈判心理挫折的心理准备，对所出现的心理挫折能够有效地化解。

（一）商务谈判中的心理挫折

人们需要的存在，会引发动机。动机一旦产生，便导致人们的行为指向目标。受各种主客观原因的影响，行为活动有的达到目标，有的受到阻碍。行为活动受到阻碍达不到目标，这就是挫折。

1.心理挫折的含义

心理挫折是人在追求目标的过程中遇到自己感到无法克服的障碍、干扰而产生的一种焦虑、紧张、愤懑或沮丧、失意的情绪心理状态。在商务谈判中，心理挫折造成的人的情绪上的沮丧、愤怒，会引发与对手的对立和对对手的敌意，容易导致谈判破裂。

2.心理挫折的行为表现

当人遭受心理挫折时，会产生紧张不安的情绪和引发行为上的差异。

（1）攻击。攻击是人在遭受挫折时最易表现出来的行为，即将受到挫折时产生的生气、愤怒的情绪向人或物发泄。攻击行为可能直接指向阻碍人们达到目标的人或物，也可能指向其他的替代物。

（2）退化。退化是指人在遭受挫折时所表现出来的与自己年龄不相称的幼稚行为，例如，情绪上失控，出现孩子似的不理智行为。

（3）畏缩。畏缩是指人受挫折后失去自信，消极悲观，孤僻不合群，易受暗示，盲目顺从的行为表现。

（二）心理挫折的预防与应对

国际商务谈判是一项艰巨而困难重重的工作。谈判所遇到的困难很多，困难多就易遭遇失败，有失败就有挫折。商务谈判人员对商务谈判中的挫折应有心理准备，应做好对心理挫折的防范，对自己所出现的心理挫折应采取有效的办法及时地加以化解，并对谈判对手出现挫折而影响谈判顺利进行的问题有较好的应对办法。

1.心理挫折的预防

（1）消除引起客观挫折的原因。人的心理挫折是伴随着客观挫折的产生而产生的，如果能减少引起客观挫折的原因，人的心理挫折就可以减少。

（2）提高心理素质。一个人遭受客观挫折时是否体验到挫折，与他对客观挫折的容忍力有关，容忍力较弱者比容忍力较强者易感受到挫折。人对挫折的容忍力与人的意志力、承受挫折的经历及个人对挫折的主观判断等有关。有着坚强意志的人能承受较大的挫折，有较多承受挫折的经历的人对挫折有较高的承受力。

2.心理挫折的应对

在商务谈判中，不管是我方人员还是谈判对方产生心理挫折，都不利于谈判的顺利开展。为了使谈判能顺利进行，对心理挫折应积极应对。

（1）要勇于面对挫折。商务谈判的成功=失败+总结。商务谈判往往要经过曲折的谈判过程，通过艰苦的努力才能达到成功的彼岸。商务谈判人员对于谈判所遇到的困难，甚至失败要有充分的心理准备，以提高对挫折的承受力，并能在挫折打击下从容应对环境和情况的新变化，善于总结，总会获得成功。

（2）摆脱挫折环境。相对于勇敢面对挫折而言，这是一种被动的应对挫折的办法。遭受挫折后，当商务谈判人员再无法面对挫折情境时，通过脱离挫折的环境情境、人际情境或转移注意力等方式，可让情绪得到修补，使之能以新的精神状态迎接新的挑战。美国著名成人教育学家、心理学家戴尔·卡耐基就曾建议人们在受到挫折时用忙碌来摆脱挫折情境，驱除焦虑的心理。

（3）情绪宣泄。情绪宣泄是一种利用合适的途径、手段将挫折的消极情绪释放、排泄出去的方法，目的是把因挫折引起的一系列生理变化产生的能量发泄出去，消除紧张状态。情绪宣泄有助于维持人的身心健康，形成对挫折的积极适应，并获得应对挫折的适当办法和力量。

情绪宣泄有直接宣泄和间接宣泄的办法。直接宣泄有流泪、痛哭、怨气发泄等形式，间接宣泄有活动释放、诉说等形式。

有专家认为，面对谈判对方的愤怒、沮丧和反感，一个好的办法是给对方一个能够发泄情绪的机会。让对方把心中郁闷的情绪和不满发泄出来，让他把话说完，这样他心里就不再留下什么会破坏谈判的忧患。让对方发泄情绪，可借此了解对方心理等状况，可以有针对性地开展说服性工作。

第二节 国际商务谈判的道德规范

一、谈判人员应具备的基本观念

（一）忠于职守

谈判人员应该忠于职守、廉洁奉公；应有强烈的事业心、积极的进取心、高度的责任感和令人钦佩的敬业精神；必须自觉维护国家、组织利益，严守组织机密。

谈判人员是作为特定组织的代表出现在谈判桌前的。国际商务谈判人员不仅代表个体的经济利益，而且还肩负着维护国家利益的义务和责任。因此，遵纪守法，廉洁奉公，忠于国家和组织，是谈判人员必须具备的首要条件。

（二）平等互惠

在商务谈判中，双方地位平等，关系互惠。可是，有些谈判人员常常不把自己和对方放在平等的地位上以求互利互惠，存在着两种倾向：一是妄自菲薄。遇到身份、级别较高和实力较强的对手，有些谈判人员总觉得比对手要矮三分，尤其是和欧美的商户打交道，欲出口货物或进出仪器设备时，认为自己有求于对方，结果让谈判的控制权落入对方手中；二是妄自尊大。对待身份低、实力较弱的对手，有的谈判人员总是觉着对方比自己矮三分，有求于自己，自己是向对方“施恩”，从而盛气凌人，一心只想独占利益。

以上两种倾向都不利于国际商务的顺利进行，只有本着“平等互惠”的原则，才能排除妄自菲薄和妄自尊大两种错误倾向的干扰，对谈判事件、交易条件保持清醒的头脑，充分发挥各自的谈判能力，力求收到最理想的效果和获得最大的利益。

（三）团队精神

商务谈判多为集体谈判，每一方都是由几个人组成团队，其中一人为主谈或主持人，主持领导整个团队完成实际的谈判工作。参加谈判的人员，无论是谁作为团队总代表的主谈人还是其他的团队成员，都必须具有集体主义精神和团队精神，除了各自负责好分内工作以外，还要注意协调配合，以争取己方在谈判交易中获得更多的利益。坚持这种集体主义精神，既可以减少暴露己方弱点的机会，又可以增强己方谈判的整体力量。

二、国际商务谈判道德规范的类型

道德规范是指在特定环境下，人们对行为的正确与错误进行判断时所使用的社会衡量标准。谈判道德属于社会性标准，是共同性的道德规则。从谈判实务的角度出发，国际商务谈判的道德规范至少有四种类型。

（一）最终结果道德规范

最终结果道德规范是指谈判者基于预期结果或最佳回报方案做出决策，行为的正确与否取决于事情的最终结果。此种状态下的谈判者会采取任何手段迫使对方屈从自己设定的目标。

（二）规则道德规范

规则道德规范是指基于法律和事件的合法性做出决策，行为的正确与否取决于当时的法律、法规。在这种状态下，谈判者会认为撒谎是不可取的做法。

（三）价值道德规范

价值道德规范是指基于企业的战略和价值取向做出决策，行为的正确与否是基于社会推崇的价值观、社会规范或惯例来判断的。在这种状态下，谈判者会最大限度地遵从社会习惯和企业文化。

（四）个人道德规范

个人道德规范是指基于个人信念和良心做出决策，行为的正确与否取决于个人的信念和道德标准。在这种状态下，个人的价值取向难以约束，谈判者会根据自己的想法行事，甚至采用欺骗或不诚实的方式。

三、谈判中常见的非道德行为

（一）对立场作虚假陈述

在期望成交的上下限上说谎，甚至威胁要退出谈判，而实际上准备深入谈判，且认为对方会让步以达成协议。

（二）夸大其词

假意威胁或承诺，声明要采取某种行为，但根本就不打算那么做。如在非必要条款上威胁要退出或承诺以后提供私人帮助，但实际上并没有履行的想法。

（三）作弊

故意编造一套不真实的数据，引导对方得出错误结论。如描述在同样情况下曾采取的措施，似乎目前仍能提供相同的条件，但不明确说明本次交易将采取的方法。

（四）有选择地伪造事实

部分公开所发生的事，使整个事件或意图表述不准确，以期达成自己向往的协议。这种做法往往被解释为疏忽、信息取舍不当或当事人水平欠缺，而不被认为是故意的欺骗。

第三节　国际商务谈判人员的组织与管理

一、谈判人员的构成

国际商务谈判内容复杂，涉及面广。谈判人员构成涉及谈判队伍的类型和规模、组织结构和角色分工三个方面的内容。

（一）谈判组织的类型和规模

1.谈判小组的组成和规模

谈判小组成员除了各自应拥有一定的经验、能力外，小组成员在专业知识、个性特点、谈判作风等方面的互补作用是十分重要的，这不仅对保证谈判小组具有各项专业知识是必要的，而且也为谈判实力的增强获得一个“乘数效应”，而不是简单的“叠加效应”。

一支谈判队伍的最佳规模是多大？这应由谈判的性质、对象、内容、目标等方面决定。如果参加或参与谈判的人员过多，就会出现信息沟通、角色分担等内部协调问题，增大开支，不利于谈判的进行；若人员过少，则又难以应对突发事件，导致机会丧失。同时，由于商务谈判通常需要涉及各方面的专业知识，这是任何某一方面的个别专家所力不能及的，因此，商务谈判小组人员规模在5人左右是较适合的。

具体而言，影响谈判小组规模的因素主要有：第一，谈判所需要覆盖的专业知识范围大小，范围越广，需要的人员就可能较多；第二，内部沟通的有效性，特别是当出现意见分歧时，要能迅速地达成一致立场；第三，整体配合的精干与高效，既要对每个成员明确责任，避免相互推诿，也要强调彼此信任合作；第四，首席谈判代表权威的高低也会影响谈判队伍的规模；第五，费用和成本的经济性，这一般是与人员数目成反比关系的。

2.咨询顾问小组的组成和规模

商务谈判经常涉及许多专业性很强的知识，从而使某些细节的谈判必须求助于那些具体领域的专家，这就使咨询顾问小组成为谈判中不可缺少的重要角色。

咨询顾问小组可能是经某种程序予以正式授权成立的，也可能是由谈判小组成员个人出面邀请而建立的松散的非正式组织，前者多为大型商务谈判所需，后者则经常出现在金额较小的谈判之中，而有时这两种类型的顾问小组又可以同时并存。

由于咨询顾问小组往往是被赋予一定职责的，其对谈判的进程往往有着很大的影响。因此，保持正式谈判小组与咨询顾问小组的有效沟通是有效发挥咨询顾问小组作用的关键。

谈判人员应主动通报、虚心求教，顾问人员则应多提建设性意见，多提可供选择的方案。双方聚会讨论是进行细致分析与设计解决方案的良好方法。谈判的积极态度是双方的彼此理解、信任与支持，由此可以创造出预期的谈判成果。

咨询顾问小组的人数自然多多益善，然而，实际上咨询顾问小组的规模不可避免地要受到精干、有效等要求的限制。

3.主谈人的挑选

选择主谈人是一个至关重要的问题。作为谈判小组的灵魂，主谈人应该具备较强的组织管理能力，有一定的威信，能领导下属齐心合作、群策群力，有合作精神；具备良好的心理素质和较强的决策、应变、沟通能力；具备较高专业知识水平，了解有关政策和方针、法律条文、熟悉业务，还必须能够把握谈判方向和进程，设计规避风险的方法。所以，主谈人应该符合谈判领导人的素质要求，善于从各种咨询顾问那儿获得帮助，尤其是能有效地协调同顾问小组之间的关系，尊重专家意见，并能从中明智地选择与汲取有价值的思想。商务谈判中主谈人可以是各种层次的主管人员、各个方面的专家，有足够的谈判经验，应奉公守法，品质正直，对公司忠诚。

（二）谈判人员的组织结构

谈判小组必须具备完善的专业知识结构，分工协作，才能有效地完成谈判任务。商务谈判所需的专业知识大体包括以下几个方面：有关技术方面的知识；有关价格、支付条件、交货条件、风险、运输、海关等商务方面的知识；有关法律方面的知识；在国际商务谈判中，还需具备语言翻译方面的知识。根据上述专业知识的需要，谈判小组应配备相应的人员。

1.责任分工

（1）领导人员或首席谈判代表。在一个谈判小组中，需要一个人来指挥谈判，安排和召集他人，听取专业人员的建议，裁决与专业知识有关的事，代表单位签约、汇报谈判工作，这就是谈判小组的领导人员或首席谈判代表。

（2）技术人员。技术人员负责谈判项目的技术性能、验收办法、技术服务、保证条件的谈判。其具体职责是：阐述己方参加谈判的意愿和技术条件；弄清对方的意图和技术条件要求；找出双方在技术条件上的分歧或差距；同对方进行技术细节方面的磋商；草拟、修改谈判文书的有关技术条款；向主谈人提出解决技术问题的建议；为最后决策提供技术方面的论证。

（3）管理人员。管理人员处理与谈判有关的外交问题、许可证管理、预算，把握交易规模和交易的技术水平，同时，还要办理某些行政手续。在谈判进程中，为了抢时间，促进工程进度，管理人员尤其需跟踪谈判进程，与谈判项目的承建单位一起办理项目所需的各种手续。

（4）工程设计人员。工程设计人员负责谈判项目的平面布置、工艺流程图的确定、面积、工艺环境条件（上下水、采暖通风、空调、净化、三废处理等）、动力消耗（水、电、气）等工艺设计；厂房地址选定、厂房建筑面积、结构、施工图等土建设计；设计联络及工程进度等的谈判并形成相关的文件。

（5）商务人员。商务人员由熟悉贸易惯例和价格谈判条件，了解交易行情的有经验的业务员或厂长、经理担任。商务人员的具体职责是：掌握谈判项目总的财务情况；负责交易的商务条件，包括价格、支付、交货、保险、保证等的谈判并签订合同；在无专门法律人员参加谈判时，还应负责合同文本的谈判与草拟；分析、计算修改中谈判方案所带来的收益的变动，协助并指导技术人员谈好、拟好技术附件；负责对外的联络工作，协助谈判负责人（若自己不是负责人时）做好内部的组织工作。

（6）法律人员。法律人员包括律师或具备经济、法律专业知识的人员，通常由特聘律师、企业法律顾问或熟悉有关法律规定的人员担任。国外许多谈判人员都是律师出身。我们要挑选合适的法律工作者参加工作项目的谈判，使己方在商务交往中得到法律保障，维护自身的利益。法律人员的具体职责是：负责交易合同文本的谈判与拟写，审核技术附件法律和文字方面的问题，协助谈判主持人统一审核合同文本、技术附件以及其他的文件，检查法律文件的检测性和完备性，监督谈判程序在法律许可范围内进行。

（7）金融人员。金融人员负责或协助商务人员谈判或审核交易的支付条件。在利用政府贷款或商业贷款（买方或卖方信贷）时，金融人员负责谈判或指导商务人员及使用贷款的单位谈判、拟写相关的信贷协议并根据信贷协议规定合同支付方式。

（8）仓储运输人员。仓储运输人员负责货物交运方式及条件的谈判，尤其负责对某些超长、超重、易腐、易燃、易爆等特殊货物的包装、储存、运输条件的谈判，有时还应兼顾保险条件的谈判。谈判结果应拟定成文，交商务人员统一归入合同中，或与商务人员联合谈判，由商务人员根据谈判结果拟写到合同文件中。

（9）翻译人员。翻译人员由精通外语、熟悉谈判业务的专职或兼职翻译担任。其具体职责是：负责口头与文字翻译工作，沟通双方意图，运用语言策略配合谈判。翻译内容要准确、忠实，不能自作主张发表个人意见，翻译人员应自始至终参加谈判的全过程，一般不宜中途换人，以防止工作脱节。

需要指出的是，以上谈判所需要的各种人员只是结构性分类，并非存在不可逾越的鸿沟。作为谈判人员，应该对上述几个方面的知识都有所了解，而又专长于某一方面。如果只知道某一方面比如技术方面的知识，而对商务和法律方面的知识一窍不通，这样在谈判时就很被动，彼此之间的配合就比较困难。比如，技术人员认为制定某种技术条款能使引进的技术在性能上更有保证，商务人员认为这样会大大增加引进的成本，法律人员认为这一条款有可能引起某些法律纠纷，三方各有理由，相持不下，就很难协调。

2.谈判人员的协作

在讨论谈判人员的分工时，必须考虑他们之间的协作。所谓谈判人员的协作，是指谈判中成员之间的语言及动作的互相协调、互相呼应。具体地讲，就是确定不同情况下的主谈与辅谈人选，他们的位置与责任，以及他们之间的配合关系。谈判队伍一般分三个层次：第一层次是主谈或谈判小组的领导人员；第二层次是专家和专业人员；第三层次是一般工作人员。下面是几种常见情况下的协作：

（1）多个主持人的情况。这是指谈判负责人与谈判主谈人分离或同时存在技术与商业主谈人的情况。在负责人与主谈人分离时，矛盾主导面在总负责人，他的配合是解决主要矛盾的保证。谈判中，应该最大限度地发挥主谈人的作用。具体做法为：在礼宾场合，可以主要角色出现；在谈判场合，可以旁听身份出现，以充分发挥主谈人的积极性、维护主谈人权威，争取谈判效果。但在洽谈出现僵局时，可出面周旋。对全局谈判进程则是紧密跟踪，随时指导。就技术和商务主谈人而言，应主动协助总负责人制订总体谈判方案，分头落实，并在落实过程中与负责人保持交流。在无总负责人而由技术与商业主谈人共同负责时，两者的协作应更为密切。

（2）技术附件的谈判。此时，技术主谈人负责召集参加谈判的技术人员、管理人员、工程设计人员准备技术附件，并在谈判桌上组织各专业人员与对方进行对口谈判。技术主谈人仅应对所有附件的完整性、准确性负责。在技术附件谈判时，技术主谈人具有权威性，但若对事先定好的技术目标做明显变更时，亦应与商务主谈人商量，征求意见，切实做到“技术与价格”挂钩。商务主谈人若未参加某些技术谈判场次，会后应有通报。为了支持技术主谈人，商务人员和法律人员应尽可能为技术主谈人提供有关技术以外的咨询意见，并在适当的时候回答对方有关商务和法律方面的知识，从不同角度支持技术主谈人的观点和立场。

（3）合同条款的谈判。商务主谈人或律师主持会谈并准备必要的文件，对合同条款的合法性、严谨性、可执行性、公正性负责。技术人员可以参加有关条款诸如价格、支付、包装、运输、服务、验收、罚款等的谈判并提出建议。在统一安排下，技术人员亦可参与谈判，变旁听为积极加入。

（4）交易价格的谈判。负责谈判交易价格的是商务主谈人，但从参与人员来看，有阶段性配合的特征。

第一，在价格解释、价格评论等价格谈判初期，参与人员较广，包括商务主谈人、技术主谈人及其他人等。配合原则为：商务主谈人主持并策划谈判，技术人员或行政人员等分析价格并按部署在会上进行发言，借以形成价格谈判中“人人讨伐、众志成城”的局面，也可以制造“一浪高一浪”的场面气氛，获取心理效果。专家们熟悉商品，剖析商品价值在行，加之人力丰富，容易调查市场。只要编导好，其威力在价格谈判场上巨大。

第二，在价格谈判的中期和后期，参与人员相对减少，多为1~3人，包括商务主谈人、技术主谈人或管理人员，以商务主谈人为主，其他人员只能按事先商量的方案发言、表态，任何新的观点和态度均需与商务主谈人商量后方可对外。即便自认为极佳的想法，也不能脱口而出，可要求暂时休会，互相商定后再讲不迟。擅自发表议案之外的意见，无异于破坏价格谈判。当然，商务主谈人应征求其他参加人的意见并创造时机商量，以吸取最聪明、最有效益的方案。

（5）主谈人能力差的情况。由于种种原因，商务主谈人组织能力、谈判能力不如技术主谈人或管理人员，或者相反，这种情况称为能力失衡。此时，强者对弱者不歧视，尤其在对手面前丝毫不能表露歧视之意，否则无异于自毁阵容；弱者不准备好不上场，强者没弱者的邀请不主动上场；在需要强者帮助时，仅就求助部分帮助而不代替弱者的全部职责。

（三）谈判人员的角色分工

根据谈判的类型和谈判的情况，还可以设置白脸、红脸、强硬派和清道夫等角色，具体内容和相应的责任见表3-1。

表3-1 谈判人员的角色分工和责任

角色	内容	责任
首席谈判代表	任何谈判小组都需要首席代表，由最具专业水平的人担当，而不一定是小组中职位最高的人	指挥谈判，需要时召集他人；裁决与专业知识有关的事——例如，决定是否有足够的财力来支持公司并购的投标；精心安排小组中其他人的分工
白脸	由被对方大多数人认同的人担当。对方非常希望仅与白脸打交道	对对方的观点表示同情和理解；看起来要做出让步；给对方安全的假象，使他们放松警惕
红脸	白脸的反面就是红脸，这个角色就是使对手感到如果没有他或她，会比较容易达成一致	需要时中止谈判；削弱对方提出的任何观点和论据；胁迫对方并尽力暴露对方的弱点
强硬派	这个人在每件事上都采取强硬立场，使问题复杂化，并要其他组员服从	用延时战术来阻挠谈判进程；允许他人撤回已提出的未确定的报价；观察并记录谈判的进程；使谈判小组的讨论集中在谈判目标上
清道夫	这个人将所有的观点集中，作为一个整体提出来	设法使谈判走出僵局；防止讨论偏离主题太远；指出对方论据中自相矛盾的地方

二、谈判人员的管理

商务谈判的管理工作主要包括以下几个方面：谈判人员的选配、谈判人员的协调与控制、谈判人员的激励。它贯穿于商务谈判活动的全过程，目的是使资源成本最小化，组织功能最大化。

一场商务谈判往往比较复杂，涉及的范围较广。就涉及的知识而言，包括产品、技术、市场、金融、运输、保险和法律等许多方面。若是国际商务谈判，还涉及海关条例、外语等知识。这些知识绝非个人的精力、知识、能力所能胜任的。所以，商务谈判除了一对一的单人谈判外，更多情况下是在谈判团体、谈判小组之间进行，而这就要求谈判班子按照系统原理追求整体优化效应，其内部管理要做到在既定目标引导下的协调一致。

（一）谈判人员的选配原则

1.精干高效的原则

从实践经验来看，由于商务谈判涉及内容较多，所以大多数较重要的商务谈判均由多人组成。那么谈判班子多少人为宜呢？国内外谈判专家普遍认为，一个商务谈判班子的理想人数是5人左右。因为在这种规模下，最容易控制，因而也最容易发挥小组人员的集体力量。法国管理学家格拉丘纳斯进行了大量的组织内管理幅度和人与人之间关系的研究，提出了管理人际关系的数学模型，即“当管理幅度按算术级数增加时，人员间的复杂关系按几何级数增加”。因此，兵不在多而在精。人员不多，但要精干、实用、高效，也就是要求全面提高谈判人员的素质，力求一专多能，有较强的事业心、较高的业务水平，以保证谈判任务的圆满完成。

2.学历、经验并重的原则

学历的高低标志着一个人接受教育的程度。一般情况下，学历高的人较学历低的人有更丰富全面的知识，具有更大的潜能。但是，如果只有书本知识而从未参与过任何谈判实践，初登谈判场时不宜直接充当主要角色，只有经过一段时间旁听观察，才能找出将书本知识灵活运用于实践的途径。也有一些人虽然没有接受过高等教育，但在实践中摸爬滚打，摸索出一套谈判的经验，在谈判桌上的临场发挥相当优秀。因此，在组织谈判团体时应将学历与经验并重，不能一味强调其中一项，只有将有学历的和有经验的结合在一起，相互补充、扬长避短，才能提高谈判班子的总体能力。

3.新老搭配的梯队原则

每一次商务谈判不仅是针对某一问题进行的利益交锋，也是培训新人的绝好机会。因此，谈判组成员中既要有训练有素的沙场老将，也应有初出茅庐的新兵。在一般的谈判中，让新手出场演练，由老将坐镇指挥，这样才能在保证谈判顺利进行的情况下完成梯队建设，使谈判精兵层出不穷。同时，就年龄而言，年轻人大多争强好胜，思路敏捷，在讨价还价中，敢于寸步不让，寸利必争；年长者沉着稳重，以柔制刚，两者配合能更好地施展谈判的策略与技巧。

4.性格协调的原则

性格是一个人比较固定的对人、对事的态度和行为方式，是最核心的个性心理特征。在一个合理而完整的谈判团体中，性格应该是协调的。所谓性格的协调，并不要求其成员在性格上完全一致，而是要求各种性格的人兼容并蓄，通过“性格补偿作用”，使多种人才相互补充、相互协调，如活跃型的人与沉静型的人就能起到极好的互补作用。

5.节约原则

一支谈判队伍，从参加谈判直到协议达成的整个过程，必然要支出一定费用，其中很多费用甚至需要支付外汇。在组织谈判小组时，要充分考虑到这一点，以节省谈判费用支出。国际商务谈判是企业经营活动的一个环节，谈判费用涉及企业经营成本，应按经济规律要求，将其纳入企业的整体经营活动的一部分加以考虑。

（二）谈判人员的入选条件

1.品质可靠

商务谈判工作多数是在单独一人的情况下进行的，谈判中所涉及的很多购销条件，在一定限度内可由谈判人员自己掌握。因此，谈判者必须忠诚可靠，并能赢得客户对他的信任。如果一位谈判人员欺诈客户和自家企业，唯独使自己获得好处，其后果是可以预见的。但是，这类人的品质事先却难以衡量，一个人的道德品质需要经过一定的接触才能有所认识。所以，一般的办法是征询与他有关的人员，如他的同事及领导等，也可以在可能的情况下，向他以前的老客户请教，从中得知一二。

2.具有独立工作能力且具有合作精神

商务谈判人员要依靠并发掘自身的力量，独立工作，同时又不放弃合作精神。商务谈判人员需独立工作，上司很少会给他以直接的帮助和指导。所以，商务谈判人员是否具有积极主动、自愿肯干的精神，是一项十分重要的条件，特别是具有开创性的商务谈判工作，远非诸如审账、记录及计划之类的工作可比，后者的主动性要差一些。要求独立工作能力，并不是要放弃合作精神，这两者是完全可以兼顾的。

3.具有相当智力与谈话水平

商务谈判人员要有广泛的知识面、相当程度的记忆力，必须对公司的每项产品或服务有深入的认识，对公司和客户有深入的了解，同时谈吐自如、举止适度。因此，在选用谈判人员时，必须考核他在这几方面是否与其所担当的工作相适应。

4.能够适应长期出差

商务谈判工作有时需要长期出差在外，所以在选用谈判人员时，须向其说明要出差多少时间，特别是有多少时间出差外埠。商务谈判人员是否具有经常出差的条件很重要，如果忽略了这一点，很可能使谈判者产生一些个人问题（如家庭纠纷），他的工作业绩也将受到严重影响。

5.具有专业能力

商务谈判人员受过一定的谈判技巧训练，具备良好的专业基础知识，熟悉并了解本专业范围的产品及其维修服务；具有良好的判断力，能够洞悉问题的症结所在，并能够注意到可能影响谈判结果的潜在因素。

6.具有良好的心理素质和交际能力

商务谈判人员能听取各方意见，有忍受冲突和面对暧昧态度的耐心；能不受任何外界干扰，甚至顶住压力，独立做出判断；对待事务能分清主次，抓住重点，合理掌握时间进度；具有良好的交际能力，善于与不同国家、不同信仰、不同级别的人打交道。

（三）谈判人员的协调与控制

在一般情况下，谈判队伍内部都配有谈判小组和咨询顾问小组两套班子，这样内部的意见沟通就可能呈现出复杂交错的状况。从理论上讲，两套班子相互之间以及与高层领导之间的职权划分和界定，为相互之间协调配合和高层领导对谈判的控制提供了客观依据与规范要求。然而，无论是谈判人员还是顾问专家，他们的背景不同，专业资历不同，所代表的利益也不同，观察问题的角度也会不同，于是谈判过程中首先有一个自身立场能否协调的问题。因此，相互协调是谈判队伍内部追寻共同利益与目标的基础。但是，即使谈判人员、顾问人员彼此之间能够坦诚交换看法、有效沟通意见，在对具体问题的判断上，对具体方案与策略的选择上，乃至对具体处理方法的取舍上，仍旧有可能出现比较大的分歧，这时采取先民主后集中的办法，保证最终决策者的权威性乃是十分必要的手段。

对高层领导来讲，其首要关心的问题是谈判能否达到预期目标，虽然对谈判小组作了具体授权，但不能放弃对谈判进程的控制和影响。他指挥监督的作用可以直接地表达出来，也可委任咨询顾问小组间接地发挥出来。

（四）谈判人员的激励

凡能被挑选作为商务谈判的谈判人往往是经验丰富、有良好业绩的人员。他们成就感、事业感强烈，总是希望通过出色地完成任务来证明自己的价值。从行为科学角度来讲，这种倾向就构成了他们“内涵激励”的因素。这种自我激励往往影响程度深、持续时间长，对于极大地焕发谈判人员的创造潜力具有重要的推动作用。谈判的实际领导者，包括主谈人应高度重视下属人员的这种自我实现的需要，充分承认下属的工作成绩，不断给予各种挑战与机会。让下属在工作中得到满足是对下属的最好奖赏，对于那些成就感很强的谈判老手尤其如此。

另外，给谈判人员以较大的自主权，即有权处理谈判过程中出现的新问题。给谈判人员与其他同行交流的时间和机会，不定期举办培训班，不断提高谈判人员的素质都是必要的精神激励。

当然，内涵激励对于调动谈判人员的积极性是十分有效的，但是这并不能排斥适当的外在激励的必要性，如足够的薪水、津贴以及额外的奖金不仅是对谈判人员艰苦工作的补偿，实质上也是对他们工作成效的一种评价与承认；再如，经历高度紧张的商务谈判后，疲乏与劳累是不言而喻的，这时给予谈判人员必要的休假是必需的，他们需要休整与恢复过度消耗的体力与精力，这其实也是一个能否充分认识与承认谈判人员工作价值的问题。

三、谈判人员的培养

商务谈判作为一种智能性的职业活动，谈判者需要较高的素质与能力，这些素质与能力不是天然生成的，而需要后天的培养和学习才能形成。所以，无论是向外招聘的，或者是内部选拔的商务谈判人员，其素质的提高都离不开培养。

（一）培养要求

商务谈判人员的培养，就是在一定的基础上让他们补充、完善所缺的知识，培养技能，养成良好的谈判个性品质。下面对谈判人员需要具备的12项才能（如图3-1所示）进行简明扼要的介绍。

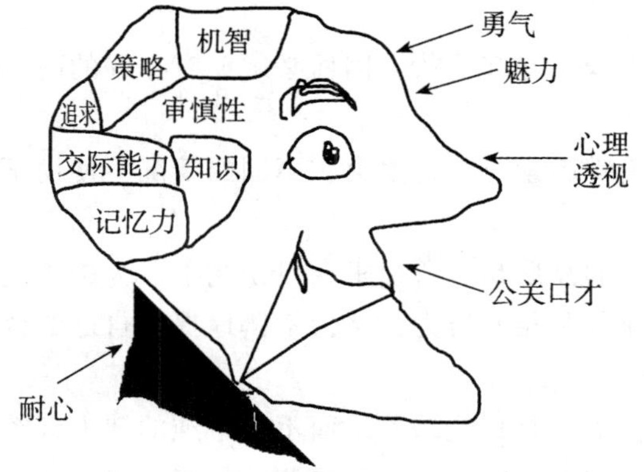

图3-1　谈判人员需要具备的12项才能

1.魅力

让你的谈判对手对你既尊敬又畏惧。尊敬来源于你的专业水平很高，而且对人谦恭有礼。在重视自身利益最大化的同时，也要尊重对方应得的利益，切忌“我予取予求”。

2.勇气

谈判的胆识就是勇气的内涵，在谈判中要胆色分明，表现果断。

3.心理透视

心理透视即通过对对方姿态、着装等的观察分析，来了解对方的心理状态，做到“知己知彼”。再根据你所分析的结果，来制定实施与对方谈判的策略，这样才能“百战不殆”。例如，你的谈判对象坐态轻松，说明他防备不严，你可以大胆地采取进攻战术，多提条件。

4.机智

机智强调反应能力，要快速做出相应的反应，根据情况的变化推进谈判。例如，当你向谈判对手发出第二个提问后，对方眼神闪烁且吞咽口水，这表示其信心不足、压力很大，这就是你乘胜追击的好时机。

5.公关口才

切记三大使命——创造利润、生存发展和永续经营，运用适当的公关语言围绕这三大使命进行谈判。

6.交际能力

建立良好的人际关系是谈判制胜的一大要素。交际能力要与公关口才良好结合。

7.审慎性

审慎性和守口如瓶共同强调了谈判的谨慎性，即不要随便透露谈判底线，要等到谈判的最后一分钟再下结论、做承诺，否则就很难反悔。

8.知识

要保证自身知识的深度和广度。

9.记忆力

要对合约中的记录清楚记忆，即使是对过去的谈判过程和结果，尤其是一些数字，也能做到记忆犹新。

10.耐心

谈判过程总是纠缠不清、起起伏伏，因而必须要有很好的耐心。

11.策略

策略是谈判制胜的关键因素之一，要会在不同的情况下使用不同的策略。

12.追求

作为谈判人员，首要的品质是有所追求，以谈判事业为毕生追求的目标。同时，要执着地为国家、民族、企业的利益而努力，坚持不懈地提高自己的谈判能力和自身素质。

（二）培养重点

商务谈判人员的培养重点是技能培养，而不是单纯的智力训练，主要包括分析问题与解决问题的技能、人际交往的技能、口才及协调的技能。以口才为例，谈判人员要具备良好的口才和展示能力，就要利用自己的声音和表情来营造一个有利的谈判氛围。具体来说，要从以下几个方面入手来练习口才：

（1）要做到受人欢迎。谈判前要和对方密切关系，谈判时要言之有物、见解独到且清楚明白，要做到受人敬重。要认真倾听对方的讲话，并且能抓住对方讲话的重点。

（2）重点要了解对方的需求，在此基础上实现与对方的良好沟通，然后在沟通的平台上设法说服对方。说服辩论要做到条理分明、逻辑性强。

（3）要能根据不同的谈判内容和谈判对手使用不同的谈判策略，并与说服辩论很好结合。

（三）培养方式

谈判人员的培训方式主要有三种：一是选派到高等院校进行正规、系统的商务谈判专业的培养；二是参加高等院校或企业举办的短期性商务谈判培训班、研修班，进行对口性的专业提高培训；三是在职培训，在谈判的实践中加以培训。大多数培训是以在职方式进行的，这是因为在职培训方式简单易行，成本通常较低。

西方国家的许多谈判高手都是毕生角逐于谈判桌上，积累了丰富的实践经验和谈判技能。日本东芝株式会社就十分重视对谈判人员的培训。通常，第一年，让受培训人员将企业所有部门的工作全部熟悉一遍。第二年，将受培训人员派遣到国外，一般是派遣到今后要开拓贸易的国家和地区，在那里的企业或大学一边搞研究工作，一边广交朋友，建立各种联系。第三年，将这些人员再调回国内，让他们担任贸易谈判代表，在实际谈判工作中学习，积累经验。经过三年时间的培训，这些人员一旦坐到谈判桌前，就可以应对自如，俨然就是一个谈判高手了。

复习思考题

1.谈判人员应该具备哪些素质？

2.合格的主谈人员应该具备哪些条件？

3.简述商务谈判人员应具备的适用于谈判的基本能力。

4.安全保密工作是国际商务谈判的重要要求，有哪些细节需要特别注意？

5.什么是商务谈判情绪？

6.商务谈判人员的选配应遵循哪些原则？

实训题

1.请选择大家公认的优秀谈判人员应该具备的能力与素质，在下列15个答案中选出8个。

（1）策划能力；

（2）辩论技巧；

（3）解决实际问题的高超技巧；

（4）坚韧不拔的精神；

（5）面对压力，头脑保持清醒；

（6）富于积极进取、勇于冒险的精神；

（7）倾听和交流技巧；

(8) 多愁善感；

(9) 较好地了解和运用每个谈判立场的力量；

(10) 有在谈判中积累的经验；

(11) 有信心、授权和职业道德；

(12) 当机立断；

(13) 熟知产品、服务和涉及的商务问题；

(14) 愿意让步；

(15) 情绪稳定，在谈判过程中不失态、不媚众。

2.观察实际生活与商务谈判活动有密切关系的某一职业人员（企业经理、营销人员、工程承包人员等），分析其个性（包括兴趣、爱好、动机、气质、性格、能力等）在商务谈判的哪些情况下会存在优势或劣势。

案例分析题

【案例】某公司需要与一家外国公司进行一项重要的合作谈判。为了应对这次谈判，公司派出了一支由四名谈判人员组成的谈判小组，包括公司总经理、市场部经理、财务部经理和法律部经理。在谈判过程中，公司总经理负责全面协调和管理谈判工作，市场部经理负责市场分析和市场营销策略，财务部经理负责财务分析和投资回报分析，法律部经理负责法律风险分析和合同条款的审查。四名谈判人员各司其职、相互协作，共同应对各种情况，从而达成双方的共识，实现合作共赢。

案例来源　陈文汉. 商务谈判实务［M］. 2版. 北京：清华大学出版社，2018：154.

问题：(1) 这个案例说明谈判人员之间的协作是否重要？

(2) 在国际商务谈判中如何调整谈判人员？作调整的主要理论依据是什么？

第三章案例分析题参考答案

第四章

国际商务谈判的准备

※ 学习目标

通过本章学习，你应该：

√了解影响国际商务谈判的环境因素；

√掌握谈判信息的内容和搜集方法；

√了解商务谈判方案的准备过程和准备内容。

※ 重点提示

学习本章前，先对以下内容有一个初步印象，等学习完本章后再看看对这些内容的把握程度：

√国际商务谈判方案的准备、计划的制订；

√国际商务谈判中各种背景材料的调查；

√模拟谈判的方法。

※引导案例

一场没有硝烟的交战

中国某公司想要引进日本的高压硅堆技术，以满足国内电力行业的需求。日本公司提出了技术转让和建立合资企业的方案，中方对此进行了全面的评估，并在知识产权、技术转让费用、合资企业的股权结构等方面提出了自己的要求。经过多轮谈判，双方最终达成了协议，中方成功引进了日本的高压硅堆技术，并在国内建立了合资企业，实现了技术的国产化。在谈判中，中方代表做足了准备工作，对日方的报价进行了深入的分析，通过多方对比使其做出了让步，最终将价格压了下来，取得了谈判的成功。

案例来源　佚名．商务谈判实例报告［EB/OL］．［2020-07-15］．https：//wenku.baidu.com/view/b0bdc3d5effdc8d376eeaeaad1f34693dbef1029.html.

【问题】我方取得谈判成功的关键是什么？

【案例评析】“知己知彼，百战不殆；凡事预则立，不预则废。”进行一场商务谈判，前期准备工作非常关键。谈判准备工作做得可靠，谈判者就会增强自信，从容应对谈判过程中的变化，处理好各种问题，在谈判中处于主动地位，为取得谈判成功奠定基础。

第一节　国际商务谈判前的必要准备

从事国际商务活动，离不开谈判，通过谈判而达成一致意见，签订合同并通过认真履行使双方获益。因此，谈判的成功与否将直接影响商业利润的多少，而谈判前的一系列准备工作在很大程度上能影响谈判的成败。

一、物质条件的准备

（一）国际商务谈判的环境分析

国际商务谈判是在一定法律制度和特定的政治、经济、文化影响下的社会环境中进行的。谈判的环境，即影响谈判的因素，包括政治、经济、法律、社会、文化等因素。

1.政治经济状况

政治经济状况关系到谈判项目是否成立和谈判协议履行的结果，因此，必须了解对方国家的政治制度和政府的政策倾向、政治体制、政策的稳定性，以及非政府机构对政策的影响程度。

第一，在不同的政治经济体制下，政府与企业的关系有很大不同，国家管制企业的程度也不同。国家对企业的管理程度，涉及企业自主权的大小。

第二，经济的运行机制。如果是计划经济体制，要看企业之间的交易买卖有多少列入国家计划，有没有争取到计划指标。在市场经济条件下，企业自主权较大，可以全权决定交易的取舍。

第三，对方当局政府的稳定性，特别是要了解对方国家或地区的政局稳定性，判断政治风险的大小。

第四，政府与买卖双方之间的政治关系对谈判的影响。如阿拉伯国家有时拒绝同那些与以色列有政治经济关系的国家及其企业进行商业交易。

【案例4-1】

马达西奇公司是一家乌克兰航空发动机制造公司，成立于1907年，是世界上最大的航空发动机制造商之一，拥有百年历史。该公司生产的航空发动机广泛应用于民用和军用飞机，其产品在世界范围内享有很高的声誉。在苏联时期，马达西奇公司是苏联航空工业的重要组成部分，为苏联航空工业提供了大量的航空发动机。苏联解体后，马达西奇公司成为乌克兰航空工业的核心企业，乌克兰政府曾经寄望于马达西奇公司的发展，将其视为国家的重要军工企业，并为其提供支持和保护。然而，随着时间的推移，乌克兰的国力逐渐衰退，面临资金问题。马达西奇不得不考虑变卖股权以维持运营。在这个时候，中国某航空公司伸出援手，与马达西奇建立了合作关系，中方投入了大量资金，并成为马达西奇的最大股东。然而，这段合作关系并没有持续太久。乌克兰政府在美国的压力下，采取了强硬的措施，将马达西奇公司强制收归国有，并阻止中国企业的收购计划。这一举动引起了中国企业的强烈不满，并以法律手段向乌克兰政府提起诉讼，要求赔偿巨额损失。就在双方的纷争激化之际，俄乌冲突爆发，马达西奇公司成为战火的牺牲品。俄罗斯的导弹轰击了马达西奇的工厂，将其夷为平地。

案例来源　夕阳西下下235．俄乌冲突殃及我国［EB/OL］．［2023-05-22］．https：//baijiahao.baidu.com/s?id=1766587263246585468&wfr=spider&for=pc.

2.宗教信仰

国际商务谈判人员要了解谈判对方所在地居民的宗教信仰情况和谈判对方的宗教信仰情况，了解特定宗教的具体戒律和规定。譬如，该国占主导地位的宗教信仰影响人们的道德伦理观念；宗教信仰对政治事务、法律制度、国别政策、社会交往与个人行为等会产生直接影响。在某些宗教影响很大的国家，法律往往是根据宗教教义来制定的。人们的行为是否被认可，要看是否符合这个宗教的精神，而不是像一般情况那样根据是否符合法律原则与规定来判断，在这些国家宗教往往超越法律。

国际商务谈判人员在谈判前信息准备的时候，必须首先搞清楚谈判对方所在国家或地区占主导地位的宗教信仰是什么，它对谈判人员的思想行为约束如何，还要了解该国政府的施政方针、国内政治形势、民主权利是否受到该国家宗教信仰的影响，在制订谈判计划及日程安排上不应与该国的宗教节日相冲突。

3.法律制度

一个国家或地区与商务谈判有关的法律制度因素主要有以下几个方面：

（1）该国法律基本概况。该国法律制度是什么？属于何种法律体系？从总体上说，世界各国法律体系可划分为两大类型：普通法系和大陆法系。普通法系起源于英国，英国、美国、加拿大以及曾经处于英国影响之下的其他国家都属于普通法系，其特点是以过去的惯例和法律先例为判别基础。大陆法系起源于罗马法，为绝大多数西方国家所采用，它是由包容一切的条款规定构成的。了解两种法律体系之间的差异和谈判对手国的法律体系，熟悉在不同法律体系下签订的合同、销售协议和有关法律文件所具有的不同含义，才能在不同法律体系国家之间开展正常业务。例如，在实行普通法的国家内，一般将“不可抗力”解释为洪水、雷击、地震和其他类似的自然灾害，因其影响无法履约时，可以免除执行合同规定的义务；而在实行大陆法的国家内，“不可抗力”不但包括上述的自然力，还包括罢工、暴动等人类行为。

在同一法律体系中的不同国家里，法律也是互不相同的。谈判人员不仅需要弄清谈判对手国的法律体系，而且还要了解其具体的商事法律。例如，对于有奖销售活动，各国的规定就不尽相同：奥地利通过折扣法，禁止对顾客采用现金折扣等优惠做法；在芬兰，只要不采用“免费”这个字眼，现金折扣在相当大的范围内是允许的。

（2）法律执行情况如何。是否受某些权威或人物的影响？司法部门的影响如何？法院受理案件时间的长短如何？执行其他国家法律的裁决时有什么程序？由于世界上没有一个处理不同国家公民之间商事纠纷的司法机构，所以在出现这类争执时，就必须确定哪国法律体系有司法管辖权。

（3）在谈判中要特别注意法律约束、执法程度、对谈判权力的限制及投资的法律环境。

4.商业习惯

商业习惯不同会使商务谈判在语言使用、礼貌和效率，以及接触报价、谈判重点等方面存在极大的差异。商业习惯在国际商务谈判中显得尤为重要，因为几乎每一个国家乃至地区的做法都有自己的特色，而且差别很大，如果不切实了解其商业习惯就会误入陷阱，致使谈判破裂。商业习惯主要包括：

（1）该国企业的决策程序是怎样的？是否只要高级领导拍板就可以了？正式的谈判场合中，是否只有领导才能发表看法？其他出席人员是否只有被问及具体问题时才能发言？

（2）翻译及语言问题。业务谈判的常用语言是什么？如使用当地语言，有无可靠安全的翻译？合同文件是否可以用两种语言来表示？两种语言是否具有同等的法律效力？谈判是用语言来进行交流的，因此，必须选择合适的谈判用语。在最后签订合同时，如果使用第三国文字，那么对谈判双方都是公平的。如果不是这样，一般应规定双方的文字具有同等效力。

（3）在商务活动中是否存在贿赂现象？一般来说，许多国家都严格禁止行贿、受贿活动，一旦发现将给予严惩，但在有些国家，行贿、受贿司空见惯。

5.社会习俗

社会习俗包括符合社会规范的称呼方式、衣着款式等为社会公众所接受的约定俗成的行为方式。不同国家或地区有着不同的习俗，这些习俗都可能在一定程度上影响谈判活动。

关于社会习俗，谈判者主要需要了解以下几个方面：

（1）衣着、称呼方面，什么才是合乎规范的标准？

（2）是否只能在工作时间谈业务？在业余时间是否也可谈业务？

（3）社交场合中是否应该带妻子？是不是所有的款待、娱乐活动都在饭店、俱乐部等地进行？

（4）赠送礼品及赠送方式有什么习俗？不同国家在送礼的方式及礼品内容上的习俗差别很大。不能单独给女主人送礼，也别送什么东西给已婚女子。在意大利，手帕不能送人，因为在意大利，手帕象征亲人离别，是不祥之物。在拉丁美洲国家，送礼忌讳“13”这个数字，因为它代表厄运。

此外，在公共场合人们对当面批评是否能够接受、人们如何对待荣誉及名声等问题、妇女在业务活动中的地位如何等等，这些社会习俗都会影响双方意见交流的方式及所采取的对策，是谈判前必须了解的环境因素。

6.财政金融情况

国际商务谈判中要考虑该国的财政金融状况，具体来说，大致有如下几点：

（1）外汇储备情况。该国的外汇储备情况如何？主要靠哪些产品赚取外汇？一般来说，一国外汇储备的多少，会直接影响到对外支付能力。

（2）该国货币是否可自由兑换？汇率变动情况如何？

（3）支付信誉如何？能否开出在出口国可保兑的信用证？

（4）在税法方面，该国是否签过避免双重征税的协议？在征收关税方面，该国有何规定？

7.基础设施与后勤供应系统

一个国家或地区的基础设施与后勤供应状况也会影响业务洽谈活动。

（1）硬件环境。该国的人力、物力、财力的情况如何？有无所需的熟练工人和有经验的专业人员？建筑材料、维修设备以及资金等方面的状况如何？

（2）进口限制。在聘用外籍工人、进口原材料、引进设备等方面有无限制？

（3）运输及海关。当地的运输条件如何？诸如港口的装卸设备，公路、铁路的运载能力，航空状况以及海关情况等。

8.气候因素等自然环境

气候因素包括雨季的长短、冬季的冰雪霜冻情况、夏季的高温情况、地震情况以及尘埃、潮湿度的情况等。

（二）商务谈判前的准备内容

1.准备谈判所需要的必要文件、文具和工具书

现代组织的业务谈判经常会涉及经济、政治、法律、技术、历史等多方面的专业知识，组织应将谈判可能用到的各类文件、工具书等准备好。

2.谈判会场的布置

重要谈判的会场必须布置得庄重、朴实、大方，以显示对谈判的重视。

谈判场景的总体色调一般采用暗红色、褐色、暗黑色或赭石色。

如果谈判场景的总体色调过于暗淡，那么，可以引入一些亮色进行调整，具体方法有：用鲜花均匀点缀在会场内；使用白色或银白色的茶具；利用灯光进行调节。

3.谈判座次安排

一般而言，商务谈判中座次安排有三种方式：正式会谈式、自由会谈式和介于二者之间的半正式会谈式。正式会谈式的谈判座次安排通常选用长方形谈判桌，谈判双方各占一边，双方对等；自由会谈式通常不采用谈判桌，双方谈判人员团团坐定，围成一个圆圈，谈判双方不必分开就座，可以交叉就座，双方职务相近或担负职能相同的人员可以相邻就座；半正式会谈式通常也不采用谈判桌，但其座次安排方式与自由会谈式不同，而接近于正式会谈式，这种方式通常只适用于谈判人数较少（通常每方人员在4人以下），谈判双方较为熟悉的谈判。

4.会务后勤工作

后勤服务在历时较长的谈判中地位显得尤为重要。为了在谈判中创造出一种轻松愉快的氛围，组织要安排好谈判代表的食宿、旅游和娱乐活动。

在物质条件准备中，与外地、国外的对手谈判，还有食宿安排问题。这方面由于各国、各地经济发展水平的不同，文化习俗的差异，企业经济实力的差异，以及地位、资历等的差异，很难一概而论，但必须尊重对手的风俗习惯与要求，在安排客方谈判人员食宿时一定要有针对性，尊重每位客人的生活习惯，为其提供周到满意的服务。只有这样，才能确保国际商务谈判的成功，为自身塑造良好的形象，为与对方建立长期友好合作关系打下基础。

第一，住宿安排。一般来说，对方会预先通知我们何时来华，所以，最好在他们尚未出发前先询问清楚他们对住宿如何安排。若是对方委托我们预订饭店房间，而对方又是初次访华或初次访问这个城市，则应安排在当地的著名饭店下榻，这是最安全和省事的办法。

第二，招待。若在饭店设宴招待客人，不要在客人所住的饭店举行。因为外商一般把自己所投宿的饭店当作自己临时的住所，即临时的家，若在他们住宿的饭店招待他们，这无异于在客商的家中招待客商一样，这样做的不妥之处可想而知。

二、资料、技术的准备

谈判不是空中楼阁里的玄谈，谈判的胜利不仅取决于谈判双方的心理较量，更取决于双方的信息准备。信息是谈判者说话的依据，是讨价还价的资本，是使对方服从的砝码，而信息资源只能来自事先充分的资料准备。中国古代兵圣孙武曾经说过："知彼知己者，百战不殆；不知彼而知己，一胜一负；不知彼不知己，每战必殆。"讲的就是调查研究、掌握资料的重要性。

（一）与外贸业务有关资料的搜集

1.商品品质

同一商品在各地的通称及别称；交易商品在品质表示方法上的通用做法、特殊做法；世界各地对交易商品品质标准的最新规定等等。

2.商品数量

世界各地有关度量衡制度方面的资料，以便按照洽谈对方的习惯采用有关度量；世界各地对交易商品在计量方法上的习惯做法；世界各地对某些数字的忌讳等等。

3.商品包装

国际市场上同类商品在包装的种类、性质、材料、规格、费用以及运输标志等方面的一些共同习惯或通用做法；各国对有关包装装潢的图案和色彩的特殊要求；世界各地同类商品的包装种类、性质、材料、规格上的变化或趋势等等。

4.商品装运

（1）世界各主要运输线路营运情况和有关规定，以便选择合理的运输方式和避免违反法规。

（2）世界各种运输方式的最新运费率、附加费用及运费支付方式，以便确定己方的报价及划清双方费用的界限。

（3）世界各地关于商品装运时间和交货时间的规定及有关因素，以便在不影响成交的前提下，定出切实可行的装运时间和交货时间，避免纠纷和影响信誉。

5.商品价格和支付的方式

（1）世界各主要市场同类商品的成交价和影响因素及价格变动情况，以便制定己方的价格策略。

（2）国际上对与价格术语有关问题的规定和不同解释，以避免日后发生误解和纠纷。

（3）世界各地商人在报价还价上的习惯和技巧，特别是交易对方在报价中的水分量，以便己方有针对性地采取有效的讨价还价技巧。

（4）商品交易的主要方式和信用等情况，以便在谈判中确定货款支付方式及支付货币等事项，避免造成损失。

6.商品保险

（1）国际上同类商品在保险的险别、投保方式、投保金额等方面的通用做法。

（2）世界各地对交易商品在保险方面的特殊规定及世界各主要保险公司的有关规定。

（3）世界各地对保险业务用语在叫法上的差异和不同的解释，以便在谈判中争取有利条件，避免损失。

7.商品检验

（1）世界各国主要检验机构的权限、信誉、检验设施等情况。只有事先了解清楚检验机构的有关情况，才能在谈判中选择较有利的交易商品的检验机构。

（2）同类商品在检验内容、检验标准、检验方法、检验时间和地点等方面的做法和规定，世界各国及国际组织对上述内容的有关规定或特殊要求等。

（二）剖析对手

对谈判对手的调查是谈判准备工作最关键的一环，如果同一个事先毫无任何了解的对手谈判，会造成极大的困难，甚至会冒很大的风险。谈判对手的情况是复杂多样的，主要调查分析对方的客商身份，对方的资信情况，对方的资本、信用及履约能力，参加谈判人员的权限和谈判目的，对手所在国（地区）的政策、法规、商务习俗、风土人情以及谈判对手的谈判人员状况等情况。目前，中外合资项目中出现许多合作误区与投资漏洞，乃至少数外商的欺诈行为，很大程度上是中方人员对谈判对手了解不够所导致的。

1.谈判对手的个人情况调查

首先应该对谈判对手的年龄、家庭、背景、职业、爱好、个人品质和性格进行了解。

对待在世界上享有一定声望和信誉的公司，在谈判前要做好充分准备，谈判中要求有较高超的谈判技巧，要有充足的自信心，不能一味为迎合对方条件而损害自己的根本利益。这类公司是很好的贸易伙伴。

对待享有一定知名度的客商，要看到对方比较讲信誉，占领中国市场比较迫切，技术服务和培训工作比较好，对我方在技术方面和合作生产的条件方面比较易于接受，是较好的贸易伙伴。

对待没有任何知名度的客商，只要确认其身份地位，深入了解其资产、技术、产品、服务等方面的情况，也是我们很好的合作伙伴。因为其知名度不高，谈条件不会太苛刻，他们也希望多与中国合作打出其知名度。

对待专门从事交易中介的客商，要认清他们所介绍的客商的资信地位，防止他们打着中介的旗号行欺骗之实。

对待“借树乘凉”的客商，不要被其母公司的光环所迷惑，对其应持慎重态度。如果是子公司，要求其出示其母公司准予以母公司的名义洽谈业务，并承担子公司一切风险的授权书。母公司拥有的资产、商誉并不意味着子公司也如此，要警惕子公司打着母公司招牌虚报资产的现象。如果是分公司，它不具备独立的法人资格，公司资产属于母公司，它无权独自签约。

对待各种骗子型的客商，我们一定要调查清楚其真实面目，谨防上当，尤其不要被对方虚假的招牌、优惠的条件、给个人的好处所迷惑，使自己误入圈套。

2.谈判对手的资信调查

对谈判对手进行资信状况的调查研究是谈判前准备工作极其重要的一步。缺少必要的资信状况分析，谈判对手主体资格不合格或不具备与合同要求基本相当的履约能力，那么所签订的协议就是无效协议或者是没有履行保障的协议，谈判者就会前功尽弃，蒙受巨大损失。

对谈判对手资信情况的调查包括两方面内容：一是对方主体的合法资格；二是对方的资本、信用与履约能力。

（1）对客商合法资格的审查。商务谈判的结果是有一定的经济法律关系的，具有一定的经济法律关系而享受权利和承担义务的组织或个人，叫作经济法律关系主体。作为参加商务谈判的企业组织必须具有法人资格。

法人应具备三个条件：一是法人必须有自己的场所，组织机构是决定和执行法人各项事务的主体。二是法人必须有自己的财产，这是法人参加经济活动的物质基础与保证。三是法人必须具有权利能力和行为能力。所谓权利能力是指法人可以享受权利和承担义务，而行为能力则是法人可以通过自己的行为享有权利和承担义务。满足了这三方面的条件后，在某个国家进行注册登记，即成为该国的法人。

对法人资格的审查，可以要求对方提供有关证明，如法人成立的注册登记证明、法人所属资格证明，验看营业执照，详细掌握对方企业名称、法定地址、成立时间、注册资本、经营范围等。要弄清对方法人的组织性质，是股份有限公司，还是有限责任公司；是母公司，还是子公司或分公司。因为公司组织性质不同，其承担的责任是不一样的。还要确定其法人的国籍，即其应受哪一国家法律管辖。对于对方提供的证明文件首先要通过一定的手段和途径进行验证。

对客商合法资格的审查还应包括对前来谈判的客商的代表资格或签约资格进行审查；在对方当事人找到保证人时，还应对保证人进行调查，了解其是否具有担保资格和能力；在对方委托第三人谈判或签约时，应对代理人的情况加以了解，了解其是否有足够权力和资格代表委托人参加谈判。

（2）对谈判对手资本、信用及履约能力的审查。对谈判对手资本审查主要是审查对方的注册资本、资产负债表、收支状况、销售状况、资金状况等有关情况。对方具备了法律意义上的主体资格，并不一定具备很强的行为能力。因此，应该通过公共会计组织审计的年度报告、银行、资信征询机构出具的证明来核实。

对谈判对手商业信誉及履约能力调查，主要调查该公司的经营历史、经营作风、产品的市场声誉，以及在以往的商务活动中是否具有良好的商业信誉。

（3）了解对方谈判人员的权限。谈判的一个重要法则是不与没有决策权的人谈判。要弄清对方谈判人员的权限有多大，对谈判获得多少实质性的结果有重要影响。不了解谈判对手的权力范围，将没有足够决策权的人作为谈判对象，不仅浪费时间，甚至可能会错过更好的交易机会。一般来说，对方参加谈判人员的规格越高，权限也就越大；如果对方参加谈判的人员规格较低，就应该了解对方参加谈判人员是否得到授权，对方参加谈判人员在多大程度上能独立做出决定，有没有决定是否让步的权力等等。调查、了解谈判对方的权限，在国际商务谈判中应格外重视。

（4）了解对方的谈判时限。谈判时限与谈判任务量、谈判策略、谈判结果都有重要关系。谈判者需要在一定的时间内完成特定的谈判任务，可供谈判的时间长短与谈判者的技能发挥状况成正比。时间越短，对谈判者而言，用以完成谈判任务的选择机会就越少，哪一方可供谈判的时间越长，该方就拥有较大的主动权。了解对方谈判时限，就可以了解对方在谈判中会采取何种态度、何种策略，我方就可制定相应的策略。因此，要注意搜集对手的谈判时限信息，辨别表面现象和真实意图，做到心中有数，针对对方谈判时限制定谈判策略。

（5）了解对方谈判人员其他情况。要从多方面搜集对方信息，以便全面了解谈判对手。比如，谈判对手谈判班子的组成情况，即主谈人背景、谈判班子内部的相互关系、谈判班子成员的个人情况，包括谈判成员的资历、能力、信念、性格、心理类型、个人作风、爱好与禁忌等；谈判对手的谈判目标，所追求的中心利益、特殊利益；谈判对手对己方的信任程度，包括对己方经营与财务状况、付款能力、谈判能力等多种因素的评价和信任程度等等。

当然，准备阶段中最重要的是了解或者推测谈判对方在谈判中会提出什么样的利益要求，这些要求在什么程度内是合理的，哪些是可以与之交涉的，哪些是应据理驳回的，只有在大量搜集研究有关资料后，才能做到心中有数，目的明确。

（三）技术准备

谈判的技术准备包括明确双方价值区域，并在此基础上制定谈判纲领。价值区域就是谈判者的利益在谈判过程中的具体体现，它是谈判者讨价还价的依据，包括起点、界点、争取点、协议区、协议点五个方面。

1.起点

起点是谈判者制定价格政策的出发点，也是全部谈判的价值基础。如一个木材厂生产一种椅子，成本为100元，这是厂方为椅子定价的基础。市场上椅子的零售价是200元，这是商店的谈判基础。

2.界点

界点是谈判各方的基本利益防线。起点是成本价，如果以此成交，那么没有任何利润可赚，生产无利可图。因此，在实际的谈判中，双方都是把界点作为最后防线。如木材厂的椅子，除去了税收、管理费用等一切支出，必须卖到140元才能产生利润。而商店除去了税收和管理费用等，进货价不能高于160元。

3.争取点

争取点是谈判各方期望获得的最大利益。谈判者都想为本方争取最大限度的利益，但最大利益不能没谱，必须建立在充分的市场调查的基础上。一般而言，一方的争取点不能超过对方的界点，否则就会破坏谈判，或者被对方视为缺乏经验。

4.协议区

协议区是谈判双方真正争夺的利益范围，它不是一个点，而是一个区间。谈判的目的就是通过协商不断缩小彼此界点和争取点的距离。例如，木材厂和商店的协议区就是140元和160元之间。

5.协议点

协议点是经过双方的协商，最后确定的成交点。如木材厂和家具商店经过讨价还价，最后以每把椅子150元成交，这便是协议点。在实际的谈判中，协议点不一定就在协议区的正中，绝对的“公平合理”也是不存在的，协议点的偏离往往取决于谈判双方的实力和谈判者技术水平的高低。

三、心理准备

人的心理影响人的行为。商务谈判心理对商务谈判行为有着重要的影响。心理是人脑对客观现实的主观的能动反映。人的心理活动一般有感觉、知觉、记忆、想象、思维、情绪、情感、意志、个性等。充分的心理准备是一切谈判的必要前提，特别是在对对手的部分情况已有了解和掌握的情况下，就更不必盲目乐观或轻易失去信心，相反，是选择“持久战”还是“速决战”，是做好谈判破裂的准备还是尽力避免谈判破裂，就需要此时解决，以奠定心理基础。

（一）要有谈判取胜的信心

谈判者要对自己所从事的工作，本方的经济、技术实力有充分的信心。为了争取最好的谈判前途，谈判者应大胆追求，积极进取，敢于冒险，这也是一个人力量和勇气的象征。有了坚强的信心，不仅可以振奋自己的精神面貌，而且会给对方造成巨大的压力。

（二）要有在谈判中克服困难的恒心

在谈判工作中，有时我方做了充分的准备，抱着必胜的信心，但对方却可能采取十分强硬的态度，并不按我方希望的方式或时间安排进行谈判，使谈判陷入僵局。这时就需要谈判的参加者具有恒心和耐心，与对方进行艰苦的较量。凡是事关重大利益的谈判，都不可能出现轻易取胜的局面，谈判人员要有打“持久战”的精神准备。有时谈判会因时间拖长而使人感到枯燥乏味，精神疲倦，但谈判者之间的交锋正是一场意志、耐心和毅力的全面较量，有利的转机往往出现在“最后五分钟”。谈判者不要轻易宣布停止谈判，而要努力寻找“柳暗花明的机会”。因为重开谈判不仅费时费力，而且会造成对我方不利的局势。

（三）要有一颗参加谈判的静心

在谈判开始之前，谈判人员要排除一切心理因素的干扰，集中精力，全力以赴地参加谈判工作。人在社会生活中，必然会受到各种社会问题的困扰，使自己心绪不宁，精神紧张，易于发怒，如果把这种情绪带入谈判场，必然会影响到谈判的结果。

（四）要有正确认识自我的决心

古人云：“欲胜人者，必先自胜；欲论人者，必先自论；欲知人者，必先自知。”没有对自身的客观评估，就不会客观地认定对方的实力。孟子说过：“知人者智，自知者明。”谈判者一定要有自知之明。但是，自我评估很容易出现两种偏向：一是过高估计自身的实力，看不到自身的弱点；二是过低评估自身实力，看不到自身的优势。谈判者可以进行SWOT（strengths，weaknesses，opportunities，threats）分析，明确优势、劣势、机遇与威胁。

1.谈判信心的确立

谈判信心来自对自己实力以及优势的了解，也来自谈判准备工作是否做得充分。谈判者应该了解自己是否准备好支持自己说服对方的足够的依据，是否对可能遇到的困难有充分的思想准备，一旦谈判破裂是否能找到新的途径实现自己的目标。如果对谈判成功缺乏足够的信心，是否需要寻找足够的信心确立条件，还是需要修正原有的谈判目标和方案。

2.自我需要的认定

满足需要是谈判的目的，清楚自我需要的各方面情况，才能制定出切实可行的谈判目标和谈判策略。

第二节　国际商务谈判的信息准备

谈判前的准备非常必要，获取谈判对手的有关信息而采取相应的策略，有利于促成谈判。常言道："知己知彼，百战百胜。"要知己知彼，就要先调查了解，掌握准确信息，进行可行性分析，在此基础上，进行周密的筹划，制订出具体的行动方案，包括谈判的目标、主要问题与关键点、策略、程序与技巧等。商务谈判策划是坐到谈判桌前必不可少的重要一环。

当今社会是信息社会，信息既是商务活动的先导，也是影响商务谈判成败的决定性变量。信息的获取必须依赖于科学的手段和方法，即通过市场调查来掌握相关信息。因此，作为商务谈判人员，掌握一定的信息原理及市场调查方式方法，并在此基础上进行周密的策划，是做好商务谈判工作的最基本要求。

一、谈判信息的概念和作用

国际商务谈判信息是指反映与国际商务谈判相联系的各种情况及其特征的有关资料。尽管信息的内容繁多，但所有的信息都具有一些共同的特性，即可传递性、知识性、时效性、创新性、共享性、多源性、反馈性和继承性。随着市场竞争的日益激烈，信息技术的不断发展，商务谈判策划越来越依赖于信息。在信息社会里，信息是战略资源。倘若我们掌握信息越迅速、越及时、越准确，我们的决定、规划就越科学、越合理，而谈判就越主动、越有效。

（一）信息是一种财富

很多信息，如重要的知识、情报、资料等，其本身就是人类智慧的结晶，是宝贵的精神财富。它们对于指导人们从事生产经营活动、社会活动和科学实验，起着重要的作用。一个企业要办好，一个商品要创新，都要有知识、情报、资料作支持。因此，信息往往就是财富的组成部分。不仅如此，信息还可以转化为更多的财富。在当今激烈的市场竞争中，有些小厂商，由于及时获得重要的市场信息，因而经营成功，很快变成大厂商，但也有些大厂商由于不能及时获得某些重要的信息，或者对信息的判断失误，因而经营失败，甚至破产。

（二）信息是商务活动的先导

现代绝大多数商务活动的发生，都必须首先取得市场信息。市场信息起着先导的或导向的作用。在买方市场条件下，企业生产什么、如何生产、经营多少，都必须经由市场的需求来确定。

一家企业首先必须及时地了解和掌握市场需求的信息，甚至完全根据顾客的订单来组织生产经营活动，也只有准确地获得市场信息，甚至拿到订单，才能组织生产或组织货源，才可能获得贸易的成功。同样，作为买方，为了满足自身的需求，需要考虑向谁买、买多少、如何买的问题，以获取质量有保证、价格合理的商品。如进口国外的设备、技术，就必须了解有关客户的资信情况，设备、技术的先进程度，价格是否合理，进行必要的比较、选择。不掌握这些必要的信息，就很难确定进口哪种设备、技术和怎么引进。

（三）信息是谈判双方相互沟通的纽带

在商务谈判中，尽管各种谈判的内容和方式各不相同，但有一点是共同的，即都有一个相互沟通和磋商的过程。没有谈判信息作为双方之间沟通的中介，谈判就无法排除许多不确定因素和疑虑，也就无法进一步协商、调整和平衡双方的利益。掌握了一定的谈判资料和信息，就能够从中发现机会和风险，捕捉住达成协议的契机，使谈判活动从无序到有序，消除不利于双方的因素，促使双方达成协议。

（四）信息是商务谈判策划的依据

商务谈判是一项人与人之间的共同的群体活动。既然是人的共同活动，就必须对其进行计划、组织、协调和控制，以保证人们的集体活动有序地、有效地进行。有序、有效的商务谈判有赖于谈判前的策划工作，即在获取信息的基础上，对商务谈判活动进行全面的规划，包括对谈判整体形势的判断、人员组织、地点选择，以及解决问题的多种可选择方案等。一个好的谈判方案应当是战略目标正确可行、适应性强、灵敏度高，这就必须有可靠的大量资料和信息作为依据。在商务谈判中，谁在谈判资料和信息上拥有优势，掌握对方的真正需要和他们的谈判利益界限，谁就有可能制定正确的谈判战略，在谈判中掌握谈判的主动权。

（五）信息是商务谈判成败的决定性因素

会打桥牌的人都知道，成败并不属于有一手好牌的人。成功者能够在叫牌、打牌的整个过程中，通过判断得知对方、己方所拥有的牌，并能控制整个牌局的发展。推而广之，无论是从事政治活动，还是进行商务谈判，都像玩桥牌一样，必须实际地分析双方的情况，以把握对自己有利的情势。

对于每一场商务谈判，其主体、标的、议题都可能不一样，受影响和制约的因素也不一样，但都包含着三个影响判断的决定性因素：权力、时间、信息。什么是权力？权力是一种把事情做好的才干或能力，控制人、事、情况及自己的力量。权力的本质在于鼓舞人的心智，鼓励人们去完成每一件事情。从认识论角度看，所有的权力都是以认识为基础的。同时，一项商务谈判，不仅仅是价格的高低和结算方式问题，还可能涉及利益的变化、汇率的变动、资金的供求情况等，对这些信息的了解和掌握与否直接影响到谈判的成败。信息是步入谈判的巨大筹码，是影响商务谈判成败的因素。

学思践悟

党的二十大报告指出，建成世界最大的高速铁路网、高速公路网，机场港口、水利、能源、信息等基础设施建设取得重大成就。我们加快推进科技自立自强，全社会研发经费支出从一万亿元增加到二万八千亿元，居世界第二位，研发人员总量居世界首位。基础研究和原始创新不断加强，一些关键核心技术实现突破，战略性新兴产业发展壮大，载人航天、探月探火、深海深地探测、超级计算机、卫星导航、量子信息、核电技术、新能源技术、大飞机制造、生物医药等取得重大成果，进入创新型国家行列。

中国对信息的重视体现在多个方面，尤其是在国际商务谈判信息的搜集、整理和利用上。随着中国在国际舞台上的地位不断提升，信息的获取和利用对于国际商务谈判的成功至关重要。首先，中国政府大力推动信息技术的研发和应用，如建设高速铁路网、高速公路网、机场港口、能源、信息等基础设施，并加大全社会研发经费支出，提高科技自立自强能力。这种对信息技术的重视不仅有助于提高国家整体经济实力，同时也为国际商务谈判提供了强有力的信息支持。其次，中国注重信息的搜集、整理和利用。通过掌握有关市场动态、竞争对手的实力和优势、潜在商业机会和风险等关键信息，谈判者能够更好地了解谈判环境和对手需求，制定更加明智和有针对性的谈判策略。这种对信息的重视和应用有助于提高谈判的主动性和有效性，推动谈判取得更好的成果。此外，信息的交流和共享对于促进国际贸易合作也具有重要意义。通过国际商务谈判信息的交流，各国之间的了解和信任得以增进，为国际贸易合作创造了有利条件。同时，信息的共享也有助于推动全球经济的发展，促进各国之间的经济联系和技术合作。

二、谈判信息的搜集

商场如战场，谈判者要在商务谈判中稳操胜券，必须知己知彼。

国际商务谈判调查是一项专题性的市场调查，目的是了解商务谈判中相关的信息，了解谈判对手。然而，任何事物都不是独立的。谈判对手作为社会系统中的一员，受制于各个环境之下，相互影响、相互制约。国际商务谈判调查的内容应包括宏观和微观两个方面。

（一）国际商务谈判调查的内容

1.宏观方面

从宏观方面看，需要调查的内容主要有政治、法律、法规、政策、人口、经济、科技、文化、自然等方面的信息。谈判者从事国际商务谈判时，所处的是一个全新和陌生的环境。一个合格的谈判者必须很好地了解他的谈判对手所在国家的情况，如该国总的政治经济形势。他还需要学习对方国家的文化，了解其社会的稳定性和现有社会的结构和语言。此外，他还必须懂得当地相关法律以免违法。

2.微观方面

需要调查的内容主要有谈判对手、竞争者、市场行情和企业自身等方面的信息。

（1）谈判对手的财务信用状况可概括为三个“C”，即对方的资信（character）、偿债能力（capacity）和财务状况（capital）。合作伙伴的资信情况是由其以前的偿还贷款情况和其在金融机构与信用记录组织的名声所决定的。金融信用体制健全的国家都保留有企业和个人的信用记录，调查者可到有关机构特别是银行获得此类信息。

（2）谈判对手的财政金融状况可以通过对方提供的财务报表来确定，主要有资产负债表和利润表等。

（3）谈判合作方返还到期款项的能力取决于借款的目的，如果支付借款的资金来源是卖掉进口货物的销售款，这被称作自我清算。如果借贷的目的是扩充产能，即被用来进行资本扩张，还贷的资金来源应是扩大销售后的收入。

（4）竞争者，包括竞争者的类型、数量、目标、产品性能、服务措施、营销手段等方面的信息。所谓竞争者，就卖方而言，一般是指那些与本企业提供的产品或服务相类似，并且有相似目标客户和相似价格的企业。企业现实的和潜在的竞争者范围是很广的。因此，对商务谈判人员来说，既要了解当前主要竞争者的情况，更要了解市场上竞争主导力量的情况。竞争对手资料是谈判双方力量对比中一个重要的“砝码”，会影响谈判天平的倾斜度。

了解竞争者是较困难的，如果是卖方，至少应该知道一个销售价格高于自己，而质量比自己差的竞争对手的详细情况。作为买方，则应掌握有关供货者的类似信息。通过对以上情况的了解分析，找出主要竞争对手及其对本企业商品交易的影响，认清本企业在竞争中所处的地位，并制定相应的竞争策略，掌握谈判的主动权。

（5）市场行情，包括客户购买的动机、客户购买的习惯、市场需求状况（品种、规格、数量、质量等）、市场需求潜力等方面的信息。

市场调研就是确定市场的需求和愿望，并根据调查结果提供能够满足这些需求和愿望的产品。

市场的需求与愿望指的是消费者的消费动机、他们的当前需求和潜在需求、他们对产品的消费偏好以及对品牌的认知度等。

（6）企业自身，包括企业各职能管理部门、业务部门、基层作业部门提供的有关生产销售计划、资金使用状况、库存状况、新产品开发进展情况，以及产品的质量、品种、产量、价格、销售量、用户及信誉、售后服务等方面的数据、资料。

（二）阻碍人们获得信息的因素

（1）缺乏对于不同文化、消费者偏好、市场需求的敏感度。

（2）对国外有差异的环境了解不充分。

（3）不熟悉国内、国外的数据来源。

（4）不具备运用所获国外数据的能力。

三、谈判信息搜集的原则

在信息社会里，信息数量巨大，类型繁多，而且来源广、更新快。企业如何从这些纷繁复杂的信息中寻找到满足国际商务谈判活动所需的信息呢？显然，选择适宜的搜集信息的渠道，遵循一定的搜集信息的原则，是及时、真实地获得所需信息的根本保证。

（一）时效性原则

信息与一般物质不同，它不会磨损，但具有时效性，容易过时。因为客观事物是不断发展变化的，每次变化都会产生新的信息，原来的某些信息的价值、效用的大小要受到时间的制约。所以，信息只有被迅速、及时地搜集起来，并传递给需要者，才能有效地发挥作用。

（二）准确性原则

准确性是搜集信息的一个最基本的要求，“失之毫厘，谬以千里”，所以，只有真实、准确的市场信息，才是可靠、有效的市场信息。坚持准确性原则意味着在搜集信息时，必须本着实事求是的态度，不能凭主观臆断，而且在搜集的过程中就应对获取的数据资料尽可能地及时进行鉴别、分析，力求把误差降到最低限度。

（三）目的性原则

搜集信息是为解决谈判桌上的某种问题服务的，而与该类问题相关的信息分布于各种信息源中。如果没有一定的目的性，便会无的放矢，淹没在“信息的海洋”中，而且搜集信息是有一定的时间限制的，不可能面面俱到。因此，在搜集信息时，必须确定一定的搜集目标和范围，有针对性地进行搜集。“胡子眉毛一把抓”“见了芝麻，丢了西瓜”是搜集信息工作的大忌。

（四）系统性原则

系统性要求全面地、连续地进行市场信息搜集工作。首先，搜集的信息越全面，越有利于形成对问题的完整认识与把握。因此，在搜集信息时，要对现实的及潜在的信息来源进行全方位的扫描、甄别。其次，搜集市场信息不是一时一事的工作，而是一个连续不断的过程。因此，就要求有坚持不懈的精神，注意积累，随时随地搜集，只有这样才能获取较完整、系统的信息。

（五）经济性原则

搜集信息要耗费一定的人力、物力、财力，因此要讲求搜集信息的投入产出比，即应在保证搜集工作质量的前提下，力求以尽可能低的耗费取得尽可能多的产出，也就是搜集到足以满足需要的信息。此外，应指出的是，在做搜集信息工作时要有预见性，充分认识到信息的无形价值，不要舍不得投资。因缺乏投入而使信息缺乏利用价值，同样是非经济性的表现。

（六）现场性原则

真正有价值的信息源，存在于交换或流通即消费现场。在企业的流通或销售系统中，最重要的内容是流通中的情报体系，在顾客层、商业层和营销队伍之间，建立情报网络，把信息搜集、处理和传递尽可能地置于流通或交换现场。

（七）全员性原则

信息搜集、处理、储存和传递，不只是高层管理者或信息专家的工作，更重要的是，赋予全体员工，尤其在流通或营销领域的职工以一种责任，积极开展信息活动。信息作为一种“力量”，其最深厚的源泉是全体员工。全体员工通过工作本身产生信息、搜集信息、处理信息、使用信息和传递信息，员工既是“信息源”，又是“信息流”。

四、谈判信息搜集的手段

国际商务谈判的调查工作应该坚持长期一贯性，企业应该不间断地搜集各种信息，为制定战略目标提供可靠依据；同时，面对某一具体谈判，又要有针对性地调查具体情况。调查要寻求多种信息渠道和调查方法，使调查的结果全面、真实、准确地反映现实情况。

（一）信息搜集的渠道

1.印刷媒体

印刷媒体渠道主要是指通过报纸、杂志、内部刊物和专业书籍中登载的消息、图表、数字、照片来获取信息。这个渠道可提供比较丰富的各种环境信息、竞争对手信息和市场行情信息。谈判者可以通过这些渠道获得比较详细而准确的综合信息。

2.互联网

互联网是21世纪非常重要的获取资料的渠道。在互联网上可以方便快捷地查阅国内外许多公司信息、产品信息、市场信息以及其他多种信息。

现代商务谈判人员要了解信息技术的最新发展，不仅能从PC端获取信息，更要善于从移动端捕获有价值的信息。

3.电波媒介

电波媒介渠道指通过广播、电视播发的有关新闻资料，如政治新闻、经济动态、市场行情、广告等获取有价值的信息。其优点是迅速、准确、现场感强，缺点是信息转瞬即逝，不易保存。

4.新媒体

新媒体是指利用数字技术和互联网等信息通信技术进行信息传播和交流的媒介形式。它涵盖了电子邮件、网站、社交媒体、移动应用程序、网络广告等多种形式，可以通过多种数字技术和平台进行互动交流、信息传播和内容创作。与传统媒体（如报纸、电视、广播等）相比，新媒体具有互动性强、实时性高、多样性和个性化等特点。通过新媒体渠道可以搜集到各种有关国际商务谈判所需的信息。以下是一些常见的新媒体形式以及它们能够搜集到的信息：社交媒体，社交媒体平台如Facebook、LinkedIn、Twitter等，可以提供关于企业、商业领域和行业发展的信息。这些平台上的公司页面、行业专家的帖子、行业组织的发布等都可以提供谈判相关的信息。新闻媒体网站，新闻媒体网站如BBC、CNN、Reuters等，可以提供关于国际政治、经济、贸易等方面的新闻报道。这些新闻报道可以提供谈判相关的背景信息、政策动态以及其他国家和企业的行动和立场。行业网站和论坛，行业网站和论坛如TradeWinds、TradeNet等，可以提供关于国际贸易和特定行业的信息。这些网站和论坛上的文章、讨论和评论可以揭示行业趋势、市场需求、竞争情况等，对谈判的背景和定位有帮助。专业博客和专栏文章，许多行业专家和学者通过个人博客或在专业网站上的专栏文章，分享他们在国际商务领域的观点和经验。通过阅读这些文章，可以获取到有关国际商务谈判的专业见解和分析。在线数据库和报告，一些在线数据库如MarketResearch.com、Euromonitor、Statista等，提供大量的市场研究报告、产业分析和数据统计。这些报告和数据可以帮助谈判者了解市场情况、竞争对手的表现以及行业发展趋势。视频和网络研讨会，一些视频平台和网络研讨会平台如YouTube、Webex、Zoom等，提供有关国际商务谈判的视频和在线研讨会。这些视频和研讨会包括专家的讲座、案例研究和实际谈判经验分享，对谈判的准备和技巧有帮助。

需要注意的是，虽然新媒体渠道提供了大量的信息资源，但信息的真实性和可靠性也需要谨慎甄别。在搜集信息时，应尽量选择可信的来源，并对信息进行多方面的验证和比较，以确保获得准确和全面的信息。

5.统计资料

统计资料主要包括各国政府或国际组织的各类统计年鉴，也包括各银行组织、国际信息咨询公司、各大企业的统计数据和各类报表，特点是材料详尽，可提供大量原始数据。

6.各种会议

这一渠道是指通过参加各种商品交易会、展览会、订货会、企业界联谊会、各种经济组织专题研讨会来获取资料，特点是信息非常“新鲜”，要善于从中捕捉有价值的东西。

7.各种专门机构

各种专门机构包括商务部及政府各贸易相关机构，各类银行、进出口公司、本公司在国外的办事处、分公司，以及我国驻各国的使领馆等。

8.知情人士

知情人士包括各类记者、公司的商务代理人，以及当地的华人、华侨、驻外使领馆人员、留学生等。

（二）信息搜集的方法

1.访谈法

调查者直接面对访问对象进行问答，包括个别对象采访，也包括召集多人举行座谈。在访谈之前，应准备好一份调查提纲，有针对性地设计一些问题。访谈对象回答问题可录音或记录，以便事后整理分析。这种方法的特点是可以有针对性地抽样选择访谈对象，可以直接感受到对方的态度、心情和表述。

2.问卷法

调查者事先印刷好问卷，发放给相关人士，填写好以后搜集上来进行分析。问卷的设计要讲究科学性和针对性，既有封闭式问题，又要有开放式问题。这种方法的特点是可以广泛搜集相关信息，有利于实现调查者的主导意向，易于整理分析，难点在于如何调动被调查者填写问卷的积极性以及保证填写内容的真实性。

3.文献法

文献法又称检索调查法，是一种简洁的市场调查法，是谈判人员对现有的各种信息资料进行搜索、分析和研究，调查了解谈判对手的方法。这种调查方法的信息资料来源较多，主要有：

（1）统计资料，主要包括中国、对方国家及国际组织的各类统计月刊或统计年鉴，以及各国有关地方政策的各类年鉴或月刊。

（2）可以从公开出版的报纸、杂志、书籍中搜集，如中国的《国际商务研究》《对外经贸实务》《国际经济》《国际贸易》等杂志都刊登与贸易谈判活动有关的资料。再如海外的Financial Times：英国的金融时报，提供全球商业和金融新闻，包括国际贸易和商业谈判的信息。The Wall Street Journal：美国的华尔街日报，重点报道商业、金融和经济新闻，包括国际商务谈判及全球贸易议题。The Economist：英国的经济学人，涵盖全球政治、经济和商业领域的新闻和分析，包括国际商务谈判和政策的报道。Bloomberg Businessweek：美国的彭博商业周刊，报道全球商业和金融新闻，提供有关国际商务谈判的信息。Harvard Business Review：美国的哈佛商业评论，涵盖商业和管理领域的文章和案例研究，包括国际商务谈判的相关内容。Forbes：美国的福布斯杂志，关注商业、投资和创业领域，提供有关国际商务谈判和全球商业动态的报道。Fortune：美国的财富杂志，报道全球商业和经济新闻，包括国际商务谈判和全球贸易议题。

（3）各专门机构的资料，如政府机关、金融机构、市场信息咨询中心、对外贸易机构等提供的资料。

（4）可以从未公开的各种资料、文件、报告中搜集，如企业内部存储的信息资料、谈判对手提供或发行的资料（谈判对手的商品目录、报价单、企业简介），以及介绍谈判对手情况的报刊、书籍等文献。

文献法的特点是可以搜集到比较权威、比较准确的信息，但是要注意信息是否陈旧、过时。

4.电子媒体搜集法

电子媒体指电话、电脑、电视、广播等媒体，也包括近年来发展起来的各种智能终端。电子媒体搜集信息的作用越来越重要了，通过电子媒体搜集信息有许多优点：传播速度快，可以及时获取最新信息；传播范围广，可以毫不费力地搜集到各个国家的重要信息；表现力生动，电脑、电视媒体可以提供声音、图像、文件，提供真实的现场情景，尤其是电脑，储存的信息相当丰富。另外，移动终端搜集信息在相当程度上突破了时空限制，其便捷性不言而喻。

5.实地调查法

实地调查法又称直接调查法，指调查者亲临调查现场搜集事物情景动态信息。直接调查法有许多形式，谈判人员可以向自己企业内部那些曾和对手有过交往的人员进行了解，也可以通过函电方式同谈判对手进行联系，而对于较重要的商务谈判，则可安排非正式的初步洽谈。安排这种预备性接洽不仅可以使我们有机会正面观察对方的意图以及原则、态度、风格，而且可以使对方对我们的诚意及观点有所了解，以此促进双方在平等、互利、互谅、互让的基础上进行通力合作。

实地调查法可以弥补以上几种方法的不足，但是这种方法也有局限性，例如受交通条件限制，有些现场不能亲自去观察；受观察者自身条件限制，观察难免不全面，也难免受主观意识的影响而带有偏见。

6.实验法

实验法即对调研内容进行现场实验的方法，如通过商务活动，商品试销、试购，谈判模拟等方法来搜集事物动态信息。这种方法比观察法又进一步，可以发现一些在静态时不易发觉的新信息。

经验证明，有时只是一句话、一张照片或一条信息，都可以成为谈判的重要线索或信息。这种调查方法投资少，见效快，简便易行，所以是我们进行国际商务谈判调查工作首选的方法。

【案例4-2】　　照片中蕴含的商业价值

1964年《中国画报》封面刊出了一张照片。在这张照片中，中国大庆油田的“铁人”王进喜头戴大狗皮帽，身穿厚棉袄，顶着鹅毛大雪，握着钻机手柄眺望远方，在他身后散布着星星点点的高大井架。日本情报专家据此解开了中国当时最大的石油基地大庆油田的秘密。根据照片上王进喜的衣着判断，只有在北纬46度至48度的区域内，冬季才有可能穿这样的衣服，因此推断大庆油田位于齐齐哈尔与哈尔滨之间。通过照片中王进喜所握手柄的架式，推断出油井的直径。从王进喜所站的钻井与背后油田间的距离和井架密度，推断出油田的大致储量和产量。日本人迅速设计出适合大庆油田开采用的石油设备。当中国政府向世界各国征求开采大庆油田的设备方案时，日本人顺利中标。

案例来源　百度百科．中国最著名“照片泄密案”［EB/OL］．［2023-11-30］．https：//baike.baidu.com/item/中国最著名“照片泄密案”/13870540?fr=ge_ala.有改动。

五、谈判信息的处理

（一）信息资料的整理与分类

信息资料的整理与分类一般分为五个步骤。

1.对资料的评价

对资料的评价是资料整理的第一步。现实中，搜集的各种资料的重要程度各不相同，有些可以马上使用，有的到后来才派上用场，而有些资料可能自始至终都不会被采用。如果把搜集的资料不加区别地积存起来，便会使资料的使用十分困难，因此，必须首先对搜集到的资料进行鉴别和分析，剔除某些不真实的信息、某些不能有足够证据证明的信息、某些带有较多主观臆断色彩的信息，保存那些可靠的、有可比性的信息，避免造成错误的判断和决策。只有这样，才能为资料的筛选打好基础。

2.对资料的筛选

对于好不容易搜集到的资料，人们往往不愿意将其舍弃，这是可以理解的。但是，如果把不需要的或用处微小的资料全部保留，既不便于查找有用的信息资料，又因其占用空间而耗费大量的费用。因此，应对搜集起来的资料不断地进行清理。资料的筛选大体上采用以下几种方法：

（1）查重点。这是筛选信息资料最简单的方法，目的是剔除重复资料，筛选出有用的信息资料。当然，不完全排除重复，只要不是完全相同的，重要资料可以保存一部分。

（2）时序法。时序法即逐一分析按时间顺序排列的信息资料，在同一时期内，较新的保留，较旧的舍弃，这样才能使信息资料在时效上更有价值。

（3）类比法。这种方法是将信息资料按市场营销业务或按空间、地区、产品层次分类对比，接近实质的保留，其余的舍弃。

（4）评估法。这种方法需要信息资料搜集人员有比较扎实的市场学专业知识，即对自己所熟悉的业务范围，仅凭市场信息资料的题目就可以决定取舍。

3.对资料的分类

要在已经证明资料可靠性的基础上将资料进行归纳和分类。将原始资料按时间顺序、问题性质、反映问题角度等要求分门别类地排列成序，以便于更明确地反映问题的各个侧面和整体面貌。分类的方法大致有两种：

（1）项目分类法。这种分类法既可以和工作相联系，按不同的使用目的来分类，如可以分为商务开发资料、销售计划资料、市场预测资料等，或按谈判的必备资料分为市场信息资料、技术信息资料、金融信息资料、交易对象的情况资料、有关政策和法规等；还可以根据资料的内容，按不同性质来分，如可以根据不同产业或经营项目进行分类，产业又可以细分为粮油产品、五金产品、纺织产品、机械设备产品等。

（2）从大到小分类法。该分类法即从设定大的分类项目开始，大项目数最好不要超过10项；经过一段时间的使用后，若觉得有必要再细分，可以把大项目再进行细分，但不要分得太细，以免出现重复。

以上两种分类法，可以根据工作的需要结合起来使用，一般是以前者作为基本分类法，再将后者渗透进去。

4.写出背景调查报告

对提出的问题做出正确的判断和结论，写出调查报告。调查报告是调查工作的最终成果，对谈判有直接的指导作用。调查报告要有充足的事实、准确的数据，还要有对谈判工作起指导作用的初步结论。调查报告中可用图形、表格形式，资料较多的话可采用附录形式列出。

5.对资料加以保存

把分好类的资料妥善地保存起来，即使是经常使用的资料也不要随便放置，要与分类相适应，放到专门的资料架或卡片箱中，以便随时查找该类资料或加放同类资料。

（二）信息资料的交流与传递

商务谈判信息搜集、分析、加工整理的根本目的是在谈判时使用准确的信息，以达到最终的谈判目的。信息的利用过程涉及信息的传递和信息的管理问题，而商务谈判信息的传递时机、传递场合和传递方式对如何把需要的谈判信息在己方谈判者之间有效地传递，如何把需要告诉对方的信息准确地传达给对方等都会有一定的制约和影响作用；同时，信息的传递时机、场合和方式，本身就是相互制约和相互影响的。因此，只有根据谈判活动的条件和需要，使三者实现最佳的结合，才能使谈判信息的传递产生最佳效果。

1.商务谈判信息传递的时机

商务谈判信息传递的时机，是指谈判者在充分考虑谈判各方的相互关系、谈判环境条件、谈判信息传递方式的情况下，确定并能把握积极调动相关人员接受和理解谈判信息的最佳时间。谈判信息传递的时机把握得是否得当，极大地影响谈判信息的传递效果。因此，我们可以通过回答以下的问题来判断谈判信息传递的时机是否恰当：

（1）此信息是否非此时传递不可？可否换个时间？

（2）信息传出后，对方的反应可能如何？后果如何？

（3）你希望的效果是什么？能否达到？

（4）你对预期后果是否有准备或者有应对策略？

2.商务谈判信息传递的场合

商务谈判信息传递的场合，是指谈判信息进行传递的现场或氛围。在不同的环境氛围中，相同的信息会因现场的环境条件、在场人员及其心情等的不同使信息的传递效果不一样，从而影响信息交流。

谈判者在传递信息时，应对自己提出如下问题，以明确谈判信息传递的场合是否合理：

（1）选择在谈判场上传递信息还是在其他场合传递？

（2）在公开场合传递好还是在私下场合传递好？如果对方与己方私交较深，较为灵活，可选择私下传递信息方式。如果己方对相互关系、环境条件、各种意外因素都考虑得比较周全，而与对方无私交，可选择公开传递信息的方式。

（3）谈判者亲自出面传递信息还是依靠其他人传递信息？一般来说，自己亲自出面传递信息的可靠程度较高。

（4）如果依靠其他人传递信息，你考虑请谁？

（5）传递信息之前，你打算营造一个怎样的氛围？

3.商务谈判信息传递的方式

谈判信息的传递渠道可以用书面（包括电子邮件）方式，也可以用口头方式。传递渠道不同，信息的失真程度不同。除此之外，在书面谈判时，信息失真程度的大小也和谈判人的写作水平、写作风格和写作方式有关；在面对面的谈判过程中，信息失真程度的大小也和谈判者采用的讲话方式有关。

无论是写作方式还是谈话方式，从表达己方条件、要求、立场、观点、态度、打算等信息的明确程度来说，我们可以把谈判信息的传递方式分为明示、暗示和意会三种。

（1）明示。明示是指谈判人在适当的时机和恰当的场合，明确地说出谈判的条件、要求，阐明谈判的立场、观点，表明自己的态度、打算。明示具有直截了当、较少发生歧义的特点，但有时过分明了的说法可能会给对方以强硬、傲慢的感觉，还可能由此引发矛盾，但明示是不可缺少的。

（2）暗示。暗示是指谈判者在适当的时机和恰当的场合，用含蓄的、间接的方法向对方表示自己的意图、要求、条件、立场等。暗示是明示的一种补充，尤其是在谈判各方态度不明朗的情况下，暗示是一种极好的信息传递方式，具有一定的试探性，它可以避免不必要的直接对抗，传递出在明示条件下无法传递的谈判信息。一般来说，采用暗示方式比采用明示方式给谈判信息发出者留出的灵活余地要大些。从心理学角度看，谈判者采用暗示方式传递谈判信息还能有效地影响对方的心理活动，达到较好的效果。

（3）意会。意会是既不同于明示又不同于暗示的一种特殊的谈判信息传递方式。它是谈判信息的发出者与谈判者早已有了信息交流的准备，早已就信息传递的渠道达成了某种默契，为了避免直接明示或暗示给各自带来的不利影响，同时为了避免信息泄露而采取的一种较为谨慎的谈判信息的传递方式。

意会在传递谈判信息方面有着特殊的作用。意会不像明示那样直截了当，因此，当谈判各方传出或接收的信息彼此矛盾或尖锐对立时，不会在“面子上”引起相互关系的紧张；意会也不像暗示那样含蓄，采用意会方式传递给对方的信息都是明白无误的，它不会引起像暗示那样因为含蓄而产生的理解障碍甚至肢解含义。

（三）商务谈判信息资料的传递与保密

1.商务谈判信息资料的传递

商务谈判信息资料的传递是指谈判人员同己方企业的联系。在外地谈判的情况下，为了保持联系，进行有效的控制调节，上下级间应有信息资料的传递。例如，在国外的谈判小组因为需要听取有关专家意见或请示总部决策，就有必要同国内取得联系，而国内的管理部门因为需要及时了解国外谈判进程，必须同在国外的谈判小组联系。为此，应事先规定好联络方式和制度，并明确联络程序、责任人，以便迅速顺利地汇报谈判情况，请示下一步行动，避免推诿以致丢失商机。

2.商务谈判信息资料的保密

商务谈判信息资料的保密直接关系到国家安全及公司的谈判成功与否，而谈判信息资料保密的程度又与传递的范围大小、传递的环节多少有直接关系，因此在不同的谈判场合要采取不同的保密措施。

（1）在客场谈判的情况下，当谈判小组必须与管理层进行联系时，应该采取必要的保密措施。一是凡电报、电传一律自己去发，不要轻信旅馆的服务员、电话总机员。让他们去帮你发电报或电传，往往会造成给他们出卖商业情报的机会，同时容易泄露机密。二是运用暗语进行通信联络。电话、电报、电传有时会被对方或其他竞争对手窃取而失密。因此，对那些在政治上属于敏感性的问题，或者是商业上的机密内容，应该运用暗语来传真，这样安全性较高。需要强调的是，不论使用何种密码语言，都应该使用自己的人来翻译，而不要弄巧成拙，造成误解。因此，应事先将密码暗语的代号及翻译方法给联络的双方交代清楚。

（2）谈判小组内部信息传递的保密。在谈判桌上如确有必要进行内部信息传递和交流，应该尽可能采用暗语的形式，或者通过事先约定的某些动作或姿态来进行，或者到谈判现场以外的地方进行商量，以求保密。

（3）谈判人员应该养成的保密习惯。

第一，不要在公共场所，如车厢里、出租汽车内及旅馆过道等处谈论业务问题。这种地方谈话很容易被人偷听。不要以为自己的语言他人不懂。

第二，在谈判休息时，不要将谈判文件资料留在谈判室里，要养成资料随身携带的习惯。如果实在无法带走的话，就要保证自己第一个再度进入谈判室。

第三，如果自己能解决的话，尽量不要叫对方复印文件、打字等。如果迫不得已，也要在自己一方人员的监督下完成，而不要让对方单独去做。

第四，不要将自己的谈判方案暴露于谈判桌上，特别是印有数字的文件。因为对方可能是一个训练有素的倒读能手。

第五，在谈判中用过而又废弃的文件、资料、纸片不要随便乱丢。对方一旦得到，即可以跟踪你的谈判思想。

第六，不要向对方透露己方准备何时回国，预订机票等工作应回避对方。因为一旦掌握了这个信息，对方就可以有针对性地调整和安排谈判的日程与谈判的战术策略，从而给己方谈判带来不便。

第七，不要向对方说明己方的谈判日程安排，防止对方利用己方的“有限时间”来向己方施加压力。

第三节　国际商务谈判方案的准备

准备阶段是谈判过程的初始阶段，包括在对交易内容进行可行性调查研究的基础上，确定谈判主题、明确谈判要点、挑选谈判人员、草拟谈判方案以及制定谈判措施等。

一、国际商务谈判计划的特点

谈判计划是谈判前预先对谈判目标、谈判方略和相关事项所做的设想及其书面安排，它既是谈判前各项主要准备的提纲挈领，又是正式谈判阶段的行动指南。

（一）合理性

商务谈判计划要有一定的合理性，必须建立在周密细致的调查和准确科学分析的基础之上，真正体现出企业的根本利益和发展战略，并能对谈判人员起到纲领性指导作用。但是，谈判计划的合理性要考虑以下几方面问题：

1.合理只能是相对合理，而不能做到绝对合理

现实中任何一个可行方案都难以达到绝对合理的要求。这是由于制订计划前所掌握的资料和各类信息不可能绝对准确和全面，对社会环境、经济环境、谈判对手的评价和预测不可能绝对正确，没有失误，谈判过程中会发生偶然因素的影响，会出现意外的变化，谈判人员的思想水平、认识能力也有一定的局限性，所以很难制订出一个绝对合理的谈判计划，所谓谈判计划的合理性只能是一个相对概念。

2.合理是一个应从理性角度把握的概念

任何谈判都不可能追求十全十美，也不容易达到最满意的目标。幻想没有任何妥协和

让步获得全盘胜利是不现实的。谈判不能以最理想的方案作为目标，而只能以比较令人满意的目标作为评估标准。如果符合国家大政方针，符合企业根本利益，有利于企业长远合作和发展，满足谈判实践的要求，能够在确可接受的最低限度的基础上，实现期待目标值，这就是一个合理的计划。

3.合理是谈判双方都能接受的合理

谈判计划虽然是己方人员制订给自己人看的，但是这个计划应该是和对方进行过多次接触和交流之后，双方在一些关键性问题达成共识之后制订的，因此它的合理性已经渗入对方的意愿。计划目标能否实现、谈判策略能否奏效、让步幅度是否合适等，这些必须受到对方态度的影响。只顾己方利益和条件，不考虑对方各种因素，这个计划的合理性是没有可靠保证的。

（二）实用性

商务谈判计划的内容力求简明、具体、清楚，要尽量使谈判人员很容易记住其主要内容和基本原则。涉及的概念、原则、方法、数字、目标一定要明确，不能因为概念含糊不清而导致理解上的混乱。计划内容还要做到具体，不能过于空泛和抽象，不要有过多的夸张、描绘、情感语言，内容具体才便于在谈判中操作运用。

（三）灵活性

谈判过程中各种情况都可能发生突然变化，要使谈判人员在复杂多变的形势中取得比较理想的结果，就必须使谈判计划具有一定的灵活性。谈判人员在不违背根本原则的情况下，根据情况的变化，在权限允许的范围内灵活处理有关问题，取得较为有利的谈判结果。谈判计划的灵活性表现在谈判目标有几个可供选择的目标，策略方案根据实际情况可选择某一种方案，指标有上下浮动的余地，还要把可能发生的情况考虑在计划中；如果情况变动较大，原计划不适合，可以实施第二套备用计划。

二、谈判计划的制订过程

（一）确定谈判主题

主题是谈判的基本目的，也是谈判的核心。整个谈判活动都要围绕主题进行，都要表现为为主题服务。

主题必须简单明了，最好能用一句话就可以具体体现出来，如商品交易谈判的主题可确定为“与德国××公司洽谈DF-6型号机床引进项目”。如果是选择贸易方式的谈判，主题可以简化为“以优惠条件确定××公司中国产品在日本市场上的代理商”。在外事争端中，它可以是“以友好的方式解决我出口大米索赔一案”。

谈判的主题要简洁、明确、具体。它不仅要包括谈判的主要内容，而且要有利于我方谈判人员掌握、阐述。当然，主题不是一成不变的。随着准备工作的进展、讨论分析的深化，谈判的主题也需要不断提炼、精确，更好地起到提纲挈领的作用。

（二）确定谈判目标

谈判目标是谈判的方向和要达到的目的，简言之，是指期望值和期望水平。任何一种谈判都应以目标的实现为导向。因此，谈判的准备工作之一就在于确定目标。

1.谈判目标的内容

（1）确定为获得所要的东西而应付出的目标，或者说目标价格。这一价格应当是为获得所要的东西而能合理支付的那个价格。

（2）确定可接受的谈判极限。首先应当确定哪个是可以接受的、己方利益最小的报盘。若是超过了它，就可以甩手走了。与此同时，还应当对所可能获得的最佳报盘做到心中有数。

（3）确定为达成协议可以做出哪些让步，并尽量按先后顺序把它们排列起来。如有可能，确定为获得对方的让步，可以放弃些什么。放弃些什么并不是真的让步，那只是可以置于你方的报盘中，并当作让步来对待的那些内容。

（4）指示达成协议应有怎样的时间限制。这包括应当考虑对方可能有怎样的时间限制。

（5）找出有哪些足以决定谈判成败的来自外界影响的因素。

（6）估计对方可能提出哪些虚假话题，并且考虑如何来克服这些障碍。

（7）考虑当谈判陷入僵局时，可以提出哪些有创造性的建议。

（8）决定应当由哪些人参与谈判。这不仅仅指谈判小组代表团成员，也包括那些顾问人员，如会计师、律师，因为如果涉及一些专业性很强的内容，可以向他们提出咨询。

（9）确定初谈不成时，可以提出哪些不同方案。

显然，不是每次谈判都要制订这样一个详细的谈判计划，但事前做些准备，总会防止你在遇到意外情况时出错。谈判者还应特别注意，在谈判正式开始后，随着谈判的进展，还需不断地评估和调整目标。

2.设定谈判目标层次

谈判目标是指谈判要达到的具体目标，它指明谈判的方向和要求达到的目的、企业对本次谈判的期望水平。商务谈判的目标主要是以满意的条件达成一笔交易，确定正确的谈判目标是保证谈判成功的基础。谈判目标一般分为三个层次：

（1）第一层次是上限目标，也称理想目标，即在谈判过程中力求实现的最高目标。在实际的谈判活动中，谈判一方的上限目标一般是单方面的可望而不可即的理想点，很少有实现的可能性。谈判人员应充分发挥个人的才智，在最低目标和最高目标之间争取尽可能多的利益，但在这个目标难以实现时是可以放弃的。

（2）第二层次是中限目标，即在谈判中争取得到的次佳结果，也称可接受目标，体现利益的一般期望水平。可以接受的目标是谈判人员根据各种主客观因素，经过对谈判对手的全面评价，对企业利益的全面考虑、科学论证后所确定的目标。这个目标是一个可接受的范围，即己方可努力争取或做出让步的范围。谈判中的讨价还价就是在争取实现可接受目标，所以可接受目标的实现往往意味着谈判取得成功。

（3）第三层次是下限目标，也称最低目标，是在谈判中必保的目标，即谈判结果低于这个界限时，自己的基本利益就无法得到满足。下限目标是谈判者根据自身主观和客观的多种因素，合理制定的最低利益标准。下限目标的确定，不仅可以为谈判者创造良好的应变心理和思想准备，还为谈判双方提供了可供选择的突破方案和成功契机。

假如在公司的某次谈判中以出售价格为谈判目标，则以上三种目标可用下例加以表述：

①最高目标是每台售价1 400元；

②最低目标是每台售价800元；

③可以接受并争取的价格在800～1 400元。

3.确定谈判目标的注意事项

谈判目标的确定是一项非常关键的工作，确定谈判目标时应注意以下几个问题：

（1）应当遵循实用性、合理性的要求来确定谈判的各个目标层次。所谓实用性就是指谈判双方要根据自身的实力与条件来制定切实可行的谈判目标，不能盲目乐观地将全部精力放在争取最高期望目标上，而很少考虑谈判过程中会出现的种种困难，离开了这一点，任何谈判的协议结果都不能付诸实施。所谓合理性，包括谈判目标的时间合理性和空间合理性。

（2）谈判目标还应符合协调性的要求。各项具体目标之间应该是协调一致的，而不是相互矛盾、相互抵触的。谈判目标要有一点弹性，定出上、中、下限目标，根据谈判实际情况随机应变、调整目标。所谓最高期望目标不仅有一个，可能同时有几个目标，在这种情况下，就要将各个目标进行排队，抓住最重要的目标努力实现，而其他次要目标可让步，降低要求。

（3）谈判目标尽可能地量化，这样的目标才容易把握和核查。当然，并非所有目标都能量化，一些目标只能定性描述。

（4）谈判目标要严格保密，尤其是下限目标要格外注意保密，这是商业机密。一旦疏忽大意透露出己方最低限度目标，就会使对方主动出击，使己方陷于被动境地。

（三）拟定谈判要点

谈判的要点包括以下几方面：谈判内容、谈判议程、总结评价。

1.谈判内容

谈判内容因交易项目而有所区别。因此，在谈判开始之前，应根据交易项目确定出谈判内容的主要方面，也就是合同的谈判条款。例如，石油公司谈判，双方必须磋商商品品质、数量、交货期限、价格、付款方式、运输、保险、索赔等条款。如果是工程项目谈判，磋商的条款就要集中讨论规格、检验、价格、交货、付款方式、留置权、承包服务等内容。

在确定谈判内容应磋商的具体条款的同时，还应考虑每一条款应按什么样的标准达成协议及对方可能提出的要求和做出的让步，而我方能在哪些问题上让步，哪些不能让步。把所要确定条款的要求标准同我方战略决策及制定的标准联系起来，列出比较详细的提纲。

谈判内容的确定，不仅要在企业决策层进行认真的协商讨论，而且要有谈判小组的主要成员参与。有些条款的目标应让每一个谈判小组成员清楚，以使大家同心协力，达到既定目标。

2.谈判议程

谈判议程主要是指谈判的议事日程。谈判议程是决定谈判效率高低的重要因素，因此谈判者必须对谈判的全过程给予认真考虑，做到统筹兼顾。

（1）确定谈判议题。所谓谈判议题，就是谈判双方提出和讨论的各种问题。确定谈判议题首先须明确己方要提出哪些问题，要讨论哪些问题。要把所有问题全盘进行比较和分析：哪些问题是主要议题，要列入重点讨论范围；哪些问题是非重点问题；哪些问题可以忽略。这些问题之间是什么关系，在逻辑上有什么联系。还要预测对方会提出什么问题，哪些问题是己方必须认真对待、全力以赴去解决的；哪些问题可以根据情况做出让步；哪些问题可以不予讨论。

（2）谈判议程的阶段。

①探测阶段。探测阶段是谈判双方在正式开始商讨合同条款之前，互相推测对方意图、了解对方特点和风俗的阶段。这一阶段，双方费时不多，有经验的老练谈判人员会很快进入实质性的谈判阶段。

②报价阶段。这里的报价仅局限于一方或双方向对方提出自己的价格，它的含义是广泛的，泛指谈判一方提出的所有要求。

③还价阶段。还价不是指狭义上的就价论价、讨价还价，它泛指双方为己方利益而争执的各种手段的使用。这一阶段费时较长。经过讨价还价后，双方就主要问题取得了大体上一致的意见，同意签约。

④合同签订阶段。合同是交易双方为明确双方的权利和义务，以书面形式（国际商务合同大多采用书面形式）将其确定下来的协议。合同一经签订，就具有法律效力。因此，谈判双方在签约时要十分仔细慎重。这一阶段费时较长。

议事日程的安排确定，要同谈判这几个发展阶段相结合。还价阶段和合同签订阶段十分重要，必须留有充分的时间，以供双方讨论协商。同时，还要确定在谈判每一阶段告一段落时的休会时间、娱乐时间等。

在拟定议事日程时，还要注意两个问题：一是它的互利性，不仅要符合我们自己的需要，也要兼顾对方的实际利益和习惯做法。二是它的伸缩性，日程安排不能太死板，一点调整的余地都没有；否则，一旦出现问题，将手忙脚乱，陷于被动境地。

（3）谈判议程的安排。

在谈判中，谈判的进程、谈判内容的商榷要围绕着事先拟定的谈判日程。要把谈判议程与谈判主题、谈判要点紧密结合起来。谈判议程有以下几种安排方式：

①先易后难的安排，即将谈判中双方可能不易达成协议的议题放置后面，而先从双方已经有一定共识的问题开始谈起。先由小到大讨论问题，容易创造友好的谈判气氛。

②先难后易的安排。与上一种安排恰恰相反，这种安排有助于集中时间和精力解决重点问题。要避免对方在枝节问题上纠缠不休。

③混合型的安排，即难易议题交错，这种安排有利于调节谈判气氛，增进谈判者解决问题的信心。

一般来说，在国际商务谈判中，有争议的问题不宜放在最开始，因为这样做很可能损害整个谈判过程的气氛；也不宜放在最后，因为这有可能由于谈判时间不充裕而影响问题的解决，甚至妨碍今后的合作或谈判。常见的安排是将有争议的问题放在谈成几个问题之后，而最后再安排一到两个较易达成的问题。结束前应对双方都满意的问题给予简单热情的总结性陈述。

当然，议程的安排与讨论方式并不就是绝对如此。在实践中，也有一些谈判人员不分主要问题与次要问题，先把彼此可能达成协议的条件提出来，然后再在分歧的问题上争取彼此的让步，寻求妥协。

3.总结评价

这里的总结是指每当谈判告一阶段时，谈判人员应抽出时间，对谈判过的内容进行回顾、总结、评论。明确我方在哪些问题上取得了进展，所采取的策略、方法是否对头，效果如何，外界有什么新变化，原先的方案是否需要修改，是否需要调整人员等。这样，就可以及时总结经验教训，提出新对策，掌握谈判的主动权。

三、组建谈判小组

一般谈判是通过谈判小组进行的（特别是大型谈判或内容重要的谈判），所以，正确选配小组成员是十分重要的。

谈判小组人员的选配，主要应根据谈判的具体内容，所需要的知识、信息，以及谈判人员的相互配合来考虑、确定的。

谈判小组的人选应从以下几个方面考虑：

1.谈判小组领导人

谈判小组领导人是小组的核心，他对谈判中的决策、重要策略的实施负有主要责任，同时负责协调谈判小组成员的关系。

2.主要成员

主要成员一般担任谈判中的主要发言人，他要了解把握洽谈的全部情况，能够很好地领会和贯彻我方决策人的意图。他是谈判小组的核心成员，一般由项目负责人或部门负责人担任。

3.专业人员

专业人员是指专业技术人员，谈判是内容复杂、涉及多方面知识和专业技术的活动，需要配备专门的技术人员。例如，引进技术、设备谈判，需要有关的专家或技术人员出席；借贷资金谈判，需要金融专家、会计师出席等等。在国际商务谈判中还要配备专门的翻译。翻译作为联结各方的桥梁常常成为谈判的中心人物，发挥着重要的纽带作用。

4.临时人员

谈判在某一环节出现问题时，需要某些临时人员参与谈判。如处理谈判纠纷时，需要律师澄清法律上的问题；涉及技术问题时，需要资料员提供某方面的资料等等。

5.后援人员

后援人员是企业的后备力量。大型、较复杂的谈判活动，后备人员是十分必要的。后援人员既可在必要时参加谈判小组，也可在谈判出现问题时，替换谈判小组成员。

第四节 模拟谈判

模拟谈判是正式谈判前的“彩排”。为了更直观地预见谈判前景，对重要的谈判、难度较大的谈判，可以采取模拟谈判的方法来改进与完善谈判的策划工作。模拟谈判是通过特定的情景设计、角色扮演，进行谈判临场的模拟。它是将谈判班子的全体成员分为两部分，一部分人员扮演对方角色，模拟对方的立场、观点和风格，与另一部分己方人员对阵，预演谈判过程。

举行模拟谈判，是进行整个商务谈判准备工作的一种有效方法，通过特定的情景设计和谈判预演，不仅可以使我方谈判人员注意到那些原本被忽略或被轻视的重要问题，而且通过站在对方角度进行思考，可以使我方在谈判策略设计方面显得更加机智而有针对性，同时，也将丰富我方在消除双方分歧方面的建设性思路，进一步完善谈判方案，提高我方谈判人员的心理素质。

一、模拟谈判的作用

（一）模拟谈判的必要性

1.发挥团队精神

模拟谈判能使谈判人员获得一次临场的操练与实践，经过操练达到磨合队伍、锻炼和提高本方协同作战能力的目的。

2.客观地分析自己

在模拟谈判中，通过相互扮演角色会暴露本方的弱点和一些可能被忽略的问题，以便及时找到出现失误的环节及原因，使谈判的准备工作更具有针对性。模拟谈判的对手是自己的人员，对自己的情况十分了解，这时站在对手的立场上提问题，有利于发现谈判方案中的错误，并且能预测对方可能从哪些方面提出问题，以便事先拟定出相应的对策。对于谈判人员来说，能有机会站在对方的立场上进行换位思考，是大有好处的。正如美国著名企业家维克多金姆说的那样："任何成功的谈判，从一开始就必须站在对方的立场来看问题。"

3.增强谈判方案的有效性

谈判方案是在谈判小组负责人的主持下，由谈判小组成员具体制订的。它是对未来将要发生的正式谈判的预计，这本身就不可能完全反映出正式谈判中出现的一些意外事情。同时，谈判人员受到知识、经验、思维方式以及考虑问题的立场、角度等因素的局限，谈判方案的制订就难免会有不足之处和漏洞。事实上，谈判方案是否完善，只有在正式谈判中方能得到真正检验，但这毕竟是一种事后检验，往往发现问题为时已晚。

模拟谈判是对实际正式谈判的模拟，与正式谈判比较接近，因此，能够较为全面严格地检验谈判方案是否切实可行，发现谈判方案存在的问题和不足，及时修正和调整谈判方案，使其更具实用性和有效性。

4.训练和提高谈判能力

通过模拟谈判，使谈判人员在相互扮演中找到自己所充当角色的比较真实的感觉，可以训练和提高谈判人员的应变能力，为临场发挥做好心理准备。模拟谈判可以使谈判者获得实际性的经验，提高应对各种困难的能力。很多成功谈判的案例和心理学研究成果都表明，正确的想象练习不仅能够提高谈判者的独立分析能力，而且在心理准备、心理承受、临场发挥等方面都是很有益处的。在模拟谈判中，谈判者可以一次又一次地扮演自己，甚至扮演对手，从而熟悉实际谈判中的各个环节。

（二）模拟谈判的任务

（1）检验己方谈判的各项准备工作是否到位，谈判各项安排是否妥当，谈判的计划方案是否合理。

（2）寻找己方被忽略的环节，发现本方的优势和劣势，从而提出如何加强和发挥优势、弥补或掩盖劣势的策略。

（3）准备各种应变对策。在模拟谈判中，须对各种可能发生的变化进行预测，并在此基础上制定各种相应的对策。

（4）在以上工作的基础上，制定出谈判小组合作的最佳组合及其策略等。

二、模拟谈判的方法

（一）沙龙式模拟

沙龙式模拟是把谈判者聚集在一起，充分讨论，自由发表意见，共同想象谈判全过程。

沙龙式模拟分为两步：

（1）企业组织参加谈判的人员和一些其他相关人员召开讨论会，请他们根据自己的经验，对企业在本次谈判中谋求的利益、对方的基本目标、对方可能采取的策略、我方的对策等问题畅所欲言。不管这些观点、见解如何标新立异，都不会有人指责，有关人员只是忠实地记录，再把会议情况上报领导，作为决策的参考。

（2）请人针对谈判中种种可能发生的情况、对方可能提出的问题等提出疑问，由谈判组成员一一加以解答。

这种模拟的优点是利用人们的竞争心理，使谈判者充分发表意见，互相启发，共同提高谈判水平；谈判者的才干有了表现的机会，人人会开动脑筋，积极进行创造性思维，在集体思考的强制性刺激及压迫下，能产生高水平的策略方法及谈判技巧。

（二）实际排演

1.列表模拟法

这是最简单的模拟方法，一般适用于小型的、常规性的谈判，具体操作过程是这样的：通过对应表格的形式，在表格的一方列出我方经济、科技、人员、策略等方面的优缺点和对方的目标及策略，另一方则相应罗列出我方针对这些问题在谈判中所应采取的措施。

2.全景模拟法

这是指在想象谈判全过程的前提下，企业有关人员扮演不同的角色所进行的实战性模拟谈判方法。这种方法一般适用于大型的、复杂的、关系到企业重大利益的谈判。

在采用全景模拟法时，应注意以下两点：

（1）合理地想象谈判全过程。

（2）尽可能地扮演谈判中所有会出现的人物。这有两层含义：一方面是指对谈判中可能会出现的人物都有所考虑，要指派合适的人员对这些人的行为加以模仿；另一方面是指主谈人员（或其他在谈判中准备起重要作用的人员）应扮演一下谈判中的每一个角色，包括自己、己方的顾问、对手和他们的顾问。

3.戏剧式模拟法

戏剧式模拟法是指在谈判前进行模拟谈判。它和想象谈判不同，想象谈判主要是谈判者个人或集体的思维活动；戏剧式模拟谈判是真实地进行演出，每个谈判者都在模拟谈判中扮演特定的角色，随着剧情发展，谈判全过程会一一展现在每个谈判者面前。根据拟定的不同假设，安排各种谈判场面，从而增强每个谈判者的实际谈判经验。通过戏剧式模拟，能够使谈判的准备更充分、更准确，能使每个谈判者找到自己在谈判中的最佳位置，能够为分析对方谈判动机、思考问题方法等提供机会，最终将有助于商务谈判的成功。

三、模拟谈判的方式

（一）组成谈判的实验小组

谈判的主体是人，谈判小组的规模以4人左右为宜，并在小组中确定主谈人和辅谈人。所谓主谈人是谈判中的主要发言人，在谈判的某一阶段或针对某一个议题，以他为主进行发言，阐述本方的立场和观点。相应的，处于辅助配合位置的谈判者，被称为辅谈人。

主谈人应具有思维敏捷、深思熟虑、掌握谈判主动权、善于逻辑推理、帅才风度等特点。主谈人和辅谈人的地位并不是一成不变的，可根据谈判的进程轮流扮演。

谈判小组除了具有主谈人和辅谈人的分工，还要注意一定的专业知识结构，在此基础上分工协作，才能有效地完成谈判任务。商务谈判所需的专业知识大体包括以下几个方面：有关技术方面的知识；有关价格、支付条件、交货条件、风险、运输、海关等商务方面的知识；有关法律方面的知识；在国际商务谈判中，还需具备语言翻译方面的知识。谈判进行的过程中所涉及的问题，由小组成员根据分工负责具体的协商事宜。

（二）实验小组制定各自的谈判计划表

各实验小组组成以后，在谈判之前应帮助他们制定各自的谈判计划表，作为小组成员的共同文件，以提供奋斗目标，并供大家讨论、指导工作等。任何一份计划表都应包括以下所示各项内容：

典型的谈判计划表

A.谈判内容

1.列出我方希望谈判的议事项目（按各条的重要性自上而下排列）

（1）略

（2）略

2.对方预期会提出的问题类型

（1）可以以共同解决问题的方式谈判的问题（分配总额可以增加）

（2）以讨价还价方式谈判的问题（分配总额不变）

B.有关谈判双方的情况信息掌握

1.过去的关系

2.谈判双方的倾向：倾向于共同解决问题的方式，还是讨价还价方式

3.有无第三方的影响

C.所需的其他重要信息

1.能否在谈判之前获得

2.是否仅能在谈判中取得

D.谈判策略

1.优势下的谈判策略

2.劣势下的谈判策略

3.均势下的谈判策略

四、模拟谈判时应注意的问题

模拟谈判的效果如何，直接关系到企业在谈判中的实际表现，而要想使模拟谈判真正

发挥作用，就必须注意以下问题：

（一）科学地做出假设

对客观环境的假设，所包含的内容最多，范围最大，它涉及人们日常生活中的环境、空间和时间。

对自身的假设，包括对自身心理素质准备状况的评估、对自身谈判能力的预测、对企业经济实力的考评和对谈判策略的评价等多项内容。

对对手的假设，主要是预计对方的谈判水平，对手可能会采用的策略，以及面对我方的策略对手如何反应等关键性问题。

为了确保假设的科学性，首先，应该让具有丰富谈判经验的人提出假设，相对而言，这些人的假设准确度较高，在实际谈判中发生的概率大；其次，假设的情况必须以事实为基础，所依据的事实越多、越全面，假设的精度也越高，假设切忌的就是纯粹凭想象的主观臆造；最后，我们应该认识到，再高明的谈判手提出的假设在谈判中也不会全部出现，而且这种假设归根结底只是一种推测，带有或然性，若是把或然奉为必然去指导行动，那就是冒险。

（二）对参加模拟谈判的人员应有所选择

参加模拟谈判的人员应该是具有专门知识、经验和看法的人，而不是只有职务、地位或只会随声附和、举手赞成的老好人。一般而言，模拟谈判需要下列三种人员：知识型人员、预见型人员、求实型人员。

（三）参加模拟谈判的人员应有较强的角色扮演能力

模拟谈判要求我方人员根据不同的情况扮演场上不同的人物，并从所扮演的人物心理出发，尽可能地模仿出他在某一特定场合下的所思所想、所作所为。

（四）模拟谈判结束后要及时进行总结

模拟谈判的目的是总结经验，发现问题，弥补不足，完善方案。可以按照最初的计划表回答下列问题（仅是列举）：

（1）计划中有哪些预期的目标完成了？哪些没有？

（2）总战略中哪些是正确的？哪些是错误的？

（3）你的谈判策略是如何执行的？

（4）你在这次模拟谈判中学到了哪些有用的东西？

在模拟谈判告一段落后，应及时、认真地回顾在谈判中我方人员的表现，如对对手策略的反应机敏程度、自身班子协调配合程度等一系列问题，以便为真正的谈判奠定良好的基础。

第五节　时间、地点的选择

一、选择谈判的时间

谈判应重视对谈判时间的选择，因为谈判时间的适当与否，对谈判的结果影响颇大。

（一）时间的影响

1.实质磋商阶段的时间

在实质磋商阶段，时间因素的作用是非常大的，主要表现为两个方面：第一，从战略上看，具体规定谈判的时间将可能迫使谈判在有限的时间内及时地做出决策。这里有两种情况：一种是在谈判开始时已经规定了谈判时间，而且双方都对此了解；另一种情况是开始时未提出任何时间限制，但在谈判进行时，由一方单独提出时间限制。第二，从战术上说，由于有了时间限制，谈判必须在一个规定的期限内做出一些不可能撤销的决定，这将给谈判人员自身带来一定压力。同时，对方也会对己方谈判人员施加一定压力。这种压力本身也是一种战术。压力程度与所做决定的重要性、可供谈判的时间、故意拖延时间等因素联系在一起。

2.可供谈判的时间

这一点很明显，做出一项决策的时间越短，谈判者所受到的压力就越大。这种时间压力往往会产生种种不利的影响，比如，谈判者被迫在没有进行很好的总结回顾时就匆匆做出决定，这将导致忽略要点的风险。在这种情况下，要减轻压力带来的不利影响，减少失误风险，就必须让谈判者事先采取行动，即在时间压力起作用之前就采取措施。

3.故意拖延时间

时间压力也可能来自对方故意延长谈判时间，这时往往摸不清对方的真实意图。这种情况通常在一个买方与两个或两个以上的卖方进行谈判时出现。卖方总想抓紧进行磋商，而买方则迟迟不愿做出任何肯定的答复，总是想办法拖延，一会儿推迟谈判，一会儿又要求重新报价。特别是卖主在国外进行谈判时，更会感到沮丧。此时，卖方由于不适应异国衣食住行，以及对国内事务的牵挂，容易焦虑不安，使得谈判者有一种强烈愿望，尽快达成协议。此时，只要能达成协议，往往可以做出较大让步。

（二）选择谈判时间应注意的事项

（1）在赴较远地谈判时，如外地、外国，应避免经过长途跋涉以后立即开始谈判。原则上应在安排有较充分的休息时间后再进行谈判。

（2）尽量避免安排在用餐时间谈判。因为，用餐地点如在公共场合，谈判是不适宜的。进食太多可能会导致思维迟钝。如果实在避免不了在用餐时谈判，如吃工作餐，边吃边谈，则应注意：一是进食要有节制，不宜吃得太饱；二是饮酒要适量，一般不能超过自身酒量的三分之一。

（3）当自己身体不适时，不宜安排谈判。注意生理时钟，避免把时间安排在身心处于低潮时进行谈判。如有午饭后休息习惯的，要在午休后进行谈判。非工作日也不宜选为谈判时间，因为在心理上可能未进入工作状态。

二、选择谈判的地点

和谈判时间的选择一样，谈判地点的选择也是一个重要的技术性问题，它是影响最终谈判结果不可忽视的因素。

（一）选择对己方有利的谈判地点

常言道："天时不如地利。"选择一个对己方有利的谈判空间，诸如本公司的办公室、公司的所在地抑或国度。这样的选择能使己方巧妙地利用"以逸待劳"法的谈判技巧，必然使自己在谈判中处于主动地位。这如同体育竞赛一样，在自己熟悉的场地进行，能促进比赛的获胜。因为，其一，无须去分心熟悉环境或适应环境，使自己专注于谈判。其二，在自己熟悉的场地谈判，一般人都比较审慎。如在自己的场地谈判失败，有损自尊心。其三，由于气候、习俗、文化等差异，客人在短时间内不能适应。在这种情况下谈判，对主人相对有利。

（二）选择环境优美、交通便利的谈判地点

巧妙地布置会谈场所，让谈判者有一种安全舒适、温暖可亲的心理感受，不仅能显示出己方热情、友好的诚恳态度，也能使对方对你的诚恳“用心”深表谢意，这就为谈判营造出了和谐的气氛，可促使谈判获得成功。

【案例4-3】

日本松下电器公司创始人松下幸之助创业之初，曾经被对手以寒暄的形式探测到了自己的底细，因而使自己产品的销售大受损失。那是他第一次到东京找批发商谈判，批发商通过寒暄来探测对手的底细。刚一见面，批发商就友善地对他寒暄说：“我们是第一次打交道吧？以前我好像没见过您。”批发商想用寒暄来探测对手究竟是生意场上的老手还是新手。松下先生缺乏经验，恭敬地回答：“我是第一次来东京，什么都不懂，请多多关照。”正是这番极为平常的寒暄答复使批发商获得了重要的信息，确认他是一个新手。批发商马上接着问：“你打算以什么价格卖出你的产品？”松下又如实地告知对方：“我的产品每件成本是20元，我准备卖25元。”批发商了解到松下幸之助初来乍到，又急于为产品打开销路，因此趁机大肆杀价：“你初来东京做生意，刚开张应该卖得更便宜一些。每件20元如何？”结果没有经验的松下先生在这次交易中吃了亏。究其原因，是那位老练的批发商通过表面上的寒暄探测到对方的虚实，在谈判中赢得了主动。

案例来源　郑义林．松下幸之助的经营哲学［J］．销售与市场，2022（3）：4.

（三）谈判地点的选择应注意的问题

第一，若争取不到自己所熟悉的场地谈判，应选择双方都不熟悉的地方来谈判，而不应选择在对手的“根据地”进行谈判。

第二，谈判座位的安排。谈判桌形一般有圆形和方形两种。圆桌适于双边和多边谈判。圆桌谈判给人一种平等共处、交谈便捷的感觉。方桌适于双边谈判，双方对面而坐无疑会增加谈判的严肃、正式的气氛。座次的排列要便于谈判各方信息的沟通和协调，还要突出各方的主谈人。

学思践悟

党的二十大报告指出，中国坚定奉行独立自主的和平外交政策，始终根据事情本身的是非曲直决定自己的立场和政策，维护国际关系基本准则，维护国际公平正义。中国尊重各国主权和领土完整，坚持国家不分大小、强弱、贫富一律平等，尊重各国人民自主选择的发展道路和社会制度，坚决反对一切形式的霸权主义和强权政治，反对冷战思维，反对干涉别国内政，反对搞双重标准。中国奉行防御性的国防政策，中国的发展是世界和平力量的增长，无论发展到什么程度，中国永远不称霸、永远不搞扩张。

国际商务谈判是跨越国界的经济交流与合作，涉及不同国家的文化、法律、商业惯例和语言等复杂因素。中国坚定奉行独立自主的和平外交政策的意义：首先，中国在谈判中始终坚持独立自主的立场，以国家利益为重。这不仅体现在经济利益上，还涉及国家尊严、主权和安全等方面。通过维护国家利益，中国在国际商务谈判中取得了更多的主动权和话语权。其次，和平外交政策有助于营造良好的国际环境，推动国际合作。在国际商务谈判中，中国倡导互利共赢的理念，寻求与合作伙伴的共同利益。通过加强合作，实现共同发展和繁荣，有助于提升中国在国际商务谈判中的地位和影响力。再次，中国坚定维护国际关系基本准则，遵守国际规则和多边主义。在国际商务谈判中，中国尊重国际经贸规则，致力于构建公平、公正、透明的营商环境。这有助于增强中国企业的国际竞争力，同时也为全球经济的稳定和发展做出贡献。此外，中国坚持防御性的国防政策，永远不称霸、永远不搞扩张。在国际商务谈判中，中国强调和平发展的重要性，推动经济合作和人文交流。这有助于缓解国际社会的紧张局势，增强各国之间的信任与合作。最后，独立自主的和平外交政策使中国能够更好地应对国际商务谈判中的风险和挑战。面对复杂多变的国际形势，中国能够灵活应对各种变化，采取合适的策略和措施，保护自身利益。总之，中国坚定奉行独立自主的和平外交政策在国际商务谈判中具有重要意义，为中国在国际商务谈判中赢得了广泛的认同和支持，为中国企业"走出去"创造了有利条件。

复习思考题

1.影响国际商务谈判的背景因素有哪些？

2.简要说明影响国际商务谈判的法律因素。

3.在谈判准备阶段，谈判人员需要做哪些方面的工作？

4.谈判信息在商务谈判中的作用是什么？

5.谈判的具体目标可分为哪几个层次？

6.如何做好商务谈判信息传递和保密工作？

7.你是如何认识模拟谈判的必要性的？模拟谈判方法有哪些？

实训题

1.若你是某公司的谈判人员，国外A公司第一次与你公司做交易，准备购买你公司的产品，领导要求你搜集有关的谈判信息，你需要搜集哪些信息？通过哪些渠道搜集？对这些信息怎样进行分析、整理？请你写出一个方案来。

2.学院计划建两个分别拥有160个、290个座位的多媒体教室。假定你是此项目的负责人。（1）试就多媒体设备供应商的资信、技术水平、服务质量和价格条件等进行市场调查；（2）拟一份关于购买多媒体设备的谈判方案。

案例分析题

【案例】1972年，美国总统尼克松和国家安全事务助理基辛格访问中国，这是两国关系正常化的重要一步。在谈判中，中美双方选择了人民大会堂作为谈判地点，人民大会堂是中国的一个重要的政治和文化中心，它是中国人民民主专政的象征，也是中国人民政治协商会议的常设机构所在地。因此，人民大会堂是一个非常适合进行重要谈判的地点。这个地点的选择有助于营造双方的友好气氛，从而为谈判的成功创造了良好的环境。此次谈判非常成功，它是中美两国关系正常化的重要一步。在访问期间，中美双方签署了《上海公报》，这是中美两国关系正常化的重要文件。《上海公报》宣布了中美双方将在和平共处五项原则的基础上建立和发展两国之间的关系，并且承认中华人民共和国是中国的唯一合法政府，台湾是中国的一部分。此外，尼克松访华还为中美两国之间的经济、文化、科技等领域的交流和合作打开了大门。这些交流和合作为中美两国之间的友谊和合作奠定了基础，也为世界的和平与繁荣做出了重要贡献。

案例来源　章百家. 记忆与研究：尼克松访华与中美关系正常化［J］. 中共党史研究，2022（4）：96-100.

问题：为什么选择人民大会堂作为谈判地点？

第四章案例分析题参考答案

第五章

国际商务谈判各阶段的策略

❖ **学习目标**

通过本章学习，你应该：

√熟悉国际商务谈判各阶段的策略；

√能够根据对谈判具体情况的分析，比较准确地选择和运用相应的谈判策略，把握谈判的主动权。

❖ **重点提示**

学习本章前，先对以下内容有一个初步印象，等学习完本章后再看看对这些内容的把握程度：

√商务谈判开局阶段、磋商阶段和结束阶段的策略；

√报价的原则和形式、报价的依据和策略；

√价格磋商中的讨价还价及其让步方式。

❖ **引导案例**

以退为进的谈判艺术

美国哥伦比亚广播公司成立于1927年，是美国最大的电视和广播公司之一，拥有众多的电视和广播频道，在美国和全球范围内拥有大量的观众。日本索尼公司希望通过与哥伦比亚广播公司的合作，拓展自己的业务，获得更多的市场份额，并提高自己的技术水平，学习到更多的先进经验，以此增强自己的品牌形象，提高自己的市场竞争力。日本索尼公司在与美国哥伦比亚广播公司进行谈判时，采用了“让步式谈判”的策略。这个策略的基本思想是，在谈判中做出一些让步，以获得对方的让步，从而达到谈判的目的。日本索尼公司希望与哥伦比亚广播公司合作，共同开发一种新的电视机。在谈判中，索尼公司提出了一个非常优惠的条件，但是哥伦比亚广播公司并没有接受。在这个时候，索尼公司决定采用“让步式谈判”的策略。索尼公司决定在一些不重要的问题上做出让步，以获得哥伦比亚广播公司的让步。最终，索尼公司成功地与哥伦比亚广播公司达成了协议，共同开发了一种新的电视机。

案例来源　SONY. CBS/Sony Records is Established in First Round of Capital Deregulation [EB/OL]. [2020-10-13]. https://www.sony.com/en/SonyInfo/CorporateInfo/History/SonyHistory/2-22.html.

【问题】在这个案例中，“让步式谈判”是否有效？“让步式谈判”的核心目的是什么？

【案例评析】这个案例表明，“让步式谈判”的策略是一种非常有效的谈判策略，通过在一些不重要的问题上做出让步，使对方在重要问题上妥协让步，使谈判双方达成共识，从而达到谈判的目的。

谈判桌上策略无穷，谈判形势风云变幻。这就要求谈判人员了解对方在谈判中经常使用的策略，并有针对性地确定和运用自己的谈判策略，做到反应灵活、多谋善断，方能得心应手。日益频繁的跨国经济贸易活动使国际商务谈判成为众多企业日常工作的一个重要部分，在每一次博弈中想实现最佳目标，就要了解并掌握国际商务谈判的技巧和策略。

第一节　开局阶段的策略

一、开局策略

开局阶段的策略是谈判者谋求谈判开局中有利地位和实现对谈判开局的控制而采取的行动方式或手段。一致式、保留式、坦诚式、进攻式和挑剔式是典型的开局阶段的策略。

（一）一致式开局策略

现代心理学研究表明，人们通常会对那些与其想法一致的人产生好感，并愿意将自己的想法按照那些人的观点进行调整。这一研究结论正是一致式开局策略的心理学基础。

所谓一致式开局策略，是指在谈判开始时，为使对方对自己产生好感，以“协商”“肯定”的方式，创造或建立起对谈判的“一致”的感觉，从而使谈判双方在友好愉快的气氛中不断将谈判引向深入的一种开局策略。

【案例 5-1】

奔驰是一家德国的汽车制造商，是全球最著名的汽车品牌之一。奔驰在汽车制造领域取得了很大的成功，其产品在全球范围内都非常受欢迎。而比亚迪是一家中国的电动汽车制造商，比亚迪的电池技术在全球范围内非常领先，被广泛应用于电动汽车、储能、电动自行车等领域，受到了消费者的欢迎，成为全球电动汽车市场的领导者之一。

奔驰主动与比亚迪寻求合作，双方的商务谈判从一开始就是站在平等的地位上，一致认可双方在汽车领域的优势地位。基于此共识，比亚迪提供电池技术和电动汽车技术，而奔驰提供汽车制造和销售方面的经验和资源。双方的合作取得了很大的成功，共同推动了电动汽车的发展。在合作中，比亚迪和奔驰共同开发了一款电动汽车，该车采用了比亚迪的电池技术和奔驰的汽车制造技术。这款电动汽车在市场上取得了很大的成功，受到了消费者的欢迎。此外，比亚迪和奔驰还共同成立了一家合资公司，该公司专门负责电动汽车的研发、生产和销售。这家合资公司的成立，进一步加强了比亚迪和奔驰之间的合作，推动了电动汽车的发展。比亚迪和奔驰的合作是一次成功的跨国合作，它不仅促进了比亚迪和奔驰的发展，也为电动汽车的发展做出了重要贡献。

案例来源　365汽车．比亚迪+奔驰强强联合，双基因新能源汽车令人电驰神往［EB/OL］．［2019-11-26］．https：//news.yiche.com/hao/wenzhang/31462887.

一致式开局策略的目的在于创造取得谈判胜利的条件。运用一致式开局策略的具体方式还有很多，比如，在谈判开始时，以一种协商的口吻来征求谈判对手的意见，然后，对其意见表示赞同或认可，并按照其意见进行工作。运用这种方式应该注意的是，拿来征求对手意见的问题应是无关紧要的问题，即对手对该问题的意见不会影响到本方的具体利益。另外，在赞成对方意见时，态度不要过于献媚，要让对方感觉到自己是出于尊重，而不是奉承。

一致式开局策略的运用还有一种重要途径，就是在谈判开始时以问询方式或补充方式诱使谈判对手走入你的既定安排，从而在双方间达成一种一致和共识。所谓问询方式，是指将答案设计成问题来询问对方；所谓补充方式，是指借以对对方意见的补充，使自己的意见变成对方的意见。

（二）保留式开局策略

保留式开局策略是一种常用的商务谈判策略，它的基本思想是，在谈判开始时，双方就谈判的目标、议程、期望等方面达成一致，但是在谈判过程中保留一些议题，不在谈判开始时完全公开。

【案例5-2】

2007年8月19日，美国电子商务网站亚马逊公司宣布，以7 500万美元收购中国的卓越有限公司。从此，卓越网成为亚马逊的第7个全球站点。然而，将亚马逊的目光吸引到中国并使其将进入中国的计划提前两年的不是卓越，而是卓越的最大竞争对手当当网上书店，亚马逊也始终是把当当作为第一收购目标。但在双方谈判中，亚马逊坚持收购当当70%~90%的股份，而当当只接受战略性投资，双方多次协商不成，最后谈判终止。而亚马逊在当时不仅与当当接触，也与当当的竞争对手卓越谈收购事宜。当时两家的规模、经营模式等都没有太大差异，亚马逊要选一个最合适的收购目标，这也就意味着，其实是当当和卓越在竞争，都希望把自己卖给亚马逊。最终，卓越笑到了最后，而当当的股东们丧失了一个绝好的退出机会。由于此次的谈判失败，当当被迫全心全意走上市之路。而实际上，当当在2010年12月8日才正式上市，可见，谈判失败后当当的上市之路走得也并不轻松。

案例来源　张旭．当当的风风雨雨，李国庆的浮浮沉沉［EB/OL］．［2019-02-21］．https：//www.chinanews.com.cn/m/cj/2019/02-21/8760410.shtml.

本案例中亚马逊公司谋略成功的关键在于其策略不是盲目的、消极的。首先，平台占有绝对优势，而亚马逊也希望尽快进行收购，但合作对象如对谈判条件过于苛求就会疏远收购商亚马逊，从而失去被收购的机会。

注意采用保留式开局策略时不要违反商务谈判的道德原则，即以诚信为本，向对方传递的信息可以是模糊信息，但不能是虚假信息；否则，会将自己陷入非常难堪的局面之中。

保留式开局策略适用于低调气氛和自然气氛，而不适用于高调气氛。

（三）坦诚式开局策略

坦诚式开局策略是指以开诚布公的方式向谈判对手陈述自己的观点或想法，从而为谈判打开局面。坦诚式开局策略比较适合于有长期的业务合作关系的双方，以往的合作双方比较满意，双方彼此又互相比较了解，不用太多的客套，减少了很多外交辞令，节省了时间，直接坦率地提出自己一方的观点、要求，反而更能使对方对己方产生信任感。

【案例5-3】

有一个叫岛村宁次的人，他是一个很有胆识和谋略的企业家。他经营一家绳索公司，他的绳索非常便宜，也很受欢迎，客户们都很喜欢买他的绳索。

但是，岛村宁次并没有赚到钱，因为他的绳索原价是五角钱，但是他卖给客户的时候只收取五角钱，一分钱也没有赚到。他的客户们都很佩服他的诚信，愿意为他的绳索支付更多的钱。岛村宁次的绳索公司越来越受欢迎，订单源源不断。

有一天，岛村宁次拿着购货单对客户们说："这是我一年来销售绳索的收据，一分钱也没有赚你们的，长此下去，我只好破产了。"客户们为他的诚信折服，情愿单价增加五分钱。岛村宁次又拿着出货单找到供应商："一年来，我一分钱也没赚，只是给您做了义务推销员，我再也干不下去了。"供应商感动不已，每根绳索降低五分钱。

后来，岛村宁次深有感触地说，只有那些胆识谋略过人的企业家才敢使用开始时吃亏，而后便占便宜的"原价销售法"。

案例来源　赢家思维华哥. 日本绳索大王的故事［EB/OL］.［2020-03-07］. https://baijiahao.baidu.com/s?id=1660437437948886026&wfr=spider&for=pc.

在案例5-3中，寥寥几句肺腑之言，赢得了客户的信任，也取得了源头货源的支持，使谈判顺利地向纵深发展。采用这种开局策略时，要综合考虑多种因素，如自己的身份、与对方的关系、当时的谈判形势等。

坦诚式开局策略有时也可用于谈判实力弱的一方谈判者。当本方的谈判实力明显不如谈判对方，并为双方所共知时，坦率地表明自己一方的弱点，让对方加以考虑，更表明己方对谈判的真诚，同时也表明对谈判的信心和能力。

（四）进攻式开局策略

进攻式开局策略是指通过言行来表达己方强硬的姿态，从而获得谈判对手必要的尊重，并借以制造心理优势，使得谈判顺利地进行下去。进攻式开局策略通常只在这种情况下使用，即发现谈判对手在刻意制造低调气氛，这种气氛对本方的讨价还价十分不利，如果不把这种气氛扭转过来，将损害本方的切实利益。

【案例5-4】

当年全球有四家企业拥有高铁技术，分别是日本川崎重工、法国阿尔斯通、德国西门子、加拿大庞巴迪。在引进高铁技术的时候，面对德国西门子漫天要价，中方谈判人员要求：每列车价格必须降到2.5亿元人民币以下，技术转让费必须降到1.5亿欧元以下，否则不要谈。德方代表靠在沙发椅上不屑地摇摇头：不可能。

另外三家企业面对大订单，当然是使出浑身解数。最后法国阿尔斯通拿下中国的大订单，建立了合资企业，把技术转让给了中国。中国用市场换技术，拿到了国外的高铁技术，再慢慢实现了国产化，如今高铁技术已经超越曾经的四大公司。

案例来源　三人书屋. 当年引进高铁技术时，德国西门子漫天要价，铁道部一招阳谋破局［EB/OL］.［2023-05-13］. https://m.163.com/dy/article/I4JUMBVL0552OC33.html.

进攻式开局策略可以扭转不利于己方的低调气氛，使之走向自然气氛或高调气氛。但是，进攻式开局策略也可能使谈判陷入僵局。

（五）挑剔式开局策略

挑剔式开局策略是指在开局时，利用对手在某些方面的失误进行指责，使其感到内疚，从而达到营造低调气氛，迫使对方让步的目的。

【案例5-5】

有一家日本汽车公司想要在美国推销其产品，但是不了解美国市场，需要找一个美国代理商来帮助他们。于是，日本公司找到了一家美国公司，准备与这家公司进行谈判。

但是，日本公司的谈判代表因为堵车迟到了，美国公司的谈判代表抓住这件事紧紧不放，想以此为手段获取更多的优惠条件。日本代表发现无路可退，于是站起来说："我们十分抱歉耽误了时间，但是这绝非我们的本意，我们对美国的交通状况了解不足，导致了这个不愉快的结果，希望我们不要再因为这个无所谓的问题耽误宝贵的时间了，如果因为这件事怀疑我们合作的诚意，那么我们只好结束这次谈判。我们认为，我们所提出的优惠条件是不会在美国找不到合作伙伴的。"

美国代表听了日本代表的话，哑口无言，他们也不想失去一次赚钱的机会。于是，谈判顺利进行下去了。

案例来源　佚名．日本汽车的谈判策略［EB/OL］．［2023-12-10］．http：//www.583316.com/ask/206652.html.

在上述谈判中，美国谈判代表运用了挑剔式开局策略，迫使日本谈判代表让步，但日本代表以进攻式开局策略同样硬怼，最终日本代表得到了想要的结果。

二、策划开局策略应考虑的因素

不同内容和类型的谈判，需要有不同的开局策略与之对应。一般来说，确定恰当的开局策略需要考虑谈判双方之间的关系和双方的实力等因素。

（一）考虑谈判双方之间的关系

如果双方在过去有过业务往来，且关系很好，那么这种友好的关系应作为双方谈判的基础，在这种情况下，开局阶段的气氛应是热烈、真诚、友好和轻松愉快的；如果双方有过业务往来，但关系一般，那么开局的目标是要争取创造一个比较友好、和谐的气氛；如果双方过去有过一定的业务往来，但己方对对方的印象不好，那么开局阶段谈判气氛应是严肃、凝重的。应注意礼貌周全，语言严谨，姿态大方。如果过去双方并没有业务往来，那么第一次交往应力争创造一个真诚、友好的气氛，以淡化和消除双方的陌生感以及由此带来的防备，为后面的实质性谈判奠定良好的基础。

（二）考虑双方的实力

双方谈判实力相当，在开局阶段，要力求创造一个友好、轻松、和谐的气氛；如果己方谈判实力明显强于对方，在开局阶段，在语言和姿态上，既要表现得礼貌友好，又要充分显示出本方的自信和气势，与弱方谈判最忌"霸气"；如果己方谈判实力弱于对方，在开局阶段，在语言和姿态上，既要表现出友好、积极合作，又要充满自信、举止沉稳、谈吐大方，使对方不至于轻视我们。

三、创造有利的谈判气氛

（一）气氛形成的关键阶段

每一次谈判都有独特的气氛，有的气氛是冷淡、对立、紧张，有的气氛是松松垮垮、慢慢腾腾、旷日持久，有的气氛是热烈、积极、友好，另外有的谈判始终是在平静、严肃、严谨的气氛中进行。谈判双方究竟将在一种什么样的气氛中进行谈判呢？这几乎是在双方步入谈判室后的一瞬间就已形成的，而且会延续下去，如果是冷漠、猜疑、防范或拘谨的，以后便很难改变。

当然，这样说并不意味着双方最初的接触是决定谈判气氛的唯一时刻，谈判双方在谈判以前的非正式见面以及谈判过程中的交锋都会对谈判气氛产生影响，只是开局瞬间的接触最为重要而已。所以，谈判人员应对开局瞬间给予高度的重视，并在整个谈判过程中采取积极的措施，以维护已经形成的良好气氛。

国际商务谈判人员在谈判前和整个过程中都要尽可能创造一种和谐、轻松的气氛，因为和谐、宽松的谈判气氛是谈判能够顺利进行的一个重要保证。因此，如何创造和谐的谈判气氛是谈判人员必须掌握的谈判技巧之一。

（二）必要的寒暄

创造良好的谈判气氛，开场很重要。一般来讲，不能双方刚一接触，就马上开始谈正题，弄不好会适得其反。在进入正题前，要选择一些其他话题，寒暄一些与谈判无关的话题，如近期的体育新闻、文娱节目、天气状况、旅游、个人爱好，以及回顾以前的合作经历等中性话题。

中性话题的范围很广，一切和正题不相干的话题都是中性的。这里我们把它归纳为四个方面：第一，来访者旅途的经历。如对方乘飞机来，可以问旅途的有关经历、见闻。第二，体育新闻或文娱节目，如“您看没看昨天晚上电视转播的球赛”“今天晚上中国京剧团将举行慰问演出，你们是否想看”等。第三，个人的爱好，如“您喜不喜欢京剧”“周末常去垂钓吗”等。第四，对比熟悉的谈判人员，还可以谈谈以前合作的经历，打听一下熟悉的人员等。

通过简单的交谈，双方的感情就比较接近了，气氛也融洽了，再谈正题就显得自然、不唐突。但是，中性话题也有积极、消极之分。谈判人员应设法避免令人沮丧的话题，比如“今早乘车来，公路上出现了一起车祸，堵塞了交通，我们真担心会迟到”。从维持谈判气氛来讲，说话的另一大忌是口吐狂言、滔滔不绝。说话表现出轻狂傲慢，自以为是，瞧不起别人，会引起对方的反感、厌恶，招致对方的攻击。口若悬河、滔滔不绝讲话，会使人失去倾听对方的机会，忽略对方要求，给对方抓住口实的把柄。

四、引起谈判对手的注意与兴趣的策略

要想引起谈判对手的注意与兴趣，首先应该了解对方的“兴趣点”，即对方最为关心的问题；其次，还要了解对方具体谈判人员的性格，这样才能够做到“对症下药”，针对不同的对手采用不同的引起谈判对手的注意与兴趣的方法。引起注意与兴趣的方法常见的有以下几种：

（一）夸张法

夸张法是指对谈判对手所关心的兴趣点以夸张的方式进行渲染，从而引起谈判对手的兴趣或注意。

（二）示范法

为了尽快引起对方的兴趣，你可以在谈判的开局就向对方介绍你的产品具有哪些优点，同时还必须证明你的产品确实具有这些优点。

（三）创新法

商务谈判者所应坚持的不同应该表现在三个方面：与别人不同，与你的过去不同，与对方的设想不同。

（四）竞争法

竞争法是指利用谈判对手的竞争心理，故意提及其竞争对手，以此来使其对自己的话题感兴趣。这种方法通常在谈判对手实力很强，而自己又有求于他们的情况下使用。

（五）利益诱惑法

利益诱惑法是指在不影响本方根本利益的情况下，对谈判对手所关心的“兴趣点”进行较大程度的利益让步，以此来引起对方的兴趣或注意。

五、“大智若愚”策略

假装什么都知道，什么都精通的人往往会弄巧成拙。傲慢和谦虚是一对孪生姊妹，一个故作无所不知、无所不晓的人，只能使对方敬而远之。在谈判的时候，莫让“我知道”的表情溢于言表，切莫自以为了不起。在适当的情况下，做出“帮帮我”的姿态来，反而会调动对方与你合作的热情。因为，承认自己并不是什么都知道的人，也就使自己人性化了，因而对方就会更容易、更愿意接近你，与你合作。

在谈判时，显得果断、能干、敏捷、博学或者理智的人，未必能得到对方的配合与协作；相反，如果显得愚笨些，少一点果断，也许会得到对方更多的让步和更好的协调。因此，当自己想调动对方时，有时不妨告诫自己：别让人认为自己很聪明，来点大智若愚对于自己并无害处。

第二节　报价阶段的策略

报价是国际商务谈判的一个重要环节，它表明了谈判者对有关交易条件的具体要求，反映着谈判者的需要和利益。

一、报价的原则和形式

报价，并不仅指双方在谈判中提出的价格条件，而是泛指谈判一方主动或根据另一方要求向对方提出自己的所有要求，包括商品的数量、质量、包装、价格、装运、保险、支付、商检、索赔、仲裁等交易条件。当然在所有这些要求中，价格条款最为显著，地位最为重要。

报价标志着商务谈判进入实质性阶段，也标志着双方的物质性要求在谈判桌上“亮相”。

（一）报价的原则

1.卖高买低原则

对卖方来讲，报价起点要高，即“可能的最高价”；相应地，对买方来讲，报价起点要低，即“可能的最低价”，这是报价的首要原则。卖方的开盘价实际上是确定了价格谈判区间的一个上限。开盘价会影响对方对己方提供的商品或劳务的印象和评价。开盘价高，能为以后的讨价还价留下充分的回旋余地，使己方在谈判中更富于弹性。经验证明，开盘价对最终成交水平具有实质性的影响。开盘价高，最终成交的水平也就比较高。

2.肯定原则

报价的表达应该坚定、明确、完整，不加解释和说明。报价的解释应坚持不问不答、有问必答、避虚就实、能言不书的原则。

3.合理原则

开盘价必须有根有据，合乎情理。

（二）报价需要考虑的因素

报价决策不是由报价一方随心所欲制定的。报价的有效性首先取决于双方价格谈判的合理范围，同时，还受市场供求状况、竞争等多方面因素的制约。

（1）成本因素。成本是影响报价的最基本因素，商品的报价是在成本的基础上加上合理的利润形成的。在决定商品的报价时，不仅要考虑现在的成本、将来的成本，以及降低成本的可能性，而且要考虑竞争对手的成本。要依据有关成本资料，恰当地报出商品的价格。

（2）需求因素。需求价格弹性是指某种商品的需求量对价格变动的反应灵敏程度。企业在确定商品报价时，必须先确定该商品的需求弹性系数，然后再考虑对某种商品的报价提高或降低对总收入的影响。

（3）品质因素。商品的品质是指商品的内在质量和外观形式。商品的品质是消费者最关心的问题，也是谈判双方必须洽商的问题。商品的报价必须考虑商品的品质，要按质报价。

（4）竞争因素。必须注重竞争对手的价格，特别是竞争对手的报价策略以及新的竞争对手对市场的加入。

（5）政策因素。每个国家都有自己的经济政策，对市场价格的高低和变动都有相应的限制和法律规定。

另外，在报价时，对方的内行程度、对方可能的还价、谈判双方相互信任的程度及合作的前景、交易的次数等都应是报价时考虑的因素。

（三）报价形式的分类

1.根据报价的方式分为书面报价和口头报价

（1）书面报价，通常是指谈判一方事先提供了较详尽的文字材料、数据和图表等，将本方愿意承担的义务，以书面形式表达清楚。这种方式可以给人一种正规严肃且合法的印象，同时也将本方所愿意承担的义务表达清楚详尽，但这种方式基本上否定了谈判双方磋商的可能。白纸黑字客观上成为本方承担责任的凭据，显得呆板而缺乏弹性。

（2）口头报价，是指不需要提交任何书面文件，仅以口头的方式提出交易条件。因其具有很大的灵活性，与书面报价相比，显然具有更多的优点：谈判人员可以根据当时的谈判气氛、局势，灵活调整自己的表达策略；较书面方式减轻了义务约束感，可以充分利用情感因素，努力发挥个人的谈判艺术特长来促成交易。但是，口头报价也存在容易偏离主题、阐述不清楚甚至出错，以及对复杂问题表达困难等缺点。因此，实际谈判中不少谈判人员往往采用以书面报价为主、口头报价为补充的报价方式。

2.根据报价的战术分为欧式报价术与日本式报价术

在国际商务谈判中，存在多种报价方式，欧式报价方式和日本式报价方式在世界上广为应用。

（1）欧式报价术。其模式是由高到低，事先提出一个有较大回旋余地的价格，而后根据谈判双方实力对比情况与该笔交易的国际市场竞争等因素，通过不同程度的优惠政策，如价格折扣、数量折扣、支付条款上的优惠（延长其支付期限或提供信贷等）等，慢慢软化谈判对手的立场和条件，最终达到成交的目的。这种报价方式若能稳住对方，一般会有较理想的结果。

（2）日本式报价术。其一般模式是由低到高，报价时先报出最低价格，以吸引买主的谈判兴趣。但是，这种最低价格是以对卖方最有利的结果条件为前提的，而且这种最低报价相应的交易条件很难全部满足买方的需要。例如，当卖方报出一套技术设备的最低价格时，可能附带有不派出专家或技术人员指导，缩短免费维修期限，由卖方选择计价货币和运输方式等条件。若买方要求变动有关交易条件，则卖方就会趁机提高价格。此种报价方式的最终成交价格，往往高于起初的价格。日本式的报价在面临众多的竞争对手时，往往是一种较有利的报价方式。

与西欧式的报价相比，日本式的报价虽有利于初始的竞争，但从买方的购买心理来讲，一般人总较习惯于物品价格由高到低，逐渐降价。

二、报价的顺序

报价的顺序即谈判双方谁先报价。

（一）先报价的利弊

先报价的好处：

（1）先报价能够先声夺人，先报价比反应性报价显得更有力量，更有信心；

（2）先报价的价格将为以后的讨价还价树立起一个界碑；

（3）先报价可以占据主动，先施加影响，并对谈判全过程的所有磋商行为持续发挥作用。

先报价的不利之处：

（1）当己方对市场行情及对手的意图了解不清时，贸然先报价，往往起到限制自身期望值的作用；

（2）买主即对方听了卖主的报价以后可能对自己的想法进行调整，由于对卖主的价格起点已有所了解，他们可以修改自己的报价即回价或还价。

（二）后报价的利弊

后报价的好处：对方在明处，自己在暗处，可以根据对方的报价及时地修改自己的策略，以争取最大的利益。

后报价的弊端：被对方占据了主动，而且必须在对方划定的框框内谈判。

因此，究竟谁先报价要具体分析，看看先报价、后报价哪个对己方有利。如果谈判很激烈，则不妨先报价，以争取主动。如果是正常的客户和正常气氛的谈判，则可以见机行事。

若谈判对手是老客户，双方的合作关系不错，关系融洽，在这种情况下，谁先报价对双方来说都无所谓。

在报价顺序的实际运用过程中，要注意：第一，如自身实力强于对方，或者在谈判中处于主动地位，己方先报价为宜（尤其是对方对本行业不熟悉时）；反之，可考虑后报价，以观察对方并适当调整自己的实际期望目标。第二，在冲突程度高的谈判场合，“先下手为强”；在合作程度高的场合，谁先出价则无所谓。第三，如对手是谈判高手，则让对方先报价，避免让对方剥茧抽丝。

国际商务谈判报价的惯例是：第一，发起谈判者与应邀者之间，一般应由发起者先报价；第二，投标者与招标者之间，一般应由投标者先报价；第三，卖方与买方之间，一般应由卖方先报价。

三、报价策略

报价是很有艺术性的，报价的好坏直接影响到商务谈判的成败。

（一）报价时机策略

价格谈判中，应当首先让对方充分了解商品的使用价值和能为对方带来多少收益，待对方对此发生兴趣后再谈价格问题。实践证明，提出报价的最佳时机一般是对方询问价格时。

在谈判开始的时候对方就询问价格，这时最好的策略应当是听而不闻，对方坚持即时报价，也不能故意拖延，把价格同对方可获得的好处和利益联系起来一起介绍效果较好。

（二）报价起点策略

开盘价必须合乎情理。对于卖方来说报价要高，但绝不是漫天要价，毫无根据，而应该是合乎情理。如果报价过高，又讲不出道理，会使对方感到你没有诚意，甚至不予理睬，扬长而去。对于买方来说，不能漫天杀价，这会使对方感到你没有常识，而对你失去信心，或将你一一攻倒，使你陷于难堪之境。所以，无论是买方还是卖方，在报价时都要合乎情理。

对卖方来讲，开盘价必须是“最高的”，即“可能的最高价”。相应的，对买方而言，开盘价必须是“最低的”，即“可能的最低价”。这是报价的首要原则。

（三）价格分割策略

报价不要报整数。在商务谈判时，如果报出一个整数价，是存心让人家来降低价格。如果提出一个有零头的数字，一方面听起来好像比较强硬、坚定，谈判的余地也较小，从而得到更好的结果；另一方面，利用求廉心理，卖方报价时采用这种策略，造成买方心理上有价格便宜感。

价格分割包括以下两种形式：

（1）用较小的单位报价。例如，西湖龙井茶叶每千克800元报成每两40元。巴黎地铁公司的广告是：“每天只需付30法郎，就有200万旅客能看到你的广告。”这样用小单位报价比大单位报价会使人在心理上产生便宜的感觉，更容易让人接受。

（2）用较小单位商品（或小商品）的价格进行比较。例如：“每天少抽一支烟，每天就可订一份×××报纸。”“使用这种电冰箱平均每天0.5元电费，0.5元只够吃一根最便宜的冰棍。”这样用小商品的价格去类比大商品会给人以亲近感，拉近与消费者之间的距离。

报价不仅是一项竞争，也是一门艺术，价格高低事关商务谈判各方的切身利益；同时，价格又是在诸多因素的共同作用下最终形成的。因此，价格是国际商务谈判中最重要、最复杂的问题之一。为此，我们必须全面了解国际商务谈判中影响价格的因素，做好报价的准备工作，努力掌握并恰当地运用报价技巧，最大限度地争取利益和减小风险引起的损失，以实现谈判的最终目标。

第三节 磋商阶段的策略

磋商阶段是谈判双方面对面讨论、说理及论战，甚至发展为争吵的阶段，是实质性的协调或较量阶段。在谈判开始阶段，双方都是在试探对方及其实力；只有到了实质性磋商阶段，双方才开始真正地根据对方在谈判中的行为来调整自己一方的谈判策略，即实质性磋商阶段开始后，双方都应把重点放在自己策略的调整上。

【案例5-6】

姐姐和妹妹争抢一个橘子，互不相让，最终结果是把橘子从正中间切开，一人分得一半。其实，姐姐想用橘子皮蒸蛋糕，而妹妹想吃橘子肉。将橘子从中间切开，各自拿到了看似圆满的“结果”，然而各自得到的东西没有物尽其用，实质上双方各自的利益并没有达到最大化。

这样的分配结果是否是最佳办法？结论是双方都没有获得最大的满足。

这个故事告诉我们，谈判需要了解对手和自己的需要，重视沟通，避免在谈判中出现“自己花了很大代价却瞄准的是对方无关紧要的需要”。

一、讨价

讨价是在一方报价之后，另一方认为其报价离己方的期望目标太远，而要求报价一方重新报价或改善报价的行为。讨价可以是实质性的，也可以是策略性的。

讨价的类型主要有：第一，全面讨价，即讨价者根据交易条件全面入手，要求报价者从整体上改变价格，重新报价；第二，针对性讨价，即讨价者有针对性地从交易条款中选择某些条款，要求报价者重新报价；第三，总体讨价，即讨价者从总体出发综合分析交易条件，运用策略，改变报价者的理想目标，降低期望值，考虑重新报价。

讨价的态度是仔细倾听和试探虚实。从健谈的报价者那里得到有用的资料，捕捉还价的理由，掌握对方的期望值。在不打断对方说话的情况下，顺着对方话题发问，提出种种假设条件，要求对方回答，并捕捉对方回答中对己方有利的信息，以便抓住机会，搜集还价的资料。

讨价的基本方法有：第一，以理服人，见好就收。因为讨价是伴随着价格评论进行的，故讨价应本着尊重对方并以说理的方式进行；又因为讨价不是买方的还价，而是启发，诱导卖方降价，为还价做准备，如果在此时硬压对方报价，则可能使谈判过早地陷于僵局，对己方不利。因此，初期、中期的讨价即对方还价前的讨价，应保持平和信赖的气氛，充分说理，以求最大的效益。即使碰到漫天要价者，也不应为其所动。第二，揣摩心理，掌握次数。讨价次数既是一个客观数，又是一个心理数。从讨价方式分析，当以分块方式讨价时，5块就意味着至少可以讨5次价。其中水分大的部分，不能只讨价还价2次就停止，2次以上是很有必要的。在每次讨价时不要忘了这次讨价的目标，对每一次改善都要衡量一下距目标的距离，评价一下对方的态度，以改变讨价还价的攻击点。

二、还价

（一）还价的原则

还价就是针对谈判对手的首次报价，己方所做出的反应性报价。在商务谈判中，要进行有效的还价就必须遵循一定的原则。

第一，在还价之前必须充分了解对方报价的全部内容，准确了解对方提出条件的真实意图。要做到这一点，就要在还价之前设法摸清对方报价中的条件哪些是关键的、主要的，哪些是附加的、次要的，哪些是虚设的或诱惑性的，甚至有的条件的提出，仅仅是交换性的筹码，只有把这一切搞清楚，才能提出科学的还价。

第二，为了摸清对方报价的真实意图，可以逐项核对对方报价中所提的各项交易条件，探寻其报价依据或弹性幅度，注意倾听对方的解释和说明，但勿加评论，更不可主观地猜度对方的动机和意图，以免给对方反击提供机会。另外，还价应掌握在双方谈判的协议区内，即谈判双方互为临界点和争取点之间的范围，超过此界限，谈判难以获得成功。

第三，如果对方的报价超出谈判协议区的范围，与己方要提出的还价条件相差甚大，不必草率地提出自己的还价，而应先拒绝对方的报价。必要时可以中断谈判，给对方一个出价，让对方在重新谈判时另行报价。

（二）还价的方式

1.按分析比价还价

按分析比价还价是指己方不了解所谈产品本身的价值，而以其相近的同类产品的价格或竞争者产品的价格作参考进行还价。

2.按分析成本还价

按分析成本还价是指己方能计算出所谈判产品的成本，以此为基础加上一定百分比的利润作为依据进行还价。

3.按还价项目的多少还价

（1）单项还价。单项还价是以所报价格的最小项目还价，即指对主要设备或商品逐项、逐个进行还价，对技术费、培训费、技术咨询费、工程设计费、包装费、运输费逐项还价。

（2）分组还价。分组还价是指把谈判对象划分成若干项目，并按每个项目报价中所含水分的多少分成几个档次，然后逐一还价。

（3）总体还价。总体还价又叫一揽子还价，是指不分报价中各部分所含水分的差异，均按同一个百分比还价。

4.还价起点的确定

还价起点的总体要求是：第一，还价起点要低，力求使自己的还价给对方造成压力，影响或改变对方的判断。第二，接近目标，还价起点要低，但又不能太低，还价起点的高度必须接近对方的目标，使对方有接受的可能性，能够保证价格磋商过程得以正常进行。

还价起点的确定，从原则上讲，是既要低，但又不能太低，要接近谈判的成交目标。还价起点受以下三个因素制约：预定成交价、交易物的实际成本和还价次数。预定成交价是买方根据自己的预算所确定的可以接受的成交价格。从理论上讲，还价起点应在预定成交价之内。还价还必须考虑对方接受的可能性，买方的第一次还价很少立即被卖方接受。因此，买方在确定还价起点时既应考虑对方的再次攻击及自己的防守余地。若能一次还价成功，还价起点可适当提高一些。

三、讨价还价阶段前期的策略

（一）投石问路

投石问路是指利用一些对对方具有吸引力或突发性的话题同对方交谈，或通过所谓的谣言、秘讯，或有意泄密等手段，借此琢磨和探测对方的态度和反应。投石问路的谈判策略在市场价格行情不稳定、无把握，或是对对方不大了解的情形下运用。

应对本策略时，只对部分问题做简单必要的回答，不要过早暴露本方的价格目标和真实意图；向对方进行反提问，或提出与对方问题不相干的问题，或直截了当地向对方询问他交易的真实需要及期望的交易条件；如果买方准备马上订货，一般会留有余地地对买方的要求进行估价，乘机试探买方的诚意与动机；调查分析买方购货的目的，适当强调交易成功可能对买方产生的利益，以激起买方将购买欲望付诸行动。

（二）抛砖引玉

这一策略的基本做法是在对方询价时，本方先不开价，而是举一两个近期达成交易的案例（本方与别的商家的交易，或是市场上其他商家的交易等），给出其成交价，进行价格暗示，反过来提请对方出价。

运用此策略的目的是将先出价的“球”踢回给对方，为本方争取好价格。

此策略一般是在本方不愿意先出价而对方又期望本方先出价的情形下使用，实施这一策略时应注意，所举案例的成交价要有利于本方，成交案例与本交易要具有可比性，且需要提供证明材料。

本策略的应对：千方百计找出对方所提供案例的漏洞或不可比性，坚持要对方先出价。

（三）吹毛求疵

买方通常会利用吹毛求疵的策略来和卖方讨价还价。买方会对产品和对方的提议尽可能地挑毛病，以此来动摇卖方的自信心，降低卖方的期望值。

注意：在向对方提出要求时，不能过于苛刻，漫无边际；要有针对性，恰如其分，要把握分寸，不能与通行做法和惯例相距太远。否则，对方会觉得己方缺乏诚意，以致中断谈判。在谈判中运用这一策略时还要注意，提出比较苛刻的要求，应尽量是对方掌握较少的信息与资料的某些方面，尽量是双方难以用客观标准检验、证明的某些方面；否则，对方很容易识破你的策略，采取应对的措施。

本策略的应对：充分了解信息，尽可能掌握对方的真实意图，并可采取相同的策略对付对方。如果对方使用这一策略，那么对付这一策略的策略是对己方的产品要有信心。俗话说：“褒贬是买家。”买方对产品提出这样和那样的问题，是讨价还价的需要，也正因为如此，能够说明买方有成交的愿望。必须要有耐心，那些虚张声势的问题及要求自然会渐渐地露出马脚，而失去影响。遇到了问题，要能直攻腹地、开门见山地和买主私下商谈。对于某些问题和要求，要能避重就轻或视而不见地不予理睬。当对方在浪费时间、无中生有、鸡蛋里面挑骨头时，一定要正面解释。向买主建议一个具体而又彻底的解决办法，不要与买主去争论那些与交易关系不大的问题，也可以向对方提出某些虚张声势的问题来增强自己的谈判力量。

（四）价格诱惑

价格诱惑就是卖方利用买方担心市场价格上涨的心理，诱使对方迅速签订购买协议的策略。价格诱惑的实质就是利用买方担心市场价格上涨的心理，把谈判对手的注意力吸引到价格问题上来，使其忽略对其他重要合同条款的讨价还价，进而在这些方面争得让步与优惠。

本策略的应对：买方一定要慎重对待价格诱惑，必须坚持做到：

第一，计划和具体步骤一经研究确定，就要不动摇地去执行，排除外界的各种干扰。所有列出的谈判要点，都要与对方认真磋商，绝不随意迁就。

第二，买方要根据实际需要确定订货单，不要被卖方在价格上的诱惑所迷惑，买下一些并不需要的辅助产品和配件，切忌在时间上受对方期限的约束而匆忙做出决定。

第三，谈判前要做好充分的市场调研，准确把握市场竞争态势和价格走势，不要被对方的价格诱惑所影响。

第四，买方要反复协商，推敲各种项目合同条款，充分考虑各种利弊关系。签订合同之前，还要再次确认。为确保决策正确，请示上级、召开谈判小组会议都是十分必要的。

（五）目标分解

目标分解指的是把谈判中双方暂时无法达成一致的目标分解成一个一个的部分，然后对每个部分进行重新评估和操作，以期达成一致。比如，买方和卖方无法就交货日期达成一致，买方要货很急，而卖方在限定的时间内无法达到买方所要求的数量，在这种情况下，为求得买方理解，卖方把这个问题分解成许多的小部分，包括供应部门购买原材料所需要的时间、生产设施调试所需要的时间、生产部门开足马力生产所需要的时间、储运部门将产品送达买方指定地点所需要的时间。这样算起来，卖方至少要多长时间才能交货就一目了然了。将这些部分一一向买方解释，能使买方充分理解卖方的实际情况，认识到卖方已尽了最大努力，对双方最终达成协议大有好处。

（六）抹润滑油

价格谈判阶段是谈判的实质性阶段，是双方针锋相对讨价还价的阶段。正因为如此，策略的运用对谈判的顺利进行显得尤为重要。抹润滑油策略是价格谈判中常用的策略。合同价格有一些可调节的因素，也就是可让步妥协的条件。利用这些可以机动的条件，往往可使双方满意而把合同做成。价格谈判中的“润滑油”有：付款条件（对总价有3%～10%的影响）；货币（对价格有3%～20%的影响）；价格性质（价差有3%～6%）；服务人员的生活条件等。

应用该策略的时机要注意最好在价格谈判的最后阶段，以交换机动条件中的某个条件来进行。例如，对于要求收汇越快越好的卖方，往往在谈判中要求变更付款速度。这主要反映在预付款的比例以及尾款的多少上。美国、日本、法国等国的厂商在谈判中往往有这样的要求，买方可以加以利用。另外，在卖方不肯再降价，而双方都想做成买卖，但又存在一定的价格差距时，变动货币也是把事情做成的一种办法。

谈判人员在相互交往过程中，经常会馈赠礼品，以表示友好和联络感情，这被西方谈判专家称为“润滑策略”。由于各民族的风俗习惯不同，在馈赠礼品上有较大的差异。要注意由文化造成的爱好上的差异，要考虑礼品价值的大小，要注意送礼的场合。

（七）请君入瓮

谈判一开始就拿出一份有利于本方（往往是卖方所为）的完整的合同文本，要求对方按照此合同文本的内容讨论每项条款，并最终在此基础上签约。此策略对卖方具有广泛的适用性。

本策略的应对：坚决拒绝接受对方提出的合同文本和谈判方式，由本方提出（或由双方协商后定出）新的谈判方式与程序，并按此方式与程序展开谈判，并根据谈判结果另行拟写合同文本。

（八）故布疑阵

故布疑阵策略是指通过不露痕迹地向对方提供虚假信息或大量无用信息而使对方上当，从而取得有利的谈判条件。要注意的是：不能露出一点破绽。不到万不得已的情况下，一般不宜采用这种策略。

本策略的应对：不能轻信对方不应出现的失误，对自己轻易得来的材料持怀疑态度。

四、讨价还价阶段中期的策略

（一）步步为营

步步为营策略是指谈判者在国际商务谈判过程中步步设防，试探着前进，不断地巩固阵地，不动声色地推行自己的方案，让人难以察觉，自己的每一微小让步都要让对方做出艰苦的努力。

此策略一般是在谈判时间充裕、谈判议题较少，或是各项议题的谈判均比较艰难的情形下使用。

注意：使用该策略应小心谨慎，力戒急躁和冒进。使用该策略要做到言行一致，有理有据，使对方觉得情有可原。还价要狠，退让要小而缓。

本策略的应对：

（1）寻找并抓住对方的一两个破绽，全盘或大部分否定对方的要价理由。

（2）坚持本方的要价与让步策略和行动计划，不跟随对方的步调行事，不做对等让步，坚持要求对方做出大的让步，本方其后才做出让步。

（3）以其人之道，还治其人之身，即向对方学习，也步步为营。

（4）运用其他策略技巧，如最后出价、最后通牒、不开先例等来打乱对方的步调。

（二）疲劳轰炸

疲劳轰炸策略就是指通过疲劳战术来干扰对方的注意力，瓦解其意志并抓住有利时机达成协议。

在商务谈判中，如果一方的谈判者表现出居高临下、先声夺人的姿态，那么，即可采用“疲劳战”战术。

注意：运用此策略最忌讳的就是以硬碰硬，以防激起对方的对立情绪，使谈判破裂。

本策略的应对：谈判小组的领导者尽量使谈判在正常的工作时间内进行，确保谈判小组成员有定时和足够的时间休息；到外地进行谈判的小组应制定相应的规章制度，谈判以外的时间要由自己安排，而不能按别人的计划行事；对对方的过度安排，要学会说“不”。

（三）以林遮木

以林遮木策略是指在谈判中故意扰乱正常的谈判秩序，将许多问题一股脑地摊在桌面上，使人疲于应付，难以做出正确选择，进而达到使对方慌乱失误的目的。

注意：问题的提出让人感到真实可信；将所有谈判议题捆包，进行整体谈判；所提供之证据应该有利于支持本方的观点；认真观察对手，选择最佳运用时机。

本策略的应对：忽视对方抛出的资料，反而向对方给出本方要价的证据资料；坚持自己的意见，用自己的意识和能力影响谈判的进程和变化，以防被人牵着鼻子走；坚持将各项议题分开磋商，不给对方施展计谋的机会；拒绝节外生枝的讨论，对不清楚的问题要敢于说不了解情况；当对方拿出一大堆资料和数据时，要有勇气迎接挑战，对这些资料和数据进行仔细研究与分析，既不要怕耽误时间，又不要担心谈判的失败，以免一着不慎满盘皆输；对手可能也和你一样困惑不解，此时应攻其不备。

（四）软硬兼施

软硬兼施策略又称“红脸白脸策略”“好人坏人策略”“鸽派鹰派策略”。在一两个人或多个人组成的谈判班子中，其中一个成员在谈判初期起主导作用，小组的另一成员在结尾阶段扮演主角。这样做的好处是：在洽谈开始时，小组的某一成员扮演强硬派即鹰派角色，也就是“红脸”，他的责任是毫无保留地和果断地提出较高的要求，以后他必须坚定不移地捍卫这个目标。此时，小组的另一个成员即鸽派，也就是“白脸”，扮演“和平天使”的角色，保持沉默，尽量让“鹰派”一显身手，直到谈判的结尾阶段他便登场了。他寻找解决问题的办法，然后建议做出让步。二者交替出现，轮番上阵，直到谈判达到目的为止。

注意：使用此策略时，要求谈判人员要相互密切配合。担任“鹰派”角色的人，在谈判时立场要强硬、坚定，不要轻易让步。该策略是通过“先兵后礼”的举措来感化或压迫对方转变立场，从而打破僵局促成交易。软硬兼施策略往往在对手缺乏经验，对手很需要与你达成协议的情境下使用。这种策略是比较难以对付的。

本策略的应对：首先，从心理上认清红、白脸是属于同一战线，目的都是想从你身上得到他们想要的东西；其次，应放慢让步的速度，不要很快在强硬态度人面前让步；再次，采取相同的技巧，扮演白脸反击回去；最后，面对“老鹰”的表演不予理睬，相信必定会换上“鸽子”调和。

（五）车轮战术

在谈判桌上的一方遇到关键性问题或与对方有无法解决的分歧时，借口自己不能决定或其他理由，转由他人再进行谈判。此策略的核心是更换谈判主体。

注意：选择攻击目标，以便所有参与人员协同作战，目标一致；选择参与人员，使之与目标相匹配，更有利于谈判；编排谈判用词，以便每个参与者恰当投入，说词准确；明确每个参与者投入的时机，人多必须有序，谈判才能不乱。

本策略的应对：无论对方是否准备采用该策略，都要做好充分的心理准备，以便有备无患；新手上场后不重复过去的争论，如果新的对手否定其前任做出的让步，自己也借此否定过去的让步，一切从头开始；用正当的借口使谈判搁浅，直到把原先的对手再换回来。

另外，这种策略能够补救本方的失误。己方可能在前面谈判中会有一些遗漏和失误，或者谈判效果不尽如人意，这时则可趁对方更换主谈人的时机来补救，并且顺势抓住对方的漏洞发起进攻，最终获得更好的谈判效果。

第四节　妥协阶段的策略

一、让步的原则、步骤和方式

让步是谈判的重心，它是双方为了达到自己想要达到的目标所必须经历的过程。让步既然如此重要，在谈判时，就必须审慎地加以对待。俗话说“若欲取之，必先予之”“有所不为而后有所为”等，都在于说明要达到既定目标，必须付出一定的代价，各方在国际商务谈判过程中必须做出一定的让步。在谈判中让步是指谈判双方向对方妥协，退让己方的理想目标，降低己方的利益要求，向双方期望目标靠拢的谈判过程。

（一）让步的基本原则

（1）让步要三思而行，谨慎从事，不要过于随便，给对方以无所谓的印象。

（2）让步必须是双方的，是以己方的让步来谋求对方相应的让步，单方面的让步是没有必要的。

（3）没有必要做完全同等级的让步，一报还一报的互相让步是不可取的。假如他让了你60%，你可以只让他40%，如果他要求你也应该让60%，你可以说“我无力承担60%的让步”来婉言拒绝他。当然，你同时应该做出那40%的让步。

（4）千万不要做出轻易的让步，而令对方轻易取胜。谈判中，在对方的要求和坚持下，你很容易地就许诺了对方做出让步，那你就犯了一个错误。他们对你的让步很不在意，认为它不值什么，因为他们得到得太容易。或许认为这是你的义务，是理所当然的。他们不会感到满意，他们的态度及其他方面也不会有任何的改变和松动。最好是慢慢地让，这样你所让出来的，对方才会倍感珍惜。再者，谈判者应牢记任何轻率的让步、免费的让步、无代价的让步都应极力避免。没有经过任何奋斗而轻易就获取的让步，往往不能使对方感到满足，他们可能会提出更加苛刻的要求。

（5）要严格控制让步的次数、频率和幅度。不要做出一次性的巨大让步，太大会让对方认为这不是最后的让步，仍步步紧逼；如果幅度太小，对方会认为微不足道，难以满足。如果你做了一些让步，则在对方未做出让步前，不能再做让步。

（6）要为自己预留足够的回旋空间。如果你是买方，开的价码最好低一点，如果你是卖方，就要开高一点，避免一开始就将底价亮出来。

（7）不要不好意思说“不”。大部分的人都怕说“不”，其实，如果你说了多次的话，对方便会相信你是真的在说“不”，要有耐心，并且做到前后一致。假如你在做了让步之后想要反悔，也不要不好意思，因为在没有签约之前，凡事都在未定之中，不要害怕收回让步。

（8）不要做交换式的让步。让步并不需要双方互相配合，以大换小、以旧换新、以小问题换大问题的做法是不可取的。

(9) 让步的目标必须反复明确。让步不是目的，而是实现目的的手段。任何偏离目标的让步都是一种浪费。让步要定量化，每次让步后，都要明确让步已到何种程度，是否获得了预想的效果。

(二) 让步的实施步骤

1. 确定谈判的整体利益

让步的第一个步骤是在谈判的准备阶段进行的。在谈判的准备阶段，谈判者首先要权衡利弊，确定己方的整体利益。

2. 时机要适当，行为要适当

一般而言，在有可能要做出让步时，只在行动上露口风或暗示。在这种情况下，往往会用这样的语言暗示对方："好吧，在这个问题上，我们暂时放一放。""我想，解决这个问题并不难，过些时候可能它就不再成为很大的障碍了。"

3. 你让我才让，以让换让

把本方的让步与对方的让步联系起来，没有得到对方的某个交换条件时，永远不要轻易让步。举例如下："现在再继续谈这个问题，对己方来说是很困难的。""如果按你刚才讲的意见，我想有助于问题的解决，但如果按你原先的提法，则是不可能的。""按你现在提的条件，再进一步地讨论怎样?"这样就暗示对方以现在提的条件的让步来换取原先提法的让步。可见，如何做出让步是需要技术、策略和经验的。

(三) 让步的方式

美国著名谈判大师嘉洛斯曾以卖方的让步为例，归纳出8种让步方式。假设某代表团所设定的妥协范围是1～6，那么有以下8种不同的让步方式，见表5-1。

表5-1 **让步方式**

让步方式	第一次	第二次	第三次	第四次
冒险式让步方式	0	0	0	6
均衡式让步方式	1.5	1.5	1.5	1.5
递增式让步方式	0.8	0.3	1.7	3.2
小幅递减式让步方式	2.2	1.7	1.3	0.8
有限式让步方式	2.6	2	1.2	0.2
快速式让步方式	4.9	1	0	0.1
反弹式让步方式	5	1	−1	1
一次性让步方式	6	0	0	0

1. 冒险式让步方式

冒险式让步方式也叫正拐式让步方式。其方式为：0，0，0，6。这是一种较坚定的让步方式，即开始寸步不让，到了谈判的最后期限一步让到底。这种让步的优点是坚强果断，让对方感到自己信念坚定，如果遇到谈判新手，可能获得最大限度的利益。最后一步做出最大幅度的让步，可以使对方感到你出手大方，自己获得了最大的利益，很快成交。但是，这种让步方式有较大的风险，一旦对方得寸进尺，自己便没有回旋余地了，很可能导致谈判的失败。这种方式一般适用于处于优势的一方，可以承担较大风险。

2.均衡式让步方式

均衡式让步方式也叫等额型让步方式。其方式为：1.5，1.5，1.5，1.5，即在妥协阶段做平均幅度的让步，国外也称这种让步法为“切香肠法”或“挤牙膏法”。这种方法的优点是平稳持久，步步为营，不易让人轻易占到便宜，有利于后面的讨价还价，可以使急躁的对手感到厌倦。缺点是谈判速度慢，效率低，并且鼓励对方耐心等待，只要坚持下去，就会得到更大利益。这种方法适用于谈判新手，不容易出现大的错误。

3.递增式让步方式

递增式让步方式也叫高峰式让步。其方式为：0.8，0.3，1.7，3.2，即在妥协幅度上前高中低，最后有一个高峰，机智灵活，富于变化。这种方法的优点是让步起点适中，给对方传递可以合作、有利可图的信息，最后逐步加大让步的幅度，使对方有一种接近尾声的感觉，促使对方尽快成交。缺点是让步幅度不定，自己不好把握，也会使对方感到仍然有利可图，继续讨价还价。同时，最后的大幅度让步也会使人有不诚实的感觉。此法适合于谈判的老手，但一般不用于经常合作的伙伴。

4.小幅递减式让步方式

小幅递减式让步方式也叫低谷式。其方式与高峰式相反：2.2，1.7，1.3，0.8，即在妥协的开始阶段就让出两大步，显示合作的诚意，以后再让微利，向对方传递已经无利可让的信息；如果不成，最后再让较大一步。这种方法的优点是，让步起点较高，富有诱惑力，使对方获得一种满足感。此法的缺点是前边让步较多，后边回旋余地小，并给对方软弱可欺的印象。

这种让步方法由于谈判双方是建立在互惠互利基础上的，一开始就做出较大让步，可以创造良好的合作气氛和建立友好的伙伴关系，因此用于以合作为主的谈判中。

5.有限式让步方式

有限式让步方式为：2.6，2，1.2，0.2。这是一种由大到小、逐渐下降、表示卖主有强烈妥协意愿的让步方式。其特点是自然、坦率，符合谈判活动中讨价还价的一般规律。这种让步方式的优点是：自然，不需格外用意，容易为人接受。由于让利先大后小，有利于促成谈判和局。采取一次比一次更为审慎的让步，一般不会产生大的让步上的失误，同时防止对方猎取超限的利益。此法的缺点是给人以虎头蛇尾之感，使谈判的终局情绪不高。

这种让步方式一般适合谈判的提议方。一般来说，谈判的提议方对谈判的和局更为关注，理应以较大的让步做出姿态，以诱发对方从谈判中获利的期望。

6.快速式让步方式

快速式让步方式也叫断层式让步。其方式为：4.9，1，0，0.1，即在妥协的开始阶段就让出绝大部分的利益，使对方感到己方的诚意。第三步拒绝让步，向对方传达无利可让的信息，最后再小让微利。此法的优点是，以求和精神为先，有换得对方较大回报的可能。第三步就打消对方进取的期望，第四步则做出牺牲的样子，显示自己的诚意。此法的缺点在于开始阶段让利太多，可能助长对方得寸进尺，而使自己失去回旋余地。此法使用于处于不利形势的谈判中，以求迅速获得成功。

7.反弹式让步方式

反弹式让步方式也叫钓钩式。其方式为：5，1，-1，1，即在妥协的头两步就让出了全部可让的利益，第三步实际上是赔利，引诱对方达成同意，对方同意后，再在第四步讨回赔偿掉的利益。这是一种风格诡诈、具有冒险性的特殊让步方法，需要具备很高的谈判技巧。这种方法的优点是，由于开始两步就让出了全部可以让的利益，可以给对方较大的诱惑，使陷于僵局的谈判起死回生。缺点是开始两步就让了全部可让利益，会导致对方的期望值增大。如果没有成熟的谈判技巧、可靠的方式，第三步赔出的利益可能找不回来，使本方受到损失。此法是一种具有很高技巧的让步方法，往往用于陷于僵局或形势极为不利的情况，并由老手来操作。

8.一次性让步方式

一次性让步方式也叫危险型让步方式、反拐式让步方式。其方式与正拐式相反：6，0，0，0，即在一开始就让出全部利益，显得态度坦诚、务实，以诚取胜。以后就坚守防线，寸步不让了。这种方式的缺点是一次让出了全部利益，以后便无利可让了，如果遇到强硬、贪婪的对手，就会使谈判出现僵局。此法一般适用于劣势的一方，以诚感人或谈判各方关系友好的谈判。

以上8种让步方式基本上概括了实际谈判中的各种让步方式。从实际谈判的情况看，采用比较多的是第四种和第五种让步方式，步步为营，使买方的期望值逐步降低，较适应一般人的心理，因此比较容易使对方接受。第六种、第七种让步方式，其采用需要有较高的艺术技巧和冒险精神，有可能作少量让步，迅速达成交易，但也有可能因运用得不好而造成僵局。第二种和第八种让步方式在实际中采用得较少，第一种让步方式基本上不采用。

总之，谈判中没有一种十全十美、适用于一切情况的让步方法，谈判人员需要根据自己及对方的实际情况灵活运用。

二、迫使对方让步的温和式策略

（一）戴高帽、磨时间策略

“戴高帽”是以切合实际有时甚至是不切实际的好话颂扬对方，使对方产生一种友善甚至是受到恩宠的好感，进而放松思想警戒，软化对方的谈判立场，从而使己方目标得以实现的做法。恭维应该恰到好处、不露声色。

“磨时间”是以时间作为论战工具，即在一段时间里表达同一观点，等对方改变。磨时间对异地或异国谈判的人压力很大。

（二）“意大利香肠”策略

一位高明的谈判者在谈判之初并不提出自己全部的、真正的要求，而是随着谈判的不断深入，采取挤牙膏的方法，顺顺当当地使对方做出一个又一个的让步，直到所有的要求得到满足。该策略的具体内容是：意欲取其尺利，则每次谋取毫厘，就像切香肠一样，一片一片地把最大利益切到手。

“意大利香肠”出自这样一个典故：在意大利，一个乞丐求对方可怜他，给他切一薄片香肠。对方认为这个要求可以，就切了一片。就这样，一片一片，整根香肠全被乞讨者得到了。

一般来说，人们对比较小的要求容易给予满足，而对较高的要求就会感到困难。因此，有经验的谈判者绝不会一开始就提出自己所有的要求，而是在谈判的过程中把自己所需要的条件一点一点地提出，这样累积起来，就得到了比较优惠的条件。该策略在商务谈判中运用得十分广泛。谈判桌上常常听到“不就是一角钱吗”“不就多运一段路吗”“不就是耽搁一天吗”等，遇到这种情况，应当警觉，也许对方正在使用“意大利香肠”策略。特别是当谈判经过双方的讨价还价阶段之后，有的谈判者总是试探着前进，不断地巩固阵地，不动声色地推行自己的方案，让人们难以觉察，最终获得较大的利益。

（三）私下接触策略

在谈判过程中，谈判人员还可以有意识地同对手私下接触，一起去娱乐游玩，以期增加双方的了解和友谊，促进谈判的顺利发展，称为私下接触策略。这种策略尤其适用于各方的首席代表。一般来说，凡是可以使双方人员一起高高兴兴地消遣一下的地方都是可以选择的。

三、迫使对方让步的强硬式策略

（一）情绪爆发策略

谈判中利用人们在冲突的巨大压力下退却，以逃避冲突和压力的特点，从而产生了情绪爆发策略，作为逼迫对方让步的手段。

情绪爆发有两种情况：

（1）情不自禁的爆发。在谈判过程中，一方的态度和行为引起了另一方的反感，或者一方提出的谈判条件过于苛刻而引起的，是自然的、真实的情绪发作。

（2）有目的的爆发。谈判人员为了达到自己的谈判目的而有意识地进行的情绪发作，是一种谈判的策略，注意一定要把握住时机和烈度。

应对方法：泰然处之，冷静处理；宣布暂时休会，给对方冷静平息的时间，然后再指出对方行为的无礼，重新进行实质性问题的谈判。

（二）激将策略

激将策略是指以话语刺激对方的主谈人或其重要助手，使其感到仍坚持自己的观点和立场，会直接损害自己的形象、自尊心、荣誉，从而动摇或改变其所持的态度和条件。

注意：首先，要善于运用话题，而不是态度。其次，话语应掌握分寸，不应过分牵扯说话人本身，以防激怒对手并迁怒于己。

（三）竞争策略

制造和创造竞争是谈判中迫使对方让步的最有效的武器和策略。当一方存在竞争对手时，其谈判的实力就大为减弱，对方面临的选择就是要么让步、要么放弃。在竞争日益激烈的社会，竞争对手的出现，会给对方造成很大的心理压力。因此，在谈判中，应注意制造和保持对方的竞争局面。

具体做法是：进行谈判前，多考察几家国外厂商，同时邀请他们前来谈判，并在谈判过程中适当透露一些有关竞争对手的情况，在与一家厂商达成协议前，不要过早结束与其他厂商的谈判，以保持其竞争局面。即使对方实际上没有竞争对手，己方也可巧妙地制造假象来迷惑对方，使对方不得不降低其条件，给己方提供诸多优惠条件，尽快促成协议的达成。

四、打破僵局的策略

在国际商务谈判中，谈判双方时常会为一些问题各执一词，互不相让，使谈判陷入僵局。面对僵局，聪明的谈判者会巧妙地运用谈判技巧和策略，使谈判走出僵持的误区，走进和谐的氛围，达成双方都能接受的协议。

（一）出现僵局的原因

事实上，谈判之所以陷入僵局，并不完全是因为谈判双方存在不可化解的矛盾，也就是说，谈判本身并不属于那种没有可行性的谈判。

1.谈判人员因性格引起对立

在商务谈判中常有人凭借自己的实力或个人争强好胜的性格，以及心理战术的研究成果向对方施展阴谋诡计，设置圈套，迷惑对方，以达到平等条件下难以实现的谈判目标，这样就容易造成谈判僵局。

2.谈判人员因意见分歧引起对立

（1）主观反对意见形成僵局，并不一定是由于谈判内容本身造成的，而是谈判对手从自己本身的立场、爱好、习惯等方面提出的。人们总是自觉或不自觉地脱离客观实际，盲目地坚持自己的主观立场，甚至忘记了自己的出发点是什么。

（2）客观反对意见是谈判对手针对质量、价格、时间等条款提出的反对意见。由于谈判双方的固执己见，因此找不到一项超越双方利益的方案来打破这种僵局对付这种客观反对意见，使谈判陷入僵局。

3.谈判人员因用语不当引起对立

谈判双方在谈判中因使用了不当或过激的语言，造成感情上的伤害，自尊心受到损害，因而都不肯做丝毫让步，使谈判陷入僵局。

根据上述原因，谈判僵局一般可分为胁迫性对立僵局、意见性对立僵局和情绪性对立僵局三类。

（二）对付胁迫性对立僵局的策略

威胁是施加压力，是谈判中用得最多的伎俩。因为威胁很容易做出，它比提条件、说服要容易得多。釜底抽薪的谈判策略是变相的威胁。釜底抽薪是指在谈判陷入僵局时有意将合作条件绝对化，并把它放到谈判桌上，明确地表明自己无退路，希望对方能够让步，否则情愿接受谈判破裂的结局。当谈判陷入僵局而又实在无计可施时，这往往是最后一个可供选择的策略。它的真实用意是：假如你接受我的意见，或停止你的行动，我将放弃对你的惩罚或者对你作一定的让步；当威胁无法起到作用时，威胁者的可信度就会降低；威胁有时会导致反威胁。所以，这一策略不要轻易随便采用。

对付威胁这种谈判伎俩，首先要保持情绪上的镇静，保持清醒、冷静的头脑。具体来说，对付威胁常用的技巧和措施有：

（1）对付威胁的有效办法，是无视威胁，对其不予理睬。

（2）告诉对方你不能在威胁下进行谈判，只有对方能够证明接受这样的条件能带来好处时才可能做出让步，看有无其他的选择。

（3）佯装不晓得这回事，或将它看成是开玩笑，表示对其不予关心。

（4）向对方表示毫无损害，同时可以让对方知道施加威胁对它自身也具有风险。

（5）以威胁反击，同时警告对方，如果谈不妥，局面会更加难堪。

这里需要特别说明的是，威胁的副作用很大。谈判专家对一些典型案例的研究表明，威胁并不能达到使用者的目的，它常常会导致反威胁，形成恶性循环，损害双方的关系，导致谈判破裂。

优秀的谈判者不仅不赞成使用威胁，而且尽量避免使用威胁的字眼。表达同样的意思有各种方式，如果有必要指出对方行为的后果，就指出那些你意料之外的事，陈述客观上可能发生的情况，而不提出你能控制发生的事。

（三）缓解意见性对立僵局的策略

当价格谈判陷入僵局时，聪明的谈判者应当在其他条款上适当做出让步，从而使谈判顺利进行。

在实践中常用的缓解意见性对立僵局的策略有：

1.借助有关事实和理由委婉地否定对方意见

借助有关事实和理由委婉地否定对方意见一般包括以下四种具体的处理方法：先肯定，后否定，即在回答对方提出的意见时，先对意见或其中一部分略加承认，然后引入有关信息和理由给予否定；先利用，后转化，即谈判一方直接或间接利用对方的意见说服对方；先提问，后否定，即谈判者不直接回答问题，而是提出问题，使对方来回答自己提出的反对意见，从而达到否定原来意见的目的；先重复，后削弱，即谈判人员先用比较委婉的语气，把对方的反对意见复述一次，再回答，但复述的原意不能变，文字或顺序可颠倒。

2.求同存异

求同存异，就是撇开双方争执不休的问题，去谈容易达成一致意见的问题。在谈这类问题时要尽量使对方觉得满意，努力创造一种合作的谈判气氛。最后再谈争执的问题，事情可能就好商量一些。转移视线也不失为一个有效方法。有时谈判之所以出现僵局，是因为双方僵持在某个问题上。这时，可以把这个问题避开，磋商其他条款。例如，双方在价格条款上互不相让，僵持不下，可以把这一问题暂时抛在一边，洽谈交货日期、付款方式、运输、保险等条款。如果在这些问题处理上双方都比较满意，就可能坚定解决问题的信心。如果一方特别满意，很可能对价格条款做出适当让步。运用这种方法应注意的问题：

（1）最好先由对方主动改变话题打破僵局。这说明对方承受的压力比己方大，使己方既可摸清对方的新思路，又可以少做点让步。

（2）当经过相当时间的争执或沉默之后，己方没有把握对方会先改变话题，而僵局的持续给己方带来很大的压力时，可采用以下方法打破僵局：

☆说些笑话，缓和气氛。

☆改变付款方式：一次性付款，时间不等的分期付款，或者其他不同的付款方式。只要所付的总和一样，什么方式都没有关系。

☆另选商谈时间。例如，彼此约定好再商谈的时间，以便讨论较难解决的问题，因为到时可能会有更多的新资料或双方的态度已改变了。

☆改变售后服务的方式。

☆改变交易形态，使互相竞争、对立的情况改变为同心协力的局面。

☆改变合同的形式。

☆在一些规格或者条件上稍作修改。

☆让对方有更多的选择余地。

即使己方的建议根本不会被对方所选用，也会使一个近乎破裂的谈判缓和下来。

3.推延回答

在谈判中经常会遇到比较棘手的问题而出现僵局，处理这些问题需要时间。因此，对这类问题过些时候再回答效果要好些。在下列情况下，一般应推延回答：

☆如果你不能马上给对方一个比较满意的答复。

☆反驳对方的反对意见缺乏足够的例证。

☆立即回答会使己方陷入矛盾之中。

☆对方的反对意见会随着谈判的深入而逐渐减少或被削弱。

☆对方的反对意见离题甚远。

☆对方谈判人员由于心情不佳而提出一些借口或反对意见。

4.幕后交易

幕后交易是指谈判的一方预料谈判会陷于僵局或谈判已陷于僵局，却不想作较大的让步，于是有议定权的决策人转入幕后指挥，而让代理人替其进行谈判，以打破僵局的策略方法。

运用幕后交易时应注意的问题：

（1）选用的代理人的条件要合适，要根据不同的场合和谈判的内容选用适宜担当此任的代理人。代理人若选用失当，差不多可以说是未战先败了。不是所有谈判都可以请代理人。有些关系全局的重大谈判，必须由有议定权的本人亲自出面，若委托给代理人，将无法达成协议，也会影响谈判的严肃性。

（2）代理人进行谈判时，要善于使用权力有限的武器。这样，对方在要求上不会太苛刻，不致得寸进尺。同时，代理人说话更少顾忌，更便于提出要求，即使有时说得不当，最后也由有议定权的本人来收场。此外，有时候代理人先进行试探性的谈判，能更好地摸清对方的情况和要求，便于议定者在幕后“拍板”或亲自出马进一步谈判。况且，即使代理人谈判失败了，也不会影响谈判双方的关系。

（3）对代理人授权，要看问题的性质、重要程度和代理人的身份与能力而定。

（四）缓解情绪性对立僵局的策略

在实践中，常用的缓解情绪性对立僵局的技巧如下：

1.休会策略

休会策略是谈判人员为控制、调节谈判进程，缓和谈判气氛，打破谈判僵局而经常采用的一种基本策略。谈判出现僵局，双方情绪都比较激动、紧张，会谈一时也难以继续进行。这时，提出休会是一个较好的缓和办法，东道主可征得客人的同意，宣布休会。双方可借休会时机冷静下来，仔细考虑争议的问题，也可以召集各自谈判小组成员，集思广益，商量具体的解决办法。

谈判进行了一段时间以后，可以休息5至10分钟。在休息期间，让双方走出会谈大厅，回顾一下谈判的进展情况，重新考虑自己，或者让头脑清醒一下再进入洽谈，这些都是有必要的。

一般情况下，休息的建议是会得到对方积极响应的。休息不仅有利于自己一方，对双方、对共同合作也十分有益。第一，一方面说明休息的必要性。比如："我想，如果现在休息一下，可能有利于我们双方好好地谈判……"第二，简单总结一下刚才进展情况，并且提出新的建议。比如："我们已经谋求出可以解决价格与折扣问题的方法。我建议现在大家想想是否还有别的解决途径……"第三，确定休息的时间。比如："15分钟够不够？"第四，避免提出新议题。如果对方想提出新的议题来讨论，要求他在休息后再说。在需要休息的时候，不要让对方有产生讨论新议题的机会。

在休息期间，己方要考虑的问题应该是明确的：应研究怎样进行下一阶段的谈判，归纳一下正在讨论的问题，检查己方小组的工作情况或者对往下的谈判提出一些新的构想。同时要考虑怎样重新开谈，考虑往下的洽谈方案和如何做开场陈述。最好能带着新的建议重新步入谈判大厅。

休会是一种有很大潜在影响的策略，适当地运用这一技巧，可以帮助我们达到共同获利的目的。

2.运用真挚的感情打动对方

当谈判进入僵局时，谈判双方因观点不同而出现情绪对立，双方争执不下，谈判的一方可巧妙运用感情因素和手段，缓和对方的情绪，影响和改变对方的态度和观点，使谈判进行下去，或改变对方的观点。

我们在运用感情打动对方时，要注意以下问题：第一，态度要诚恳。谈判的成功，不仅依赖于双方利益的互补和均衡，也有赖于双方感情上的融洽一致，诚恳的态度往往能消除对方的疑虑，增加彼此的信任，削弱彼此的防御心理。第二，要襟怀坦白。襟怀坦白容易引起人们的亲切感和信任感，同时获得对方的尊重和让步。第三，真诚表现出对对方的情义。要显出生意不成情义在的高姿态，这样反而会使对方心里感到对不起你，从而主动做出让步。

3.改变谈判环境

即使做了很大努力，采取了许多办法、措施，谈判僵局还是难以打破，这时，可以考虑改变一下谈判环境。

谈判室是正式的工作场所，容易形成一种严肃而又紧张的气氛。当双方就某一问题发生争执，各持己见，互不相让，甚至话不投机、横眉冷对时，这种环境更容易使人产生一种压抑、沉闷的感觉。在这种情况下，我方可以建议暂时停止会谈或双方人员去游览、观光、出席宴会、观看文艺节目，也可以到游艺室、俱乐部等处娱乐、休息。这样，在轻松愉快的环境中，大家的心情自然也就放松了。更主要的是，通过游玩、休息、私下接触，双方可以进一步增进了解，清除彼此间的隔阂，增进友谊，也可以不拘形式地就僵持的问题继续交换意见，寓严肃的讨论于轻松活泼、融洽愉快的气氛之中。这时，彼此间心情愉快，人也变得慷慨大方。谈判桌上争论了几个小时无法解决的问题，在这儿也许就迎刃而解了。

经验表明，双方推心置腹地诚恳交谈对缓和僵局也十分有效，如强调双方成功合作的重要性、双方之间的共同利益、以往合作的愉快经历、友好的交往等，以促进对方态度的转化。在必要时，双方会谈的负责人也可以单独磋商。

4.利用中间人调解

当出现了比较严重的僵持局面时，彼此间的感情可能都受到了伤害，因此，即使一方提出缓和建议，另一方在感情上也难以接受。在这种情况下，最好寻找一个双方都能够接受的中间人作为调解人或仲裁人。

在这里，仲裁人或调解人可以起到以下作用：提出符合实际的解决办法；出面邀请对立的双方继续会谈；刺激启发双方提出有创造性的建议；不带偏见地倾听和采纳双方的意见；综合双方观点，提出妥协的方案，促进交易达成。

调解人可以是公司内的人，也可以是公司外的人。最好的仲裁者往往是和谈判双方都没有直接关系的第三人，一般要具有丰富的社会经验、较高的社会地位、渊博的学识和公正的品格。总之，调解人的威望越高，越能获得双方的信任，越能缓和双方的矛盾，达成谅解。

5.调整谈判人员或改期再谈

当谈判僵持的双方已产生对立情绪，并不可调和时，可考虑更换谈判人员，或者请地位较高的人出面，协商谈判问题。

在更换谈判人员时应注意以下问题：

第一，如果需要撤销前任的于己方不利的允诺，替补者可以以新的主持者的身份，否定和抹杀前任已做的让步或允诺，要求重新开始。

第二，如果需要打破已形成或即将形成的僵局，替补者可以避开原来争吵不休的议题，另辟蹊径，更换议题；也可以继承前任的有利因素，运用自己的新策略，更加有力地控制对方，迫使对方不得不做出让步；还可以吸收前任的经验教训，改换策略，以调和者的身份，通过运用有说服力的资料、例子，去强调所谓公平、客观标准和双方共同的利益，使大事化小，小事化了，以赢得原已被激怒的对方的好感，为后续谈判的正常化打下基础。

第三，如果对方成交心切，有求于己方时，己方即可通过替补者的出现和谈判的从头开始，给对方造成心理上的怕拖、怕变的压力，从而促使对方改变策略，接受其原来不同意的让步，使己方达到谈判的目的。

当谈判一时无法进行下去时，可考虑暂时中止谈判。在双方决定退席之前，可向对方再重申一下己方所提的方案，使对方在冷静下来后有充分的时间去考虑。此外，还要明确下次再谈的时间和地点。

6.态度冷静，不为意见而争吵

从心理学的角度看，商务谈判双方的决定都是受理智和感情控制的，在谈判中会出现形形色色的反对意见，其中包括那些不合理的反对意见。在这种情况下，谈判人员一定要谨慎从事，切不能带愤懑的口吻反驳对方的意见。如果对别人的意见采取针锋相对的做法，或者谈判双方对某些议题出现争吵或冷嘲热讽，那么即使一方的意见获胜也难以使对手心悦诚服，对立情绪难以消除，无法达成协议。

谈判中并不是自始至终都是一帆风顺的，出现僵局也是情理之中的事，谈判的僵局看似“山重水复疑无路”，但只要找出问题所在，是能够“柳暗花明又一村”的。事实上，许多谈判之所以陷入僵局，常常是基于谈判双方在立场、感情、原则上存在一些分歧，而这些分歧通过谈判者的努力，打通心理渠道，逾越人为障碍，是能够取得谈判的成功的。

五、最后通牒的策略

谈判中的最后通牒策略有两种情况：

一是利用最后期限。最后期限是指谈判的结束时间，也称为“死线”（deadline）。让步往往在这个时刻才会发生。在谈判双方争执不下、对方不愿做出让步、接受己方交易条件时，为了逼迫对方让步，己方可以向对方发出“最后通牒”，即如果对方在这个期限内不接受己方的交易条件并达成协议，则己方就宣布谈判破裂而退出谈判。

二是面对态度顽固、暧昧不明的谈判对手，以强硬的口头或书面语言向对方提出最后一次必须答应的条件，否则将退出谈判或取消谈判，由此迫使对方改变态度，接受己方提出的条件。

心理学实验和生活中的案例都表明，当某一最后期限到来时人们迫于这种期限的压力，会迫不得已地改变自己原先的主张，以尽快使问题得以解决。

（一）“最后通牒”的使用条件

（1）谈判者要知道自己处于一个强有力的地位，所有的竞争对手都不具有自己的条件。特别是该笔交易对对方来讲，要比对己方更为重要，对方现在所持的立场确已超过自己的最低要求。这一点是运用这一策略的基础和必备条件。

（2）使用“最后通牒”必须出其不意、攻其不备。

（3）你的最后价格、建议在对方的接受范围之内；不然，对方宁肯中断谈判，也不会妥协。

（4）“最后通牒”要在谈判的最后阶段或最后关键时刻才使用。对方经过旷日持久的谈判，花费大量人力、物力、财力和时间，一旦拒绝己方的要求，这些成本将付之东流。这样，对方会因无法担负失去这笔交易所造成的损失而非达成协议不可。

（5）在谈判中利用对方的截止时限来迫使对方做出有利于己方的让步，是一项十分有效的谈判策略。实践证明，几乎所有的谈判中，同意和决定总是在尽可能接近截止时限（也就是在谈判的最后时刻）甚至超过截止时限的时候才会产生。

（二）买卖双方如何使用“最后通牒”

1.以下方法可促使原本无心购买的买主决定购买

☆7月1日价格就要上涨了。

☆这个大优惠只在15天内有效。

☆赠品将于6月30日截止。

☆存货不多，欲购从速。

☆如果您不在6月1日以前给我们订单，我们将无法在6月30日以前交货。

☆只有立刻订货，才能确保买到您所需要的货物。

☆如果我们明天收不到货款，这项货物就无法为您保留了。

☆如果我们明天拿不到订金，我们就不能保证继续谈判。

2.以下方法可刺激卖主完成交易

☆我在6月30日以后没有钱购买了。

☆在明天以前，我需要知道一个确定的价钱。

☆星期五以后，我就不会买了。

☆如果您不同意，明天我就要找别的卖主商谈了。

☆我不接受6月1日以后的估价单。

☆请您把价格全部估算出来，明天就要把估价单给我。

☆这次交易需要经过我们老板批准，可是他明天就要到欧洲去考察了。

☆这是我的生产计划书，假如您不能如期完成，我只好另找高明。

☆我们财务年度在12月31日就要结束了。我星期一要去度假3个星期。

（三）“最后通牒”的注意事项

怎样才能使对方相信你发出的最后期限的通牒呢？这需要用言语、动作来加以表达。

第一，“最后通牒”的要求和内容、时间一定要明确、具体，语气一定要坚定，不容通融。

第二，用谈判桌外的行动来配合你谈判桌上发出的“最后通牒”，比如收拾行李、与酒店结账、预订车票或机票、购买土特产等，让对方确信你的归意已决。

第三，由谈判队伍中的领导来发出“最后通牒”。发出“最后通牒”的人级别越高，真实性越强。当然，改变的可能性也就越小，改变的难度也就越大。

对付“最后通牒”的技巧是：

第一，不理睬对方，像没有发生任何事情一样。

第二，以令人信服的论证反驳对方。

第三，改变交易条件。

第四，暂时休会，让对方重新考虑其要求的利弊得失。

第五，转换话题，打破僵局，给对方一个台阶下，使之有体面地收回通牒。

第六，取消谈判，回敬对方，以探其诚意。

第五节　成交阶段的策略

一、成交阶段的工作细节

在协议阶段，谈判人员对一些细节问题仍需小心谨慎，不可马虎。这些细节问题的具体内容包括：

（一）协议文字的切磋和选用

重要的协议，其文字必须字斟句酌，务必清晰、准确，不留技术和法律上的漏洞，以防在执行的过程中造成麻烦。国际商务谈判，协议应当用两国文字分别起草，以保证概念正确。

（二）正确选择签约地

尽管协议经过了双方的认可，又有法律顾问的审阅，但在执行的过程中仍有可能产生对条文的歧义，因而难以完全避免提起诉讼。如果谈判双方不在一个地区，那就会产生诉讼由哪个地区法院审理的问题。在签订协议时尽量要选择对自己有利的地区，并在合同中加以注明。

（三）协议要经过法律公证

市场经济本质上就是法治经济，可许多人还缺乏法律意识，经常碍于人情面子，或相信经验、关系，使协议成为君子协议，在执行的过程中产生出许多的麻烦，甚至给组织造成不可弥补的恶果。因此，在签订协议时，一定要聘请法律顾问审阅，避免出现法律上的错误或疏漏。重要的协议，还应到法律公证处公证，使其具有法律效力，以便日后监督执行。

二、成交阶段的主要策略

（一）场外交易策略

场外交易策略是指谈判双方将最后遗留的个别问题的分歧意见放下，离开谈判桌，东道主一方安排一些旅游、酒宴、娱乐项目，以缓解谈判气氛，争取达成协议的做法。

（1）经过长时间的谈判，已经令人很烦闷，不仅会影响谈判人员的情绪，还会影响谈判协商的结果。

（2）谈判桌上紧张、激烈、对立的气氛及情绪迫使谈判人员自然地去争取对方让步，但即使是正常的、应该的，在最后的一个环节上的让步，让步方会认为丢了面子，可能会被对方视为“投降”或“战败”。

（3）即使某一方主谈或领导人头脑很清醒冷静，认为做出适当的让步以求尽快达成协议是符合本方利益的行为，也会因同伴态度坚决、情绪激昂而难以当场做出让步的决定。

场外轻松、友好、融洽的气氛和情绪则很容易缓和双方剑拔弩张的紧张局面。轻松自在地谈论自己感兴趣的话题，交流私人感情，有助于化解谈判桌上激烈交锋带来的种种不快。这时，适时巧妙地将话题引回到谈判桌上遗留的问题上来，双方往往会很大度地相互做出让步而达成协议。

运用该策略时应注意谈判对手的不同习惯。有的国家的商人忌讳在酒席上谈生意，必须事先弄清，以防弄巧成拙。

（二）权力有限策略

权力有限策略指当双方人员就某些问题进行协商，一方要求对方做出某些让步时，另一方可以向对方宣称，在这个问题上，授权有限，他无权向对方做出这样的让步，或无法更改既定的事实。此策略一般是在对方要求条件过高或本方需要对方在后期做出更大让步的情形下使用。运用该策略时应注意：

（1）“权力有限”作为一种策略，只是一种对抗对手的“盾牌”。“盾牌”的提出要严密，让人难辨真伪，同时也能凭自己一方的“底牌”来决定是否改变要求、做出让步。

（2）运用这一策略时，如果要撤销“盾牌”也并不困难，可以说“已请示领导同意”

便行了。

（3）采用权力有限策略时要慎重，不要使对方感到你没有决策权、不具备谈判的能力。

（4）不要让对方失去与你谈判的诚意和兴趣，否则无法达成有效协议。

本策略的应对：在正式谈判开始就迂回地询问对方是否有拍板定案的权力；要求对方尽快通过电话、电传等同其领导联系，尽快解决权力有限的问题。

（三）坐收渔利策略

坐收渔利策略是指买主把所有可能的卖主请来，同他们讨论成交的条件，利用卖者之间的竞争，各个击破，为自己创造有利的条件。

本策略的应对：对于利用招标进行的秘密竞争，要制订周密的、合理的竞标方案，要积极参加竞标；对于背靠背的竞争应尽早退出。对于面对面的竞争，采取相反的两种对策：一种是参加这种会议，但只倾听而不表态，不答应对方提出的任何条件，仍按自己的既定条件办事；另一种是不参加这种会议，不听别人的观点，因为在会议上容易受到买方所提条件的影响。

三、结束谈判策略

（1）表现出对“结束谈判”的积极态度，反复询问对方：“既然我们对所有的问题都已达成共识，何不现在就签署协议呢?”

（2）在要求结束谈判时，话不必过多，以免忽略了对方的反应。同时，话太多也会让对方觉得你紧张以及情绪不稳定。

（3）反复询问对方，影响达成协议的问题何在。或许在对方的回答里，你能够找到解决困境的线索。

（4）反复告诉对方，达成协议是很明智的抉择。尽量把理由说得堂堂正正一点。

（5）不妨假定谈判已经达成协议。如果你是买方，准备一支笔记下协议要点，并询问对方支票开立的日期；如果你是卖方，询问买家货物该送往什么地方。

（6）和对方商量协议的具体内容，比如遣词用字、运送方式，以示该谈判已在主要议题和价格上达成共识。

（7）以行动表示。业务人员开始填写订单，买方则给卖家购货凭证，并相互握手。

（8）提供一项特别的优惠，诱使对方尽早结束谈判。比如，赠送折价券、允许分期付款、提供设备等等。

（9）以讲故事的方式告诉对方，某商人就是因为错失达成协议的机会，使自己陷入痛苦的境地，从反面衬托出双方成交是桩很值得的事情。

（10）除非屡遭拒绝，否则不要随便放弃。

学思践悟

党的二十大报告指出，中国坚持在和平共处五项原则基础上同各国发展友好合作，推动构建新型国际关系，深化拓展平等、开放、合作的全球伙伴关系，致力于扩大同各国利益的汇合点。促进大国协调和良性互动，推动构建和平共处、总体稳定、均衡发展的大国关系格局。坚持亲诚惠容和与邻为善、以邻为伴周边外交方针，深化同周边国家友好互信和利益融合。秉持真实亲诚理念和正确义利观加强同发展中国家团结合作，维护发展中国家共同利益。中国共产党愿在独立自主、完全平等、互相尊重、互不干涉内部事务原则基础上加强同各国政党和政治组织交流合作，积极推进人大、政协、军队、地方、民间等各方面对外交往。

中国政府始终认为，对话谈判是处理乌克兰危机等国际事务的唯一可行出路。一切有利于和平解决危机的努力都应得到鼓励和支持。国际社会应坚持劝和促谈正确方向，帮助冲突各方尽快打开政治解决危机的大门，为重启谈判创造条件和提供平台。合作共赢是各方长久获益的基础，是谈判策略的出发点。通过合作，可以实现资源共享、优势互补，提高整体竞争力和效益。在全球化时代，各国之间的联系更加紧密，只有通过合作才能实现互利共赢，推动世界的共同发展和进步。

复习思考题

1.试述先报价的优缺点。

2.在涉及谁先报价的问题时可采取的策略有哪些？

3.简述谈判中迫使谈判对手让步的策略。

4.谈判气氛有哪几种类型？

5.如何理解时间因素对谈判的影响？

6.打破僵局有哪些技巧？

实训题

1.在一次交易谈判中，甲方明显具有极强的谈判实力，但为了与对方能够达成交易，依然准备做出100元的预定让步，准备的让步方式有四种：①0，0，0，100；②25，25，25，25；③50，35，10，5；④5，10，35，50。

问题：(1) 第二种方式是什么样的让步方式？

(2) 第三种方式有什么样的优点？

(3) 甲方最佳的让步方式是哪一种？

(4) 你为甲方选择最佳让步方式的依据是什么？

2.下面是一次商务谈判开局阶段双方的开场白：

“欢迎你，见到你真高兴!”

“我也十分高兴能再来这里，这地方的风光很美!”

“旅途愉快吗?”

“非常愉快。”

“在途中饮食怎么样？来点咖啡好吗?”

“好的，谢谢你！我很喜欢咖啡!”

问题：这属于什么类型的开局气氛？谈判人员运用了什么样的开局方法？

案例分析题

【案例】某公司想要寻找一家合作商，生产一种新产品。公司的管理层决定让多家潜在合作商相互竞争，从而让公司得到最优惠的合作条件。公司管理层向多家潜在合作商发出了合作邀请，并告诉它们，公司将会选择最优惠的合作条件。每家潜在合作商都非常重视这次合作机会，它们都想成为该公司的合作商。为了赢得这次合作机会，每家潜在合作商都提出了自己的优惠条件。公司管理层仔细比较了每家潜在合作商的条件，并最终选择了一家最优惠的合作商。

问题：这家公司采取了何种谈判策略？

第五章案例分析题参考答案

第六章

国际商务谈判的沟通艺术

※ 学习目标

通过本章学习，你应该：

√掌握语言沟通和行为沟通的基本技巧和方法；

√了解沟通在国际商务谈判中的重要作用以及语言艺术在国际商务谈判中的作用。

※ 重点提示

学习本章前，先对以下内容有一个初步印象，等学习完本章后再看看对这些内容的把握程度：

√国际商务谈判中的语言沟通、行为沟通以及文字处理；

√语言艺术在国际商务谈判中的作用。

※ 引导案例

投其所好

一家销售建筑材料的跨国公司为了迅速打开新市场的大门，雇用了许多有经验的推销员。其中一个推销员在一个偶然的机会听说当地一位建筑商需要一大批建筑材料，于是他便前去上门拜访，可很快被告知已有其他公司捷足先登了。但他还不死心，继续三番五次请求与建筑商见面。那位建筑商经不住纠缠，终于答应与他见一次面，但时间只有5分钟。这位推销员在会见前就决定使用“趣味相投”的策略，尽管此时尚不知建筑商有哪些兴趣和爱好。当他一走进办公室，立即被挂在墙上的一幅巨大的油画所吸引。他想建筑商一定喜欢绘画艺术，便试探着与建筑商谈起了当地的一次画展。果然一拍即合，建筑商兴致勃勃地与他谈论起来，竟谈了一小时之久。临走时，建筑商允诺他承办的下一个工程的所有建筑材料都由对方供应，并将那位推销员亲自送出门外。

案例来源　佚名. 推销洽谈案例［EB/OL］.［2016-04-20］. https://www.doc88.com/p-4019734788009.html.

【问题】在这个案例中，“投其所好”的策略是否有效？“投其所好”的核心目的是什么？

【案例评析】在这个案例中，“投其所好”的策略是有效的。“投其所好”的策略的核心目的是通过了解并迎合目标对象的喜好、兴趣或需求，来建立互信和亲近感，从而更有效地推销产品或实现其他目标。在这个案例中，推销员了解到建筑商对绘画艺术感兴趣，因此在交谈中引导话题到画展上，从而与建筑商建立了共同的兴趣点，赢得了建筑商的信任和好感。通过“投其所好”的策略，推销员成功地打开了与建筑商的对话，并最终获得了建筑商的订单。因此，可以说“投其所好”的策略在这个案例中是有效的。

第一节 国际商务谈判的语言沟通

在谈判中，语言是双方沟通和交流的重要工具，运用语言不仅能表达我方的立场、要求、意见，也可以通过语言更好地了解对方的立场、观点、想法。在国际商务谈判中，语言是影响谈判顺利进行的首要障碍。由于语言上的差异，使一方不能准确、正确理解另一方所表达的含义或内容，造成误会、分歧，进而影响谈判。因此，国际商务谈判要明确的第一个问题就是使用哪一种语言作为谈判工具。国际商务谈判多数是以英语为洽商的主要语言，但如果在对方国家谈判，也常使用对方的语言。这时，优秀的翻译人员是必不可少的。如果谈判人员本身精通外语，则是最有利的条件。

一、语言沟通的作用

在国际商务谈判中，语言表达能力十分重要，因为叙事清晰、论点明确、证据充分的语言表达，能够有力地说服对方，取得相互之间的谅解，协调双方的目标和利益，保证谈判的成功。

语言沟通的主要作用是说服对方。在谈判中，谈判者常常为各自的利益争执不下。这样，谁能说服对方接受自己的观点，做出让步，谁就能获得成功；反之，不会说服，就不能克服谈判中的障碍，也就不能取得谈判的胜利。

【案例6-1】

有一家外贸小公司，虽然规模不大，但是员工们一直在努力寻找自己的优势，希望能够在外贸市场上取得成功。他们知道，大公司有很多天然的优势，比如公司规模大、资料齐全、信誉高等，但是他们也不想放弃自己的机会。一天，一位客户来到了这家小公司，他对他们的产品非常感兴趣。但是，他也担心小公司的生产量不大、质量不稳定、技术不先进等问题。于是，小公司的业务员决定采取一定的话术来说服客户。他们首先告诉客户，虽然他们是小公司，但是他们入行最早，质量方面是相当稳定的，可以给客户发样品，客户可以检验一下。他们还告诉客户，小公司人员结构也比较简单，信息传达也省时省力，客户可以直接跟老板对话。此外，小公司人员少，成本低，客户可以享受到最优惠的价格和最周到的服务。如果产品有问题需要退运的话，客户可以直接给他们打个电话就可以解决了，不需要一层层地去汇报。最后，小公司的业务员还告诉客户，他们是贸易公司，不生产产品，大公司不会把他们作为竞争对手，他们调货很方便，可以为客户保证质量。他们还是集中采购的，所以享受的是大客户的价格，如果按照客户现在的货量去大公司绝对拿不到这个价格的。通过这些话术，小公司成功地说服了客户，客户最终决定跟他们合作。小公司的业务员非常高兴，他们知道，只要找到自己的优势，就能够在外贸市场上取得成功。

缓和气氛、融洽关系是语言沟通的另一个重要作用。谈判是双方面对面的交锋，它自始至终受谈判气氛的影响。气氛是随双方的交谈而不断变化的，形成一个和谐、融洽的谈判气氛，往往需要双方的艰苦努力，而要破坏它，可能仅仅是一两句话。所以，精明的谈判者，往往在语言表达、措辞上都十分谨慎、小心，即使是讨论双方的分歧问题，也绝不会轻易发火、指责，当然，更不会出现侮辱人格、伤害感情的语言。

二、谈判语言的种类

人类的语言是丰富的，各民族都有自己的语言，各行各业也有自己的语言。商务谈判中使用的语言，从说话者的态度、目的和语言本身的作用来看，可以划分为六种类型：礼节性的交际语言、专业性交易语言、法律语言、外交语言、文学语言和军事语言等。对一个谈判者来讲，要想掌握谈判语言的运用艺术，就必须首先了解和研究这六种语言在谈判中的功用和特点。

（一）礼节性交际语言

礼节性交际语言的特征在于语言表达中的礼貌、温和、中性和圆滑，并带有较强的装饰性。在一般情况下，这类语言不涉及具体的实质性问题。它的功用主要是缓和与消除谈判双方的陌生和戒备敌对的心理，联络双方的感情，创造轻松、自然、和谐的气氛。融洽友好的气氛是国际商务谈判顺利进行的重要条件。常用的礼节性交际语言有："欢迎远道而来的朋友""很荣幸能与您共事""愿我们的工作能为扩大和加强双方的合作做出贡献"等。礼节性交际语言在运用时，如果能根据情况适当地增加一些文字色彩，其效果会更好。

（二）专业性交易语言

专业性交易语言是商务谈判中的主体语言，该语言的特征是专业性、规范性、严谨性。由于交易在不同的国家、民族之间进行，为了避免在理解上的差别，就需要将交易用语用统一的定义和统一的词汇来表达，甚至表达形式也加以符号化、规格化，从而使其语言具有通用性。例如，2020年8月6日，国际商会正式推出《国际贸易术语解释通则2020》（INCOTERMS 2020），将贸易术语划分为适用于各种运输的DAP、DAT、DDP、EXW、FCA和只适用于海运和内水运输的CFR、CIF、FAS、FOB。与INCOTERMS 2010相比，INCOTERMS 2020的主要变化包括：删除了一些不常用的术语，如DPU（卸下交货）和DES（目的港船上交货），并重新命名了DAT（终点站交货）为"DPU"。对一些术语的描述和定义进行了修订，例如要求卖方在运输途中通知买方货物已抵达目的地，以便买方准备卸货和清关。对电子单据和数字化交付的要求更加明确，以适应电子商务的快速发展。更加注重买卖双方的风险划分，以确保合同双方的责任和义务更加明确。这在很大程度上反映了国际货物贸易的实践要求，并进一步与《联合国国际货物销售合同公约》及《鹿特丹规则》衔接。

另外，由于谈判是对双方权利、义务的划分，而谈判双方又处在不同的社会、政治法律制度的管辖之下，因此，要使谈判双方的权利、义务落到实处，确保执行，减少风险，只有用严谨的措辞、逻辑性很强的语言来对此加以描述和规定。这就使得专业性交易语言具有严谨性的特征。有些专业性交易语言虽然有约定俗成的理解，形成了某些习惯用语，但是，不同国家和地区仍然存在着某些用语有与众不同的理解或理解上的差异。因此，在谈判中对关键性的涉及双方权利、义务分担的专业性交易语言一定要向对方讲明确，并取得一致的理解，避免以后的纠纷。

（三）法律语言

法律语言是指商务谈判中所涉及的有关法律规定的用语。这种语言多是由专家、业务人员及国际行会和联合国组织以及各国立法机构共同创造、补充并不断完善的。因此，每种法律语言及其术语都有特定的内涵，不能随意解释和使用。通过法律语言的运用可以明确谈判双方各自的权利与义务、权限与责任。

在国际商务谈判中，由于交易的内容涵盖面广，交易双方的民族及地区差异性大，运用法律用语可以帮助双方正确理解对方的立场观点。譬如：国际商会提供的“国际贸易术语”，以及联合国提供的“国际货物买卖合同及国际货物买卖法”等都是面向全世界工商业界的标准的商业法律用语，它可以帮助不同国籍、不同文化背景的谈判对手在商务活动中加强彼此的文化沟通。

（四）外交语言

外交是人类文明的一个重要组成部分，它有其特殊的、令人瞩目的文化。商务谈判人员不是外交官，但在商务谈判中使用外交语言会给人以高雅之感。外交语言是一种具有模糊性、缓冲性和圆滑性特征的弹性语言。在商务谈判中使用外交语言，既可满足对方自尊的需要，又可以避免己方失礼；既可以说明问题，又能为谈判决策进退留有余地。例如，在双方相持不下时，可使用外交语言：“问题虽然很多，但只要我们双方共同努力，解决起来并不困难，假如贵方只希望我方作出让步而自己坐视不管，问题恐怕就不是那么容易解决的”“双方在前一段时间已经做了很多的工作，取得了很大的成绩，眼看就要最后成交了，如果仅仅是我方努力，那么难度相对而言就要大一些，若双方共同努力，我充分相信，前景是非常乐观的”。

（五）文学语言

文学语言是指在国际商务谈判中，用优美动人的语言，采用夸张、比喻、谚语等修辞手法来营造一种良好的谈判气氛。这种语言的特征是生动、活泼、优雅、诙谐、富于想象、有情调、范围广。在商务谈判中运用文学语言既可以生动明快地说明问题，还可以调节谈判气氛。文学语言常用的典型用语很多，例如，把商务代表喻为“友谊桥梁的建设者”，把谈判喻为“播种”，把签合同喻为“收获”。

（六）军事语言

所谓军事语言，是指在国际商务谈判中运用的军事术语，是一种命令性的用语。这种语言的特征是干脆、利落、简洁、坚定、自信、铿锵有力。在商务谈判中，适时运用军事语言可以起到提高信心、稳定情绪、稳住阵脚、加速谈判进程、压制威慑的作用。譬如，“先生，你太过分了，你的这种行为对于谈判是没有好处的，而且你将为此付出沉重的代价。”“贵方只有把×款×条的问题解决了，我们才能谈下去，否则的话，很遗憾，只得到此为止。”军事语言常用的典型语汇有“价格防线”“成本底线的摸底或侦察”“集中突破某一点”等，在策略用语中常用“声东击西”“兵不厌诈”“顺手牵羊”“以退为进”等。

三、谈判用语原则

有声语言作为一种言语交际中的语用策略，在国际商务谈判中有着重要的经济效用。它能增加谈判者之间的信任度，提高谈判的灵活性和自觉性，增加谈判的成功机会等。因此，有声语言策略能为国际商务谈判取得“共赢”而具有重要的实际意义。在运用有声语言进行谈判时要遵循以下原则：

（一）准确性

谈判中最关键的事情莫过于说服对方接受你的观点。谈判双方必须准确地把己方的立场、观点、要求传达给对方，帮助对方明了自己的态度，而且要表达得有条理又恰到好处，这就需要国际商务谈判人员的语言表达要符合语法规则。为了让对方准确完整地理解己方的观点，谈判者要字斟句酌且井井有条，避免用晦涩容易产生歧义、繁乱和含糊不清的语言，并坚持使用规范性语言，使用对方听得懂的语言进行沟通交流。说话时要注意适当的停顿，不要随便发表与谈判主题无关的意见，要准确地表达自己的见解。如果谈判者向对方传递了错误的信息，而对方又将错就错地达成了协议，那么就会招致巨大的利益损失。

（二）简洁性

谈判语言叙述要简明扼要，切忌夸夸其谈，拖延时间。由于人脑有意识的记忆能力的有限性，对于大量的信息，人们在短时间内只能记住有限的具有特色的内容。对一般人而言，通常在谈判时一次只能接受3～5个事项。所以，谈判者为了准确地表达主题，在叙述自己的看法时，一定要做到概念清晰、条理清楚、准确简洁，并注意语言的逻辑性，要经得住推敲，无懈可击。事实证明，简明扼要的谈判语言往往能收到事半功倍的效果。精练不等于简单生硬，回答问题时绝对不能使用“没有”“只能如此”“无法考虑”等拒人于千里之外的语言，口气要轻松愉快，要有幽默感。在发言的时间上双方要平分秋色，切忌出现“独霸江山”的局面。

（三）针对性

谈判总是在一定的时间、地点以及人物的参与下进行的，面对不同的场合、不同的时间、不同的对象，语言形式的选用也应有所变化。具体地说，语言的针对性要强，做到有的放矢，针对不同的商品、谈判目的、谈判阶段、谈判内容、谈判场合以及谈判对手的职位、年龄、性格、性别等，要有针对性地使用语言。比如，谈判对象由于性别、年龄、文化程度、职业、性格、兴趣等的不同，接受语言的能力和习惯使用的谈话方式也完全不同。对脾气暴躁、性格直爽的谈判对手，“短平快”的谈判语言可能更受欢迎；而对于慢条斯理的谈判对手，“春风细雨”般的语言可能更适用一些。谈判时，如果对方谈吐高雅，己方也要出语不凡；如果对方语言朴实无华，己方用语也不必过多修饰。总之，要根据谈判的性质、内容、要求等，最大限度地使双方的谈判语言水平相当，以迅速缩短双方的心理距离。

（四）灵活性

谈判形势的变化是难以预料的，往往会遇到一些意想不到的尴尬事情。任何一方都不可能事先设计好谈话中的每句话，具体的言语应由参与谈判者临场组织，随机应变。当遇到对手逼你立即作出选择时，你若是说“让我想一想”“暂时很难决定”之类的语言，便会被对方认为缺乏主见，从而在心理上处于劣势。此时你可以看看表，然后有礼貌地告诉对方：“真对不起，9点钟了，我得出去一下，与一个约定的朋友通电话，请稍等5分钟。”于是，你便很得体地赢得了5分钟的思考时间。

（五）适应性

说话一定要适应特定的言语环境。所谓言语环境是言语活动赖以进行的时间和场合、地点等因素，也包括说话时的前言后语。要根据不同的场合随时调整语言表达的策略，采用与环境最为契合的表达方式。

第二节　国际商务谈判中的语言沟通艺术

谈判借助于谈判双方的信息交流完成，而谈判中的信息传递与接受除了需要谈判人员掌握基本的谈判知识以外，它更需要谈判人员通过听、问、答、叙等多种方式来完成。因此，成功的谈判者必须掌握多元化的、扎实的谈判技能，并善于结合谈判实践加以灵活运用。

一、国际商务谈判中“听”的艺术

谈判专家麦科马克认为：如果你想给对方一个丝毫无损的让步，你只要注意倾听他的说话就成了，倾听就是你能做的一个最“省钱”的让步。

【案例6-2】

某公司正在与一家外国公司进行一项重要的商务谈判。谈判中，该公司的业务经理预先准备了一些问题，这些问题都是对方不能够迅速想出适当答案的问题，以期收到意想不到的效果。同时，他也预先有所准备，以预防对方反问。在谈判中，业务经理先提出了一些看上去很一般，并且比较容易回答的问题，而这些问题恰恰是随后所要提出的比较重要的问题的前奏。这时，如果对方思想比较松懈，突然面对该公司所提出的较为重要的问题，其结果往往是使对方措手不及，收到出其不意之效。因为，对方很可能在回答无关紧要的问题时即已暴露其思想，这时再让对方回答重要问题，对方只好自成体系，按照原来的思路来回答问题，或许这个答案正是该公司所需要的。

在商务谈判中，该公司的业务经理还注意倾听对方的谈话，并且在脑中闪现疑问时，也不中止倾听对方的谈话而急于提出问题。他会先把问题记录下来，等对方讲完后，有合适的时机再提出问题。在倾听对方发言时，有时会出现马上就想反问的念头，但是该公司的业务经理会忍住，因为这样做不但影响倾听对方的下文，而且会暴露该公司的意图，这样对方可能会马上调整其后边的讲话内容从而使该公司无法获得本应获取的信息。

在商务谈判中，该公司的业务经理还注意避免提出那些可能会阻碍对方让步的问题，这些问题会明显影响谈判效果。事实上，这类问题往往会给谈判的结局带来麻烦。因此，该公司的业务经理会尽量避免提出这些问题，以期达到最好的谈判效果。

维克多·金姆在《大胆下注》一书中说得好：“你应该少说为妙。我确信，如果你说得愈少，而对方说得愈多，那么你在谈判中就愈容易成功。”

谈判是一种信息交流，说与听是它的基本形式，与人交谈取得成功的重要秘诀，就是倾听。因此，谈判作为一门艺术，要求谈判者有很高的倾听技巧。

（一）“听”的艺术

什么是“听”？就是用耳朵尽力地、细心地接受声音（信息）。它是信息沟通的重要方式。美国学者卡耐基就曾经说过，专心听别人讲话的态度，是我们所能给予别人的最大赞美；倾听他人讲话的好处是，别人将以热情和感激来回报你的真诚。这应该成为商务谈判者的座右铭。

1.倾听时要专注

在国际商务谈判中，由于语言上的差别，谈判人员会长时间处于双语转换模式的过程中。有时谈判人员会因疲惫而“开小差”或心不在焉而造成少听或漏听的失误。集中精力地听，则是保障倾听成功的最基本、最重要的一点。在倾听过程中，国际商务谈判人员除了动用自己的听觉器官去聆听对方吐露的每一个字外，还要运用自己的眼睛去观察对方的动作、姿势和表情，分析其内心活动，正确、合理地判断和理解谈判对方的有关信息。

2.要多听

多听少讲，这是一个谈判者应该具备的一种修养。因为，多听、专心致志地听，不但可以听出对方的弦外之音、言外之意，发现对方态度的变化及其背后隐含的真实思想，还可以探索对方的动机之所在。

3.要恭听

认真倾听对方的发言意味着对谈判对方的尊重。在听的过程中，表情应自然大方、和颜悦色、目光诚挚、温和、神态专注。姿态应身体正面朝向对方，上身略微前倾。应当对对方的发言做出积极的反应，比如适当地点头或与对方交流眼神，表示自己在注意听。这样，无论从礼貌上还是从谈判手法上都有利于建立融洽的气氛，同时还可以满足说话人的“自尊”需要，引发“互尊”效应。谈判中打断对方的发言或交头接耳、左顾右盼都是不礼貌的。

4.要有选择性地听

商务谈判的过程有时是十分冗长而繁杂的，这是因为人们说话总是边说边想，来不及整理，为了表达一个意思常会引出很多题外话，因此，作为谈判中的一个高效率的倾听者，为了达到良好的倾听效果，就必须有选择性地、去伪存真地、抓住信息重点地去听，这样才能使得谈判顺利进行下去。

5.要以客观的态度听

谈判中的倾听者应该做到客观和公正，只有通过这样的倾听才能反映出谈判的真实性；反之，有偏见的倾听者常常会按自己的好恶对所听的言语加以曲解，其结果往往使听到的信息变形地反馈到自身的思维当中，从而导致信息接收的误差。当对方说出不顺耳的话时，切不可中断倾听。中断倾听就无法掌握对方的真正意图，而且不能解决任何问题，甚至对方正是想以此来激怒你。

（二）影响“听”的因素

倾听如此重要，为什么有时我们又不能很好地倾听呢？归纳起来，主要有以下一些原因：

（1）大部分人认为只有说话才是表白自己、说服对方的唯一有效方式。如果认真观察，生活中能说会道、津津乐道的人很多，耐心的听众却相对少，不少人乐于畅谈自己的想法而不是听别人讲话。

（2）先入为主的印象妨碍了我们耐心倾听对方的讲话。一个善于听的人，应该是虚怀若谷，毫无偏见和先入之见。

（3）因一些其他事情而分心。

（4）常常主观地认定谈话没有实际内容或没兴趣，不注意倾听。

（5）定式思维方式阻碍人们去很好地倾听。因为无论别人讲什么，他都立即与自己的经验套在一起，用自己的方式去思考、理解。

此外，如果谈判日程安排得紧张，而谈判人员得不到充分休息，特别是在谈判的中后期，如连日“征战”，则消耗更大，此时即使精力十分旺盛的人，也会出现因精力不集中而产生少听或漏听的现象。

一般来说，谈判人员的精力和注意力的变化是有一定规律的：在开始时精力比较充沛，但持续的时间较短，约占整个谈判时间的8.3%～13.3%。如果是一个小时的谈判，精力旺盛的阶段只是最初的5～8分钟；如果是一个超过6天的谈判，只有前3天为精力旺盛期。谈判过程中，精力趋于下降，这段时间较长，约占整个谈判时间的83%。谈判要达成协议时，又出现精力充沛期，因为人们意识到双方达成协议的时刻就要来到时，精力会突然复苏、高涨，但时间也很短，约占3.7%～8.7%。此后，任何的拖延都会使精力处于零度水平，而且无论如何再也高涨不起来了。

（三）改善“听”的建议

倾听是一种能够加以开发的技能。美国学者基思·戴维斯和约翰·纽斯特龙提出了改善倾听的十条指南：

（1）不要打断讲话人；

（2）让谈话者无拘束；

（3）使用鼓励性言辞、眼神交流、赞许的点头；

（4）克服心不在焉的现象；

（5）以设身处地的同情态度对待谈话者；

（6）要有耐心；

（7）要努力做到不发火；

（8）与人争辩或批评他人时要平和宽容；

（9）提出问题；

（10）不急于下结论，不先入为主。

二、国际商务谈判中“问”的艺术

国际商务谈判中运用“问”作为摸清对方需要、掌握对方心理、表达自己感情的手段。如何“问”是很有讲究的，重视和灵活运用发问的艺术，可以达到获得信息、向对方传递某种态度、引起对方注意、为对方的回答规定方向、诱发对方思索等目的。另外，“问”不仅有质的问题，还有量的问题，使用问句和陈述句的比例是有讲究的（如图6-1所示）。

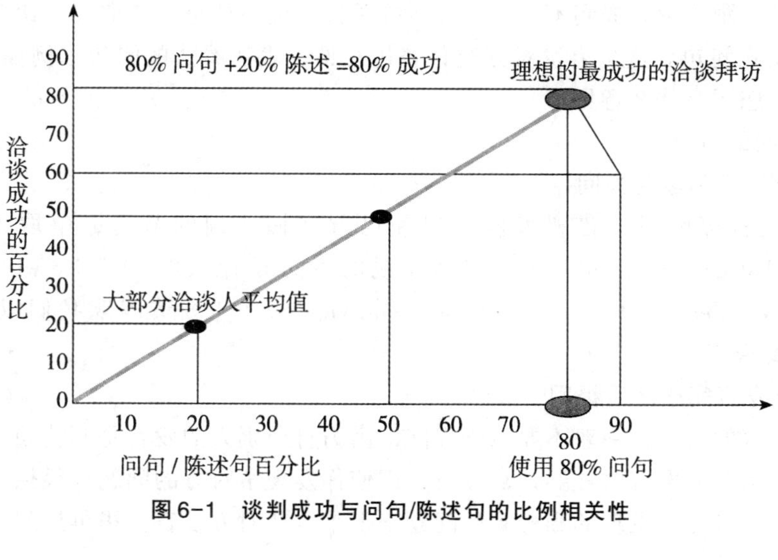

图6-1 谈判成功与问句/陈述句的比例相关性

（一）国际商务谈判中“问”的类型

1.封闭式问句

封闭式问句是在一定范围内引出肯定或否定问题的答复（如“是”或“否”）。封闭式问句主要有以下几种情况：

（1）选择式问句。这种问句是指己方提出几种情况让对方从中选择的问句。例如：“贵方是选择离岸价格还是到岸价？”“支付价款是分期还是一次付清？”

（2）暗示式问句。这种问句本身已经强烈地暗示出预期的答案。例如：“贵方已经同意自行承担运费了，对吗？”谈判人员在问话时要注意语气，不要用带有盘问、威胁、讽刺、审问和敌意的口吻说话，不要指责对方的信誉和人格，否则将会恶化谈判气氛。

（3）参照式问句。这种是以第三者意见作为参照提出的问句。例如：“按照国际通则，应当由贵方承担这项风险，您看如何？”这类问句所选的第三方意见应当是大家公认的原则或权威性的意见，这样才有说服力。

封闭式问句通常可使发问者获得特定的信息资料，而答复这种问句的人并不需要太多的思索即能给予答复。由于封闭式问句一般都带有强迫性，因此在使用时要注意语调得体、措辞委婉，避免引起对方的不快。

2.开放式问句

开放式问句是指在广泛的领域内发问，带出广泛答复的问句。例如：“您对当前的市场前景有何看法？”“您对这项议案有什么看法？”开放式问句通常有以下几种形式：

（1）商量式问句。这是指为使对方同意自己的观点，采用商量的口气向对方发出提问的句式。例如：“如果我们在价格问题上做出合理让步，贵方愿意答应一次付款的条件吗？”这种方式语气平和，对方容易接受。即使对方没有接受自己的条件，谈判的气氛仍能保持融洽，双方仍有继续合作的可能。

（2）探索式问句。这是指针对双方所讨论的问题要求进一步引申或说明，以便探索新问题、找出新的方法的一种发问方式。它不仅起到探测、发掘更多信息的作用，而且还显示出发问者对问题的重视。例如：“贵方谈到继续谈判存在困难，能否告诉我主要存在哪方面困难呢？”“刚才贵方提到不满意我方所提条件，能不能进一步向我们说明？”

（3）启发式问句。这是启发对方充分表达意见、表达看法的问句。例如：“针对我方提出的议案，您还有什么意见？”

（二）提问的时机

1.在对方发言间歇时提问

当对方发言停顿时，借机发问可以使己方掌握谈判的节奏，争取主动。例如：“Just now, what do you mean?”（“您刚才说的意思是什么？”）“We will discuss some details, can you please talk more about your main view?”（“细节问题我们以后再谈，请谈谈您的主要观点好吗？”）

2.在对方发言完毕之后提问

在对方发言的时候，一般不要急于提问，因为打断别人的发言是不礼貌的，容易引起对方的反感。当对方发言时，要认真倾听，即使你发现了对方的问题，很想立即提问，也不要打断对方，可先把发现的和想到的问题记下来，待对方发言完毕再提问。当对方发言完毕后再发问，不仅可以显示出谈判人员自身良好的修养，还可以更加完整地了解对方的意图。

3.在议程规定的辩论时间提问

大型外贸谈判，一般要事先商定谈判议程，设定辩论时间。在双方各自介绍情况和阐述的时间里一般不进行辩论，也不向对方提问。只有在辩论时间里，双方才可自由提问，进行辩论。在这种情况下，要事先做好准备，可以设想对方的几个方案，针对这些方案考虑己方对策，然后再提问。

（三）提问的要诀

（1）发问前应事先准备好问题。

谈判前，要对对方的情况作充分的调查了解，分析他们的强弱项，分析哪些问题是可以谈的，哪些问题是没有商量余地的；还要分析对于对方来说，什么问题是重要的，以及这笔生意对于对方重要到什么程度等等。发问时应以诚恳的态度并尽量用简短的句子提出问题，问题提出后应专心致志地等待对方做出回答。

假设我们将与一位大公司的采购经理谈判，首先我们就应该自问以下问题：

☆有哪些敏感的问题不要去碰？

☆应该先谈什么？

☆我们了解对方哪些问题？

☆如果谈的是续订单，以前与对方做生意有哪些经验教训要记住？

☆与我们竞争这份订单的企业有哪些强项？

☆我们能否改进我们的工作？——对方可能会反对哪些问题？

☆在哪些方面我们可让步？我们希望对方做哪些工作？

☆对方会有哪些需求？其谈判战略会是怎样的？

回答这些问题后，我们应该列出一份问题单，要问的问题都要事先想好，否则谈判的效果就会大打折扣。

（2）要避免提出可能会阻碍对方让步的问题。

（3）不强行追问。

（4）既不要以法官的态度来询问对方，也不要接连不断地提问题。

（5）提出问题后应闭口不言，专心致志地等待对方作出回答。

（6）要以诚恳的态度来提问。

（7）提出问题的句子应尽量简短。

（四）提问的其他注意事项

1.掌握发问的速度

国际商务谈判常常涉及多个国家的谈判人员，因此谈判桌上通常是多种语言交汇使用。此时，如果谈判人员要发问的话，还应掌握发问的速度，谈判者应按平常速度发问。因为，太急速的发问易令对方认为你不耐烦或抱有审问的态度；而太缓慢的发问则易令对方感到沉闷，并认为你的准备工作做得不足。

2.避免不恰当的提问

谈判人员应避免使用以下提问：

（1）带有敌意的问题。

（2）有关对方的个人生活和工作问题，如对方的收入、家庭情况，女士或太太的年龄，以及涉及对方国家或地区的政党、宗教等方面的问题。

（3）直接指责对方品质和信誉方面的问题。

（4）为了表现自己故意提问。

3.使用条件问句

典型的条件问句有“What…if”和“If…then”这两个句型。在国际商务谈判中，条件问句有许多特殊优点。

（1）互作让步。用条件问句构成的发盘和提案是以对方接受我方条件为前提的，换句话说，只有当对方接受我方条件时，我方的发盘才成立，因此我们不会单方面受发盘的约束，也不会使任何一方作单方面的让步，只有各让一步，交易才能达成。

（2）获取信息。如果对方对我方用条件问句构成的发盘进行还盘，对方就会间接地、具体地、及时地向我们提供宝贵的信息。例如，我方提议：“Would you give us exclusive distribution rights in our territory?”对方回答：“We would be ready to give you exclusive rights porvided you agree to a three-year contract.”从回答中，我们可以判断对方关心的是长期合作。新获得的信息对以后的谈判会很有帮助。

（3）寻求共同点。如果对方拒绝我们的条件，我们可以另换其他条件构成新的条件问句，向对方作出新的一轮发盘。对方也可用条件问句向我方还盘。双方继续磋商，互作让步，直至找到重要的共同点。

（4）代替“No”。在谈判中，如果直接向对方说“No”，对方会感到没面子，双方都会感到尴尬，谈判甚至会因此陷入僵局。如果我们用条件问句代替“No”，上述的情况就不会发生。例如，当对方提出我们不能同意的额外要求时，我们可用条件问句问对方：“Would you be willing to meet the extra cost if we meet your additional requirements?”如果对方不愿支付额外费用，就“放弃”了自己的要求，我们不会因此而失去对方的合作。

4.避免跨国文化交流产生的歧义

国际商务谈判大多用英语进行，而谈判双方的母语往往又不都是英语，这就增加了交流的难度。在这种情况下，我们要尽量用简单、清楚、明确的英语，不要用易引起误会的多义词、双关语、俚语、成语，也不要用易引起对方反感的词句，如：“To tell you the ruth.”“I'll be honest with you…”“I shall do my best.”“It's none of my business but…”这些词句带有不信任色彩，会使对方担心，从而不愿积极与我方合作。

跨国文化交流的一个严重通病是“以己度人”，即主观地认为对方一定会按照我们的意愿去理解我们的发言，或从对方的发言中我们所理解的意思正是对方想表达的意思。

为了避免误会，我们可用释义法确保沟通顺利进行。释义法就是用自己的话把对方的话解释一遍，并询问对方我们的理解是否正确。例如，对方说：“We would accept price if you could modify your specifications.”我们可以说：“If I understand you correctly, what you are really saying is that you agree to accept our price if we improve our product as you request.”这样做的另一个好处是可以加深对方对这个问题的印象。

三、国际商务谈判中“答”的艺术

谈判中的回答是解释对方的提问、反驳对方的攻击、阐述自己的观点、说服对手的良好时机。谈判中回答问题要及时、准确，没有太多的思考时间，所以要求谈判者头脑敏捷、机智灵活。

（一）回答应注意的事项

1.回答前要慎重思考，不要贸然说话

【案例6-3】

1971年，美国总统尼克松和苏联领导人勃列日涅夫在华盛顿签署了《美苏防止核战争协定》。这个协定被认为是一个失败的协定，因为它没有规定双方在发生核战争时应该如何应对，而只是规定了双方应该努力避免核战争的发生。但是，尼克松表现出了非凡的谈判技巧，他在谈判中面对重要问题时慎重思考，不贸然回答，不仅表现出了坚定的立场，而且还能够做出灵活的妥协。最终，双方达成了一项协议，解决了核战争的问题。这个案例表明，即使在谈判中处于劣势，也可以通过灵活的策略和技巧来取得成功。

案例来源　佚名．1973年6月22日《美苏防止核战争协定》签署［EB/OL］．［2020-11-18］．http：//www.mouluexue.com/sulian/20201121087.html.

2.搞清对方提问的目的，以便确定回答的策略

谈判者在提问时总有一定的动机。有时，为了使回答者的回答产生漏洞，提问者往往使问题模棱两可，使回答者对提问者的目的或动机判断失误，从而为自己创造可乘之机。因此，回答者在回答之前，必须摸清对方意图，不可自以为是，想当然地回答。比如，国际商务谈判中双方对价格问题的讨论上，如果谈判者在听到问题后立刻做出回答，可能就会因为这种不够慎重的回答而减少自己的既得利益；反之，则会有意想不到的效果。如：

A：Well，if the order is a substantial one，how much will you come down?（如果订购数量相当大，你可以降价多少？）

B：But what’s your idea of a substantial order?（你这个相当大是什么概念？）

（二）回答的艺术

1.不确切、不正面的回答

商务谈判中并非任何问题都要回答，高明的谈判者在遇到类似于回答那些若明确回答会陷己方于不利的问题时，通常会采用不确切回答的方法。不正面的回答是指回答者似答非答，含糊其词。对原则性的问题，一定要以准确的言语说明白，不可含糊，而对于不便说明的问题，则可以用模棱两可的言语搪塞过去。

在商务谈判中，对方提出问题或是想了解己方的观点、立场和态度，或是想确认某些事情。对此，我们应视情况而定，对于应该让对方了解或者需要表明己方态度的问题要认真回答；而对那些可能会有损己方形象、泄密或一些无聊的问题，不予理睬就是最好的回答，但要注意礼貌。当然，用外交活动中的“无可奉告”一词来拒绝回答，也是回答这类问题的好办法。例如，对方询问己方产品质量如何，己方不必详细介绍产品所有的质量指标，只需回答其中主要的某几个指标，以给对方造成质量很好的印象。又如，对方对某种产品的价格表示出关心，直接询问该产品的价格。如果立刻回答对方，把价格如实相告，

那么在进一步的谈判过程中，己方就会陷入被动。所以，应该首先把对方的注意力引开："我想我们的产品价格一定会令你们满意的。请允许我先把这种产品的主要性能作一下介绍，我相信你们一定会对我们的产品感兴趣。"

2.利用回避的艺术

回避是为了一些正当理由，譬如突破谈判僵局、找出真正的决策者等，开辟一条新的沟通渠道。有时，对方提出的某个问题，我方可能很难从正面回答，但又不能以拒绝回答的方式来回避问题，这时，可以利用避正答偏的办法来回答，即在回答这类问题时，故意避开问题的实质，而将话题引向歧路，借以破解对方的进攻。比如，跟对方讲一些与问题既有关系又无关系的问题，东拉西扯，不着边际，说了一大堆话，看上去回答了问题，实际没有回答问题，其中没有几句是管用的。

经验丰富的谈判人员往往在谈判中运用这一方法。例如，有一次周恩来总理举行记者招待会，有记者问：贵国银行发行了多少货币？意在嘲笑中国贫穷。如果实话实说，自然使对方得逞，于是周总理回答说：中国发行了18元8角8分（人民币当时是10元、5元、2元、1元、5角、2角、1角、5分、2分、1分十种面值，合计18元8角8分），周总理巧妙地避开了对方的话锋，使对方无机可乘。

3.对于不知道的问题不要回答

参与谈判的所有人并非全能全知。谈判中尽管我们准备得很充分，也经常会遇到难解的问题，这时，谈判者切不可为了维护自己的面子而强作答复，因为这样有可能损害自己的利益。谈判者对不懂的问题，应坦率地告诉对方不能回答或暂不作答，以避免付出不必要的代价。

4.对棘手问题可以答非所问

有些问题可以通过答非所问来给自己解围。答非所问在考试或学术研究中是不可取的，但在谈判过程中，却是一种技巧，是对不能答问题的一种行之有效的答复方法。例如，古代有一个较为精明的骗子，他从他人那里借来一匹马，便牵去与一个财主进行交换。财主问："你的马从哪里来？"他回答道："我想卖马的念头有两年了。"财主又问："为什么要换？"他回答道："这匹马比你的马跑得快。"这两句话全部是答非所问，骗子就是通过这样的方式回避了一个事实：马是他人的，换马是为了骗走财主的马。当然，在谈判中我们不主张这种欺骗行为，但在双方发生冲突时，如何巧妙地回答对方有关利益分割方面的问题倒是应该从这一例中借鉴点什么。

5.以问代答

以问代答是用来应对谈判中那些一时难以回答或不想回答的问题的方式。此法如同把对方踢过来的球又踢了回去，请对方在自己的领域内反思后寻找答案。例如，在商务工作进展不是很顺利的情况下，其中一方问对方："你对合作的前景怎样看？"这个问题在此时可谓难以回答，善于处理这类问题的对方可以采取以问代答的方式："那么，你对双方合作的前景又是怎样看呢？"这时双方自然会在各自的脑海中加以思考和重视，对于打破窘境起到良好的作用。商务谈判中运用以问代答的方法，对于应对一些不便回答的问题是非常有效的。

6.有时可以采取推卸责任的方法

谈判者面对毫无准备的问题，往往不知所措，或者即使能够回答，但鉴于某种原因而不愿意回答。对这类问题通常可以如此回答："对这个问题，我虽没有调查过，但曾经听说过。""贵方××先生的问题提得很好，我曾经在某一份资料上看过有关这一问题的记载，就记忆所及，大概是……"

7.运用辩论回答问题

对于某些涉及基本利益，无法回避的问题，则需要通过辩论来与对方磋商，陈述自己的理由，反驳对方的观点，使他们接受我们的方案。

谈判者在辩论中要注意以下问题：

第一，在辩论中要注意避免情绪激动，坚持使用文明语言，以防破坏谈判气氛。

第二，要注意分清判断的主流与支流，避免不必要的枝节纠缠，以免使谈判走入误区。

第三，立场坚定，态度鲜明，对自己的正确意见要坚持到底，绝不放松。

第四，头脑敏捷、严谨，富有逻辑性，以逻辑的力量说服对方，又要善于抓住对方的逻辑错误将其击垮。

第五，措辞准确犀利，简单明了，紧紧围绕问题的实质展开，但是又不能尖酸刻薄，进行人身攻击。

第六，态度公正客观，列举材料实事求是，以理服人。

总之，在实际谈判中，回答问题的要诀在于知道该说什么和不该说什么，而不必考虑回答的问题是否切题。谈判桌上的双方在各方实力的基础上斗智斗勇，在回答问题时要有艺术性和技巧，谈判人员必须熟练地加以掌握和运用。

四、国际商务谈判中"叙"的艺术

商务谈判中的"答"与"叙"各自作为一种陈述方式，既有相通之处，又存在很大差别。"答"是基于对方提出的问题，经思考所作的具有针对性、被动性的阐述；"叙"则是基于己方的立场、观点、方案等，通过陈述表达对各种问题的具体看法，或对客观事物的具体阐述，以让对方有所了解。关于"叙"的技能主要涉及的是语言的正确使用问题。具体而言，谈判中的叙述应把握以下技巧：

（一）语言的正确使用

好的语言表达方式能引起听众的兴趣，从而激发听众对所谈事物的热情。事实上，只有少数的谈判者知道如何同谈判对手展开谈判，知道应该说些什么和怎么说。如把"我们认为……"改为"您是否认为……"；"您已经了解很多情况了，现在可以下决心了吧？"要比"现在我向你证明……"这句话的说法好；"我相信您已经认识到……"比"您可能还没有考虑到……"更能赢得顾客。当经销商听到"您应该多购一些产品"时就会感到闷闷不乐，而"您只有充分利用这个机会，才能获得更大的利润"这句话却能唤起经销商的购买欲望。

下面是国际商务谈判中谈话的10项规则：

（1）说话过多和谈判要点过多会影响交易的达成。

（2）在谈判中只要强调产品的一两个优点就够了，这样比泛泛地罗列十多条优点的效果好得多。

（3）向对方逐一介绍产品的优点，效果就好些；在一句话里同时介绍产品的几个优点，效果就差些。

（4）说话时要多使用主动语态，不要过多地使用被动语态或名词表达式。

（5）对对方表现出过分的热情，就会适得其反，影响达成交易。

（6）谈话中穿插提到双方有关人员的名字，既可以帮助彼此记忆，也可以增添谈话的亲切感。

（7）只有你的谈话要点被对方接受，才有助于谈判工作的顺利进行。

（8）对方好像在认真倾听你的谈话，实际上不一定，对方口头上说相信你说的这些或那些话，其实他们相信的东西要少得多。

（9）说话的时候，正确使用停顿的效果要比滔滔不绝的长篇大论好得多。

（10）讲话不应该是经过充分准备的演讲或个人独白，要把谈话视为投球的动作，让对方多讲一点，而你尽可能地多发问。

（二）叙述语言要有客观性

所谓谈判语言的客观性，是指在商务谈判中运用语言交流思想、传递信息时，应该以客观事实为依据，并且运用恰当的语言向对方提出令其信服的证据。在产品谈判时，作为产品的销售方不可避免地要介绍产品的情况。这时，销售方要遵循客观性原则，对自己产品的性能、规格、质量等作客观介绍。例如，在某次谈判中卖方如果以下列方式介绍自己的产品：Our product is lower priced than the competition.（我们产品价格比竞争对手低。）One of the real pluses of this product is that it is of very high quality and of compact size.（这种产品的真正优点之一就是高质量和小体积。）这样介绍能增加对其产品质量的可信度。

通常，谈判的各方在谈判结束之后都会继续保持联系。一旦对方发现你在交易中不讲究诚信和没能做到客观，那么你的可信度就不复存在了。

（三）叙述语言要有针对性

所谓谈判语言的针对性，是指在商务谈判中，语言要有的放矢、丰富、灵活，富有弹性。具体来说，谈判语言的针对性包括：针对具体的谈判内容，针对某个具体的对手，针对对手的不同要求。

谈判语言要针对某个具体对手。不同的谈判场合有不同的谈判对手，不同的谈判对手有不同的谈判风格，因而针对不同的谈判对手，需要准备不同的谈判语言。如果对方谈吐优雅，很有修养，己方语言也应相对讲究，做到出语不凡；如果对方语言朴实无华，那么己方用语也不必过多修饰；如果对方语言爽快、直率，那么己方也不要迂回曲折、语言晦涩。

比如，与美国人谈判时，谈判者就应该了解，美国人的办事风格是直率，并希望对方也能做事爽快。美国人喜欢以谈判的形式迅速切题、解决问题，然后进入下一个环节，所以“短平快”的谈判语言可能就会比较受欢迎。例如，谈判者已经和前来谈判的美方人员礼貌地寒暄问好，并了解其来意之后，就可以用下面的句子打开话题：“You are here to discuss…”（你来这的目的是……）或者“What can I do for you?”（有什么事情我可以为你效劳吗?）或者“Let's start with…”（让我们以……为开始吧!）

面对慢条斯理的谈判对手，采用“短平快”是行不通的，“春风化雨”式的谈判语言可能更适用一些。在谈判进程中，相对美国人而言，英国人则更加从容不迫。他们对条款的论述更加细致入微，因为英国曾经是称霸世界的“日不落帝国”，所以他们往往不为新奇所动，做事总是按部就班。英国人在交流方面的表现与其说意味深长、讲究民主，不如说是保守、拘谨。与英国人谈判一般可以这样开始：

“What do you think if we begin now? I hope this meeting is producitve.”（我们现在开始，好吗？我希望这是一次富有成效的会谈）

“Should we begin by suggesting the following procedure?”（我们可以以下面的程序来开始我们的会谈吗？）

（四）应当避免的词句

在国际商务谈判中，应尽量避免使用一些无效的、对方听不懂的、不利于谈判双方发展正常关系的词句。

1.以我为中心的词句

双方应尽量避免使用任何形式的以“我”为中心的词句，下面的这些词句就不利于创造良好的谈判气氛：

☆“我认为……”

☆“如果我是你的话……”

☆“我要对你说的是……”

☆“我可不这么看……”

☆“考虑一下我所说的话……”

2.言之无物的词句

在说话时，人们往往下意识地使用一些既不能表达具体内容，又不发挥任何作用的词句。养成这种不良习惯的谈判者，必须予以改变。这些词句的形式如下：

☆“我想顺便指出……”

☆“或者，大概是……”

☆“事实上……然而……所以说……”

☆“是真的吗？”

☆“无论如何……”

3.没有影响的“行话”

除了上面提到的词句外，各行各业和各公司都有自己的一套特殊语言。这些特殊语言就是所谓的“行话”。这些“行话”对方有些是熟知的，有些是陌生的。在使用这些语言时应该特别谨慎，特别是那些属于自己公司的语言，坚决不能使用，如“三要四不要”“五个不准”等。由于谈判者是生活在公司这样的特定环境中，很多“行话”随口即出，长此以往，便会不考虑使用这些语言的后果，不考虑对方是否能够理解和接受这些语言，结果造成歧义。

五、国际商务谈判中说服他人的艺术

（一）说服艺术的环节

1.建立良好的人际关系，取得他人的信任

一般情况下，当一个人考虑是否接受他人意见时，总是先衡量一下他与说服者之间的熟悉程度和友好程度。如果相互熟悉、相互信任，对方就会正确地、友好地理解你的观点和理由。

2.分析你的意见可能导致的影响

首先应向对方诚恳说明要他接受你的意见的充分理由，以及对方一旦被你说服将产生什么利弊得失；其次要坦率承认如果对方接受你的意见，你也将获得一定利益。这样会使对方留下你诚实可信的印象。反之，如果你不承认能从谈判中获得一定利益，对方必定认为你缺乏诚意，从而将你拒之门外。

3.简化对方接受说服的程序

当对方初步接受你的意见时，为避免其中途变卦，要设法简化确认这一结果的程序。例如，在需要书面协议的场合，可提前准备一份原则性的协议书草案，告诉对方“只需在这份原则性的协议书草案上签字即可，至于正式的协议书我们会在一周内准备妥当，到时再送到贵公司请您斟酌”。这样往往可当场取得被说服的承诺，并避免在细节问题上出现过多的纠缠。

（二）说服艺术的要点

1.站在他人的角度设身处地谈问题，不要只强调自己的理由

要说服对方，就要考虑到对方的观点或行为存在的客观理由，即要设身处地为对方想一想，从而使对方对你产生一种“自己人”的感觉。这样，对方就会信任你，就会感到你是在为他着想，效果将会十分明显。

2.消除对方的戒心，创造良好的氛围

从谈话一开始，就要营造一个说“是”的气氛，不要形成一个说“否”的气氛。不要把对方置于不同意、不愿做的地位，然后再去批驳他、劝说他。例如：“我知道你会反对，可是事情已经到了这一步了，还能怎么样呢？”这样说，对方仍然难以接受你的看法。在说服他人时，要把对方看作是能够做或同意做的。商务谈判实例表明，从积极的、主动的角度去启发对方、鼓励对方，就会帮助对方提高自信心，并接受己方的意见。

3.说服用语要推敲

在商务谈判中，欲说服对方，言语一定要推敲。事实上，说服他人时，用语的色彩不一样，说服的效果就会截然不同。通常情况下，在说服他人时要避免用“愤怒”、“怨恨”、“生气”或“恼怒”这类字眼。即使在表述自己的情绪，如担心、失意、害怕、忧虑等时，也要在用词上注意推敲，这样才会收到良好的效果。另外，忌用胁迫或欺诈的手法进行说服。

（三）说服顽固者的艺术

在商务往来过程中，我们相信多数对手是通情达理的，但也会遇到固执己见、难以说服的对手。对于后一种对手，人们常常感到难以对付，难以理解，左右为难。这种人在很大程度上是性格所致，并非他们不懂道理。事实上，只要我们抓住他们的性格特点，掌握他们的心理活动规律，采取适宜的说服方法，晓之以理，动之以情，他们是完全可以被说服的。

顽固者往往比较固执己见，这通常是性格比较倔强所致。顽固者有时心肠很软，但表面上不轻易“投降”，甚至还会态度十分生硬，有时还会大发雷霆。其实有时他们自己也

往往搞不清谁对谁错，但还是坚持自己的观点。有时他们尽管明知自己已经错了，但由于自尊心的作用，也不会轻易地承认自己的错误，除非你给他一个台阶。因此，在说服顽固者时，通常可采取以下几种方法：

1.下台阶法

当对方自尊心很强，不愿承认自己的错误时，你不妨先给对方一个台阶下，既强调他正确的地方，也分析他错误存在的客观根据，这也给对方提供了一些自我安慰的条件和机会。这样，对方就不会感到失掉面子，容易接受你善意的说服。

2.等待法

对方可能一时难以被说服，不妨等待一段时间，对方虽没有当面表示改变看法，但对你的态度和你所讲的话，事后他会加以回忆和思考的。必须指出，等待不等于放弃。任何事情，都要给他人留有一定的思考和选择的时间。同样，在说服他人时，也不可急于求成，要等待时机成熟时再和他交谈。

3.迂回法

当对方很难听进正面道理时，不要强逼他进行辩论，而应采取迂回的方法。就像作战一样，对方已经防备森严，从正面很难突破，解决办法最好是迂回前进，设法找到对方的弱点，一举击破对方。说服他人也是如此，当正面道理很难说服对方时，就要暂时避开主题，谈论一些对方的看法，让他感到你的话对他来说是有用的，使他感到你是可信任的。这样你再逐渐把话转入主题，晓之以利害，他就会更加冷静地考虑你的意见，并容易接受你的说服。

4.沉默法

当对方提出反驳意见或有意刁难时，有时是可以做些解释的，但是对于那些不值得反驳的抗议，需要你讲求一点艺术手法，不要有强烈的反应，相反可以表示沉默。对于一些纠缠不清的问题，并且遇上的是不讲道理的人，可以不予理睬，这样做常常会使对方感到自找没趣，有时会改变自己的意见。

5.幽默法

在国际商务谈判过程中，谈判者可应用幽默的语言，发挥幽默的效应。幽默的话语有助于创造和谐的谈判气氛，传递感情，暗示意图，也可以避开锋芒，使批评变得婉转友善，还可以增强辩论的力量，同时为谈判者树立起良好的形象。

比如，在武钢工程进展期间，气温高达40℃，我方总代表因某冷轧机机身的“热裂纹”问题与外商多次交涉不见成效，为了缓和气氛，他说了这么一段话：“It’s hot today and we have been talking about the hot cracks—the more we talk，the hotter it will be.I suggest we take ‘ice cream’ instead of talking about hot cracks. What do you think of that?”这段话有双关，有对比，体现出三个层面上的合作：第一，说话人利用“热”的双关意义，把对“热裂纹”的谈判与“热天气”联系起来，暗示谈判的气氛太激烈，谈判者的心理太热，使谈判陷入僵局；第二，巧妙利用“冷”的双关意义，大暑天当然需要冰淇淋的“冷”，谈判者的心理也需要冷静，只有冷静下来，全面考虑，才能解决问题；第三，“热”与“冷”是一对形成鲜明对照的反义词，具有完全相反的规约性，听话人听了会觉得此话妙趣横生，意味无穷，当然也就愿意坐下来，冷静处理谈判事宜。

（四）认同的艺术

在商务谈判中要想说服对方，除了要赢得对方的信任，消除对方的对抗情绪，还要用双方共同感兴趣的问题作为跳板，因势利导地解开对方思想的纽结，说服才能奏效。事实证明，“认同”是双方相互理解的有效方法，也是说服他人的一种有效方法。

随着现代文明的进步，人际交往的深化，人们都在呼吁要沟通彼此的心灵。心灵的沟通，被视为社会生活的最高境界。认同就是人们之间心灵沟通的一种有效方式。所谓认同，就是人们把自己的说服对象看成是与自己相同的人，寻找双方的共同点，这是人与人之间心灵沟通的桥梁，也是说服对方的基础。在人与人的交往中，首先应求同，随着谈话的深入，即使是陌生人，也会发现越来越多的共同点。商务谈判更是如此，双方本着合作的态度走到一起，共同的东西本来就很多，随着谈判的进展，双方越来越熟悉，在某种程度上会感到比较亲近，这时，某些心理上的疑虑和戒心便会减轻，从而也就便于说服对方了，对方也容易相信和接受己方的看法和意见。

寻找共同点可以从以下几个方面入手：

（1）寻找双方工作上的共同点，例如，共同的职业、共同的追求、共同的目标等。

（2）寻找双方在生活方面的共同点，例如，共同的国籍、共同的生活经历、共同的信仰等。

（3）寻找双方兴趣、爱好上的共同点，例如，共同感兴趣的电视剧、体育比赛、国内外大事等。

（4）寻找双方共同熟悉的第三人，作为认同的媒介。例如，在同陌生人交往时，想说服他，可以寻找双方共同熟悉的这个人，通过各自与这个人的熟悉程度和友好关系，相互之间也就有了一定的认同，从而也就便于说服对方了。

因此，高水平、多元化的国际商务谈判技能应该引起商务人士及有关专家学者的高度重视。

第三节 国际商务谈判的非语言沟通艺术

在商务谈判中，谈判各方除了用口头语言来交流外，还通过手势、面部表情等身体语言来表达自己的意见和感受。然而，由于文化的差异，身体语言的表达方式和含义有所不同。

国际商务谈判中，非语言沟通起着举足轻重的作用，占整个交际过程的65%左右。国际商务谈判人员必须熟悉在特殊文化中非语言沟通的特殊表现形式，并对它们所传递的信息做出及时正确的判断和反应。

国际商务谈判涉及不同国家不同文化间的合作交流，应该遵循跨文化交际的规律。但是，商务谈判是涉及经济利益的商业活动，与普通的跨文化交际又有很大的不同。面对来自不同的国家，有着不同的政治背景和宗教信仰、不同文化背景、不同风土人情和风俗习惯的人，我们在注重语言沟通的同时，更应该了解他们言谈举止背后的文化背景。他们的举手投足、音容笑貌都展示了他们的文化，也传递了不同的信息。这种种不同构成了中外商业习惯的差异。

一、非语言沟通的界定及特点

（一）非语言沟通的界定

非语言沟通（nonverbal communication）是一种非文字语言沟通手段，是交际者运用自身的自然特征和本能向对方传递信息，表达思想的语言沟通（verbal communication）之外的一切表现形式，也叫无声语言沟通。非语言沟通的方式主要有：体距（proxemics），即人们在交际时保持的距离及由此而体现的特殊含义；副语言（paralanguage），或称伴随语言，指一些超出语言特征的附加现象，如声调、音量、音质等；体势语（kinesics），是人们交际时身体各部分动作的模式所表示的含义，包括面部表情、手势、体姿、眼神等非语言代码，它是非语言沟通在商务谈判中最主要的表现形式。

非语言沟通在人类交际过程中起着语言沟通不能替代的作用。它同语言代码相辅相成，共同完成交际过程，实现交际的最终目的。Ross（1974）的研究表明：在交际中通过语言沟通所传递的信息仅占35%，而通过非语言沟通所传递的信息高达65%。正如语言学家David Abercrombie指出的："我们用发音器官说话，但我们用整个身体交谈。"同语言沟通功能相比，非语言沟通可以强化、补充有声语言，具有更真实地传递信息、更准确地表达情感及在语境中起着决定含义的功能。为此交际者往往用非语言代码来判断对方的真实意图，体会不可言传的交际内容，以达到高质量的交际目的。

（二）非语言沟通的特点

1.无声性

非语言沟通是通过人的各种表情、手势、动作、姿态来传递信息，这种传递方式无论是单独使用还是对其他传播方式进行补充，它都是没有声音的。皱眉、噘嘴、眯眼、咬牙、举手、挥臂、耸肩、点头、哈腰、顿足等，都是一种无声的信息传播方式，都是包含了某种特定意义的体态信息符号。

2.补充性

人们在面对面运用语言进行信息交流时，常有词不达意或词不尽意的时候。此时可以运用行为语言加以补充，使对方能完全准确地理解说话人的意思。如果用有声语言已经能够表达清楚，也可以辅以适当的体态，使之更加形象、生动、具体。比如，在表达信心十足时，眼睛里流露出坚定的目光，或握紧拳头表示决心，以强调有声语言的信息，取得较好的心理交往效果。

3.及时性

及时性也称即时性。人际交往有两种手段：一是有声语言；二是无声语言。有声语言使用的场合较多，直接交际或间接交际均可，而无声语言仅限于在直接交际中使用，并以此作为有声语言辅助方式，传递不同的信息。一旦直接交际消失，体态传播也停止了，故使用行为语言传播的即时性比较突出。

4.地域性

非语言沟通是人类广泛运用的无声信号，要受区域文化等因素的影响，带有区域性的特点。比如，美国人在与别人交谈时，头的动作很频繁，最多说上一两句话就要改变头的位置，而欧洲人的动作却没有这么频繁。犹太人的手势毫无拘束，动作幅度也比德国人大。同一动作因背景、民俗风情、地理环境的差异，在不同国家其含义可能完全相反。大多数民族都以摇头表示反对、不同意，以点头表示赞成、同意，但是，保加利亚人、尼泊尔人以及中国的独龙族却相反，摇头表示同意，点头表示反对。

面对面的商务谈判是一个斗智斗勇的过程，谈判双方的心态也会随着交际的紧张程度而跌宕起伏，并不可避免地通过双方的面部表情、身体动作等非语言沟通手段表现出来。因此，观察谈判对方的非语言表现，准确地把握其心态变化，常常是取得谈判主动地位的关键。

二、沟通中的体距学

体距学研究人们在交际时保持的距离及由此而体现的特殊含义。保持最恰当的距离是人际交往的大艺术。人们之间交谈，无论采用哪种姿势，总要占据着一定空间，相互有一定的距离。距离同其他态势语言尽管是无声的，但同样可以传递信息，表情达意，沟通交流，故称为“距离语言”。它用双方所占据空间的距离及其变化，辅助有声语言。

人与人之间的交际，要保持一定的距离，距离会产生美的效应，距离消失，美也可能随之消失。人的交际活动从某种意义上来讲也是一种审美活动。曾有一位著名的美学家说：“人和动物都有对距离的优美舒适感，距离超过了一定限度，都可能导致彼此的反感和攻击。”叔本华关于豪猪的寓言故事也说明了这个道理，世上的人正如豪猪，身上都有一些刺——独特的个性。如果距离太近，会有意无意地刺伤他人。

距离作为一种无声语言加入态势语行列，已逐渐为人们重视和研究。美国著名心理学家霍尔通过对美国人交往距离的研究，按照距离远近来表明人的关系程度，把交往距离划分为亲密距离、个人距离、社交距离、公众距离，构成四种“距离语言”。它们有不同的语义和语境要求。

（1）亲密距离是父母、夫妻、知己好友、异性间的谈情说爱之间的距离，大约半米（45 ~ 60厘米），能互相感到对方身体气息，表示亲密的语义。

（2）个人距离是朋友、同事之间的距离，约1米，伸手可握到对方的手，但又不易触摸到对方身体，多用于非正式场合，表示友好、亲切等语义。

（3）社交距离是与自己及本单位关系不甚密切，联系不多的人之间的距离，大约0.7 ~ 1.2米，多用于较正式场合，如招待会，表示礼节式问候等语义。

（4）公众距离是讲台上的演讲者与台下听众的距离，用于正式公开讲话场合，大约4 ~ 8米。

霍尔对距离语言的分类，为距离语言研究提供了方便，但不同民族、不同文化背景下的人，说话距离是不同的，同样不能用一个标准去衡量。如瑞典、挪威、丹麦、冰岛人与人交谈时，喜欢相距较远，认为1.2米左右是最为理想的、合乎习惯的距离。在中欧和不列颠岛上，人们交谈时一般都保持1米多的距离。在美国，两人谈话的距离一般保持在0.6 ~ 0.9米。拉丁美洲、东地中海沿岸、阿拉伯等地的人，喜欢挤在一起说话。意大利人之间谈话几乎靠在一起，双方间隔30 ~ 40厘米。日本人喜好热闹，坐得越近越好。中国人却不喜欢离得过近，尤其同非亲属关系的异性接触，总要保持一定距离。

尽管不同民族有着自己独特的距离语言，人们对说话距离及其变化的含义，因心理和民俗差异而有不同理解，但距离语言在语言交流中的基本作用却又是相同的。

既然交往过程中这种人际距离是客观存在的，因此为使谈判能够成功，我们就应正确区分这几种不同的人际距离，并依其相应行事；否则，就会给正常的谈判蒙上阴影。

三、副语言的沟通艺术

停顿、重点、强调、语速、语调、音量、音质等构成副语言系统，伴随语言，完成表词达义功能。一句话说什么固然重要，怎么说也不可忽视。语气、语调的高低变化是表情达意的重要手段，可以使声音色彩斑斓。相信每一个人都有如此体会，同样的内容，用不同的音量、语速、语调说出来，效果会大相径庭。

语速和说话的节奏对意思的表达有较大的影响。说话太快，一下子讲得很多而无停顿，就会使对方难以抓住你说话的主要意思，难以集中注意力正确领会和把握你的实际表达，有时还会使对方误认为你在为完成某项工作而敷衍了事，于是他不再费神倾听，从而导致双方的语言交流不畅，难以沟通。在有翻译的情况下，要注意照顾翻译的工作，不要长篇大论，只顾自己发挥。

一般来讲，如果说话者要强调谈话的某一重点时，停顿是非常有效的。试验表明：说话时应当每隔30秒钟停顿一次，一是加深对方印象，二是给对方机会，对提出的问题做出回答或加以评论。当然，适当重复也可以加深对方的印象。

同样，说话太慢，节奏不当，吞吞吐吐，欲言又止，易被人认为不可信任或过度紧张。

因此，谈判中陈述意见应尽量平稳中速进行，特殊需要时适当改变一下语速，以期引起特别注意或加强表达效果。

说话时的语调、声音表达出不同的含义，声音的大小则反映说话者一定的心理活动、感情色彩或某种暗含的意思。在谈判中，一般问题的阐述应使用正常的语调，保持能让对方清晰听见而不引起反感的高低适中的音量。适当的时候为了强调自己的立场、观点，尤其在针对有分歧的问题表达意见时，可调整语调和音量来增加话语的分量，加强表达的效果。一般来说，升调表达的是一种惊讶、不可思议、难以接受或不满的感情和意思；降调则反映某种遗憾、无可奈何或失望灰心的心理活动；声音高低的起伏表明说话者的某种情绪波动。

谈判中说话的音调、音量有时是有意识的表达需要，有时则是潜意识的自然流露，需对谈判对手的话语敏锐把握，同时对自己的话语表达加强控制，不能出现音调、音量失控的情况，不然就不符合谈判活动的本来目的，也有损自己的礼仪形象。

在商务谈判中，应注意根据对方是否能理解你的讲话以及对讲话重要性的理解程度，控制和调整说话的速度。在向对方介绍谈判要点或阐述主要议题的意见时，说话的速度应适当减慢，要让对方听清楚并能记下来。同时，也要密切注意对方的反应。如果对方感到厌烦，那可能是因为你过于详尽阐述了一些简单易懂的问题，说话冗长啰嗦。

四、面部表情的运用

面部表情（facial expression），主要指通过面部肌肉的收缩与舒展，眼睛、眉毛、嘴巴、鼻子的动作以及它们的综合运动所反映的人的心理活动和情感信息。

（一）眼睛所传达的信息

眼神是心灵之窗，能传神，会说话，最能表达细腻的感情。

（1）根据目光凝视讲话者时间的长短来判断听者的心理感受。通常，与人交谈时，视线接触对方脸部的时间在正常情况下应占全部谈话时间的30%~60%。超过这一平均值者，可认为对谈话者本人比对谈话内容更感兴趣；低于这个平均值者，则表示对谈话者和谈话内容都失去了兴趣。

（2）眨眼频率有不同的含义。正常情况下，一般人每分钟眨眼5~8次，每次眨眼一般不超过1秒钟。如果每分钟眨眼次数超过5~8次这个范围，一方面表示神情活跃，对某事物感兴趣；另一方面也表示个性怯懦或羞涩，因而不敢直视对方，做出不停眨眼的动作。在谈判中，通常是指前者。从眨眼时间来看，如果超过1秒钟的时间，一方面表示厌烦，不感兴趣；另一方面也表示自己比对方优越，因而对对方不屑一顾。

（3）眼睛瞳孔所传达的信息。眼睛瞳孔放大，炯炯有神而生辉，表示此人处于欢喜与兴奋状态；瞳孔缩小、神情呆滞、目光无神、愁眉苦脸，则表示此人处于消极、戒备或愤怒的状态。实验证明，瞳孔所传达的信息是无法用人的意志来控制的。

（4）眼神闪烁不定所传达的信息。眼神闪烁不定是一种反常的举动，常被认为是掩饰的一种手段或是人格上不诚实的表现。一个做事虚伪或者当场撒谎的人，其眼神常常闪烁不定，以此来掩饰其内心的秘密。

（5）瞪大眼睛看着对方是对其有很大兴趣的表示。眼神传递的信息远不止这些。人类眼睛所表达的思想，有些确实是只能意会而难以言传的，这就要靠谈判人员在实践中用心加以观察和思考，以不断积累经验，争取把握眼睛的动作所传达的种种信息。

（二）目光接触

眼神的表达并不是一成不变的，因人因文化而异。例如，对美国商人来说，敢于正视对方，才是诚实和正直的标志，是感兴趣的表现，而拒绝或尽量避免和谈话者的目光接触，则被看作不友好的表现，即所谓“Never trust a person who can’t look you in the eyes”。但是，在日本情况恰恰相反，日本商人认为目光接触越少，越表示对对方的尊敬，因此，在谈判时，眼睛一动不动地盯着对方，是不礼貌的，但是在交谈中没有目光的接触，可能被认为不感兴趣，甚至不信任，严重的还可能带来不好的印象。所以，我们在和不同文化的人进行交际的时候，要考虑目光接触的“度”的问题。

（三）眉毛所传达的信息

眉毛和眼睛的配合是密不可分的，二者的动作往往共同表达一个含义，但单凭眉毛也能反映出人的许多情绪变化。人们处于惊喜或惊恐状态时，眉毛上耸，即所谓“喜上眉梢”；处于愤怒或气恼状态时，眉角下拉或倒竖，人们常说“剑眉倒竖”，即形容人处于发怒的状态；眉毛迅速地上下运动，表示亲切、同意或愉快；紧皱眉头，表示人们处于困窘、不愉快、不赞同的状态；表示询问或疑问时，眉毛会向上挑起。

（四）嘴的动作所传达的信息

人的嘴巴除了说话、吃喝和呼吸以外，还可以有许多动作，借以反映人的心理状态。例如，紧紧地抿住嘴，往往表现出意志坚决；撅起嘴是不满意和准备攻击对方的表现；遭受失败时，人们往往咬嘴唇，这是一种自我惩罚的动作，有时也可解释为内疚的心情；嘴角稍稍向后拉或向上拉，表示听者是比较注意倾听的；嘴角向下拉，是不满和固执的表现。

（五）微笑

人是感情动物，情感流露是人的本性，我们常说的“笑逐颜开”“怒发冲冠”都是感情流露在面部上的表现。这就要求我们在商务谈判中，要善于察言观色，以捕捉对方面部表情所流露的情感信息。同样，合适的面部表情在合适的时间表现出来也可以促进语言的表达。但是，即使是最基本的面部表情——微笑，在不同的文化交际中也有着不同的意义。在商务谈判中，美国人认为微笑是对方一种非常热情的表征，所以美国人喜欢笑逐颜开。法国人对微笑却比较谨慎，他们只有在有明显的理由时才笑。日本人在谈判过程中基本上不笑，只有在最后签约时才面露微笑。对一个日本人来说，在谈判桌上随意微笑是不严肃的表现，甚至是恶意的嘲笑。

（六）沉默

沉默，作为面部表情的一种，存在于任何商务交际中。沉默是一种艺术，并不一定是一种消极行为。此时无声胜有声，沉默中包含着许多令人回味的信息和情感。但是，在不同的文化中，沉默的含义不尽相同，甚至差别很大。例如，在美国、德国、法国，沉默则是一种消极行为；而对日本人来说，关键时刻保持沉默是最明智的（There is no wisdom like silence）。一个典型案例是：一个美国公司和一个日本公司在谈判，美国公司首先报出了产品的价格，日本公司按照本国的习惯沉默了半分钟。美国公司对这种沉默感到不安，以为日本公司觉得报价太高，于是就主动降低价格。日本代表对此既高兴又迷惑不解，因为他们本来是可以接受原来的报价的。由此可见，沉默作为一种非语言沟通形式，在商务谈判中有时会起到意想不到的效果。

五、肢体语言的沟通艺术

身体的各种动作、各部分姿势，都可以起到表情达意的作用。在谈判中，可以通过身体摆出各种姿态，或通过姿态的变更向对方表达一定的意思。

（一）手

（1）一般情况下，摊开双手手掌表示真诚，给人一种胸怀坦诚说实话的感觉。双手把放松的手掌自然摊开，表示信任对方，不设防，愿意开诚布公，乐于听取对方的意见。

（2）除非对方是亲密的朋友，不然，与对方保持一定的距离，双手交叉于胸前，是设防的心理；若交谈一段时间后，仍出现这样的手势或姿态，则表明对对方的意见持否定态度，如果同时攥紧拳头，那否定的态度更强烈。

（3）用手抚摸下巴、捋胡子等动作，往往表明对提出的问题、材料感兴趣并进行认真的思考。

（4）两手的手指顶端对贴在一起，掌心分开，表示高傲自负或踌躇满志，或显示自己的地位高尚。

（5）身体后仰，十指交叉，搂住后脑，则显示出一种权威感、优势和信心。谈判者感到自己在谈判中处于支配地位，驾驭谈判局面时往往会做出这样的姿态。

（6）在谈判中自觉或不自觉地把手扭来扭去，或将手指放在嘴前轻声吹口哨，意味着心理状态的紧张、不安。

（7）用手指或铅笔敲打桌面，或在纸上乱涂乱画，表示对对方的话题不感兴趣，不赞同或是不耐烦。

【案例6-4】

一位英国商人在伊朗做生意，经过几个月的唇枪舌剑，最终签订了正式合同。他签完合同后，转向他的伊朗同事做了一个大拇指朝上的动作。他的这个动作立即引起一阵骚动，对方的总裁立即拂袖而去。这个英国人还丈二和尚摸不着头脑，他的伊朗同事也因尴尬而难以启齿。实际上理由很简单。大拇指朝上在英国表示“好，不错，做得好”的意思，但是在伊朗文化中它表示“不满意”，甚至是“近似令人厌恶，是一种无礼的动作”的意思。当这个英国人知道真相后，感慨地说：“这是我一生中最尴尬的时刻，我感觉自己像孩子一样在没有节制地胡言乱语，虽然我的伊朗同事原谅了我的无知，但是原先建立起来的良好关系已经不复存在了。这是我一生中需要记住的教训。”

曾有一位美国游客入住法国某饭店，当饭店领班礼貌地询问他是否满意这里的服务时，他友好地还以OK的手势，不料引起领班的恼怒。在许多国家，用手指轻叩额头是一种常见的手势，一般表示“我在思考”“让我想一想”，但在荷兰，这个动作则被认为是代表某人“发疯了”“发神经”，含有贬义。如果什么手势也不做，理应不会有问题，但如果把两手插在衣袋里与人谈话，在法国、德国、日本、印度尼西亚等国，这是一种非常粗鲁无礼的“手势”。

案例来源　刘白玉．国际商务谈判礼仪中的文化差异研究［J］．集团经济研究，2006（4X）．有改动。

（二）腿脚

腿脚的动作较易为人们所忽视。其实腿脚是人较容易泄密的部位，也正因为如此，人们在谈判或演讲时总是要用桌子和讲台来掩遮腿脚的动作。

（1）人们在感到恐惧或紧张时，双腿会不自觉地夹紧，双脚不住地上下颠动或左右晃动。

（2）面部专注听讲的人，而双脚却在不住地变换姿势或用一只脚的脚尖去摩擦另一条腿的小肚子，那就表明他其实已经很不耐烦了。

姿势也因文化的不同而有所不同。例如，在美国，人们为了舒服，可能会把脚跷起来，可是在泰国、中东的一些国家，这个动作却被看作是对对方的蔑视。我们在具体运用这些非语言手段进行交际的时候，还要根据文化的不同，具体问题具体分析，不能不顾文化的差异而乱用。

（三）国际商务谈判中的代表性姿势

头歪向一边，手托着腮表示评价和评估。头朝下歪，手支着头部，表示厌烦或无动于衷。腿和手臂交叉表示抵制、阻挠、防守。频繁地变换架腿的姿势则等于向对方表示对谈判已经失去了兴趣。身体前倾，掌心向下，表示积极、谦恭有礼。抓住椅子把手，表示控制情绪。拳头紧握，代表敌意或信心。一般来说，姿态端庄、彬彬有礼，反映出一种修养、稳健、信心和有力量。

谈判者要特别注意自己的姿态，让姿态和有声语言协调一致，尽量用理智去控制、支配姿势，让姿态和有声语言协调一致。

若想在谈判中做到“知己知彼，百战不殆”，就要求每个参与谈判的人对不同国家、民族的文化、习俗、商业习惯有所了解，这样才能在制定谈判策略和商务接待中有的放矢，因人而异，避免犯“忌”。

在国际商务谈判中，成功地辨别体势语以及这些体势语在不同文化中所蕴含的不同含义是一门艺术，因为不同的体势在不同的国家有着不同的含义。

文化在一定程度上决定着我们用什么样的体势表达喜、怒、哀、乐等内心世界。在一种文化中表达高兴的体势，在另一种文化中可能被视为恶意的侮辱。在国际商务谈判中出现文化错误比出现语言错误所造成的后果要严重得多，小可引起双方之间的矛盾和误会，影响一份合同的签订，关系的破裂，大可影响国家的经济利益甚至政治利益。

总之，非语言沟通在谈判中的作用十分重要，各种形式之间也是密切联系、相互依托的。谈判者要善于运用各种形体语言来表情达意，让眼睛、表情、手势和姿态与有声语言协调统一，从而获得期望的表达效果。

第四节　国际商务谈判的书面语言沟通艺术

一、文字处理的特征和原则

国际商务谈判文字处理是指对谈判前的准备、谈判过程和谈判结果全部内容的文字表现。谈判准备工作的文字处理，如双方信息沟通的来往信函、信件，谈判方案的拟订；谈判过程中的文字处理，如谈判记录、备忘录等；谈判后的文字处理，如双方达成的协议、签订的合同等。这些环节的文字处理科学与否，直接关系到谈判的质量、谈判的进程和谈判的效果，是谈判中不可回避而又必须处理好的问题。

（一）文字处理的特征

1.即时处理

即时处理是指商务谈判中的文字处理要及时、准确、迅速、精练，如实地、完整地反映谈判过程中的全部内容。它不同于一般的应用写作可以构思、成文、修改，最后定稿。这就要求对谈判中任何一个环节的文字处理都要如实反映、笔录灵敏、效率高超，使处理结果为谈判双方认可并具约束力。

2.格式固定

商务谈判中文字处理的内容均属应用文范畴，一般都有固定的格式，比如商务信函大致由八个部分组成，即信头、日期、受信人姓名和地址、称谓即客套语、正文、信尾、结束礼词、署名等。如果缺一项，就会给受信人带来疑问。协议书、合同更是如此。

3.语言质朴

这一特点主要针对商务谈判中除记录、备忘录以外的其他内容的文字处理而言。它要求语言质朴、简明准确。所谓质朴，是指文字语言表达必须实事求是、直截了当、不追求辞藻、不咬文嚼字、不堆砌词语、不做文字游戏、不过多描绘；准确是指文字不含糊其词、不模棱两可，否则会造成相反的结果而贻误事情。

4.时间性强

商务谈判的文字处理与一般行文的又一重要区别就是它具有很强的时间性。因为这些文字内容具有按法律规定的约束双方行为的作用，也是处理日后合同纠纷的依据。如签订书面合同的依据主要是来往的函电及谈判、磋商后的记录及备忘录。因而，函电的时间、谈判的时间、出席人数等就成为处理合同纠纷的重要依据。

（二）文字处理的原则

1.实用性原则

实用性原则是指无论商务谈判哪一环节的文字表达都要简明、易懂，直接服务于谈判，有助于谈判过程的加速，直至合同契约的形成，并以此作为双方遵守、执行的凭证，起到规范和约束谈判双方经济行为的作用。因此，实用性原则要求这样的文字处理必须使用大众化的语言、专业名词术语来真实简洁地反映谈判全过程。

2.可靠性原则

可靠性原则是指谈判中达成的文字协议所依据的材料、情节真实可靠，谈判中的情况、资料所谈及的数字（购销量、价格等）等必须真实可靠、合法。具体来讲，就是有关情况要全面，事实要清楚，数据要准确，根据要充分。这样，所签协议、合同才具有法律效力。

3.准确性原则

准确性原则是指表达方式的选择要恰当，内容的反映要准确无误。商务谈判文字表达是否准确，将直接关系到谈判双方切身利益及谈判能否成功。

商务谈判中的文字表达是否准确，主要取决于其表达方式是否符合文章样式的需要。如记录讲求实用，而不是“豆腐账”；签订合同要概念明确，判断恰当，推理合乎逻辑；使用简称要坚持约定成俗的原则，避免牵强与武断；文字书写要符合国家统一的规定标准，简化字要符合规范，不随意自选；明确地区分“增加了”“增加到”等概念含义；正确使用标点符号等。

二、文字处理艺术

（一）国际商务谈判方案文字处理艺术

1.商务谈判方案写作要求

谈判方案是指为实现商务谈判的目标，事先进行全面、总体的设想所写出的书面材料。拟订商务谈判方案要求：

（1）讲究写作效率。谈判方案的拟订时间性较强，必须在谈判之前写出来发到谈判人员的手里，使他们认真阅读，细心领会，以明确自身的职责，做好应辩的准备。为此，谈判文书需事先做好以下工作：掌握领导意图，深刻领会谈判目标，研究我方可能采取的策略、所提供的利益保障；研究谈判对手的基本情况，包括参加的人员、年龄结构、身份及地位，对我方可能作出的反应等，以缩短谈判方案的写作时间。

（2）从实际出发。从实际出发主要指拟订的谈判方案既要使谈判者有章可循，又要给其留有充分的余地，能应变自如。

目前，谈判方案的写作有三种通病：一是按照统一格式，不分谈判对象，照抄照搬，突出不了谈判特色，结果使谈判方案流于形式；二是凭借老经验、老方法去写，不能适应现代谈判的需要，使谈判被动；三是采取的策略抽象、不具体，或谈判条件过于绝对，使谈判人员无法效仿，遇到新情况也无应变能力。因此，需要有针对性地为谈判文书提供更多的信息资料，包括书面的和会议的，以便对现实情况作出科学的分析，拟订出切实可行的谈判方案。

（3）行文通畅易记。通畅是指语句通顺流畅、逻辑严谨、结构紧凑。内容要紧紧围绕已经确定的谈判目标展开，行文要适应快速阅读的需要。文字必须简洁、醒目、流畅。

易记是指语言言简意赅。依据人脑的承受能力，每句17～19个字为宜，如果超过这个长度，不仅谈判方案的意图难以被理解，洽谈人员不能记住主要内容，而且也不能随时与谈判方案进行对比，从而把握谈判局势，得心应手地与对方周旋。

（4）具有应变能力。谈判方案具有应变能力主要是指方案的拟订要有一定的灵活性，因为谈判方案订得再周密，也会有突发事件的发生。在实际洽谈中，谈判人员要搜集许多情况，阅读大量有关文件，要与见解各不相同的有关人员交流意见，在谈判方案中一些关键用语不要过于绝对，便于谈判人员有回旋的余地。

（5）严格写作格式。谈判方案的写作格式一般包括：谈判方案的名称、正文、结尾。正文主要包括建立目标、卖方预期分析、买方采取相应的对策、选择谈判队伍、对前述目标的评价和再完善等。结尾在右下角处写明谈判方案的拟定时间。

2.商务谈判方案的文字处理技巧

（1）句子长短，承受为宜。依据人脑的承受能力，短句子一般比长句子容易理解和记忆，因此在谈判方案的写作上要特别注意巧妙地选择和组织词语。一般句子的字数以不超过20字为宜，实践表明，如果超过20%的字数，人们接受起来就会感到吃力。用几个短句子代替拖沓冗长的复句，较为简洁。但是，句子也不可过短，读起来像开机关枪，不仅使人感到乏味，也难以表达全意。

（2）划分段落，简单明了。段落的长短问题也十分重要。一般来说，每句话表达一个意思，每一段阐明一个观点。有的谈判方案的写作者不愿将自己的观点分段写，这样每段拉得过长，谈判人员理解起来就困难了。理想的结构是：一个重要部分由三至四个段落组成，各段落中间由一个一句话的段落搭桥衔接，不仅容易理解，而且可以加深记忆。

（3）措辞严谨，通俗易懂。谈判方案所用词汇必须准确，只有准确才能起到有效传达信息的作用。因此，要多用专家和普通读者都熟悉、最常见的词汇。谈判方案不仅供谈判者阅读，还要指导谈判，起着规范谈判者语言的作用；同时，某些内容还要让谈判对手听懂、理解，滥用生僻的字词就收不到预期的效果。语态的使用也很重要，有些人习惯使用被动语态，如："你的建议已被考虑过了……""我们受到用户的抱怨。"实践表明，主动语态更能表达义务和责任感，谈判方案中宜使用主动语态，如："用户抱怨很大。"过多地使用被动语态，给人一种学究气十足的感觉。

（二）国际商务谈判记录的文字处理艺术

商务谈判记录是指用文字形式如实、及时、准确、完整地反映谈判全过程的书面材料。谈判记录的作用在于：有利于推动并加速谈判进程，避免无休止的谈判、反复谈判；可作为约束谈判双方行为的凭据，也为写备忘录和最终签订合同提供依据。

商务谈判记录的要求：第一，记录必须符合谈判的实际情况，谈判文书不能随意增添或删改谈判内容和基本精神；第二，谈判进入达成协议的关键阶段，对重要人物的发言要做详细记录，有的甚至要记下原句；第三，严格谈判记录的格式。

商务谈判记录与一般会议记录的方法大致相同，一般包括：

（1）摘要记录（重点记录）：只记录谈判中讨论或争论焦点问题时双方的意见，或达成一致意见的具体内容。

（2）详细记录（全面记录）：把谈判中全部内容，包括每个发言人的原话、动作表情、谈判气氛都记录下来。如果谈判时间较长，争论问题较多，中间需要休息，必须注明休息时间。谈判结束，可另起一行空两格写“结束”二字，以保证内容的真实、完整。关键性的谈判阶段，要由主持人和记录人在记录末尾右下方签名，以示负责。具体采用何种方法，要视谈判的需要而定。

谈判记录的格式一般包括如下部分：谈判概况，包括谈判名称、时间、地点、参加谈判人员、列席人员、主持人、记录人等项；谈判内容，是谈判记录的主要部分，主要记录双方发言人的发言，谈判中所作出的决议、结论等；落款。

【案例6-5】　　　　谈判记录格式：××谈判的记录

时　间：2023年××月××日××时

地　点：××宾馆

出席人：××× ××× ×××

列席人：（如无列席人，此栏可不写）

主持人：×××

记录人：×××

谈判内容：

（1）产品购销的有关问题。

（2）谈判事项：数量；价格；其他问题。

（3）达成的协议。

散会（或休会）　　　　　　　　会议主持人（签名）

记录人（签名）

（三）国际商务谈判备忘录的文字处理艺术

1.国际商务谈判备忘录

备忘录是记录有关活动或事务，起揭示或提醒作用，以免忘却的一种记事性文书。备忘录可用于个人事务的记录，也可作为商务谈判或业务合作的记录。

商务谈判备忘录与记录虽然都是用文字形式反映谈判内容，但两者是有区别的：

（1）备忘录是就谈判中达成的协议，用文字形式表现出来；记录是对谈判中发言或重点发言内容的文字表现。

（2）备忘录要载明双方承担的权利和义务，不管双方谁起草，最终都要出示给对方，征得对方同意，即使重要人物的关键谈话以及承诺等内容的记录，也并非必须签字，但为避免事后麻烦，也可以要求当事者签字。签字后的记录，往往具备了备忘录的性质。

（3）备忘录虽不像合同那样具有法律效力，但经双方签字后，就成为双方认可并约束双方行为的凭据；记录就不具有这种效力。

（4）对小宗买卖活动，备忘录可起到协议或合同的作用；记录则没有这种作用。

商务谈判备忘录与记录又有一定的联系：

（1）两者都作为签订大宗商品买卖合同的重要依据。

（2）对期限较长的谈判，备忘录与记录都对下一轮谈判的重要议题和谈判内容的确定起着决定或参考作用。

（3）备忘录的形成要以每次谈判的记录为依据，即从记录中抽象出所达成一致意见的内容，故备忘录又是记录中主要内容的文字表现。

【案例6-6】　　星海公司与××公司会谈备忘录

中国星海公司（简称甲方）与××国××公司（简称乙方）的代表，于二〇二三年××月××日在××市甲方总部就兴办合资项目进行了初步协商，双方交换了意见，并做出有关承诺。为便于将来继续洽谈，形成备忘条款如下：

第1条　依据双方的交谈，乙方同意就合资经营××项目进行投资，投资金额大约为××万美元。投资方式待进一步磋商。甲方用厂房、场地、机器设备作为投资，其作价原则和办法，需进一步协商。

第2条　关于利润分配的原则，没有取得一致意见。乙方认为自己的投入既有资金，又有技术，应该占60%～70%，甲方则认为应该按投资比例分成。乙方代表表示，利润分配比例愿意考虑甲方的意见，希望另定时间协商确定。

第3条　合资项目生产的××产品，乙方承诺在国际市场上销售产量的45%，甲方希望乙方将销售额提高到70%～75%，其余的在中国市场上销售。

第4条　工厂的规模、合资年限以及其他有关事项，尚未详细讨论，双方都认为待第二项内容向各自的上级汇报确定后，再商议。

第5条　这次洽谈虽未能解决主要问题，但双方都表达了合作的愿望。期望在今后的两个月内再行接触，以便进一步协商洽谈合作事宜。再次洽谈的具体时间待双方磋商后再定。

甲方	乙方
代表×××（签章）：	代表×××（签章）：

二〇二三年××月××日

这是一份商务谈判备忘录。正文导言简介了谈判的基本情况和写作的目的。主体部分分条列项记录了会谈中的一致或不一致的意见和愿望，内容实在、具体，可为下一次双方继续谈判起提示作用，或者提供基础平台。全文语言朴实，格式规范，颇能体现交往备忘录的特点。

2.备忘录的结构和写法

（1）标题。标题通常有两种写法：一种直接写文种名称，即“备忘录”；另一种由单位、事由和文种组成，如“××公司与××集团公司合作开发机电产品会谈备忘录”。

（2）正文。个人备忘录和计划式备忘录的正文写法自由，不拘一格，写下事项要点即可。

商务谈判备忘录正文一般包括以下三个部分：

①导言。记录谈判的基本情况，包括双方单位名称、谈判代表姓名（与外商谈判需注明国别）、会谈时间、会谈地点、会谈项目等。

②主体。记录双方的谈判情况，包括讨论的事项，一致或不一致的意见、观点，以及做出的有关承诺。主体内容的记录类似于意向书的写法，通常采用分条列项式记录。

③结尾。备忘录多数不另写结尾。

（3）落款。由参加谈判的各方代表签字认可并标明时间。

（四）国际商务谈判合同处理艺术

1.国际商务谈判合同的特征

国际商务谈判合同由于其当事人、客体、内容及纠纷的解决都具有涉外因素，因而无论在内容上还是在表现形式上都与国内经济合同有差异。这些差异决定了国际商务谈判合同有其独有的特征，主要表现在以下几个方面：

（1）国际商务谈判合同中首先是中外双方当事人之间的一种协议。双方当事人彼此受对方国家法律的管理和支配，他们的各种资源和能力也要依各自国家法律规定来认定。同时，由于合同标的必须跨越国界，也就必然涉及各种进出海关的手续、许可证和支付结算问题以及工业产权的国际保护问题。

（2）国际商务谈判合同涉及两个国家之间的经济交往，与双方所属国家的利益密切相关，往往受到国家之间政治关系的影响。

（3）国际商务谈判合同由于主体国籍不同，这就涉及适用法律的问题。对于认定当事人的合同能力要适用属人原则，对确认合同关系要适用当事人选择的国家的法律或与合同有密切联系的国家的法律。如果当事人在履行过程中发生争议，就涉及争议处理的管辖权问题。这在合同中应予以明确。

（4）国际商务谈判合同反映的是国家之间的经济往来关系，因此受双边条约和国际条约的支配。同时，还必须力求符合国际贸易惯例的规定。

2.合同的总体构成

合同的格式与一般文章一样，由标题部分和行文部分组成，行文部分则又因文章的起承转合而相应地切分为开头部分、正文部分和结尾部分三个行文层次，这三个层次又可叫作约首、条款和约尾。

约首和约尾与合同的其他各项条款一样，也是书面合同的组成部分，具有法律或行政约束力。标题即合同名称。约首包括需方、供方的单位名称（简称甲方、乙方），签订合同的日期、地点及此项经济活动的目的等，订约日期、地点不一定要放在约首，也可以放在约尾。约尾实际上是合同的补充条款或是为了工作方便而提供的信息，一般包括下列内容：

（1）本合同一式×份，供方×份，需方×份，或供需方上级各×份。

（2）合同规定生效和作废的条件与日期。一般规定合同有效期×年，自合同签订之日起生效，×年×月×日作废或履行完毕时作废，或限期前×月另行协商续订，或根据计划协商续订，或根据生产需要协商续订。

（3）双方单位的地址、电话、电报挂号。

（4）双方单位盖章。盖单位章或合同专用章。

（5）法定代表人及经办人签名盖章。

3.合同的主要条款

谈判合同主要内容就是合同中的一些核心条款，这是谈判人员应格外注意的问题。商务谈判合同共同的核心条款大致有下述几种：

（1）标的。合同双方当事人权利和义务所指向的共同对象，叫合同的标的。这是签订合同的目的和前提。标的可以是某种实物或货币，也可以是某项工程或者某项脑力劳动成果。合同标的与谈判标的一致，如商品、劳务、工程项目等，都是谈判合同必须明确的。没有标的，双方当事人的权利和义务就无法落实，经济合同也就无法履行。但是，国家严禁生产、经营的物品，如毒品、武器等不能作为标的。

（2）数量和质量。订立合同必须有明确的数量规定，数量是衡量标的的尺度，没有数量，合同是无法生效和履行的，极易引起纠纷。对数量的要求是准确、具体，不能含糊笼统，也不能搞上下限。例如，计量单位必须确切，数据要求准确，计重量的产品还必须明确是毛重还是净重。如果标的的数量允许或者有必要规定正负差、合理磅差、自然损耗率，合同上都要规定清楚，以免引起不必要的争议。

标的质量是内在品质和外观形态的综合。它包括名称、品种、规格、型号、质量指标等。对质量标准的要求是明确、具体，如写明具体的国际标准、国家标准、部颁标准、地方标准等，若是双方协商标准，应在合同中写明指标和数据或另附协议，或提交样品。

（3）价款或酬金。这是取得标的的当事人一方偿付给对方的代价，价款或酬金是以货币数量表示的。在以货物为标的的合同中，这种支付的代价叫作价款；在以劳务为标的的合同中，这种支付的代价叫作酬金。对于价款或酬金，国家有关部门规定有标准的，按标准执行，如无标准则双方协商支付。对价款和酬金应明确规定何种货币单位、结算方式等。

（4）履行的期限、地点和方式。合同中对期限的规定应该具体、明确，不能含糊。至于双方商定可以变通期限的，也应在合同中写明。

合同的履行地点直接关系到履行费用，因此，应在合同中明确规定履行地点，并明确费用负担的归属。自提产品要确定提货的地点。送货的产品，要对交货的地点、运费负担、运价标准和途中损耗等做出规定。如果履行地点不明确的，则按惯例执行，即：交付建筑物的，在建筑物所在地履行；付给货币的，在接受付给的一方的所在地履行；其他义务在履行义务一方的所在地进行。

谈判合同履行的方式，因合同的内容不同而有所区别。例如，有的合同是以提供某种商品或劳务的方式履行，有的合同需要交付所完成的一定工作成果来履行。经济合同需用货币履行义务时，除法律另有规定的以外，必须用人民币计算和支付；除国家允许使用现金履行义务的以外，必须通过银行转账结算。此外，经济合同在规定履行方式时，可以规定一次履行或部分履行；合同中规定一次履行或没有对此专门规定的，都应一次完成合同规定的义务，在未征得对方同意时，不得擅自改变一次履行方式。

（5）包装和验收方法。凡需要包装的产品，都应有包装。国家有规定标准的，按国家规定标准包装；没有规定的，双方可以议定包装标准。验收是确定合同标的物是否得到圆满履行的必要程序。验收分为数量验收、包装验收、质量验收等。

验收无异议即认为履行了合同。验收有异议则必须在规定的时间内，由双方协商解决。超过时限才提出异议不予承认。

（6）违约责任。合同的一方或双方因过错不能履行或不能完全履行合同，侵犯另一方权利时所应负的责任，即违约责任。对违约责任做出明确的规定，可以使责任清楚，加强双方对履行合同的责任心。在经济合同中，违约所应负的责任是向对方支付违约金或赔偿经济损失，后者是当违约给对方造成的损失超过违约金时所作的赔偿。违约金具有惩罚性质，赔偿金则为经济补偿性质。我国法律规定，不得将违约金或赔偿金列入成本开支，这将促使企业重视合同的履行。

4.合同的签订过程

合同的签订过程，也是双方当事人对合同内容进行相互协商、谈判取得一致意见的过程。这个过程概括起来，一般要经过订约提议（要约）和接受提议（承诺）两个主要步骤。

（1）要约。要约是当事人一方以缔结合同为目的，向对方提出签订合同的建议、要求或一种意思的表示。提出要约的一方称要约人，对方称为受约人，又称承诺人。要约人在提出要约时，除表示订立合同的愿望外，依法还必须提出合同的主要条款，以供对方考虑是否同意要约。要约中，一般还要指明等待答复的期限。要约通常有书面方式和口头方式。书面方式通过寄送订货单、书信，发电报等提出。口头方式可以由一方向另一方当面口头提出。要约是一种法律行为，在提议到达对方时发生法律效力，对要约人有法律约束力。如果要约中规定了答复期限，要约人在规定期限内要受约束。只要在规定期限内收到了对方表示接受提议的答复，要约人就有与之订立合同的义务。在此期间，要约人不得向第三人提出同样提议或与第三人订立此项合同；否则，由此给对方造成的损失，就要负赔偿责任。但是，在下列三种情况下，要约人可以不受原要约的约束。第一，在规定期限内收到对方拒绝接受要约的答复，或者对方做出了改变原要约主要条款的答复；第二，对方超过期限才做出同意要约的答复；第三，虽然对方是在规定期限内做出同意要约的答复，但是要约人收到答复时已经过期，并且立即将此情况通知了对方。

（2）承诺。承诺即接受要约，是受约人按照要约所指定的方式，对要约的内容表示完全同意。要约一经承诺，合同即告成立。承诺人就要承担合同规定的义务。承诺也是一种法律行为。对要约的修改、部分同意或者附有条件的接受，则不能认为是接受要约，而应当看作拒绝原要约而提出的新要约，这是因为它改变了原要约的内容。

作为有效的承诺，必须具备下列条件：

第一，承诺必须由受约人做出，受约人包括本人及其授权的代理人。除此之外，任何第三人即使知道要约内容，并对此做出同意的意思表示，是承诺，也不能成立合同。

第二，承诺必须在要约有效期内做出。如果承诺的时间迟于要约的有效期限，叫作“迟到的承诺”。迟到的承诺不是有效的承诺，而是一项新的要约，必须经原要约人承诺后方能成立合同。

第三，承诺必须与要约内容一致。如果受约人在承诺中将要约的内容加以扩充、限制或变更，这就不是原要约，而是一种新的要约或反要约，它必须经原要约人承诺，方能成立合同。

第四，承诺的传递方式必须符合要约所提出的要求。如果要约人在要约中没有规定具体的传递方式，承诺人一般按照要约人采用的传递方式办理。但是，如果承诺人在要约有效期内，采用此要约指定的或比要约采取的传递方式更快的方式做出承诺，这在法律上是允许的，要约人不能因此予以拒绝。承诺也可撤回，这是承诺人阻止承诺发生效力的一种意思表示。但是，承诺的撤回必须在生效前撤回；一旦生效，合同即告成立，承诺人就不得撤回其承诺；如果撤回已生效的承诺，就是单方撕毁合同，要承担法律责任。

5.合同签订的文字处理技巧

（1）签约谨慎。在市场经济的大潮中，某些单位和个人置国法于不顾，利用签订合同诈骗定金，他们的作案手法通常是：以丰厚的利润和紧俏商品诱骗对方签订使对方无法履行的巨额合同。合同期限一到，因货款数额巨大，对方无力支付，或无法提供合同上规定的大量货源，诈骗分子便借口违约“吃掉”定金；将合同期限规定得特别短，这样在他们充当买方时对方不能按时提供货源，进而把违约金纳入自己的腰包；以哄骗、欺诈、要挟等手段提高定金数额，加大诈骗筹码。

要避免这类事件发生，应该做到：签订合同时保持清醒的头脑，切不可被“空投”的紧俏商品和丰厚利润所迷惑；在洽谈业务、签订商务合同之前，要摸清对方资产、资金、业务范围等基本情况；签订商务合同一定要量力而行，不可草率下笔，绝不可等合同签订后再去借资金、找货源。

（2）用词准确。

第一，在履行合同时，要严格按照合同办事，不能擅自增添或减少，哪怕是一个字，弄错了就会造成违约，特别要注意货单的填写。如某耐火材料公司发货员将收货单位“钢铁公司”错写成“轧钢公司”，给公司造成重大经济损失。

第二，履约是如此，签约更要谨慎，要字斟句酌，字要写得工整、准确。合同写好后要反复对照，多次检查后双方才可签字，否则造成损失，轻则违约，重则“倾家荡产”。

第三，履行合同发货时要及时通知对方，收货方也要按合同规定期限及时催货，并互相通气。这样就能避免货到人不知，造成经济损失。

第四，加强对合同法的教育学习。生意往来的合同是具有法律约束力的，任何一方违反合同规定都属违法行为，要受法律制裁。

（3）条款完备、具体。签订的合同条款必须完备、具体，条款越细、越具体、越全面，就越便于执行。尤其是质量标准、验收方法、违约责任等必须详细填写，如质量标准可具体注明依据××质量标准等；若依据样品，可对样品的具体质量进行明确，以避免不必要的合同纠纷。

签订合同条款必须字迹清楚，用语准确，特别是对容易发生合同纠纷的条款，如交货方式，时间、地点上更是如此；否则，为此打官司，双方都有损失。

（4）警惕数字陷阱。在合同签订的文字处理上，再没有比数字更能代表彼此双方的直接利益了。因此，合同中巧设数字陷阱就成了彼此利用对方某些疏忽，获取额外利益的惯用手段。

常见的数字圈套大致有：故意加错或乘错、歪曲本意、漏掉字句或者进行不正确的陈述。例如，把总收入的3%写成净收入的3%；或者本来3乘以380应该是1 140，却写成11 400；有的因签订合同时弄错了价格，却悄悄地改变了合同中产品的规格来符合自己的利益。

在签订合同时，造成这种漏洞的机会很多：①由于紧张的洽谈，过于疲劳造成头脑不清；②利用有些人一时疏忽又怕领导指责而甘愿吃亏的心理，使“阴谋”得逞；③赏罚不严，错误一旦被发现，处罚小而获利大，或者找借口搪塞过去再重新谈判。

积极的做法是：一旦发现错误，必须鼓起勇气向上级提出来，以便及使纠正；或者一口咬定对方在施诈行骗，作最强烈的指责，千万不能默认，更没有理由“放”对方过去。

学思践悟

党的二十大报告指出，中国坚持对外开放的基本国策，坚定奉行互利共赢的开放战略，不断以中国新发展为世界提供新机遇，推动建设开放型世界经济，更好惠及各国人民。中国坚持经济全球化正确方向，推动贸易和投资自由化便利化，推进双边、区域和多边合作，促进国际宏观经济政策协调，共同营造有利于发展的国际环境，共同培育全球发展新动能，反对保护主义，反对“筑墙设垒”“脱钩断链”，反对单边制裁、极限施压。中国愿加大对全球发展合作的资源投入，致力于缩小南北差距，坚定支持和帮助广大发展中国家加快发展。

影响谈判的因素是多方面的，需要在谈判前进行全面的分析和评估，以便更好地预测和应对各种可能出现的情况。

政治因素：政治稳定性、外交关系、国际关系等都可能影响谈判的进程和结果。中国一贯坚持对外开放的基本国策。

经济因素：贸易不平衡、市场准入、关税壁垒等都可能成为谈判的焦点。中国一贯坚持推动贸易和投资自由化便利化，推进双边、区域和多边合作。

文化因素：不同国家和地区的文化背景和价值观可能对谈判产生影响。例如，沟通方式、决策方式、谈判风格等都可能因文化差异而有所不同。

法律因素：国际法和国际惯例可能对谈判产生影响。例如，合同条款、知识产权保护、法律适用等都可能成为谈判的焦点。

技术因素：随着科技的发展，技术因素在谈判中的地位越来越重要。例如，技术转让、技术创新、标准化等都可能成为谈判的焦点。

地理因素：地理位置和地缘政治可能对谈判产生影响。例如，资源分布、运输成本、市场分布等都可能成为谈判的焦点。

社会因素：社会舆论、公众意见和民意可能对谈判产生影响。例如，环保问题、人权问题、劳工权益等都可能成为谈判的焦点。

复习思考题

1. 国际商务谈判语言分哪几类？
2. 国际商务谈判用语应遵循哪些原则？
3. 国际商务谈判中“问”的类型有几种？
4. 国际商务谈判中影响倾听的因素有哪些？
5. 非语言沟通有什么特点？
6. 怎样通过观察对方的眼神来推测对方谈判的心态？
7. 商务谈判合同的特点及主要条款是什么？

实训题

美国一家石油公司经理几乎断送了一笔重要的石油买卖。关于事情的经过，请听他的自述：“我会见石油输出国组织的一位阿拉伯代表，和他商谈协议书上的一些细节问题。

谈话时，他逐渐地朝我靠拢过来，直到离我15厘米才停下来。当时我并没有意识到什么，我对中东地区的风俗习惯不太熟悉。我往后退了退，在我们两人之间保持着一个我认为是适当的距离——60厘米左右。这时，只见他迟疑了一下，皱了皱眉头，随即又向我靠近过来。我不安地又退了一步。突然，我发现我的助手正焦急地盯着我，并摇头向我示意。我终于明白了他的意思。我站住不动了，在一个我觉得最别扭、最不舒服的位置上谈妥了这笔交易。”

案例来源　刘园．国际商务谈判［M］．北京：首都经济贸易大学出版社，2007：285．有改动。

问题：阿拉伯代表为什么对美国代表的后退皱起了眉头？美国代表的助手在向他示意什么？该项谈判最终成功的关键是什么？

案例分析题

【案例】山东某市塑料编织袋厂获悉日本某株式会社准备向我国出售先进的塑料编织袋生产线，于是厂长立即出马与日商谈判。谈判桌上，日方代表开价240万美元，我方厂长立即答复：“据我们掌握的情报，西方公司所提供的产品与你们完全一样，开价只是贵方一半，我建议你们重新报价。”一夜之间，日本人列出详细价目清单，第二天报出总价180万美元。随后在持续9天的谈判中，日方在130万美元价格上再不妥协。我方厂长有意同另一家西方公司做了洽谈联系，日方得悉，总价立即降至120万美元。我方厂长仍不签字，日方嘲笑中方不忠诚，我方厂长拍案而起：“中国不再是几十年前任人摆布的中国了，你们的价格、你们的态度都是我们不能接受的！”说罢把提包甩在桌上，里面那些西方某公司设备的照片散了满地。日方代表大吃一惊，忙要求说：“先生，我的权限到此为止，请允许我再同厂方联系请示后再商量。”第二天，日方宣布降价为110万美元。我方厂长在拍板成交的同时，提出安装所需费用一概由日方承担。

案例来源　佚名．习题［EB/OL］．［2023-02-11］．https：//www.shangxueba.com/pufa/2IR2RXMN.html.

问题：中方厂长是靠什么取胜的？我们可以从中得到什么启示？

第六章案例分析题参考答案

第七章

国际商务谈判礼仪

※学习目标

通过本章学习，你应该：

√掌握并能运用常用的商务谈判礼仪和礼节，如迎送客人、介绍等；

√熟悉包括宴请、赴宴、签约礼仪要求和相关礼节要求；

√了解商务谈判中的其他礼仪和礼节。

※重点提示

学习本章前，先对以下内容有一个初步印象，等学习完本章后再看看对这些内容的把握程度：

√国际商务谈判中相关的礼仪和礼节；

√宴请、赴宴、签约礼仪要求和相关礼节要求。

※引导案例

败在礼仪

某印度公司与一家德国公司进行了一场关于一项重要项目的谈判。在谈判过程中，印方代表在表达自己的观点时非常激动，甚至有些粗鲁。他们不断地用手势和语言来表达自己的情绪，用手拍打桌子，大声地喊话，用手指着对方表达自己的想法。德方代表则表现得非常克制和有礼貌，他们在谈判中保持着冷静和专业的态度，始终用礼貌的语言来表达自己的观点。虽然双方在谈判中都提出了自己的要求，但是由于印方代表的不礼貌行为，德方代表对印方的信任度大大降低，最终导致谈判破裂。

【问题】一项成功在望的谈判，为什么败在礼仪？

【案例评析】从上面的案例中可以看出，谈判中参与人的言谈举止所体现出的修养和气度是何等重要，有时关乎谈判的成败。

第一节　国际商务谈判的仪表礼仪

礼仪是国际商务谈判的重要组成部分，是每个参与者必须遵守的规则，可由于国与国之间的文化差异，对一国商人得体的礼仪，对另一国商人则可能显得不得体，甚至是失礼，从而产生误会、摩擦，有时甚至导致商务谈判失败。作为国际商务谈判人员，了解这些文化差异并采取相应的措施就显得十分必要。

一、礼仪在国际商务谈判中的作用

礼仪是指在人际交往之中，自始至终地以一定的、约定俗成的程序、方式来表现的律己、敬人的完整行为。所谓商务谈判礼仪，就是指在长期的商务谈判交往过程中，满足迎合文化的适应性而形成的行为或活动的规范。

国际商务谈判礼仪的作用一是律己，二是敬人，三是反映一国的文明程度。

所谓律己，就是用一定的礼仪来规范自己的行为，表现出良好的内在修养，不仅使自己充满自信，而且获得对方的尊重。

所谓敬人，就是通过一定的礼仪，更好地向对方表达尊重、友好与善意，增进彼此的信任和友谊。

所谓反映一国的文明程度，是因为国际商务谈判是跨国界的商务活动，它不仅仅是个体行为，而且还是一个民族行为。得体的礼仪在一定程度上反映了一个国家、一个民族的文明、文化程度和社会风尚。

礼仪是一种知识、修养与文明程度的综合表现，细节体现个人的教养、展现个人的素质，细节决定成败。如赴约要遵守时间，既不要早到，也不要晚到；宴会要注意主人对餐桌次序的安排；在正式的场合，要注意穿戴合适。

在商务谈判中，礼仪也是影响谈判的气氛与进程的一个重要因素。跟谈判对手打交道，如果不遵守礼仪规范，对方会觉得不受尊重，或者认为差距很大，不值得交往。因此，商务谈判人员要十分注意社交规范，尊重对方的文化背景和风俗习惯，这对于赢得对方尊重和信任，推动谈判顺利进行，特别是在关键场合、同关键人物谈判中，往往能起到积极的作用。

比如，有一次一位重要人物来上海谈判一个合作项目，上海是他漫长旅途的最后一站，了解这位客人的东道主在送客人去下榻宾馆的途中，特意在车上播放了一段来宾家乡的音乐，客人感到很亲切，他高兴地对谈判对手说："我就要回家了，相信上海之行是我此次旅行最顺利的一站。"可见，知晓礼仪、尊重对手是一个谈判人员对谈判所做的最小投资，而由此获得的回报却常常是难以估量的。

注重礼仪的内容还包括谈判人员在谈判破裂时能给对方留住面子，不伤人感情，并为以后的合作与交往留下余地，做到"生意不成友情在"，这样就会有越来越多的客商愿意与你发展合作关系。

总之，国际商务谈判礼仪是国际商务人员必须遵守的行为准则。无论面对哪种文化，恰当的礼仪意味着在尊重别人的前提下，保持自己的价值观，不需要卑屈地仿效他国的礼仪来讨好对方，只需了解对方的文化习俗，熟悉文化差异，以免失礼，冒犯对方，或产生不愉快，导致商务谈判失败

二、形象塑造

作为一名国际商务谈判人员，在任何场合都要注意仪表端庄、举止文明，以体现良好的教养，同时也体现组织的形象。一个有修养的人，必须从一举手一投足做起。

仪表方面要做到：

(1) 服饰要清洁、整齐、挺括，皮鞋要上油擦亮，布鞋要刷洗干净，男子穿中山装要扣好领扣、领钩、裤扣。穿长袖衬衣，要将前后摆塞在裤内，袖口不要卷起；穿短袖衬

衣、T恤衫时，下摆不要塞在裤内，长裤不要卷起，在公众场合下不能穿短裤和赤脚穿凉鞋。

（2）注意个人卫生，头发应经常梳理，胡须要刮净，指甲要修剪，鼻毛应剪短，要保持个人外貌整洁美观。

（3）社交中，在室内一般不要戴墨镜，就是在室外，遇到隆重的仪式或欢迎等礼节性场合，也不应戴墨镜。有眼疾须戴墨镜时，应向客人或主人说明，在握手或说话时将墨镜摘下，离别时再戴上。

举止方面，要落落大方、端庄稳重，表情自然诚恳、和蔼可亲，应注意以下几点：

（1）注意在公共场所的卫生、道德，不要随地吐痰、随地乱丢果皮纸屑。在公众场合，不要抠鼻孔、掏耳朵、搓泥垢、剔牙齿、修指甲、搔痒、脱鞋袜等。擤鼻涕时，须用手帕掩住口鼻，并转脸低头避开对方。咳嗽时应用手帕捂住嘴。

（2）在严肃庄重的场合，不交头接耳、东张西望，更不能萎靡不振。

（3）在公共场所抽烟必须注意吸烟的规则，在挂有“禁止吸烟”或“请不要吸烟”标志牌的地方不可吸烟。国际商务人员如到一个新地方，进入新的场合如私人住宅、办公室等，应先问一下主人：“我可以吸烟吗？”如有女士在座，还得征得女士同意，若无人反对方可抽烟。若逢主人不吸烟，又未请吸烟时，国际商务谈判人员最好不吸烟。吸烟时烟灰应弹在烟灰缸内，吸完烟要将烟头熄灭。

（4）坐有坐相，站有站相。站立时身子要挺直，不要歪在一旁，不要半坐在桌子和椅背上。坐时，不要坐满椅子或背靠椅背上，不要摇腿、跷二郎腿和叉开双腿。走时，脚要轻，稳重，两人行走时，不要勾肩搭背。

总之，国际商务谈判人员举止文雅、大方，能显示出自己的修养，气质，博得公众的好感、信任，为自己和组织树立良好的形象。

三、国际商务谈判中的服饰礼仪

服饰礼仪是国际商务谈判中最基本的礼仪。得体的服饰，不仅是个人仪表美、素质高的表现，而且还是对他人的尊重。在国际商务谈判中，谈判人员的服饰，总的要求是大方、庄重、高雅。要从自己的经济状况、职业特点、体型、精神、气质出发，做到适中、和谐、均衡，给人以潇洒、稳健的感觉。如果在国外进行谈判，服饰要尽可能与谈判对手国相匹配，尊重当地的习惯与东道主的要求。

（一）男性着装

对于男性，一般应穿西装系领带。一套非常合体的深色套服，常是蓝色、灰色或黑色，会适合大多数国家，包括出席谈判宴会或看演出。这些颜色会带给谈判对手稳重、成熟、严谨的可信任感觉。

西装是一种国际性服装，被认为是男士魅力的象征。西装已成为人们上班，出席典礼、宴会及正式场合的经典服装。在礼仪活动中，必须懂得西装的着装要求。

1.上衣

西装袖子的长度以达到手腕为宜，西装衬衫的袖长应比西装袖子长出1～2厘米，这样可以用白色衬衫衬托西装的美观，显得更活泼有生机。衬衫白领露出部分与袖口露出部分应一样，有一种匀称感。

在西装左袖口处有一长方形窄商标，精细的程度标志着手工的优劣，也标明是什么品牌。穿着时一定要拆掉，因为这是穿西装的规矩。

西装衣袋的整理十分重要，所有口袋不要因放置钱包、名片、香烟、打火机等物品而鼓起来。西装上衣在胸外的衣袋可以装折叠好的手帕（如图7-1所示），起装饰作用，其他东西不可装入。

图7-1　西装左胸口袋手帕卷花形

有些物品可以装在西装上衣内侧衣袋里，左胸内侧衣袋可以装工作证、记事本和笔，右胸内侧衣袋可以装名片、钱包之类的东西，使左右平衡。在内口袋底下，往往还有一个小口袋，可放香烟、打火机。西装的驳领上通常有一个扣眼，叫插花眼，是参加婚礼、葬礼或出席盛大宴会、典礼时插鲜花用的。

西装有单排纽扣和双排纽扣两种。单排纽扣有1、2、3粒之分，双排纽扣有4、6粒之分。单排1粒钮的应扣上，3粒钮的应扣上面两粒或扣中间那粒扣，穿单排两扣的西装，一般不系扣，在较隆重的场合可以系扣，但只系上面一个扣。对于双排扣的西装，坐下时可以将扣解开，但站立或行走时必须把扣系上。西装背心如果是6粒纽扣，最底下的那粒可以不扣，如果是5粒钮的，应全部扣上。

上衣要穿出优雅、威严的风度，单排扣上装通常以恰好盖到臀部为准；双排扣上装的衣身要比单排扣稍长。通常上衣的长度是穿上鞋后，由颈部到鞋跟的1/2。

2. 裤子

裤袋也和上衣袋一样，不可装东西，以求臀围合适、裤型美观。裤子后兜可以装手帕。

西裤的长度不能超过鞋跟，裤长以裤脚接触脚背为宜。

西装的袖口和裤边都不能卷起。

3. 背心

西装背心必须做得贴身。在办公室工作时，可以脱去上衣后穿着背心，但必须注意，制作背心前后身的面料与上衣的面料应相同，否则不可脱去上衣穿背心。还要注意不可让领带的下端从背心前襟下露出来，皮带的带扣也不应时隐时现地露在外面。

4. 衬衫

西装以衬衫为内衣。衬衫的领子和袖口要硬挺，不能皱皱巴巴，或满是油迹污渍，否则，再好的西装也会受到影响。衬衣的下摆必须放在裤子里。与西装相配时，除注意色彩、领型等的协调外，还要注意衬衫衣袖和领口要露出西装上装1～2厘米，以显出穿着的层次。

穿西装一般里面不宜穿羊毛衫，如果天气较冷，衬衫外面也可以穿毛衫，但以一件为宜，不要一件又一件，穿着过分臃肿，以致破坏西装的线条美。

5. 领带

西装翻领的“V”字区最显眼，领带处在这个部位的中心，有人曾说：“领带是男装服饰的灵魂。”

领带是西装的一个组成部分，对西装的美观起着重要的点缀作用，在正式场合要求打好领带，而非正式场合不打领带也不算失礼。

凡是正式场合，穿西装都应系领带。领带上色彩、图纹可以根据西装的色彩配置，以达到相映生辉的效果。穿羊毛衫时，领带应放在羊毛衫内。系领带时，衬衫的第一个纽扣要扣好。非正式场合可以不系领带，但衬衫领口第一个扣应敞开，否则，给人的感觉是这个人忘了打领带。在日常生活中，只穿衬衣（包括短袖衬衫）也可系领带，但衬衣下摆必须放在裤子里面。在服装领域里，领带已不仅仅是男士的装饰物，而且已经为女性所使用，当女性在衬衫上系上细窄的领带时，会更增添其典雅的淑女风范。

领带应和服装的颜色相互协调，与体型、肤色相配合。黑西装、白衬衫，应选灰色、蓝色领带；灰西装、白衬衫，宜选灰色、花色的领带；要避免条纹或醒目颜色的领带与花哨的方格呢西装相配。个子高的人可系单花领带，花色必须朴素大方；个子矮的人，最好不要选择细线条和色彩冷暖对比强烈的领带；脖子长的人可系大花领带，切勿戴蝴蝶结；皮肤黑的人不要选色彩鲜艳的领带；对于胖人显然以宽领带为宜。在商务活动中系的领带，色彩与图案宜传统保守；在社交活动中系的领带，色彩与图案可鲜艳时尚一些。

在正式场合穿礼服时，可配以黑色或白色领结。现在使用领带夹的人很多，它实际上是领带夹、领带棒、领带针和领带别针的统称，起着固定领带的作用。领带夹的位置不能太靠上，从上往下数衬衫的第四粒纽扣为好，西装上衣系扣子以后，领带夹应当是看不见的。

6.鞋袜

常言道，鞋袜半身衣。可见，只有好看的衣着还不够，还要配上合适的鞋袜，这样搭配才算完美。

成语有道是“西装革履”，穿西装一定要穿皮鞋，而且最好穿黑色皮鞋，而不能穿旅游鞋、轻便鞋或布鞋，否则会令人发笑。皮鞋要上油擦亮，不能蒙满灰尘。袜子起到衔接裤子与鞋的作用，一般应穿与裤子、鞋同类颜色或较深颜色的袜子。

（二）女性着装

对于女性，职业套装则是最佳选择，这在世界任何地方都适用。在冬、春、秋季节进行谈判时，女性以西装套裙为佳，在一般性会谈中，女性可穿着毛衣套装，外配风衣或大衣。在夏季，女性着装也应以西装套裙为主，但也可着连衣裙或长、短袖衬衫配西裤或西裙。

女性切忌穿T恤衫、紧身毛线衣及太露、太透的服装，穿裙装时吊袜带、袜口不能暴露在外，一定要穿长筒丝袜。袜子的色彩和纹路不可鲜艳夺目，不可穿网眼款式，一般以肉色为主，袜子不可走丝或残破。最好不穿凉鞋，特别是无后带凉鞋。

首饰的佩戴是女性在国际商务谈判活动中遇到的另一重要问题。得体的首饰、化妆可以给人以优雅端庄的感觉，会赢得对方的尊重和赞赏。首饰的款式不应夸张，切忌佩戴太多首饰，适当点缀一两件即可。首饰色泽应与服饰协调，质地相同，色彩一致。不可佩戴有特殊忌讳，特别是不能佩戴侵犯谈判对方民俗禁忌的首饰。

无论男性或女性，稀奇的发型、过分的化妆、大量的珠宝、浓浓的香水味都会损坏商务职业人员的形象，给外国商人送去错误的信号。

中国有句俗话：穿衣戴帽，各有所好。在日常生活中是这样，可在国际商务谈判中却是大忌。

四、部分国家服饰礼仪的特点

日本人比较注意衣着。在正式场合要穿礼服，男士一般只穿成套的衣服，上装不宜只穿衬衣或短袖衫。穿长袖衣服时也不宜卷起袖子。在天气炎热时，主人没有请客人宽衣，则不能随意脱衣服。在一般场合，只穿背心或赤脚也是失礼的。

在欧洲大陆，西服是人们通常的服装。即使是炎热的7月，在办公室、饭店及大街上到处可见穿西服的人。在美国，人们已敞开了他们的西服外套，而欧洲人却仍然扣着扣子。妇女从不穿短裤去上班，也不穿短裤到讲究衣着的饭店进餐，也不穿长裤，只穿裙装。

在丹麦、挪威等国家，那里冬季漫长，所以人们喜爱夏天。在夏天，穿着袒露面积很大的泳装的人到处可见。

在英国，如果收到标有“白领结或黑领结”字样的请柬时，表明男人必须穿正式服装，并佩戴适当的领带，穿黑色袜子等；妇女则必须穿长裙。

在阿拉伯国家，衣着不整，会遭到惩罚。即使在当地美国式的旅馆中，也最好不要穿诸如短裤、短裙、无袖衫或大开领的服装以及比基尼服装等。坐着的时候，不能以鞋底冲着当地的东道主，那是侮辱人的举止。

在日本、韩国、朝鲜，进屋前应当脱鞋，脱下的鞋要整齐放好。鞋尖指向进门的方向，这一点在日本尤为重要。

在印度或印度尼西亚家庭，若主人赤脚，客人也应如此，并切记在脱鞋处将鞋面向房门排放整齐。

非洲男女服装的扣子和中国不一样。中国的服装，男女服装的扣子是一个方向的，而非洲服装的男女方向正好相反。男的服装是一个方向，女的服装是一个方向。这些都是小节，但小节问题往往决定一些商品的最终销售。

【案例7-1】

某韩国公司与一家英国公司进行了一场关于数控设备采购项目的谈判。在谈判前，韩方代表中的会长的儿子没有意识到商务谈判的重要性，穿着非常随意，穿着休闲装、运动鞋坐在谈判桌的主位。英方代表则非常注重商务礼仪，穿着正式的西装和领带。谈判过程中英方代表脸上始终没有出现笑容。英方代表对韩方的信任度大大降低，本应两天半的谈判日程，仅仅1个小时便草草结束。最终谈判破裂，韩方未能采购到所需数控设备。

第二节　国际商务谈判的交往礼仪

礼仪作为一种道德规范，是人类文明的重要表现形式。作为一种交际规范，礼仪是对客人表示尊敬的方式。它在一定程度上反映了一个国家、一个民族进步、兴旺的标志，同时也反映一个人的文化修养和道德水准。因此，懂得并掌握必要的礼仪礼节，是国际商务谈判人员必须具备的基本素养。

一、国际交往规则

（一）维护形象

在国际交往中，人们普遍对交往对象的个人形象倍加关注，并且都十分重视、遵照规范得体的方式塑造、维护自己的个人形象。在涉外交往中，每个人都必须时时刻刻注意维护自身形象，特别是要注意维护自己在正式场合留给初次见面的外国友人的第一印象。

（二）不卑不亢

不卑不亢是国际交往中的一项基本原则。它的主要要求是：每一个人在参与国际交往时，都必须意识到自己在外国人的眼里，是代表着自己的国家，代表着自己的民族，代表着自己的所在单位。因此，其言行应当从容得体，堂堂正正。在外国人面前既不应该表现得畏惧自卑、低三下四，也不应该表现得自大狂傲，放肆嚣张。

周恩来同志曾经要求中国的涉外人员“具备高度的社会主义觉悟、坚定的政治立场和严格的组织纪律，在任何复杂艰险的情况下，对祖国赤胆忠心，为维护国家利益和民族尊严，甚至不惜牺牲个人一切”。

（三）求同存异

求大同存小异是谈判的一条原则，也是国际交往的规则。在交往时，“求同”就是要遵守礼仪的国际惯例，“存异”就是不要否定他国的礼仪习俗。每个国家和民族，由于不同的历史、宗教等因素，各有其特殊的风俗习惯和礼节，国际商务交往中应给予尊重。对于中外礼仪与习俗的差异性，应当予以承认。重要的是要了解，而不是要评判是非，鉴定优劣。

（四）信守约定

1.掌握约定的时间

预约的前提是要尊重对方的选择，在此前提下，再商定到访的具体时间。作为客人，对主人提出的具体时间，应予以优先考虑；客人提出方案时，最好多提供几种方案供主人选择。

2.了解约定人数

预约时，宾主双方应事先通报各自到场的具体人数及其身份，竭力避免自己一方中出现令对方反感的人员。双方人员已经约定，就不能随意变动。尤其是客人一方，一定不能随意增加拜访人数，否则会令主人应接不暇，打乱主人的安排和计划。

3.遵守已有约定

在国际商务交往中，如果和交往对象已有约定，就一定要依约而至，信守承诺。既不要早到，让对手措手不及；也不要迟到，让对方等待。如有特殊原因需要变更约定，要尽早通知对方，并向对方致歉。

（五）热情有度

热情有度是指在国际商务谈判时，不仅待人要热情友好，更为重要的是，要把握好待人热情友好的具体分寸；否则就会事与愿违，过犹不及。

关心他人比关心自己为重是中华民族的传统美德，但是绝不能关心不该自己关心的事，要尊重他人的隐私。谈话内容一般不要涉及疾病、死亡等不愉快的话题，不要随意谈论一些荒诞不经、耸人听闻、黄色淫秽的事情，不要随意谈论、批评或讥讽第三人，也不要随意谈论国家的内政及外交、宗教问题。不询问女士的年龄、婚姻状况；不询问对方履历、工资、财产、衣饰价格等。

在国际商务交往中，适度的谦虚是必要的，也是令人尊敬的。但是，在那些推崇个性、强调自我表现的民族和国家面前，一定要意识到过分的谦虚会被对方误会，这就是谦虚要把握好度的含义。在许多外国客商看来，过分的谦虚往往是不必要的，过分的谦虚是没有实力或虚伪做作的表现。

（六）女士优先

女士优先是国际社会公认的一条重要的礼仪原则，它主要适用于成年的异性进行社交活动之时。“女士优先”的含义是：在一切社交场合，每一名成年男子都有义务主动自觉地以自己的实际行动，去尊重、照顾、保护、关心、体谅女性，这是一个男士最基本的教养，具体要求包括：进门、出门时，男士要为女士开门；在女士面前，有教养的男士是不可以吸烟的；当女士落座或起立时，男士要为女士拉起凳子，或者推进椅子；当女士在衣帽间更换外套时，在场男士应予以协助；当女士在室内行走时，如果手提笨重物品，男士要上前主动提供帮助；当女士遭遇尴尬和难堪时，男士应主动上前排忧解难。

（七）以右为尊

正式的国际商务交往中，依照国际惯例，将多人进行并排排列时，最基本的规则是“右高左低”，即：以右为上，以左为下；以右为尊，以左为卑。只要遵循这一原则，就能以不变应万变，处理好各种情况，不会发生失礼于人的问题。

二、见面礼仪

见面是商务谈判中的一项重要活动。见面礼仪主要包括称呼礼仪、介绍礼仪、握手礼仪和名片的使用。

（一）称呼礼仪

称呼是问候的“先行官”，是人们在交往过程中双方身份的体现。由于各国、各民族的语言不同，风俗习惯各异，因此在称呼上差别很大，如不小心出错，不仅会引起对方的反感，而且会危及谈判的成功。

传统上，在中国一直惯用并通用的称呼是“同志”，前面冠以姓氏或名字，随着时代变迁，现在日常生活中已很少用“同志”。对体力劳动者一般称“师傅”。对记者、教师、医生、律师可以直接按职业进行称呼，如李记者、王老师、杨大夫、张律师等。

在国际交往中，应遵循国际上通行的称呼惯例。外国人的姓名，排列是名在前，姓在后，口头称呼一般称姓，正式场合一般要全称，只有朋友、熟人、家人之间才以名相称。对外国人姓名的称呼一定要根据不同国家的情况，切忌乱称。除了姓名称谓，在国外，对男子一般称先生，对未婚的女子称“小姐”，已婚的女子称“夫人”，不知其婚姻状况的可称“小姐”，在较正式的场合，可称“女士”。

对地位高的官方人士，一般为部长以上的高级官员，按国家情况称为“阁下”“先生”或职衔，如“部长阁下”“总统先生”等。但美国、墨西哥、德国等国没有称“阁下”的习惯，因此可称呼其为“先生”。对有地位的女士称“夫人”，对有高级官衔的妇女，也可称“阁下”。

俄罗斯等国还有称“公民”的习惯。在日本对妇女一般称女士、小姐，对身份高的也称“先生”，如“中岛京子先生”。在日本，“先生”一词只限于称呼教师、医生、年长者、上级或有特殊贡献的人，对一般人称“先生”，会使他处于尴尬境地。

称呼顺序的基本原则是“先长后幼、先上后下、先疏后亲、先外后内”。

（二）介绍礼仪

介绍是一切社交活动的开始。人们常说：“第一印象是黄金。”介绍是指从中沟通，使双方建立关系的意思。介绍和被介绍，是一种经常采用的社交形式。在社交场合中，介绍有各种各样的方式。如果按照介绍者来区分，分自我介绍和他人介绍两种。

1.自我介绍

自我介绍就是自我推销。人与人之间的相识，往往是从自我介绍开始的。自我介绍是推销自己形象和价值的一种重要方法和手段。在作自我介绍时，应注意以下几点：

（1）必须镇定而充满自信，清晰地报出自己的姓名，要善于用眼神表达自己的感情。

（2）简单介绍自己的性格、特长和兴趣爱好，这样会给人一种关系融洽的感觉。

（3）自我介绍时不能把自己的地位和成就直接说出来。如不能说“我是××单位领导”，而应该说“我姓李，在××单位工作”。

2.他人介绍

他人介绍是一种“复合”的交往活动。在国际商务谈判中，一般由双方主谈人或主要负责人相互介绍各自的组成人员。为他人介绍时，面对不同的介绍对象应遵循以下原则：

（1）在介绍过程中，先提某人的姓名是对他（她）的一种敬意。具体有以下几点：一是把年轻的介绍给年长的，这是对前辈、长者的尊敬。二是把男子介绍给女子。如果男子身份或年龄明显比女子高得多的话，应遵循先幼后长的原则。三是把职务低的介绍给职务高的。在商务介绍中，不分男女老少，只凭社会地位的高低为衡量的标准，遵从社会地位高者有了解对方的优先权的原则，在任何场合，都是将社会地位低者介绍给社会地位高者。四是把未婚的介绍给已婚的，如果未婚的女子明显年长，则遵循先幼后长的原则，即把已婚的介绍给未婚的。五是先把客人介绍给主人。

（2）介绍时要注意表情、手势、体态等。无论介绍哪一方，都应手心朝上，手背朝下，四指并拢，拇指张开，指向被介绍的一方，并向另一方点头微笑，做以介绍。男子之间彼此相识后通常要握手。男女青年被介绍给长者则都要握握手。男性被介绍给女性时，女性一般点头致意。

介绍一般是双方主谈各自介绍自己小组的成员，顺序是女士优先，职位高的优先，称呼通常为“女士”“小姐”“先生”。中国人有一个称呼叫“同志”，翻译成英语是“comrade”，在西方的某些国家，意思是“同性恋”，所以为避免误会，在商务谈判中应禁用此词。

（三）握手礼仪

握手是中国人最常用的一种见面礼，也是国际上通用的礼节。握手貌似简单，但这个小小的动作却关系着个人及公司的形象，影响到谈判的成功。

这个礼节据说是石器时代穴居人留下的一种遗俗。那时，人们在狩猎和战争过程中，手中常拿着武器，当陌生人相遇时，若双方都无恶意，就要放下手中的武器，然后向对方敞开双掌，亮出手心，意思是手中没有武器，表示友好。随着时代的变迁，此种遗俗逐渐演变成一种两手相握的礼节形式，现在世界各地都使用。

1.握手的顺序

通常年长者、女士、职位高者、上级、老师、主人先伸手，然后年轻者、男士、职位低者、下级、学生、客人及时与之呼应。具体地说，男女之间，先伸手的应是女性，男性则立即伸手回握，绝不能男士先伸手，这样不但失礼，而且还有占人便宜的嫌疑。男士如果伸出手来，女士一般不要拒绝，以免造成尴尬的局面。宾主之间，主人有先伸手的义务。如果接待来宾，不论男女，女主人都应主动先伸出手。对于女客人，男主人也可先伸手，以示欢迎。告别时，客人先伸手表示再见。同性的，年长的先伸手，年轻的立即回握，身份高的先伸手，身份低的立即回握。

2.握手的方式

握手时用右手，掌心向左，手掌与地面垂直。伸出左手与人握手是不礼貌的。握手时，面向对方，面带微笑，上身略前倾，头略低一点，以示恭敬。不可以俯视地面或东张西望。

中国人初次见面，通常是握到为止，一般不会过重。欧美人则喜欢用力握对方的手，握得太轻则被认为是软弱、没有信心的表现。

握手的时间不宜太长，也不宜太短，国际上通用的标准是三到五秒为宜。但老朋友重逢，或谈判中达成了一项重大协议，或谈判成功签字后，握手的时间可略长。

3.握手应注意的事项

（1）戴着手套握手是失礼行为。男士勿戴帽子和手套与他人握手，军人不脱帽先行军礼，然后再握手。

（2）与客人见面或告辞时，不要隔着门槛与人握手，要么进屋，要么出门外。不要坐着与人握手。不要用左手与人握手。

（3）如果坐在办公桌后面，不要隔着办公桌与人握手，在人多的社交场合，需要与多人握手时，注意不要交叉握手。

【案例7-2】

某公司的CEO参加了一个国际商务会议，会议期间，他与一位来自土耳其的商业伙伴进行了深入的洽谈。在会议期间，他们互相介绍了自己的公司和业务。但是，在握手的过程中，该公司的CEO因右手有类风湿疾病而羞于见人，无奈用左手与对方握手，对方马上表现出了明显的不悦。尽管该公司的CEO立即道歉并试图缓和局面，但这位土耳其商业伙伴始终表现出冷淡和不信任的态度，最终他们没有达成任何合作意向。

在有些国家，左手是不能用来从事如签字、握手、拿食物等“干净”的工作的，否则会被看作粗鲁的表现。这次商务谈判失败，就是因为CEO不了解这一文化差异。

握手礼仪在社交场合应用很广泛，我们在具体操作中应本着“礼貌待人，自然得体”的原则，灵活地掌握和应用，既不出闪失，又使对方满意，以显示自己的修养和对对方的尊重。

当然，在有些国家见面时并不握手，譬如日本、韩国常采用鞠躬的方式，泰国采用双手合十的方式，法国人采用亲吻的方式，阿根廷人不仅亲吻而且拥抱，男人亲吻女人，女人亲吻女人，但男人不亲吻男人。在大多数非洲国家，习惯用身体打招呼——长时间地把手放在客人的肩上。至于选择采用何种见面礼仪，应视不同文化而定，入乡随俗是上策。

（四）名片的使用

随着社交活动的频繁，名片作为个人用作交际或送给友人作纪念的一种介绍性媒介物越来越普遍。在国际商务谈判中，应根据有关国家的礼仪来决定名片如何交换。在呈送名片时应注意以下几点：

1.交换名片的顺序

一般是地位低者、晚辈或客人递给地位高者、长辈或主人，再由地位高者、长辈或主人予以回赠，即“先低后高，先客后主”。倘若上级或长辈先递名片，此时作为下级或晚辈不必谦让，大大方方收下即可。当与多人交换名片时，应依照职位高低的顺序，或由近及远，依次进行，切勿跳跃式地进行，以免对方误认为有厚此薄彼之感。

2.设计有两种语言的名片

设计一面是中文、另一面是英文或东道主国家语言的名片。在名片上，应标有职务和头衔，这种头衔有助于对方给你以恰当的礼遇。

3.正确的名片递接法

（1）递名片时动作洒脱、大方，态度从容、自然，表情要亲切、谦恭。

（2）名片应放在容易拿出来的地方（如西装上衣的内兜里），否则需要时东翻西找，十分不雅。

（3）呈名片时，最好欠身双手递给对方，应把英文或东道主国家文字的那一面朝上，名片的中文面朝下，并以能让对方顺着读出内容的方向送递，并附带说一句“请多关照”或“请多联系”。

（4）如自己的名字难读或有特别读法时，在递交名片时不妨由自己加以说明。

（5）接受名片时，也应双手接过并致谢，而且要认真看一遍，尽量记住对方的姓名、职务、工作单位，然后郑重收好。切忌将名片随便丢在桌上或长时间拿在手上玩，也不要放在臀部后面的口袋里。不可把其他东西压在名片上，这会使对方感到受了侮辱。

4.了解递交名片的场所与时机

在美国和澳大利亚，交换名片比较随意，有时甚至不需要交换。但在有些国家，交换名片则显得比较正式、隆重。

在日本，交换名片是在鞠躬和自我介绍后进行的，客人先递交名片。如果你是被介绍者，则递交名片必须在被介绍之后进行。

在阿拉伯国家，名片一般是在会面后进行，但也往往在握手时交换名片。

在葡萄牙，名片交换是在见面后立即进行。

在丹麦，名片交换是在见面开始时进行。

在荷兰和意大利，通常是在第一次见面时递交名片。

三、世界主要国家日常交往的禁忌

（一）欧美国家和地区日常交往的禁忌

在欧美国家和地区，打嗝、吐唾沫要向周围的人道歉；蹲着或敞开腿坐都不雅观，周围的人会难为情；不要当着别人的面脱鞋；不要当着别人的面提裤子；不要当着别人的面剔牙；上自动电梯要靠右边站，把左边让给有急事的人；不要并排走路，以免碰到别人的身体。

另外，在欧美国家和地区不要忘记女士优先：要帮助女士脱大衣；如有要寄存的东西，牌号由男士带着；对于女士或比自己身份高的人，要等对方先把手伸出来才握手；作介绍时，要把男士先介绍给女士，把身份低的人先介绍给身份高的人。

法国人认为用手捂着嘴笑是情人之间的秘密暗示，英国人则认为是嘲笑人；在欧美国家，不要一只手放在口袋里，另一只手与人握手，不可点头哈腰跟人握手，在室外可以戴手套握手，不过男士应站立且脱帽；在女士面前要脱帽；不要用手指着人家的鼻子；穿无袖上衣是不准进教堂的；做礼拜时一定要严肃；在英国一次不能给三个人点烟；英国人认为黑猫是不祥之物，商品包装忌用；在法国，核桃被认为是不祥之物；在匈牙利，如果有人不小心打碎了玻璃，会被认为是厄运的先兆。

（二）亚洲、大洋洲各国日常交往的禁忌

在日本拍照时要注意礼貌。给人拍照时，一定要先得到对方的同意，拍别人悲伤的样子或追逐女人拍照都不礼貌；在许多舞厅、剧场禁止使用闪光灯；不能随便脱衣服，即使在一起的都是男人，日本人也不愿让人看见自己的皮肤。在印度、中东地区也是如此。另外，在日本不要送荷花，它意味着祭奠。在菲律宾，衣着要整齐；要遵照女士优先的原则；在餐厅里不要把手放在口袋中，菲律宾人与欧美人一样，认为口袋里很脏。

在新加坡，随地吐痰要被罚款。嘴里叼着香烟走路和在路上倒垃圾也要被罚款。在泰国，佛像、王室、僧侣是受泰国人尊敬的，泰国禁止僧侣接触妇女，也不能直接从妇女的手中拿东西。在印度，不允许用左手抓饭或递东西，左手被认为是不干净的，中东某些地区也是如此。印度妇女可以露出肚脐，但不可露出脚，否则，乞丐会用手来摸她的脚，所以去印度的妇女要准备长裙或长裤。在阿拉伯国家，穿脏衣服出门会被认为是坏人；不要轻易跟年轻的妇女搭话，更不能给她们拍照；在叙利亚，不要把手放在裤兜里或抱着胳膊和人讲话，这样会被认为是瞧不起人的表现。

（三）其他禁忌

1.数字的禁忌

商务社交礼仪中，数字的忌讳在很多国家都存在。西方人普遍认为13这个数字是凶险不吉利的，应尽量避免。西方人还普遍认为星期五也不吉利。因为按基督教的传说，耶稣是在星期五被钉死的。另一种传说认为，星期五是亚当和夏娃违反上帝禁令，偷吃了伊甸园的禁果犯了罪被赶出天堂的一天。西方人在13日一般不举行活动，甚至门牌号、旅馆号、楼层、宴会桌号、车队汽车的编号等都不用13这个数字，宴请也不安排在13日举行，更忌讳13人同席共餐。如果13日与星期五碰巧在同一天，那这天就被称为“黑色星期五”。

非洲大多数国家认为奇数带有消极的色彩，偶数具有积极的象征。在日本则把奇数看作是吉利的数字，对偶数不感兴趣。日本特别忌讳“4”和“9”，因为“4”在日语中与“死”字发音相近，所以东方国家特别是日本、朝鲜把它视为预示厄运的数字。日本医院没有4号病室、4号病房和4号病床。新加坡人忌讳78、37；加纳人忌讳17、71。

2.颜色的忌讳

颜色同我们的生活息息相关，不仅能够影响我们的日常情绪，还能反映每个人的个性。一般而言，红色象征热情、喜庆、光荣、正义和力量；绿色象征和平、生命和青春；紫色象征高贵、威严和神秘；黄色象征和谐、宗教和信仰；黑色象征庄严；蓝色象征平静；青色象征深远、沉着；白色象征纯洁、朴素；灰色象征平凡、朴实；金银色象征富贵和华丽；咖啡色象征坚实和含蓄。

然而，不同的国家和民族由于自然条件、社会历史以及宗教等因素，又都各有不同的颜色爱好和忌讳。

日本忌绿色，认为那是一种不吉利的颜色，但在意大利、马来西亚、新加坡、叙利亚、奥地利、保加利亚、瑞士等国绿色则受到普遍的欢迎。欧美许多国家以黑色为葬礼的颜色，普遍认为黑色肃穆，可表示对逝者的悼念和尊敬。巴西人视棕黄色为凶丧之色，认为人死就像黄叶落下一样。叙利亚忌用黄色，认为它代表死亡之意。蓝色在埃及被看作恶魔。比利时也忌用蓝色，认为在梦中如看到蓝色的东西，可能会碰到倒霉的事。土耳其人忌用花色，认为它是凶兆，因此，在布置客厅时他们喜欢用素色。

此外，由于政治和历史的原因，对颜色的使用也有忌讳。如爱尔兰忌用红、白、蓝组合（表示英国国旗）；委内瑞拉忌用红、绿、蓝、黑、白色（表示5大党）；法国、比利时忌用墨绿色，因为这是纳粹军服的颜色。

3.花卉的忌讳

花的颜色有不同的含义。一般而言，红花意味着爱，表示好感和友谊；白花表示纯真；黄花表示嫉妒；深色花象征希望和坚毅；浅色花象征温柔。送花时也要因人、因地而异：送给亲朋好友的花，色彩要鲜艳；送给恋人的花最好是红色的；探望病人时，不送香味浓烈和有特殊象征意义的花。

现在世界上许多国家还流行着一种奇特的语言——花语，就是用赠花来表达自己的感情。如白色的百合花表示纯洁；柠檬花表示挚爱；紫藤花表示欢迎；刺玫瑰表示优美；野丁香表示谦逊；黑桑表示生死与共；白桑表示智慧；水仙花表示尊敬；垂柳表示悲哀；橄榄表示和平等。

花虽然是受人喜欢的，然而不同的国家和民族对花也存在着不同的忌讳。荷花在中国、印度、泰国、孟加拉国、埃及等国评价很高，而在日本却被认为是不祥之物，意味着祭奠；黄色的花在法国被视为不忠诚；绛紫色的花在巴西用于葬礼；菊花在拉丁美洲一些国家被看成是“妖花”，它们以菊花祭灵，室内不摆菊花，更不作为礼花送人。

在国际交际场合，忌用菊花、杜鹃花、山竹花或黄颜色的花献给客人已成为惯例。

4.动物图案的忌讳

英国忌用大象图案，认为它是蠢笨的象征，然而，大象在泰国和印度却被看作是吉祥的动物，代表智慧、力量和忠诚。信奉伊斯兰教的国家忌讳用猪作商标图案；孔雀在中国是喜庆的象征，可是法国却把它看作淫鸟、祸鸟，法国人还把仙鹤图案作为蠢汉和淫妇的代称；美国人认为蝙蝠图案代表凶神恶煞；日本人对狐狸和獾的图案很是反感；瑞士人认为猫头鹰图案是死人的象征；北非一些国家忌用狗作商标图案等。国际商务谈判人员对这些均需注意。

第三节　国际商务谈判中的工作礼仪

迎客和送客是接待工作的两个重要环节。热情的迎来送往，善始善终，能使客人高兴而来，满意而去，给谈判方留下美好的印象。

一、迎送礼仪

一个安排周密的欢迎仪式，能使来宾一踏入被访问地就能形成良好的第一印象，为政治、经济以及各方面的交往奠定良好的基础；而一个圆满的欢送仪式，又能使来宾巩固在访问中形成的良好印象，留下一个温馨、美好的回忆，为增进双方的合作做了铺垫。

（1）由本地区（单位）负责外事工作的领导牵头建立一个有专职陪同人员、专业对口业务人员、谈判人员、翻译、保卫和后勤等方面人员组成的接待班子。

（2）将洽谈的项目或技术资料、图纸事先译成中文，供有关人员事先消化并全面掌握。

（3）研究客人的基本情况，包括来宾的人数、姓名、身份、职务、年龄、国籍、来访目的以及其他有关的背景材料。

（4）确定迎送规格。外商或外国经济专家来华或回国时，应安排职位相同的人迎送，并协助办理有关手续。抵达后应由负责人出面接见。来、去时，由接待单位负责宴请。

（5）车辆、标牌的准备。与有关交通部门联系核实客人到来的车船班次和时间，安排好迎送车辆。准备好迎接标牌或带一张写有客人名字的红纸，上面标明接待单位，写上“欢迎××先生”或“迎接××代表团”或“××接待处”之类的礼貌用语，字迹要工整、美观。当客人走近你的时候会产生自豪感和安全感。

（6）守时与面迎介绍。迎接宾客要严格掌握和遵守时间，不可迟到，一般要提前15分钟到达，给客人以安全感。接到客人后应立即表示欢迎和慰问，说一些“欢迎您”“路上辛苦了”等语言，然后立即介绍自己的单位、姓名和职务，如有名片可递上名片，并主动告诉对方如何称呼自己。双方见面，按照国际惯例，一般行握手礼。外宾由于国籍、习俗的不同，可能还要向我方行不同的拥抱礼、亲吻礼、鞠躬礼等，我方均应作相应表示，不可推卸或流露勉强。

（7）献花适用于礼遇较高的外宾，献花须用鲜花或由鲜花扎成的花束。献花时要注意保持花束整洁、鲜艳。通常由儿童或女青年向贵宾献花。在迎接的主要领导人与客人握手后，献花人员将花献上，并向来宾行礼。

（8）介绍完毕应主动帮客人拿行李，但客人喜欢自己提的东西不必代取，因为里面可能有证件等。

（9）引导客人上事先备好的轿车。如陪客人同乘一辆轿车，主人应帮助客人上车。首先为客人打开轿车的右侧后门，并以手掌挡车篷上框，提醒客人注意，等客人坐好后，方可关门。最后主人应绕车尾从左侧后门上车。

在迎送工作中，还应注意陪车的礼仪。迎接客人抵达，欢送客人离去以及一些外事访问活动时，组织一般应当安排人员陪车，起到接待和引路的作用，接待人员应注意陪车的礼节，主要是上下车的顺序和坐车的位置安排：在上下车的顺序上，应掌握“后上先下”

的原则。上车时，接待人员应主动帮助客人打开车门，请客人先上车；下车时，接待人员则应第一个下车，为客人开启车门。值得提醒的是，接待人员在开关车门时动作要敏捷、小心，切勿因疏忽而碰痛了客人的手、脚或夹住了衣服。“后上先下”的礼节体现了主客有序的礼仪，以客人为重。

关于车的前排与后排，中国和亚洲许多国家习惯以后排的右边座位为上，主人陪同客人坐于轿车后排，以示敬意。然而，欧美有些国家和地区却把前排视为上座，他们认为前排座视野开阔，便于观望景色，而将把客人安排在后排视为“失礼”。主客人上车后，主人应通过交谈来活跃车内气氛，主要话题是本地风土人情、人文景观等，如介绍沿途景点，并将事先准备好的日程表送到客人手中，以便于他们安排私人活动或回访、宴请等时间，同时还应将客人下榻的酒店情况做较详细的介绍。

（10）妥善安排膳宿。客人住宿的宾馆、饭店应在客人抵达驻地之前就安排好。依照惯例，通常将外宾安排到条件优越、设施完备的涉外饭店里住宿，而且要求接待人员对客人下榻地点的服务情况了如指掌，如开饭时间、就餐方式、何时供热水、有何娱乐设施等。如果客人一到，就能听到主人热情详尽的介绍，会使客人感到宾至如归。分手时一定要说好下次见面的时间与地点，并告知客人与你联系的办法，留下电话号码后，及早告退，以便让经过长途旅行的客人尽早休息。

（11）在安排好外商或外国经济专家（包括家属）的食、宿、行、工作场所、文娱活动的同时，还应搞好安全保卫、环境卫生等工作。

（12）协助办好返程手续。了解客人离开的时间，为远道而来的客人订购返程的车票、机票，安排好交通工具，按时将宾客送到车站或机场候车、候机。

（13）讲究礼貌，关心周到。在外宾结束了在本地的访问，即将离别之际，接待方必须认真做好话别和送行工作。按照涉外礼仪的规范，当外宾正式离开本地的前一天，主人应专程前往外宾下榻处探望，并正式与之话别。送行时，送行人员应在客人起程之前到达送行地点，如有送别仪式，应在仪式之前到达。外宾在正式登机、登车或登船离开之前，前往送行的有关人员，应有热情的态度，礼貌的语言，比如“欢迎再来！一路平安！保重！”等。等车船启动后，应挥手与客人告别，目送客人离去方可离开。如果送行人员有其他要事不能继续等很长时间，亦应事先向客人解释明白，并表示歉意。

二、宴请与餐饮礼仪

宴会是国际商务工作人员对外交往应酬时不可缺少的重要手段。为庆祝纪念日、表彰庆功、答谢合作者的支持等内容，国际商务部门常常要举办宴请活动。国际商务工作人员必须懂得宴会的知识及宴会上的礼节，这样才能有效地利用宴会，达到交往的目的。

（一）宴请的形式

一般来说，宴请的形式可分为宴会、特别宴请和工作进餐三种。

1.宴会

宴会为正餐，在宴别上有国宴、正式宴会、便宴之分；在举行时间上，有早宴、午宴、晚宴之别。其隆重程度、出席规模以及菜肴的品种与质量等均有区别。

（1）国宴。国宴是国家元首或政府首脑为国家的庆典，或为外国元首、政府首脑来访而举行的正式宴会。其规格最高，要排座次。宴会厅内悬挂国旗，安排军乐队演奏国歌及席间乐。席间要有致辞、祝酒。

（2）正式宴会。它是有固定的规格和程序，层次较高，宾主均按身份排位就座的宴请形式。正式宴会对服饰、餐具、烟酒、菜肴等方面都有严格的规定。席间还有致辞和祝酒等等。正式宴会一般不挂国旗、不奏国歌。

（3）便宴。便宴即非正式宴会，分早宴、午宴和晚宴。便宴形式较为简单、亲切，不固定座位，不作正式讲话，酒菜也简单些，因而适用于平常相互间的友好交往。家宴是便宴的一种形式，即在家中设宴招待客人。

2.特别宴请

特别宴请是一些特殊的宴会形式，主要包括冷餐会、酒会和茶会等。它们的特别在于没有正式宴会那样正规，形式也较活泼，通常不安排座位，可以自由活动。

冷餐会，又称自助餐，菜肴以冷食为主，辅以热菜，与餐具等一道摆放在餐桌上，供客人方便使用。大多数席位不固定人员，可自由活动，随意取食。进餐时间一般在12：00—14：00和17：00—19：00。

酒会以品酒水为主，故而得名。酒会不一定都用鸡尾酒，但通常酒类品种较多，并配以各种果汁，不用或少用烈性酒。席间备有小吃，如三明治、面包卷、小香肠、炸春卷等。饮料和食品由服务员用托皿端送，或放在旋转小桌上供人们自取。一般不设座椅，仅设茶几或小桌，客人可随意走动。时间安排灵活，白天、晚上都行。

茶会是一种简便的招待形式，以茶或咖啡为主，辅以糕点或风味小吃，不排座位，不拘形式，不设固定地点。时间一般安排在上午10：00或下午4：00举行。茶会对茶叶、茶具有所讲究，茶具要用陶瓷器皿，不用玻璃杯，用茶壶而不用热水瓶。

3.工作进餐

工作进餐有早、中、晚三种形式。菜肴、程序比较简单，主宾双方可利用进餐时间，边吃边谈工作，讨论问题，交换意见，因而是现代交际中经常采用的一种非正式的宴请形式。对于采取何种宴请形式，一般取决于当地的习惯做法，并参照有关方面采用的规格，做到礼尚往来。

（二）宴会的组织

宴会的成功与否，关键在于组织。组织好一次宴会，需要做好如下工作：

1.明确宴会的目的，确定邀请的对象和范围

举行宴会是为了某一特定的事件，如庆功或答谢，为某团赴约谈判，为某次展览、展销、订货会的开幕、闭幕等。据此决定邀请与此事件密切联系的代表人物参加，既不要遗漏，也不要乱拉人凑数。

2.选择适当的时间与地点

选择时间要考虑邀请对象能够参加，尤其宴请外宾时更要注意对方的禁忌。一般情况下，要避开对方的重大节日、假日以及有重要活动的日子，更应避开对方有禁忌的日子。如对西方人来说，宴请活动安排在圣诞之夜是不受欢迎的。对世界大多数国家来说，要避开13号和星期五。在伊斯兰教的斋月，宴请宜在日后举行。地点要与宴会的规格、供应特色、环境相协调，和费用开支相适应。

3. 发送请柬

发送请柬是一项既礼貌又普遍的工作，它可提醒备忘。宴请应提前4天左右向客人发出请柬，以便客人早作安排。

4. 订菜

依据来客的爱好、口味、年龄、习惯、健康状况等因素制定菜单，准备饮料、烟酒、水果等。酒水是各级各类宴会中的重要之物，大部分客商都比较重视酒水的品级，也往往根据酒水的品级来判断宴会的水准。初次招待来中国的客商，可选用中国特色的茅台、五粮液、绍兴酒。菜品的安排应主要考虑主宾的爱好，要将制作精美的菜谱分别置于第一主人和第一主宾的下手，上菜顺序应与菜谱相符。菜品的选择应视对方的具体情况而定，但应以选择对方国稀缺之物为原则。

5. 妥善安排席位

正式宴会，特别是有外宾出席的宴会，必须事先安排好桌次和席位。按国际习惯，桌次一般是以离主桌远近而定，右高左低。安排桌次的宴请，要提前在桌上放置桌次牌。席位的高低一般以离主人的座位远近而定，同时也遵循右高左低的习惯。按外国习惯，男女掺插安排席位，以女主人为准，男主宾在女主人右上方，主宾夫人在男主人右上方。按中国习惯则依各人的职务、身份排列，方便谈话。两桌的小型宴会，可根据餐厅的具体情况横排或竖排，如图7-2所示；三桌宴会桌次排列如图7-3所示。

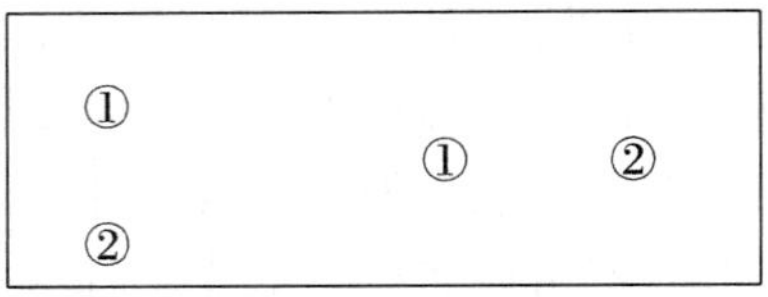

图7-2　两桌宴会桌次排列图

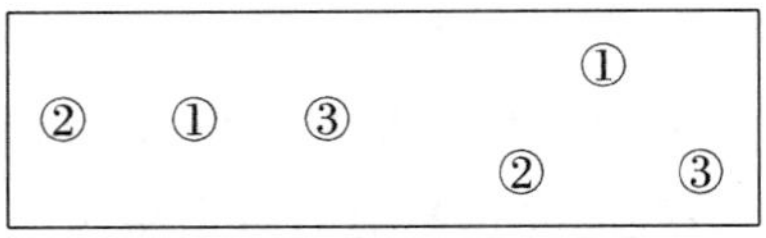

图7-3　三桌宴会桌次排列图

四桌宴会桌次排列如图7-4所示。

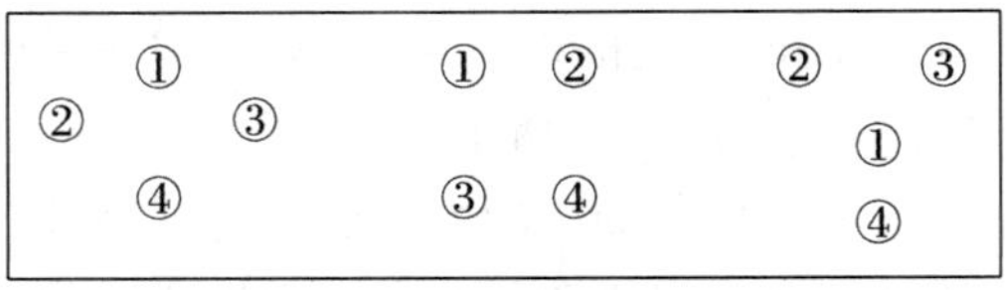

图7-4　四桌宴会桌次排列图

五桌宴会桌次安排和多桌的宴会桌次安排如图7-5和图7-6所示。

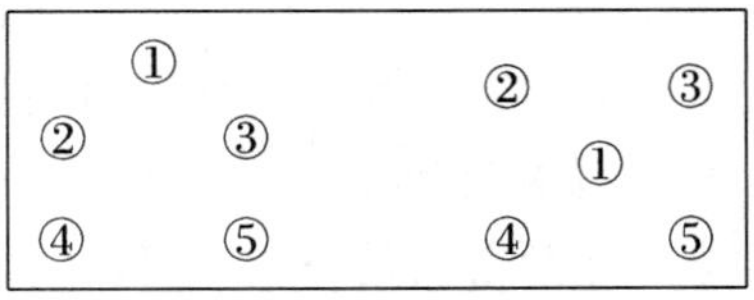

图7-5　五桌宴会桌次排列图

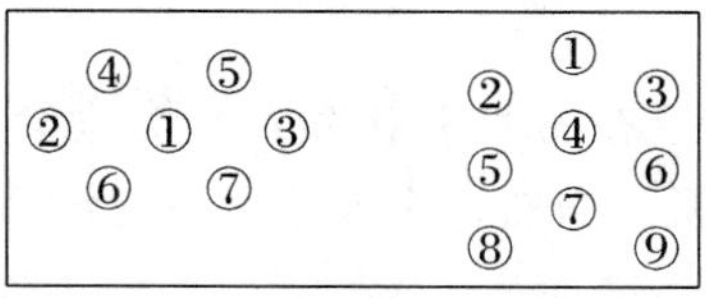

图7-6 多桌宴会桌次排列图

席位排列可参考图7-7至图7-10。

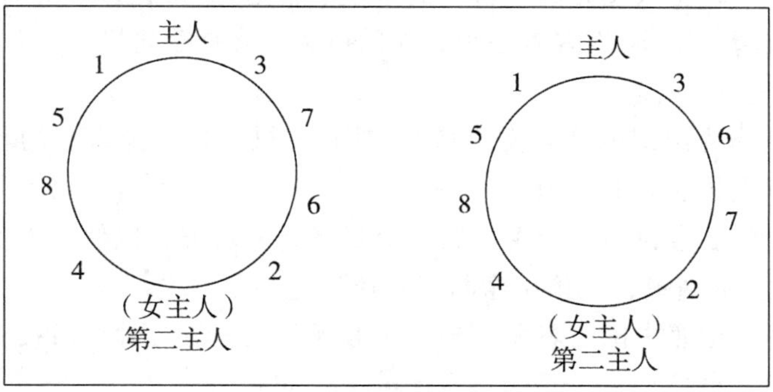

图7-7 国外席位排列示意图

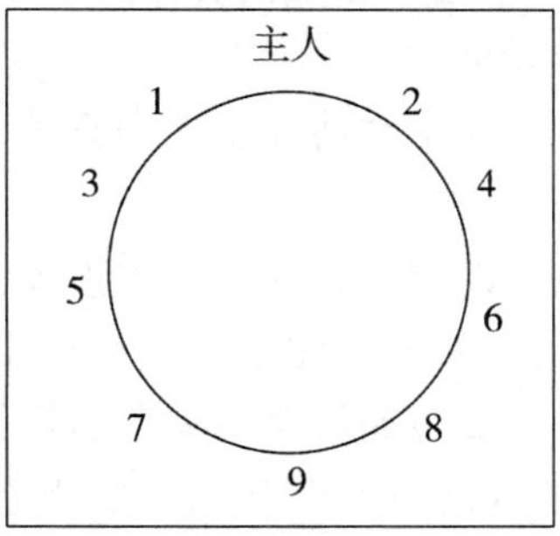

图7-8 国内席位排列示意图

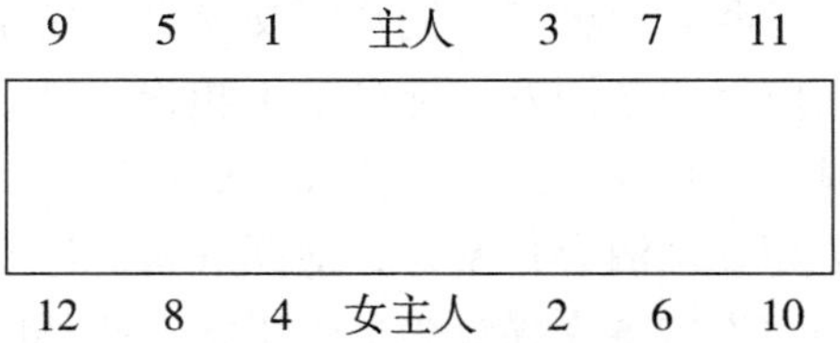

图7-9 西餐席位排列图(一)

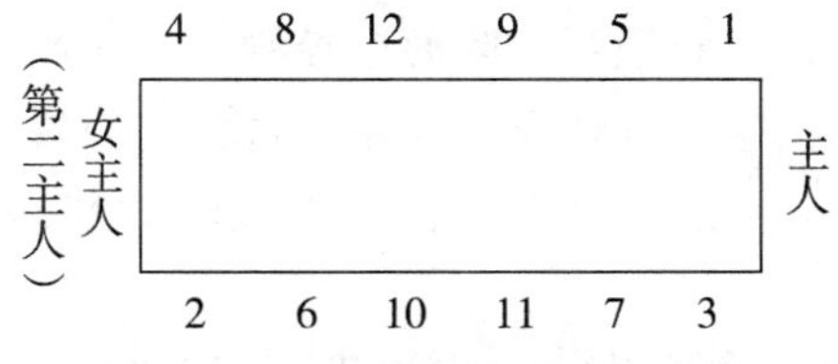

图7-10 西餐席位排列图(二)

6.进餐

入座后，主人招呼即进餐，并请客人品尝、用菜。在宴会上，主人应是第一个敬酒的人。敬酒时，可依次序逐一敬全席，而不计较对方的地位身份。

7.席间谈话

一般有经验的主人总是善于在席间引导客人愉快地参与交谈，主人要巧妙地选择话题，使席间充满和谐欢乐的气氛。当然，主人千万不能滔滔不绝地大发议论，也不能打断客人的谈话。

8.宴席结束

凡宴席行将告终，主人应先离开自己的席位准备送客。当主人离开席位时，可说“各位慢饮”或“各位请慢用”。送客时必须站在门口和宾客握手告别。

（三）赴宴的礼节

国际商务人员作为组织的“外交人员”，赴宴的机会也是经常有的。掌握必要的赴宴礼节，是国际商务人员起码的常识。

（1）应邀。接到宴会邀请，能否出席，应尽量答复对方，以便主人安排，对注有R.S.V.P.（请答复）字样的请柬，无论出席与否均应迅速答复。

（2）按时赴宴。按照中国的习惯，赴宴一般提前三至五分钟，或按主人要求的时间到达为宜，不要迟到。

（3）仪表。赴宴时稍作梳洗打扮，注意仪容整洁，穿戴雅观、大方，容光焕发地赴宴，以表示对主人和赴宴宾客的尊重。

（4）抵达。到达宴请地点后，应主动前往主人迎宾处，向主人问好。按西方习惯，可向主人赠送花束。

（5）就座进餐。就座要听从主人招呼，要服从主人安排。如果是大型宴会，进入宴会厅前，先了解自己的桌次和座位，入座时注意桌上座位卡是否写着自己的名字。每次夹菜，数量不要过多。在涉外交往中要遵循敬菜不夹菜、敬酒不劝酒。吃东西要文雅，闭嘴轻嚼，喝汤不要啜，吃东西不要发出声音。如汤、菜太热，可稍待凉后再吃，切勿用嘴吹。吃剩的菜，用过的餐具及牙签，都应放在盘内，切勿放置桌上。

（6）交谈。交谈面应广一些，要善于与同桌人交谈，特别是左右邻座。不要只同几个熟人或只同一两个人说话，应多交新朋友。邻座如不相识，可先自我介绍。席间谈话应选择轻松自由的话题，不要只谈工作或谈别人无法插话的话题。

（7）控制酒量。宴会上相互敬酒表达友好，活跃气氛。席间客人不宜首先提议为主人干杯，以免喧宾夺主，女士也不应首先提议为男士干杯。碰杯时，主人和主宾先碰，人多时可同时举杯示意，不一定碰杯。祝酒时注意不要交叉碰杯。在主人和主宾致辞、祝酒时，应暂停进餐，停止交谈，注意倾听。喝酒应控制在本人酒量的三分之一以内。

（8）宴会中，如因不慎发生异常情况，如用力过猛，使餐具撞击盘子，发出声响，或餐具掉落，或打翻酒水时等，应沉着应对，可以轻轻对邻座（或主人）说一声“对不起”，表示歉意。

（9）吃水果时，不要整个拿着咬，应先去皮，切开分块，然后用手拿着吃。喝茶或咖啡时，送上的小茶匙是专为加牛奶、白糖用的。加了牛奶或白糖后，可以用它搅拌一下，然后就应将茶匙放回茶碟上，千万不要用它来啜咖啡。喝时，右手拿杯把，左手端小碟。

（10）在宴席上，服务员上鸡、龙虾、水果时，有时会送上一小水盂（铜盆、瓷碗或水晶玻璃缸），水上漂有玫瑰花瓣和柠檬片，是供洗手用的。洗手时两手轮流沾湿指头，轻轻涮洗，然后用餐巾或小毛巾擦干。

（11）毛巾与餐巾的用法。服务员送来的第一道毛巾是用来擦手的，不要用来抹脸。餐巾铺在膝盖上。餐毕或暂时离席，应把餐巾稍微折叠置于桌面。不能用餐巾擦嘴，应用纸巾擦嘴。

（12）进餐时，用筷子有六忌：一忌已经举起筷子，却又不知道该夹哪道菜，而在空中来回游弋；二忌夹住菜又放下，再夹另一种菜；三忌在菜盘里挑挑拣拣，犹豫不决；四忌用筷子叉取食物放进嘴里；五忌夹菜拖泥带水；六忌用筷子当牙签，挑捅牙缝。

（13）散席辞行时应向主人致谢，称赞宴会组织得好，菜肴丰盛精美。

三、签字仪式

谈判双方经过会谈磋商，就某项重要交易或重大经济合作项目达成协议时，往往要举行签字仪式。从礼仪上来讲，举行签字仪式时，一定要郑重其事，认认真真。

（一）人员的确定

签字人应视文件的性质由缔约各方确定，双方签约人的身份应大体相当。一般来说，文件重要程度越高，签字者身份也应相应越高。专业性技术文件，应由该部门负责人落签，签字后，应加盖有关印章。

双方参加谈判的全体人员都应参加签字仪式。如果一方要求未参加谈判的人员出席，对方应予以同意，但双方参加签字仪式的人数应大体相等。主方上级领导可以东道主身份前来出席并表示祝贺。

（二）必要的准备工作

首先是签字文本的准备，有关单位应及早做好文本的定稿、翻译、校对、印刷、装订、盖火漆印等工作，同时准备好签约使用的文具、国旗等物品。

（三）签署文件

通常的做法是首先签署应由已方保存的文本，然后再签署应由他方保存的文本。

依照礼仪规范，每一位签字人在己方保留的文本上签字时，应当名列首位。因此，每一位签字人均需首先签署将由己方保存的文本，然后再交由他方签字人签署。此种做法，通常称为“轮换制”。它的含义是：在文本签名的具体排列顺序上，应轮流使有关各方均有机会居于首位一次，以示各方完全平等。

（四）仪式的安排

其中最为引人注目的当属举行签字仪式时座次的排列方式问题。

一是并列式，是举行双边签字仪式时最常见的形式。它的基本做法是：签字桌在室内面门横放。双方出席仪式的全体人员在签字桌之后并排排列，双方签字人员居中面门而坐，客方居右，主方居左。

二是相对式，与并列式签字仪式的排座基本相同。二者之间的主要差别只是相对式排座将双边参加签字仪式的随员席移至签字人的对面。

三是主席式，主要适用于多边签字仪式。其操作特点是：签字桌仍须在室内横放，签字席仍须设在桌后面对正门，但只设一个，并且不固定其就座者。举行仪式时，所有各方人员，包括签字人在内，皆应背对正门、面向签字席就座。签字时，各方签字人应以规定的先后顺序依次走上签字席就座签字，然后即应退回原处就座。

协议签订完毕，双方签字人应起立握手致意，互祝双方谈判的圆满成功和协议的签订，其他人员则应鼓掌响应，还可以以香槟等礼宾酒类庆祝、干杯。

四、馈赠礼仪

俗话说："礼轻情意重。"礼物在人们的交往中起着分量不小的作用。自古以来，人们就用"赠礼"的方式，来表达相互的祝贺、敬意、友谊、爱情、感谢、慰问等，它是语言文字表达情意的一种辅助，是相互交往的一种礼节。在国际交往中，相互馈赠也是一种表达友好和敬意的重要方式，有利于促进友好关系的发展。

谈判人员在相互交往过程中，经常会互相馈赠礼品，以表示友好和联络感情，西方谈判专家称之为"润滑策略"。在国际商务谈判中，就许多国家的习俗来讲，互赠礼品同互致问候一样，是双方友好交往的必要手段。

（一）赠礼的原则

1.送礼必须脱俗求雅

馈赠礼品是向对方表达情意的一种方式，因此，礼品的珍贵与否，不在于礼品本身的价值与价格，而在于其所蕴含的意义。

1972年，时任美国总统尼克松访华，打开两国关系正常化的大门，那次中国政府赠送给美国的是世界珍稀动物——中国的国宝大熊猫玲玲和星星，表达了中国人民对美国人民的友好，起到了非常好的效果，似乎一下子就拉近了两国人民之间的情感距离。

20世纪90年代初，中国政府送给缅甸的礼物是一座能容纳一千人的剧院，帮助缅甸政府丰富了缅甸人民的娱乐生活；越战结束后，菲律宾送给越南政府的礼物是一批高产水稻的种子，这种注重实效的礼物一时被传为佳话。

2.送礼要送到心坎上

因人因事因地施礼，是社交礼仪的规范之一，对于礼品的选择，也应符合这一规范要求。赠送礼品要考虑到朋友的内心需要，这样便于投其所好，博得好感。给外宾送礼，以特色为佳。根据调查，外国客商大都喜欢中国的景泰蓝、玉佩、具有中国传统风格或印有汉字的服饰、绣品、真丝蜡染制品、水墨字画、竹制工艺品、瓷器、茶具等。

3.送礼要量力而行

古人说："千里送鹅毛，礼轻情义重。"送厚礼有弊无利。一方面，自己经济上负荷过重；另一方面，会使受礼的朋友难堪，增加对方心理上的负担。因此，我们主张雪中送炭胜过锦上添花。欧美人较重视礼物的意义，而不在意价值，礼太重则有贿赂之嫌。在美国，一般的商务性礼物的价值在25美元左右；而亚洲、非洲、拉美和中东等国家的客商则往往比较看重礼物的货币价值，礼太轻则不受欢迎。

（二）态度友善，言辞勿失

送礼时要注意态度、动作和语言表达。平和友善、落落大方的动作并伴有礼节性的语言表达，才是受礼方乐于接受的。那种做贼似地、悄悄地将礼品置于桌下或房间某个角落的做法，不仅达不到馈赠的目的，甚至会适得其反。中国的一般习惯是，送礼时总会过分谦虚地说："薄礼！薄礼！""只是一点小意思……""很对不起……"这种做法最好避免。当然，如果在赠送时用一种近乎骄傲的口吻说："这是很贵重的东西！"这也不合适。在对所赠送的礼品进行介绍时，应该强调的是自己对受赠一方所怀有的好感与情义，而不是强调礼物的实际价值；否则，就落入了重礼而轻义的地步，甚至会使对方有一种接受贿赂的感觉。

（三）要注重对方的习俗和文化背景

馈赠礼品既是国际商务谈判中的一种润滑剂，又是一种文化“地雷阵”，因为它一方面能加深感情，促进与客户的关系，另一方面却又由于文化差异而犯种种禁忌。赠酒在法国很流行，尤其是备受法国人欢迎和引以为傲的红葡萄酒或白葡萄酒，但在阿拉伯国家却是禁品。赠送绿色领带给沙特阿拉伯人会大受欢迎，因为绿色是穆斯林喜欢的颜色，但赠送给捷克人则意味着断绝关系，因为绿色在那里是毒药和毒素原料的象征。在中国，绿色的帽子是男人最大的禁忌。中国人送礼以双数为吉祥；日本人则以奇数表示吉利。在美国，收到礼品时应当场打开，然后对礼品大加赞赏（即使你不喜欢），并对送礼者表示感谢；而在日本，除非应送礼者请求，否则当面打开礼物是不礼貌的。

（四）世界部分国家和地区馈赠礼品的习俗与禁忌

1.美国人一般是重情轻礼

美国人请吃饭，完全可以不送礼，但如果去美国人家里度周末或小住一些日子，应该给女主人带去礼物。一本装帧精美的好书、一盒糖、一瓶名酒、一件针织品、一件别致的工艺品等都是不错的礼物。在节日里，最好能给大家送点礼物，注意包装。他们多会当面打开，热情地感谢你的情谊。在与美国人打交道时要注意，礼品不宜见面就送，一般在会谈时，尤其是在午宴或酒会开始前送较好。另外，不要把印有本公司标志的物品或贵重的物品送给美国人。

2.英国人的送礼方式

英国人常以请客吃饭、喝咖啡以及观看演出作为一种送礼。英国人的社交活动比较多，在一些场合，可以送些小礼物，如小工艺品、巧克力等。对于上班族来说，送上一件带有公司标志的礼品，一定会令他们喜欢的。像中国的工艺品、鲜花、名酒等都比较受欢迎。在英国一般不送香皂、香水等生活用品，尤其对方为女士时，以免造成误解。另外，带人像的礼物、菊花、白百合花、服饰等也不宜相赠。英国人从传统上是轻礼的，认为接受好礼的人有收受贿赂之嫌，在给英国人送礼时，最好不要当着太多人的面，这样会使对方心中不快。英国人不当众打开礼品包装，他们认为那样做太不含蓄，缺少风度，只要很真诚地表达谢意，随后细心地收好礼品就可以了。

3.法国人不喜欢初次见面就送礼

与法国人初次见面你无须准备礼物，等第二次见面再送也不迟，最恰当的礼物应该能表达对接受礼品人的智慧的赞美，在法国人的眼里，唱片、磁带、艺术画册等能体现读者文化素养的物品是最受欢迎的。同样，法国人还非常喜欢名人传记、回忆录、历史书籍。法国有花都的美名，法国人送礼也常送鲜花，以表达某种情感和愿望。但要注意，菊花在法国、比利时和瑞士等讲法语的地区，多用于万灵节和万圣节，和丧礼相关联，是不能当作礼品赠送的。法国人还忌讳男士向女士送香水；男士向女士送玫瑰，尤其送双数，更要慎重。

4.给德国人送礼要谨慎一些

被视为有损友谊的刀剑和西式餐具（刀和叉）不宜相送。德国人收送礼品时，大多不在意礼品的价格，他们往往将很普通的东西当成礼品来送人，且包装得尽善尽美。如果接受德国人邀请赴宴或参加聚会，礼是必定要送的，但重在情义，不在价格。德国人对礼品的包装很重视，但黑白、棕色的包装纸和丝带包装袋都不宜选用。德国有明文规定：送礼和接受礼品，其价格超过30马克，就必须主动纳税。所以，在德国送礼不必为礼品的价格劳心费神。对于法国人和德国人来说，红玫瑰是情人间的礼物，不能当作礼品来赠送。送给家庭的适当礼物是高级巧克力和酒。

5.日本人极爱送礼

在商务交往中，送礼被看作是促进合作、增进友谊的一种手段。与日本人初次见面，即需互赠礼品，不过在日本人赠送礼品之后，再回赠礼品，会使爱面子的人更有面子。日本人送礼喜欢名牌货，重价格、重包装。日本人喜欢的中国物品有字画、工艺品、中成药、丝绸等，送礼时，最好将礼品做好包装，如送乌龙茶，一定要在名店，用印有其店名的纸来包装，为了表示格调高雅，可用浅色宣纸、花色纸包装。不要把带有动物形象或菊花、荷花图案的物品送给日本人。陶瓷、玻璃制品也不宜作为礼品（因为日本人禁忌破损，那是不吉利的象征）。日本人对礼品及其包装的颜色比较讲究，禁用暗灰、黑、白三种色调的包装；大红色也不宜用来包装。另外，日本人忌讳4和9及其倍数，故不宜送这些数目的礼物。在给日本人送礼物时，最好不当面送，应在私下送；同样，收到日本人的礼物时，一定不要当面拆开，更不要问其价格。

6.与韩国人交往应留意他们的传统节日

在节日期间去拜访韩国人，送一份精美的礼品，不失为加强联系和沟通的好途径。各国的工艺品、烟、酒及糖果都受韩国人欢迎，但最好不要送日本货。韩国人忌讳数字4，认为4是不吉利的，所以选择礼品时要注意这一点。送韩国人礼品时，一般不应送食品，因为那可能不适合韩国人的品味。去韩国人家中做客，送一束鲜花也可以。韩国人不会当着客人的面打开礼物的包装。

7.意大利人喜欢高雅不俗的礼品

去意大利人家中做客，带上酒、巧克力、儿童玩具、书画和精美的手工艺品等，都是受欢迎的。在意大利，送礼千万不能送手帕，因为它是亲人离别时擦泪用的不祥之物。他们对于手绢、丝织品、亚麻织品以及带有十字花、美人像等图案的礼品是不欢迎的。

在与意大利人交往时，要注意回避某些禁忌，除在欧美通行的忌讳以外，他们对3这个数字也没什么好感。另外，如果在祝贺或拜访送礼时，千万不要送菊花，因为它表示死亡和灾难。意大利人对于礼品的包装很讲究，颇有些看重“金玉其外”的倾向。但在礼品包装色彩上，他们更喜欢淡雅的色调，且一定要避免紫色，这是意大利人公认的一种表示消极的颜色。

8.俄罗斯人很爱外国货

外国的糖果、烟、酒和服饰都是送给他们的很好的礼物，此外，鲜花、书籍也非常受俄罗斯人欢迎。

9.澳大利亚人对礼品比较随意

送给澳大利亚人的礼物不必过分地挑三拣四，工艺品、丝织品、玉佩、鲜花、威士忌酒都是颇受欢迎的。

10.送给阿拉伯人的礼品应考虑其宗教习俗

凡带有猪、熊、猫和六角星图案的礼品或带有女性形象的礼品都不宜相送。因为星星与以色列的国徽有联系。不要送酒，不要给阿拉伯妇女单独送礼品。中国传统的工艺品，如景泰蓝、瓷器、漆器、银器都很受他们的欢迎。给他们的小孩送文具、玩具，也会让爱孩子的阿拉伯人高兴。此外，清凉油也是一种送给他们挺不错的小礼物。商贸往来中，办公用品被认为是适宜的礼物。与阿拉伯人初次见面时一般不要送礼，否则可能会误解为行贿。去阿拉伯人家中做客，最好不要公开赞美一件东西，否则主人会认为他应当送你这样一个礼物。

总之，一个重要原则是馈赠礼品前必须深入了解这个国家和地区的民族风俗习惯，绝不可大意，敷衍了事，那将对你的生意造成不可估量的影响和损失。

五、电话礼仪

（一）打电话

在打电话时要注意时间点、通话长短、通话态度以及交流语言。

1.选好时间

要避开受话人休息、用餐、节假日的时间打电话。最好避开：（1）三餐吃饭的时间；（2）早晨7点以前；（3）晚上10点以后；（4）午睡时间和电视播放新闻节目的时间；（5）往办公室打电话，最好避开临近下班的时间。

2.掌握通话时间长短

通常一次通话不应长于3分钟，即所谓“3分钟原则”。如果一次电话要用5分钟以上，就应该首先说出你要办的事，并问一下：“你现在和我谈话方便吗？”假如这时对方不方便，就另约一个时间。所以，打电话之前，最好先想好要讲的内容，以便节省通话时间，不要现想现说，“煲电话粥”。

3.态度友好

在通话时，不要大喊大叫，震耳欲聋。在请总机接转时，应当致谢。拨错了号码，要说：“对不起。”不要问：“你的电话号码是多少？”而应该问：“你的号码是××××××××吗？”这样一来可以查看正确的电话号码，在下次拨号的时候更加认真。

4.用语规范

电话接通后，不要一个劲地喊：“喂！喂！”也不要上来就说：“喂！你是谁？给我找一下××。”正确的说法是：“您好！请问是××公司吗？我是××。”以自我介绍作为开场白，不要让对方猜。如果是找对方某人接电话，要有礼貌地说：“麻烦你，请找××接电话。”或“请问××先生在吗？能否帮助找一下？谢谢！”如果请受话人代转，你要先说清自己姓名、单位、电话，然后说主要内容。最后，不要忘记问：“请问你怎么称呼？”这样便于提名道姓地直接道谢，也便于以后查证核实。

（二）接听电话

接听电话，亦有礼规可循。在电话铃响之后，应尽快接听电话，尽量使铃声不超过3

遍，不要有意拖延，怠慢对方。拿起话筒后，不要开口便问："你是谁，找谁？有什么事？"应当先向对方问好，随后作一下自我介绍，以便对方确定有没有打错电话。比如，你可以这样说："您好！这里是××集团公司。"或"您好！我是××公司的××。"

万一对方拨错了号码，不要责怪对方，或是一言不发，便挂断电话。在通话时，遇到重要内容，可重复一次，必要时应当用笔记录下来。需要代为找人，或代为转告他人时，应尽力而为，热情友好，不要一推了之。从原则上来讲，电话应由发话人挂断，因此受话人不宜先放下话筒。若确有特殊原因由己方提议中断电话，应说明原因，道歉，并在方便时主动与对方通话。

（三）注意事项

（1）端正打电话的姿势。总是抱着对方就在眼前的感觉来打电话，就能使对方感到是在同一个积极健康的人谈话。

（2）表情诚恳。人的笑容、情绪总会通过他的声调表现出来。

（3）发声有力、响亮。人的声音可以把自己的心情传达给对方。

（4）适度地附和帮腔语，如"是，是的""嗯，嗯"等。

（5）措辞正确得体。

（6）注意"这，这个""那，那个"之类口头禅的使用。

（7）以问候致礼开始，以致礼道谢结束。

（8）如果必须挂断电话，不要猛地一下子把电话听筒扣掉。通话的另一方可能正把耳朵贴近听筒，突然而来的尖锐的"砰"的一声可能会使他震耳欲聋。

（9）不要在打电话时吃东西。同与别人面对面谈话时嘴里嚼着东西一样，这是非常不礼貌的行为。

（10）不要对着听筒打喷嚏、擤鼻子或咳嗽。如果忍不住，可以说声抱歉，然后把头转到一边去。

学思践悟

党的二十大报告指出，中国积极参与全球治理体系改革和建设，践行共商共建共享的全球治理观，坚持真正的多边主义，推进国际关系民主化，推动全球治理朝着更加公正合理的方向发展。坚定维护以联合国为核心的国际体系、以国际法为基础的国际秩序、以联合国宪章宗旨和原则为基础的国际关系基本准则，反对一切形式的单边主义，反对搞针对特定国家的阵营化和排他性小圈子。推动世界贸易组织、亚太经合组织等多边机制更好发挥作用，扩大金砖国家、上海合作组织等合作机制影响力，增强新兴市场国家和发展中国家在全球事务中的代表性和发言权。中国坚持积极参与全球安全规则制定，加强国际安全合作，积极参与联合国维和行动，为维护世界和平和地区稳定发挥建设性作用。

在商务谈判中，双方应该充分尊重、理解并包容对方的礼仪文化。这不仅是对对方文化的尊重，也是建立互信和友好的商务环境的基础。同时，一个相互尊重的商务谈判环境需要一个友好的国际环境和磋商平台。经济实力是礼仪文化被尊重的重要内在支撑，因为它体现了谈判双方的实力和地位。全球化的世界因其多元性而充满活力和魅力。不同国家、种族和文化之间的差异为我们带来了丰富多彩的生活和思考。文化和礼仪的差异，只是这种多元性的外在表现。然而，深入探索，我们会发现，无论这些差异有多大，全人类都有共同的本性和需求。全世界的民众都渴望和平，都希望过上安宁、幸福、富足的生活。中国作为一个大国，深知自己在世界舞台上的责任和角色。因此，中国积极参与全球治理体系的改革和建设，以共商共建共享的全球治理观为指引。这意味着中国倡导全球事务应由各国共同参与、共同建设、共同分享。中国坚决维护联合国为核心的国际体系、国际法为基础的国际秩序、联合国宪章宗旨和原则为基础的国际关系基本准则。这表明中国是国际秩序的坚定维护者，反对单边主义和针对特定国家的行动。中国还积极推动多边机制发挥更大作用，如世界贸易组织和亚太经合组织等。同时，中国还扩大与其他国家和地区的合作机制，如金砖国家和上海合作组织等，以增强发展中国家在全球事务中的代表性和发言权。这体现了中国对于国际合作的重视，以及对增强新兴市场国家和发展中国家在全球治理中的地位的支持。此外，中国还积极参与全球安全规则的制定，加强国际安全合作。中国不仅是这些规则的制定者，更是积极的践行者。中国积极参与联合国维和行动，为维护世界和平与地区稳定做出了巨大的贡献。总的来说，尽管文化和礼仪存在差异，但全世界人民对于和平和美好生活的向往是一致的。中国在全球治理、国际关系和安全事务上的积极参与和贡献，正是基于对这一点的深刻理解和实践。中国致力于推动全球治理体系的公正合理化，促进国际关系的民主化，为全球和平与发展贡献自己的力量。

复习思考题

1.日常交往的礼节有哪些？

2.女士出席商务谈判时的着装要点是什么？

3.握手的顺序有哪些？

4.简述商务洽谈礼仪的要点。

5.简述商务谈判中迎送礼仪的要点。

实训题

1.握手是重要的见面礼。在下列情况下，见面的双方应该由谁首先伸出手来促成握手，并说明原因：

（1）甲单位的张小姐和乙公司的董先生。

（2）公司的总经理和营销主管。

（3）宴会主办者和嘉宾。

2.张经理在一家高档西餐厅用餐。用餐进行到一半时，手机响了。为了出去接听电话，他匆忙放下刀叉就往外走。等打完电话，准备回来继续用餐时，发现他的餐具已经被服务员收走了。

你觉得造成这个事件的原因可能是什么？

案例分析题

【案例】甲是谈判小组负责人，率领乙、丙、丁出国进行一项商务谈判。在与对方代表首次见面时，由丙向对方介绍自己的同伴乙。介绍乙的方式有两种：第一种方式，“这是我公司的财务经理，乙先生。”第二种方式，“这位是乙先生，他具有15年财务工作的丰富经验，有权审核500万美元的采购项目。”

问题：

（1）由谁向对方代表介绍乙比较合适？

（2）以何种方式介绍乙为好？

（3）用所选择的方式介绍乙有什么作用？

（4）综观案例材料说明了什么样的问题？

第七章案例分析题参考答案

第八章

不同国家和地区的商务谈判风格

❖ **学习目标**

通过本章学习，你应该：

√了解并掌握不同国家和地区的商人从事商务谈判的基本风格；

√能够区分中西方商人谈判过程中存在的主要差异。

❖ **重点提示**

学习本章前，先对以下内容有一个初步了解，等学习完本章后再看看对这些内容的把握程度：

√中西方不同国家和地区的商务谈判风格；

√文化差异对跨文化谈判的影响。

❖ **引导案例**

咄咄逼人

在商务谈判中，日韩企业更注重关系和面子，它们可能会采取更为间接和委婉的谈判方式。通常它们会更注重维护关系的和谐，并避免直接冲突。在一次关键的商业谈判中，一家美国企业的CEO采取了咄咄逼人的谈判风格，试图在面对日本供应商的谈判中占据主导地位。他认为这种强硬的态度可以让对方感到害怕，并迫使对方接受自己的条件。然而，这种策略最终导致了谈判破裂，并使得该美国企业失去了一笔重要的交易。在谈判开始时，美国企业CEO首先利用商业条款和市场占有率采取了一种攻击性的语言和态度，试图让对方感到不安和威胁。他不断地提出苛刻的条件和要求，并试图通过威胁和恐吓来迫使对方接受。在整个谈判过程中，他一直试图把对方压在谈判桌上，并试图让对方感到自己的实力更强。

然而，这种强硬的态度并没有达到预期的效果。相反，日本企业的代表感到受到了侮辱和不尊重，并对CEO的态度感到非常不满。他们觉得自己没有得到公平的对待，并认为这种谈判方式完全没有建立信任的基础。因此，在谈判进行到一半时，日本企业的代表宣布退出谈判，并决定不再与这家美国企业合作。这次谈判的失败给这家美国企业带来了巨大的损失。此外，这次失败也让这家美国企业的高层意识到了咄咄逼人的谈判风格的缺点，并认识到了建立信任和合作的重要性。

案例来源　佚名．咄咄逼人［EB/OL］．［2023-05-26］．https：//www.diyifanwen.com/fanwen/tanpanjiqiao/12450297.html.

【问题】这家美企的CEO的谈判风格有什么问题，他应该如何调整？

【案例评析】从这个例子中可以看出，谈判风格对谈判结果具有重要影响。美国企业CEO采取的咄咄逼人的谈判风格导致了谈判破裂，并使得该美国企业失去了一笔重要的交易。相反，如果他采取合作型的谈判风格，积极寻求与对方达成共识，并在谈判中展现出诚信和尊重，那么很可能会达成一项双赢的协议。这个例子说明了谈判风格的重要性，因为它可以影响谈判双方的信任和合作意愿。采取积极、合作、尊重和理性的态度通常更容易取得成功，因为这样的态度可以建立信任，促进双方的沟通和协商，从而使谈判更加顺利和有效。相反，采取强硬、攻击性和不尊重的态度可能会导致谈判破裂，使得双方无法达成共识。在国际商务谈判中，不同国家和地区的商人有不同的谈判风格，在正式谈判前必须有所了解和掌握。

国际商务谈判是进行多国和跨文化的交易过程。此过程中，在思维方式、风俗习惯、语言与表达方式、价值观、道德与法治等方面，谈判双方存在一定的差异。为了使谈判能够顺利地进行，要求谈判双方承认和了解国际商务谈判中存在文化的差异性，合理地避免或是解决这种文化差异。如果忽略对手的文化背景，很有可能会影响商务交流的顺利进行，甚至导致商务交流的失败。只有了解并正确分析文化差异，才能在国际商务交流中掌握主动，实现双赢。

第一节　文化背景与谈判方式

随着全球经济一体化进程的加快，国际商务活动日益频繁，而各个国家之间的文化差异为国际商务谈判带来了许多障碍。不同国家、不同身份、不同职业、不同性别、不同年龄的谈判者，带着他们根深蒂固的价值观念和特定的行为方式来到谈判桌前，如果不了解他们与自己之间的各种差别，特别是潜藏于这些差别之后的深刻背景，便无法得心应手地与之谈判。所以，作为国际商务谈判人员，除了提高自己的政治素质、心理素质、业务素质、文化素质外，还应该具备了解谈判对手所在的文化背景及特点的能力，做到有的放矢，有理有节有度地开展谈判活动。

一、跨文化谈判

文化是一个民族或群体在长期的社会生产和生活中的价值观念、宗教信仰、生活态度、思维方式、行为准则、风俗习惯等各方面所表现出来的区别于另一民族或群体的显著特征。正是这种文化上的差异，导致了国际商务谈判中的文化碰撞甚至冲突。

文化差异是指不同国家、不同地区、不同民族在历史、政治、经济、文化传统及风俗习惯等方面的差异。

跨文化的谈判指的是不同国家、民族之间的谈判，也包括不同政治制度、意识形态之间的谈判。不同的国家和民族，运用不同的语言，彼此之间的价值观念、思维方式也有很大的差别。西方人往往把复杂的谈判分解为一个个较小的问题，然后再依次解决；而在许多东方文化中，谈判是采取一种通盘考虑的方法。即使本属于一个文化群体，只是由于政治上的原因而造成长时间的隔阂，彼此在价值观念以及语言习惯等方面也都会出现相当明显的差距。

跨文化谈判要求双方超越由于政治制度、意识形态和历史传统造成的文化心理上的差异，其核心问题是要超越文化教育上的藩篱和阻碍。任何一种文化都是人类物质和精神活动的产物，都有其存在的合理性。

承认文化的多元性，这就要求人们更多地关心、了解其他文化。在与另一种文化背景的人进行谈判之前，应该适当地了解他们的价值观念、思维方式和生活习惯。承认文化的多元性，也要求人们掌握其他文化对自己文化的了解和态度，那就应该知道对方是怎样看待自己、将在何种程度上接纳自己，然后才有可能考虑缩小彼此距离的有效途径。因此，只有正确认识国际商务谈判中的文化差异，克服文化差异障碍，谈判才能顺利进行。

（一）思维方式上的特征

思维方式作为一种长期的文化积淀，它以潜移默化的方式影响着人们的社会生活。如就东西方文化而言，两者在思维方式上表现出各自的特征：

1.侧重点

其一，东方文化重演绎推理，习惯于从一般到个别，即根据一般原理推出个别结论；而西方文化重归纳推理，习惯于从个别到一般，即从许多个别事物的特征中找出这一类事物的共同本质。

其二，东方文化偏好综合思维，即在思想上将对象的各个部分联合为整体；西方文化偏好分析思维，即在思维上将一个完整的对象分解成各个组成部分、方面。

其三，东方文化注重统一，思维上整体优先；西方文化注重对立，思维上部分优先。

在国际商务谈判中，由于受思维方式的制约，东西方谈判者呈现出对事物的不同理解和对问题的不同处理方法。

2.原则和细节

根据东方文化的思维定式，在原则和细节的关系问题上，东方人一般注重“先谈原则，后谈细节”。在谈判时首先要设定一个最基本的原则框架，喜欢先谈概括性的事项，然后再制定谈判的若干细节，往往把具体内容安排到最后的谈判中解决，认为这有利于以后的讨价还价。一旦原则确定，就会坚定不移，寸步不让，而在具体细节的处理上，则表现出极大的灵活性。

西方文化则不同，尤其是美国人，他们喜欢从具体事物入手，认为细节才是问题的本质，如果他们认为在某一个问题上占有优势，可以获得主动，就会首先谈判这个内容，而在原则问题上比较宽松，不受原则框架的限制。在他们的合同中，各项条款的认定也比东方人细致明确。

3.决策方法

不同的思维方式必然影响谈判的决策方式。在决策方法上，东西方分别形成顺序决策方法和通盘决策方法。

东方文化采用通盘决策方法，尤其是最具有东方民族色彩的中国和日本，往往从战略上思考问题，对全部问题进行通盘考虑，认为只要能建立起和谐的业务关系，价格等细节问题可以迎刃而解。在处理具体商务关系时，注重对所有的问题整体讨论，不存在明显的次序之分，通常要到谈判的最后阶段才会在具体问题上作出让步和承诺，从而达成一揽子协议。

西方文化特别是英美人采用的是顺序决策方法。当面临一项复杂的谈判任务时，他们常常将大任务分解为一个个小任务，将价格、交货、担保和服务合同等问题分次解决，每一个问题的讨论都伴随着让步和承诺。他们习惯于解决一个条款推进一个条款，“解决了一半问题，谈判任务也就完成了一半”，最后的协议就是将各个小协议综合起来。但是，在中国和日本，谈判结束前不会有任何结果，必须要把所有事项谈完，直到最后一刻才会宣布谈判结束。

（二）价值观差异

价值观是文化的重要内容，它从潜在意义上支配着人们的社会行为。在国际商务谈判中，各国的谈判者必然会遭遇不同价值取向的冲突。

1.平等观念

在商务活动中，英美等国奉行平等主义价值观，坚持公平合理的原则，认为双方进行交易，无论哪一方都要有利可图。在情况的介绍方式上，西方人使用具体的方式，特别喜欢用数据说话。美国人虽然注重实际利益，但一般不漫天要价，报价和提出的条件比较客观。在买卖关系上，美国卖方往往将买方更多地视为地位相等的人，对利润的划分相对而言较日本人公平。许多美国经理认为，利润划分的公平性似乎比利润的多少更为重要。

一些东方国家的商人受等级意识的影响较深，表现在商业活动中的平等方面就不如美国人和其他西方人。如日本人，善于做大蛋糕，但划分蛋糕的方式却不怎么公平。在日本，顾客被看作上帝，卖方往往会顺从买方的需要和欲望，因此，对利润的分配较为有利于买方。

2.时间观念

不同文化具有不同的时间观念。一般而言，发达国家从工业革命进入到信息时代，人们的工作和生活节奏加快，时间观念强。特别是美国人，普遍具有“时间就是金钱”的观念，因而在商务谈判中都很珍惜时间。他们会在各个环节尽量缩短谈判时间，力争使每一场谈判都能速战速决。如果谈判时间过长，就会对美国人失去吸引力，一旦突破其最后期限，谈判很可能破裂。在一些经济落后或是封建意识较为浓厚的国家里，人们往往不太重视时间，如中东和拉丁美洲人的时间观念较弱，在他们看来时间是弹性的，时间应当用来享用。

在时间利用方式上，爱德华·霍尔把时间的利用方式分为两类：单一时间利用方式和多种时间利用方式。前者强调“专时专用”和“速度”，北美人、瑞士人、德国人等具有此类特点；后者则强调“一时多用”，人们可以有宽松的时刻表和信息反馈的延期，日本、中东和拉丁美洲文化具有此类特点。

3.个人意识与群体意识

个人意识和群体意识都是主体的社会意识，但由于在主体中的地位和作用的不同，就区别为不同的价值取向。东方文化强调集体主义和群体意识，忠实于国家权力和集体的利益，认为压抑自己的个性是一种美德，过分主张个人利益是私欲的表现；而西方文化崇尚自我意识和个人奋斗，人们张扬个性，普遍认为人应该追求自己的利益，如果将国家利益置于个人利益之上，就等于人权的丧失。

中国长期处于以小农经济为基础的封建集权的社会结构中，又实行过几十年的计划经济管理体制，加上中国文化倡导集体主义，中国经营者基本上沿袭了“国家—集体（企业）—个人”的价值优先顺序。

日本民族也具有强烈的群体意识和团体生存发展的愿望。日本文化所塑造的价值观念与精神取向都是以集体主义为核心的。在决策方面，日本人在谈判以前就必须与公司的其他部门商量，合同书的条款是由集体研究决定的，谈判过程具体内容还要反馈到日本公司总部，经各部门传阅，得到集体认可才能有效。

西方企业家则长期生活在以激烈竞争为主导和个人主义盛行的资本主义社会里，其价值优先顺序必然相反：个人—集体（企业）—国家。

加拿大、意大利和法国深受个人主义文化的影响，而美国最为典型。美国谈判者在谈判桌上常说的一句话就是“我一个人能行”，充分体现出强烈的自我意识。美国人认为，人是独立的个体，既有义务，也有权利，每个人都应充分发挥个人的能动性，通过自己的努力掌握谈判的主动权，达到既定的目标。由于谈判中的重要决策都是由参与谈判的级别最高的人做出的，所以，美国人喜欢与有足够权力的对手交谈。他们将谈判视为一场竞争，希望谈判结果能给己方带来实际的经济利益，并给他们个人的前途带来发展机遇。

（三）利益意识、法律意识与关系意识

国际商务谈判是在不同主体之间就商务上的有关事务所进行的会谈，利益是谈判的主要评价指标。谈判双方都代表一定的利益主体，都为各自的经济利益而努力争取。在现代社会，东西方谈判者都具有利益意识。但相比之下，西方人的利益意识强烈，而东方人的关系意识浓厚。就中国和美国的文化而言：中国谈判者的利益意识产生时间晚，并且没有美国人那么明确和强烈。在获得利益的方式上，美国人在谈判中旗帜鲜明地指向利益，把获取利润作为唯一目的，而中国人则往往通过迂回的方式，把利益建立在人情关系的基础上；对于谈判的结果，美国人旨在追求最大的经济利益，而中国人则看重是否能为脸上增光。

西方社会的基础是以市场交换和市场竞争为主要特征的现代市场经济，在这种社会中形成的人际关系主要是利益关系。美国人愿意进行纯粹的业务往来，私人交情比较淡薄。即使有私交，也是生意归生意，朋友归朋友。对于人际关系，他们喜欢随便和不拘小节，不喜欢形式主义、传统约束和规规矩矩的社交活动。在多数情况下，双方素昧平生，只要条件合适就可进行洽谈。如果双方有可能再次合作，也会决定继续交往。他们认为有了好的商业关系才能带来好的个人关系。

中国社会受传统经济和儒家文化的影响，注重的是亲缘关系和人际关系，人们之间不主要以利益交换为基础，而是重视非经济性资源的人情交换。正如梁漱溟先生在比较中国与其他社会系统后所指出的：中国社会既不是个人本位，也不是社会本位，而是关系本位，人乃是关系的存在。中国历来主张“诚信礼义”“和为贵”，素有“礼仪之邦”的美称。中国人非常重视和谐的人际关系，待人接物注重礼节，注重友情，往往是先交朋友后做生意，或是通过亲朋好友介绍生意伙伴或商业机会。

在现代社会，所有的商务活动都要在法律关系下进行，但由于社会经济和文化背景不同，使东西方的法律观念存在明显的区别。

目前，中国的法制不断完善，但国民的法律意识还有待提高，司法队伍的质和量也有待提高。仅就律师而言，能进行涉外服务，与国外客户洽谈业务、签订合同的律师数量相当有限，远远不能适应经济和社会发展的需求。

西方社会经过几百年的发展，资本主义法制相当完备，人们的法律意识根深蒂固。学法、懂法、用法成为西方人的必备素质。所以，西方人不愿在情理上费时间纠缠，而是倾向于通过法律来规范商务活动。在国际商务谈判中，他们要求按程序办事，谈判结束后涉及合同管理以及后续交流，根据商务活动的规则即共同签订的合同来约束双方，一旦发生分歧与争端，主张按正式的途径给予解决。

西方的律师业很发达，在美国，平均450人左右就有一名律师，这与他们解决矛盾惯用法律手段，而不是靠良心和人情关系的作用有直接的联系。西方很多私人和公司都聘有法律顾问和律师，谈判时习惯于有律师随同，整个谈判过程，从合同条款的草拟到交易的完成，法律顾问和律师都扮演着重要的角色，遇有争议和纠纷一定是律师出面去处理。用法律来保障自己的权利和履行规定的义务是西方社会的重要特征。

二、文化差异对国际商务谈判的影响

由于不同国家、民族和地区的文化背景和商务活动各具特色，不同文化下的商务谈判风格差异很大。我们应该清醒地认识自己和对手，辩证地对待这些差异，针对不同文化背景的商业伙伴，强化基于文化差异的谈判管理，提高自己的谈判能力，以便在国际商务谈判中巧妙地运用谈判策略，争取理想的谈判效果。

（一）设计不同的谈判团队

谈判团队的设计必须考虑到倾听技巧、总部影响力和团队力量等因素。

1.倾听是商务谈判的一项重要活动

谈判者的首要任务就是搜集信息，从而增强创造力。日本人信奉“祸从口出”的格言，因此少说多听，往往只是用一个“嘿”加以掩饰。日本人是难以对付的对手，欧美人对此感受颇深。

2.总部影响力是谈判成功的关键

请总部高层管理者参加，与注重等级制文化的对手的谈判，职位在说服和表达开展业务的兴趣方面起着重要作用。日本人讲究谈判人员的资历，不愿与年轻对手谈判，希望对方的谈判人地位与他们自己的地位相当。

3.善于利用团队力量也是谈判成功的重要因素

商务谈判是一个沟通过程，团队式谈判要比个人式谈判更容易搜集详细的信息。日本商人善于带下级经理参加谈判，以便起到观察和认真记笔记的双重培训目的，日本商人的团体主义精神或集体意识在世界上是首屈一指的；相反，受独立和个人主义等文化传统影响的美国商人则常常会单枪匹马地对付为数不少的对手。

（二）正确处理谈判中的文化差异

1.寒暄阶段

就美、日文化差异而言，美国文化强调“把人和事区分开来”，感兴趣的主要为实质性问题，美国商人花在与工作不相干的交谈或了解外国对手上的时间很少，而与工作相关的信息交流则来得很快。美国人在谈判桌上会讨论一些与生意无关的话题，如天气、家庭、体育、政治等，但他们这样做更多的是出于友好或礼貌而已，通常在五六分钟以后就会进入下一阶段。相反，在看重相互关系的日本文化中，却常常在这一阶段投入大量的时间和费用，着力于先建立舒适的私人关系，然后再谈业务。与中东地区的人谈判，必须把重点放在制造谈判气氛和摸底阶段的工作上，有时甚至第二次乃至第三次拜访都接触不到实质性话题，遇到这种情况，要显得耐心而镇静，谈生意的人必须首先赢得他们的好感和信任。

2.交流工作信息

国际商务谈判中的信息交流往往呈现出种种不完全性的特征。

（1）语言差异和行为差异所引起的信息理解错误。一般人只能理解相同文化背景的讲话者讲话内容的80%～90%，这一事实意味着有10%～20%的信息被误解或听错。可以想象，当一个人讲第二语言时，误解或听错的百分比将会急剧上升，而且当第二语言能力有限时，甚至整个会话可能全被误解。行为方面的文化差异往往较为隐蔽，难以被意识到。当外国谈判者发出不同的非语言信号时，具有不同文化背景的谈判对手极易误解这些信号，而且还意识不到所发生的错误。

（2）非语言交流技巧差异所产生的信息不对称。有时为了从谈判对手那里搜集信息，会采用“单向型”谈判策略——让外国对手提供信息。由于不同文化间客观存在着交流技巧差异，如沉默时段、插话次数和凝视时间的差异。特别是当这些差异较明显时，信息不对称就自然产生了。比较美、日文化，不难发现，日本式的交流技巧中凝视和插话出现的频率较低，但沉默时段较长；而美国谈判者似乎不甘寂寞，往往会在对方沉默时填补这些沉默时段。

（3）不同文化具有不同类型的买方和卖方关系：垂直型和水平型。垂直型买方和卖方关系注重含蓄和面子，而水平型买方和卖方关系依赖于买方的信誉，注重直率和讲心里话。例如，在墨西哥和日本等注重等级的文化中，说话人唯恐破坏非常重要的个人关系，不情愿反馈负面信息。与此相反，德国人负面的反馈信息可能又似乎坦率得让人难以接受。再如，报盘中的价格虚头因文化而异，美国商人希望事情迅速地完结，所以他们的初次报盘与实际要价比较接近。但是，在巴西文化中，巴西商人希望谈判时间相对长一些，他们的初次报盘往往会过分大胆。

3.说服阶段

人们对说服的认识、说服方式的选用因文化而异。

（1）在注重垂直型地位关系的文化中，人们趋向于将较多的时间和精力花在寒暄以及与工作相关的信息交流上，说服阶段要“争论”的内容就很少。即便进行说服，出于保全面子的心理，会选择含蓄或幕后的方式，而且说服的方式和结果还与地位关系有关。如在日本文化中，因为比较放肆或强硬的谈判战略可能会导致丢面子并会破坏重要的个人关系，所以较少被使用，但有时在非正式场合也会被买方使用。

（2）在注重水平型地位关系的文化中，人们信奉坦率、竞争和平等价值观，认为说服是最重要的，谈判的目的就是迅速地暴露不同意见以便加以处理。例如，美国商人喜欢在谈判桌上摊牌，急于从信息交流阶段进入到说服阶段。此外，谈判时也易于改变思想，使用较其他文化相对多的威慑性说服战术，并且常常会流露出一种易激动、在其他文化看来可能是比较幼稚的情绪。

4.让步和达成协议阶段

客观存在的思维差异，使不同文化的谈判者呈现出决策上的差异，形成了顺序决策方法和通盘决策方法间的冲突。当面临一项复杂的谈判任务时，采用顺序决策方法的西方文化特别是英美人，常常将大任务分解为一系列的小任务，将价格、交货、担保和服务合同等问题分次解决，每次解决一个问题，从头至尾都有让步和承诺，最后的协议就是一连串小协议的总和。然而采用通盘决策方法的东方文化则要在谈判的最后，才会在所有的问题上做出让步和承诺，达成一揽子协议。

（三）不同的文化影响协议的内容与谈判协议的执行

国际商务谈判后续管理涉及合同管理及后续交流行为。美国文化强调客观性，注重平等观念，往往依赖于界定严密的合同来保障权利和规定义务。结果，美国企业之间的合同常常长达百页以上，包含有关协议各个方面的措辞严密的条款，其目的是借此来保障公司不受各种争端和意外事故的伤害。

那些注重关系的文化，其争端的解决往往不完全依赖法律体制，常常依赖双方间的关系。所以，在这些文化中，书面合同很短，主要用来描述商业伙伴各自的责任，有时甚至写得不严密，仅仅包含处理相互关系的原则说明而已。即便是针对复杂的业务关系而制定的详细合同，其目的也与美国人所理解的并不相同。此外，注重关系文化的管理者常常希望举行一个由各自执行总裁参加的正式签字仪式。

此外，宗教作为文化的重要组成部分，也对谈判者有重要影响。如被称为“契约之民”的德国人就是受了基督教的影响，订立契约之后绝对执行，对交货日期或付款日期稍微拖延都会招致德国人的不满。而与此不同的是中东人，即使在商谈中签订了双方都认可的经济合同，一旦后来情况有所变化，某些中东人就会理直气壮地说，这是“神的意志”，很简单就取消了合同，违约金更无从谈起。

（四）不同文化背景影响谈判语言的选择与运用

一个民族所使用的语言与该民族所拥有的文化之间存在着密切联系。在跨文化交流中，不同文化之间的差异对于谈判用语具有十分明显的制约关系。在谈判桌上，美国人热情坦诚，滔滔不绝、口若悬河，喜欢用确切明了的语言表达自己的意向，是就是，非就非，很少模棱两可、含糊其词。另外，美国人对争辩情有独钟，语言具有对抗性，口气断然。这些都是具有开拓精神、求胜欲望、自信的欧洲移民后代的典型特征。而在东方文化中，为了保全双方的面子、群体的面子或别人的面子，经常使用暧昧的、间接的语言。即使不同意对方的意见，也很少直接予以拒绝或反驳，而是迂回曲折地陈述自己的见解，或支支吾吾以示为难，这些在日本谈判者身上表现得相当突出。

同样，中国人奉行“和气生财”的古训，把和谐看作实现价值的先决条件，谈判中尽量避免摩擦，用语礼貌含蓄，追求永久性的友谊和长久合作。

在国际商务谈判中尤其要注意翻译的质量。例如，在一次中外商务谈判中，谈判刚开始，中方负责人就自豪地向外方介绍“我们公司是中国二级企业”，翻译人员译成了“Second Class Enterprise”。结果外方的兴致很快冷了下来，他们对“二流企业”并不感兴趣。所以，在跨文化交流中，对翻译人员的选用要慎重，且翻译人员应力争准确地翻译出双方的表达词语，以免在谈判双方之间设置不必要的沟通障碍。

表8-1归纳了不同国家的谈判特征。

表8-1 不同国家的谈判特征

国家	谈判特征
美国	(1) 态度热情，言辞真挚，十分自信 (2) 喜欢谈实质性的问题，不愿纠缠在原则性的条款里 (3) 在谈判进行中比较专一，有一定的讨价还价能力，且能以考虑对方的利益来说服对方 (4) 谈判目标明确，善于抓住实质性的利益，讨厌谈判中的拖拉作风 (5) 无论作为卖方还是买方均对一揽子交易感兴趣，谈判作风干脆 (6) 谈判人员都有一定的决定权
德国	(1) 对谈判的准备工作要求极高，对交易形式、谈判目标规定得准确详细 (2) 谈判能围绕重点，善于用逻辑推理说服对方，语言比较明确、适当 (3) 对谈判中可能发生的问题设想得比较充分，也有一定的应变方案，但从总体上说，缺乏灵活性和必要的妥协
英国	(1) 为人和善、友好，但不像美国人那样热情奔放 (2) 对谈判比较有耐心，不急于暴露自己 (3) 对谈判对方的建议、意见反应比较积极，但不急于下结论 (4) 能控制自己的感情，以静取胜
法国	(1) 立场坚定，按原则办事 (2) 坚持在谈判中使用母语 (3) 喜欢先构成一个谈判的总体轮廓，然后一步一步地进行谈判 (4) 善于用否定的形式达到谈判的目标
日本	(1) 对谈判充满自信，对谈判目标有一定的应变能力 (2) 为人和善、友好，但有时给人一种虚伪的感觉 (3) 谈判中往往坚持自己方面的利益，即使妥协也争取对自己有利 (4) 谈判中比较重视谋略，以智胜人 (5) 具有灵活性，对有建设性意见反应积极，并能认真权衡利弊 (6) 业务上兢兢业业，有一定的讨价还价的能力，对谈判有耐心
中国	(1) 热情、友好，喜欢以东道主的面貌出现在谈判桌上 (2) 谈判中比较重视谈判的原则 (3) 有耐心，善于运用拖延战术来达到谈判目标 (4) 善于提出一些明知对方不能接受的要求，然后暗示只要对方做出某些让步，就可以将这些要求搁置起来 (5) 总是迫使谈判对方先表态 (6) 善于在谈判的空隙进行非正式的意见交换 (7) 谈判班子比较大，但权力界限分散而模糊

资料来源 张玲莉. 公共关系原理与实务［M］. 北京：高等教育出版社，2003：164-165.

三、国际商务谈判中文化差异的谈判策略

（一）建立跨文化交流意识

通俗地讲，跨文化就是指来自不同文化背景的人所参与和进行的交流。在国际商务谈

判中，必须加强跨文化意识，认识到不同文化类型背景的谈判者在需求、动机、信念上的不同，学会了解、接受、尊重对方文化。当然，认识到文化差异不一定意味着一定能很容易地克服它们的影响，但至少会提供一个克服的机会，以避免因对文化差异的无知而导致的国际商务谈判障碍。在正确的谈判意识指导下，谈判者要灵活多变，使自己的谈判风格和策略适应不同的商务文化类型。

（二）有备而来

在国际商务谈判之前，我们应该熟悉谈判对手的文化准则、风俗习惯、社会价值观、国情。这样才能做到不会引起不快，或者误会，以至影响谈判的进展和结果，而且我们不能只知皮毛，而要深刻地了解。成功总是垂青有准备的人，如果不作一些必要的准备，那就意味着在准备失败。一个英国商人通过长期的市场调研发现了一家比较理想的中国企业，他为了和这家企业建立比较好的业务关系，决定到这家企业进行参观和拜访，听说送一份见面礼能够更好地表达诚意，他就想买一份礼物来给他的中国伙伴。他本来想买一瓶白酒，可是又怕中国人认为他是一个贪杯之徒；他想买一个高科技的产品又怕不够有人情味。后来他突然想到，广东当地的餐馆到处都供奉佛像，他就想大概中国人也都有这样的信仰，所以他就买了一包香蜡送给他的中国伙伴。结果，当然他就丢掉了这个生意，一包香蜡，中国的伙伴觉得很难接受。

（三）克服沟通障碍

语言是最重要的国与国之间交流的工具，也是跨文化交流的工具。有时候，如果不能够理解对方的语言，就无法进行这种跨文化的交流。国际商务谈判一般都使用英语交流，如果双方的母语不都是英语，我们要尽量用简单、清楚、明确的英语，不要用易引起误会的多义词、双关语、俚语、成语，也不要用易引起对方反感的词句。跨国文化交流中不可以主观地认为对方一定会按照我们的意愿、我们的习惯去理解我们的发言，或从对方的发言中我们所理解的意思正是对方想表达的意思。最典型的例子就是“yes”和“no”的使用和理解。“yes”有“我明白了”和“我将考虑一下”的意思。“no”的表达方式也很复杂。有些文化的价值观反对正面冲突，因此人们一般不直接说“no”，而用一些模糊的词句表示拒绝，巴西人用“some what diffcult”代替“impossible”。在选择翻译人员时要慎重，翻译人员特别要注意本国与异国的文化差异，并设法使这些差异在传译过程中消失，同时在译入语中再现。

（四）消除偏见

在跨文化交流中，人们往往习惯于“自我参照”，根据自身文化的个性和价值观念去解释或判断其他一切群体的行为，从而产生了对异文化的偏见，导致文化冲突。在国际商务谈判中，必须消除偏见，这样才会有利于谈判顺利地进行。在与外国对手进行商务交往时，他们的有些习惯在我们看来是十分刻板甚至是好笑的。但是，我们要尊重对方，维护谈判局面，使谈判和谐进行。我们不可以把自己的文化强加于其他国家的人，也不可以以自己国家的文化来衡量其他国家的文化，更不能崇洋媚外，不坚持原则。在国际商务谈判时，要理性地处理由于文化差异引起的障碍。

第二节 亚洲商人的谈判风格与习俗

国际商务谈判要面对的谈判对象来自不同国家或地区。由于世界各国的政治经济制度不同，各民族间有着迥然不同的历史、文化传统，各国客商的文化背景和价值观念也存在着明显的差异。因此，他们在商务谈判中的风格也各不相同。在国际商务谈判中，如果不了解这些不同的谈判风格，就可能闹出笑话，产生误解，既失礼于人，又可能因此而失去许多谈判成功的契机。如欲在商务谈判中不辱使命，稳操胜券，就必须熟悉世界各国商人不同的谈判风格，采取灵活的谈判方式。

一、中国商人的谈判风格

中华民族历史悠久，儒家文化的影响根深蒂固。中国人待人注意礼节，重人情，讲关系，素有“礼仪之邦”的美称。中国人吃苦耐劳，具有很强的韧性，谈吐含蓄，不轻易直接表露真实思想，工作节奏总体不快，比较保守，不轻易冒险，工于心计，足智多谋。中国内地的谈判人员多具有奉献精神，而中国港澳台地区的谈判人员多注重实利，包括个人利益。

（一）注重礼节

中国人接待客人非常殷勤和慷慨，几乎每一个到中国访问的外商都会感受到温暖。中国商人在谈判时，习惯于以礼相待。在洽谈生意时，中国商人常常要求在本国进行谈判，以控制议事日程，掌握谈判进展，并在此过程中仔细观察对方，让客人相信他们的诚意，期待着建立起信任和友谊。

与中国人谈判，无论其年纪大小，均要注意礼节，不可因小失大，以免最后造成被动。中国人认为，作为谈判代表，他代表的是一个集体，在一定意义上甚至代表的是一个国家和民族，而不是一个单一的个人。对其个人可以有失礼之处，但绝不可以轻视他身后的集体组织和社会背景与文化传承。对于讲究面子的中国人来说，礼节常与威信和尊严联系在一起。在商务谈判中，中国人常给对方留有余地，很少直截了当地拒绝对方的建议，同时他们也需要对方给自己留有余地。如果你能帮助他们，你就会得到许多；反之，任何当众侮辱或轻蔑的行为，即使是无意的，仍会造成很大损失。因此，不论对待年龄大小或地位高低的谈判人员，都应该始终注意自己言行中的礼仪。

（二）含蓄内敛

儒家思想对中国文化有着深远的影响，如孔子的“讷于言而敏于行”“和为贵”，因此中国人提倡多听少说，三思而行，目的是在交流中避免冲突，维护和睦，照顾各自的面子。

中国人在谈判中表现得十分正统和客气，尽量避免正面摩擦，如果在利益上有分歧，一般不会直接拒绝对方，认为这样会损害对方的面子，僵化关系。谦虚、有耐心、有涵养被视为优良品质。谈判者之间的相互尊重和友谊是交易的基础，也是开展长期业务活动的基础。所以，在谈判中会避免公开争论和冲突，用谨慎的、不显眼的微妙方式解决争议。

（三）注重关系

由于观念和客观条件的因素，中国谈判者在国际商务谈判过程中对于经济活动，包括经济纠纷的处理，往往习惯于依靠人际关系、舆论道德的作用或通过“组织”出面解决问题，而对如何运用法律的力量考虑不多。在“情理法”的多重效应中，中国人首先讲情，然后讲理，情理都行不通才诉诸法律。就法律和权威的地位而言，中国人更崇尚权威，常常让技术专家、贸易专家、金融专家等参与谈判，但不一定带上律师。

（四）工作节奏不快

中国人吃苦耐劳，但工作节奏不快。谈判时，中国人往往会派出为数众多的洽谈人员，但人多常常会延长谈判时间。与中国人谈判可将日程安排紧凑，争取更多的工作时间，对这点，中国人往往会予以满足。紧凑的日程增加了交换意见的机会，在某种意义上也增加了成功的机会。

（五）善于把握原则性和灵活性

中国人对问题的原则性和灵活性把握得很有分寸。他们在谈判时注重利益均衡。当谈判进入实质性阶段，中国商人往往会要求首先以意向书的形式达成一个原则框架，然后才洽谈具体细节。中国商人在原则问题上寸步不让，表现得非常固执。谈判中如果发现原则框架中的某条原则受到了挑战，或谈判内容不符合长期目标，或提出的建议与计划不适合，中国人的态度就会严肃起来并表现出不屈不挠的决心。同时，在具体事务上，他们则表现出极大的灵活性。

中国香港、澳门、台湾地区的商人受中国传统文化和世界各国文化的影响，一方面他们具有中国人勤劳智慧的特点，另一方面这些地区的商业气息极强。这些地区的商人在商业交易中，善于与对方拉关系、套近乎，也擅长赠送一些设备如复印机、电子音响和其他个人礼品等施以小恩小惠。他们报价灵活，水分很大，常常一降再降给对方造成错觉，使对方感到他们已做了最大让步，其实成交价往往仍高于基本价。因此，与他们谈判前，应充分了解产品的市场行情。

另外，中国港澳台地区的商人较注重眼前利益，若市场行情有变化，他们很可能会想方设法钻合同的漏洞。因此，要认真仔细地制定合同的每一项条款，确保合同能得到切实的履行。

二、日本商人的谈判风格、礼仪禁忌及与其谈判的技巧

（一）日本商人的谈判风格

日本是世界上最大的债权国，它的商业、货物在世界上每一个角落都无孔不入地渗透，特别是贸易，有关资料显示，日本的国际贸易产值占其GDP的20%以上。

日本是我国“一衣带水”的邻邦，与我国商务交往频繁。自1972年两国正式恢复邦交以来，日本早已成为在中国投资最多的国家，是我国最大的贸易伙伴。了解和尊重日本商人的谈判风格、礼俗习惯，能够完善商务谈判的知识面，为与其更好地交往、谈判打好基础。

1.等级观念根深蒂固

日本人的等级观念根深蒂固，他们非常重视尊卑秩序。日本企业都有尊老的倾向，一般能担任公司代表的人都是有15～20年工作经历的人。他们讲究资历，不愿与年轻的对手商谈，因为他们不相信对方年轻的代表会有真正的决策权。日本商人走出国门进行商务谈判时，总希望谈判对手的地位能与自己的地位相当。在日本谈判团内等级意识也很重。一般都是谈判小组成员奋力争取，讨价还价，最后由“头面人物”出面稍作让步，达到谈判目的。还应注意的一点是，日本妇女在社会中的地位较低，一般都不允许参与大公司的经营管理活动，日本人在一些重要场合也是不带女伴的。

2.团队意识强烈

日本文化深受中国传统文化的影响，儒家思想、道德意识已深深积淀于日本国民的内心深处，并处处在行为方式上体现出来。与此同时，善于学习外国先进技术的日本民族结合自己本国的特点，创造出了独特的日本文化。日本人的特点是慎重、规矩、礼貌、慎重、耐心、团体倾向强烈，有强烈的团体生存和发展的愿望；工作勤奋刻苦，态度认真，一丝不苟，办事计划性很强，很有条理性，事前准备工作充分，不轻信别人，注意做人的工作；善吃小亏占大便宜，放长线钓大鱼，考虑交易的长远影响，而不过分争取眼下的利益；善于开拓新的交易市场。

3.重信誉而不重合同

如果你与他们成功建立了互相信赖的关系，几乎可以随便签订合同。对日本人来讲，大的交易项目的谈判有时会延长时间，那常常是为了建立互相信任的关系，而不是为了防止出现问题而确定法则。合同在日本人认为是人际关系的一种外在形式。周围环境发生变化，使得情况有害于公司利益，这时如果外商坚持合同的惩罚条款，或者不愿意放宽已经签订了的合同条款，日本人就会感到极为不满。当然，一旦订立合同的话，他们都较重视合同的履行，履约效率高。

（二）日本商人的谈判特点

(1) 日本人喜欢“投石问路”。在正式会谈之前，他们常举行一些带有社交性质的聚会，以试探对方意图、个性和可靠程度。在这种场合，日本人“毫不经意”地问这问那，显得异常热情与真诚。这种“醉翁之意不在酒”的聚会，既是一种礼貌，也是一种策略。

(2)“拖延战术”是日本商人惯用的“伎俩”。日本人经常导演的局面是成交或不成交，往往拖延到谈判结束前才敲定。为此，他们往往千方百计地探听对方的行期和日程安排。之所以采取这种战术，是因为他们懂得“任何成交总比不成交好”这一商人的普遍心理。他们利用这种心理，尽量拖延，尽可能使最终的谈判结果对自己有利。

(3) 日本式的“巨大牺牲”是虚假的。美国的日本问题专家麦克尔·布莱克在研究了日本人的国际谈判风格后指出，日本人作出让步是具有形式主义色彩的。他们会将自己不断变换的新的立场称作“气量极大”的“最大限度”的让步。实际上，这种类似于“最后通牒”的声明可以在同一次谈判中不止一次地听到，因而也就没有当真的必要，尽管他们最终的意愿是真诚的。

(4)“以多胜少”是日本人的一种谈判习惯。日本人都希望在谈判中自己一方的人数超过对方，这主要出于以下原因：一方面，日本人强调集体主义，并且只有在集体中，他们才会有一种心理上的安全感；另一方面，日本公司的决策需要各个部门、各个层次的雇员参加，参加谈判的人越多，越容易在最后的决策中达成一致的意见。

（5）日本人不喜欢硬性、快速的“推销式”的谈判，他们讨厌进攻性的滔滔不绝的讲话。相反，他们注重镇静、自信、优雅和耐心，喜欢在介绍情况时作“低调”处理。事实上，在谈判中人们会发现日本人目光显得呆滞，面无表情，长时间地坐在那里一言不发。这并不说明他们对对方的话不感兴趣或不同意，也不说明他们有内部分歧。这种沉默和含糊的态度，正是日本人在谈判中很典型的态度。

（6）正如办事一丝不苟的日本作风一样，虽然日本人在表面上显得含含糊糊、模棱两可，但实际上他们在谈判中非常细致，他们不仅会对各种情况进行详细调查了解，在会谈中对具体的问题作反复权衡，即使在达成协议之后，他们也会索取大量情况介绍、调查研究报告、图表等。

（7）尽量避免诉诸法律。只要有可能，日本谈判团里就不包括律师。日本人觉得每走一步都要同律师商量的人是不值得信赖的。当合同双方发生争执时，日本人通常不选择诉诸法律这一途径。日本谈判者都很善于捕捉有利机会，也很喜欢短而且含糊其词的合同，以便随形势的变化做出不同的解释。

（三）日本商人的谈判礼仪与禁忌

日本人十分讲究礼节，他们的一言一行都受到礼节习俗的支配。礼节不仅仅是礼貌，在传统的社会中，礼节表现出每一个人在社会中的等级地位。当人们在自己的等级中相互交往时，其行为是对本等级成员地位的认同；当人们同其他等级的成员交往时，礼节可以使人们相互承认对方在对方等级中的地位。因此，礼节在日本社会生活中起着促进人们之间交往、维护已确立的尊卑秩序的重要作用。

日本商人走出国门进行商务谈判时，总是希望对方能够前往机场、车站或码头迎接，迎接人的地位要等同或略高于日本商人的地位。在会面时，日本商人很重视交换名片。一般情况下，不管在座的有多少人，他们都一一交换名片，当接过对方的名片时，他们都要仔细地端详，认真地研究，然后说上一句“见到你很高兴”之类的客气话。对此，任何同日本人进行商务活动的外国商人必须理解、尊重和遵循；否则，日本商人将视外国商人为不懂规矩，不懂礼节。

日本商人习惯于在说说笑笑中讨价还价，这反映了一种礼貌在先、慢慢协商的指导思想。这点很符合东方人的特点，便于在交流的气氛中交换看法，达成协议，尤其是某些有地位的日本商人十分注重这种谈判方式，以表现其文化修养。

日本人的一般问候形式是鞠躬，而不是握手，要互换名片。不能用名来称呼日本人，只有家人和亲密的朋友才能这样做。一般口头都称呼姓。正式场合称全名。

在日本，不管商务谈判，还是社交聚会，必须准时到会。

日本人很少在家中款待客人，如被邀请到日本人家里时，要在玄关处摘掉帽子与手套，然后脱鞋，习惯上不为女主人带花，而是带上一盒蛋糕或糖果。如果某位日本人向你送礼，你要表示感谢，但要等他再提一两次后再接受。日本人喜欢接受礼品，礼品要用淡色包装纸包装，不系蝴蝶结。他们特别喜欢吃冻牛排和喝白兰地。如果礼品数目是2的倍数，这表示能带来好运。成套的链扣、钢笔和铅笔是很好的礼品。到日本的访问者被他们的日本商业伙伴邀请到日本饭店或夜总会去参加宴会，这通常要花费数小时。最好不要和日本人谈论二次世界大战特别是亚太战场的情况。

（四）与日本商人谈判的技巧

（1）分散对手、单个突破。日本商人崇尚团体主义精神或集体主义意识，联合起来，往往力量很大。但单个日本商人，无论在思维、能力、心理素质还是创新精神等方面并不是出类拔萃的。谈判中，在适当时机采取“一对一”的策略，单个接触，从中探明情况，搜集信息，研究对策，有助于减缓谈判过程中的阻力，推动谈判的成功。

（2）从容判断、预防陷阱。日本商人通晓“吃小亏占大便宜”和“放长线钓大鱼”的谈判哲理，例如，他们常用最低报价法或打折的手法迎奉我方心理，其实在出示价格之前早已提高了价格，留足了余地。对此，我们应避免陷入圈套。操作的办法是把日方的报价内容与其他客商的报价内容一一进行比较，从而判断其报价是否具有可比性，认清其价格实质。

（3）遇到正式谈判，一般不宜让女士参加，否则他们可能会表示怀疑，甚至流露出不满。不要选派年龄在35岁以下的人同日本人谈判。美国一位技术公司的高级经理这样告诫人们：“你派一位乳臭未干的年轻人去同日本的高级经理人员谈判，人家都已经是65岁的老人了，这不是存心戏弄人家吗？”利用日本人这种尊老敬长的心理，与日方谈判时，派出场的人员最好是官阶、地位都比对方高一级，这样会有利于谈判的进行。

三、韩国商人的谈判风格、礼仪禁忌及与其谈判的技巧

韩国是中国的近邻，近年来中国与韩国的贸易往来增长迅速，尤其中韩自贸区的建成，更加便利了两国间的贸易往来。韩国以“贸易立国”，韩国商人在长期的贸易实践中积累了丰富的经验，常在不利于己的贸易谈判中占上风，被西方国家称为“谈判的强手”。

（一）韩国商人的谈判风格

1.谈判前重视咨询

在谈判前他们总是要进行充分的咨询准备工作，一般是通过海内外的有关咨询机构了解对方的情况，如经营项目、生产规模、企业资金、经营作风以及有关商品的市场行情等。谈判中他们注重礼仪，能营造良好的谈判气氛，并善于巧妙地运用谈判技巧。

2.注重谈判技巧

韩国人做事逻辑性较强，喜欢条理化。在谈判开始后，他们往往是先与对方商谈谈判的主要议题。谈判的主要议题虽然每次各不相同，但一般都包括以下五个方面：阐述各自意图、叫价、讨价还价、协商、签订合同。尤其较大型谈判，韩国商人往往直奔主题，开门见山。韩国商人常用的谈判方法有两种，即横向谈判与纵向谈判。前者是进入实质性谈判阶段后，先列出重要讨论条款，然后逐条逐项进行磋商。后者即对共同提出的条款逐条协商，取得一致后，再转向下一条的讨论。有时也会两种方法兼而用之。在谈判过程中，他们比日本人爽快。他们善于讨价还价，有些人直到最后一刻，仍会提出“价格再降一点”的要求。当然，他们也有让步的时候，但其目的是在不利形势下，以退为进来战胜对手。在签约时，韩国商人喜欢用三种具有同等法律效力的文字作为合同的使用文字，即对方国家的语言、朝鲜语和英语。

（二）韩国商人的谈判礼仪与禁忌

韩国人以勤劳勇敢著称于世，性格刚强，有强烈的民族自尊心，同时又能歌善舞，热情好客。

韩国是一个礼仪之邦，人们普遍注意礼貌礼节。如晚辈对长辈、下级对上级规矩严格，须表示特别的尊重。与长辈握手时，还要以左手轻置于其右手之上，躬身相握，以示恭敬。与长辈同坐，要保持姿势端正、挺胸，绝不能懒散；若想抽烟，须征得在场的长辈的同意；用餐时，不可先于长者动筷等。男子见面可打招呼，相互行鞠躬礼并握手，但女性与人见面通常不与他人握手，只行鞠躬礼。

对韩国的商务活动宜选择在2—6月和11—12月。10月份假日太多，圣诞节前后两周也不宜。

对韩国人来说，在商务谈判中，非常注意谈判地点的选择，一般喜欢在有名气的酒店、饭店会晤洽谈。如果由韩国商人选择会谈地点，他们一定会准时到达，以尽地主之谊。如果是对方选择的会谈地点，他们绝不会提前到达，总是准时或故意略微迟到。在进入谈判会场时，一般走在最前面的是主谈人或地位最高的人，多半也是谈判的拍板者。

韩国人忌讳“4”这个数字，认为此数字不吉利，因其音与“死”相同。因此，在韩国没有4号楼，不设第4层，餐厅不排第4桌等。

（三）与韩国商人谈判的技巧

（1）不要不经介绍就贸然谈判。韩国是一个组织严密的社会，所有有影响的人物大家都熟悉，如果由其出面介绍与一家韩国公司接触，而不是贸然前去，那就先有了声誉。进行商业联系最简单的办法是通过韩国贸易促进公司。

（2）避免言辞激烈。在阐述己方的情况时，不要过于咄咄逼人、言辞激烈或带有威胁性，应当冷静而有条理地叙述清楚，这样韩国人才有可能对你的建议做出有利的反应。

（3）与韩国人打交道，一定要选派经验丰富的谈判高手，做好充分准备，并能灵活应变，才能保证谈判的成功。

四、阿拉伯商人的谈判风格、礼仪禁忌及与其谈判的技巧

阿拉伯国家主要分布在西亚的阿拉伯半岛和北非。它们经济单一，绝大多数国家盛产石油，靠石油及石油制品的出口维持国民经济，进口商品主要是粮食、肉类、纺织品以及运输工具、机器设备等。

由于受地理、宗教、民族等问题的影响，阿拉伯人以宗教划派，以部族为群。他们家庭观念较强，性情固执而保守，脾气也很倔强，重朋友义气，热情好客，却不轻易相信别人。他们喜欢做手势，以形体语言表达思想。尽管不同的阿拉伯国家在观念、习惯和经济力量方面存在较大差异，但作为整个阿拉伯民族来讲却有较强的凝聚力。

（一）阿拉伯商人的谈判风格

1.重信义，讲交情

在阿拉伯人看来，信誉是最重要的。谈生意的人必须首先赢得他们的好感和信任。与他们建立亲近关系的方法有：由回族人或信仰伊斯兰教或讲阿拉伯语的同宗、同族的人引见；以重礼相待，如破格接待；在礼仪和实际待遇上均予以照顾，使其既有面子又得实惠。另外，崇尚兄弟情谊的阿拉伯人不会因为商务缠身而冷落了自己的阿拉伯兄弟。常与他们打交道的外商经常会遇到这样的情况：谈判正在紧张进行，阿拉伯一方的亲友突然到访，他们会被请进屋内边喝茶边聊天，外商则被冷落一旁，直到亲友离去谈判才会继续。

在阿拉伯人看来，这不是失礼的行为。对此，你只能表示理解和宽容。

2.谈判节奏较慢

阿拉伯人的谈判节奏较缓慢，他们不喜欢通过电话来谈生意。从某种意义上说，阿拉伯人的一次谈判只是同他们进行磋商的一部分，因为他们往往要很长时间才能做出谈判的最终决策。如果外商为寻找合作伙伴前往拜访阿拉伯人，第一次很可能不但得不到自己期望出现的结果，还会被他们的健谈所迷惑，有时甚至第二次乃至第三次都接触不到实质性的话题。遇到这种情况，要显得镇静而有耐心。

阿拉伯人特别重视谈判的早期阶段。在这个阶段，他们会下很大功夫打破沉默局面，制造气氛。经过长时间的、广泛的、友好的会谈，在彼此敬意不断增加的同时，他们其实已就谈判中的一些问题进行了试探和摸底，并间接地进行了讨论。应注意的是，谈话时的话题要把握好分寸，不要涉及中东政治，不要谈论国际石油政策以及宗教上的敏感问题。同时，在交谈时不能架起腿，更不能将鞋底对着谈话者，否则阿拉伯人会认为你不诚实可信。这种社交式的、内容泛泛但气氛友好的会谈，可以使正式谈判取得成功的可能性大大增强。随之而来的结果可能是在突然之间，协议便达成了。

3.故作夸张、满足心理

谈判过程中，阿拉伯商人看重通过谈判所获得的经济利益，同时更看重通过艰辛努力而争取对方让步的过程，我方针对这一特点，采取正确的让步模式，增加一定的让步难度，有利于满足对方心理需求，为长远的友好合作打下一定的基础。

4.喜爱讨价还价

阿拉伯人极爱讨价还价，无论商店大小均可讨价还价，标价只是卖主的“报价”。更有甚者，不还价即买走东西的人，还不如讨价还价后什么也不买的人更受卖主的尊重。阿拉伯人的逻辑是：前者小看他，后者尊重他。市场上常出现的情景是，摆摊卖货的商人会认真看待和处理与他讨价还价的人，即使生意不成也仅是耸耸肩、手一摊表示无能为力。因此，为适应阿拉伯人讨价还价的习惯，外商应确立见价必还的意识；凡对方提出交易条件，必须准备讨价还价的方案。高明的讨价还价要有智慧，即找准理由，令人信服，在形式上要尽可能把讨价还价做得轰轰烈烈。

阿拉伯人在商业交往中习惯使用“IBM”。这里的“IBM”不是指IBM公司，而是指阿拉伯语中分别以I、B、M开头的三个词语。I是指“因夏利”，即“神的意志”；B是指“波库拉”，即“明天再谈”；M是指“马列修”，即“不要介意”。他们常以这几个词作为武器，保护自己，以抵挡对方的“进攻”。比如，双方已订好合同，后来情况发生变化，阿拉伯商人想取消合同，就会名正言顺地说“神的意志”。而在谈判中当形势对外商有利时，他们却耸耸肩说“明天再谈吧”，等到明天一切又要从头再来。当外商因阿拉伯人的上述行为或其他不愉快的事而烦恼不已时，他们又会拍着外商的肩膀，轻松地说“不要介意”。所以，与阿拉伯人做生意，要记住他们的“IBM”做法，配合对方悠闲的步伐，慢慢推进才是上策。

（二）阿拉伯商人的谈判礼仪与禁忌

（1）由于受阿拉伯社会宗教意识的影响，妇女一般是不能在公开场合抛头露面的。因此，应该尽量避免派女性去阿拉伯国家谈生意，如果谈判小组中有妇女，也应该将其安排在从属地位，以表示尊重他们的风俗。在谈话中应尽量不涉及妇女问题。

（2）保守而不轻信、谨慎而迟缓。受地理、民族、宗教等多方面因素的影响，阿拉伯人性格固执而保守，不轻信于人。和他们谈生意首先要赢得其信任和好感。谈话的话题要注意回避中东政局、国际石油政策、宗教等问题。取得谈判的成功，寻找中间商是十分重要和必要的。

（3）在国际商务谈判中，通常有一些正式或非正式的社交活动，如喝茶、喝咖啡、宴请等。这些活动受文化因素的影响很大，并制约着谈判的进行。如阿拉伯人在社交活动中常邀请对方喝咖啡。按他们的习惯，客人不喝咖啡是很失礼的行为，拒绝一杯咖啡会带来严重麻烦。曾经有一位美国商人拒绝了沙特阿拉伯人请他喝咖啡的友好提议，这种拒绝在阿拉伯世界被认为是对邀请人的侮辱，结果这位美国商人因此而丧失了一个有利可图的商机。

（三）与阿拉伯人谈判的技巧

（1）阿拉伯人非常反感别人用贬损或开玩笑的口气来谈论他们的信仰和习惯，嘲弄或漠视他们的风俗，这点必须牢记。

（2）放慢谈判节奏。一般来说，阿拉伯人看了某项建议后，会去证实是否可行，如果可行，他们会在适当的时候安排由专家主持的会谈。如果这时你显得很急躁，不断催促，往往欲速则不达。因为闲散的阿拉伯人一旦感觉你把他挤进了繁忙的日程中，他很可能把你挤出他的日程。

（3）讲究拜访策略，不断增进彼此的感情。阿拉伯人好客知礼的传统使他们对亲友、邻居敞开的大门对外国客商同样是敞开的。对远道而来并亲自登门拜访的外国客人，他们十分尊重。如果他们问及拜访的原因，最好是说来拜访他是想得到他的帮助。当合同开始生效时，拜访次数可以减少，但定期重温、巩固和加深已有的良好关系仍非常重要。给他们留下一个重信义、重交情的印象，会让客商在以后的谈判中获得意外回报。

（4）在谈判中可采用数字、图形、文字相结合的方式，增强说服力。许多阿拉伯人不习惯花钱买原始材料和统计数据，他们不欣赏不能实际摸到的产品。因此，针对这一点，可以采取形象主观的形式向他们讲明有关情况及可能带来的巨大盈利。

（5）按阿拉伯人的文化要求，做好翻译工作。因为阿拉伯人不欣赏抽象介绍和说明，假如在谈判中确实需要提供一些附属资料，那就要按照阿拉伯人的风俗习惯，将这些材料进行精细的翻译，哪怕成本高些，也尽可能地雇用最好的翻译。如果附属材料中有图片，应当注意一下图片的顺序是否正确，因为阿拉伯人阅读图片的顺序是从右向左。

第三节　美洲商人的谈判风格与习俗

一、美国商人的谈判风格、礼仪禁忌及与其谈判的技巧

（一）美国商人的谈判风格

美国是一个发达的资本主义国家，其政治、经济在国际上处于举足轻重的地位，同时，美国又是一个较年轻的国家，发展历史短，移民多，开放程度高，且充满现代意识。

1.坦率自信，风趣幽默

美国是中国的一个重要贸易伙伴，美国人是我们在国际商务谈判中的常见对手，他们性格开朗、自信果断，说话滔滔不绝、不拘礼节、幽默诙谐，追求物质上的实际利益。

美国谈判人员有着与生俱来的自信和优越感，他们总是十分有信心地步入谈判会场，不断发表自己的意见和提出自己的权益要求，往往不太顾及对方而显得气势上咄咄逼人，而且语言表达直率，喜欢开玩笑。这种心态常常会在谈判桌上形成一种优势，无论其年龄或资历如何，似乎不把对方放在眼里，实际上往往并非如此。他们坦率外露，善于直接向对方表露出真挚、热烈的感情，这种情绪也容易感染别人，对此应充分加以利用，并以相应的态度予以鼓励，以营造良好的谈判气氛，创造成功机会。

2.干脆利落，不兜圈子

美国商人办事干脆利落，不兜圈子，重实际，重功利，事事处处以成败来评判每个人，所以在谈判中他们直截了当，重视效率，追求实利，在谈判中常说“Don’t beat around the bush”（不要转弯抹角），“Get to the point”（开门见山），“What’s the bottom line?”（到底是什么意思）。在交谈中最忌讳沉默，一旦交谈中出现间断和停顿，他们马上会插话填补，因为沉默使他们感到不安和窘迫，他们认为沉默预示着要出现麻烦或有所隐瞒或拒绝。

同美国人谈判，就要避免转弯抹角的表达方式，“是”与“否”必须表达清楚。如果美国谈判人员提出的条款、意见是无法接受的，就必须明确告知他们不能接受，不得含糊其词。如有疑问，要毫不客气地问清楚，否则极易引发双方的利益冲突，甚至使谈判陷入僵局。

当双方发生纠纷时，美国谈判人员希望谈判对手的态度认真诚恳，即使双方争论得面红耳赤，他们也不会介意。但在谈判过程中，要绝对避免指名批评，因为美国人谈到他人时，都会顾及避免损害他人的人格。

3.法律意识根深蒂固

美国人认为，交易最重要的是经济效益。为了保证自己的利益，最可靠的方法是依靠法律。他们特别看重合同，会认真地讨论合同的条款，而且特别重视合同违约的赔偿条款和合同的适用法律。其谈判队伍除包括商务谈判人员、技术谈判人员和财务谈判人员外，还有法律谈判人员负责合同文件、合同中各项条款、保险和法律解释的磋商。一旦在执行合同条款中出现意外情况，就按双方事先商定的责任条款处理。因此，美国人在商务谈判中对合同的讨论特别详细、具体，以便在执行合同时能顺利地解决各种问题。

美国人的法律意识根深蒂固，律师在谈判中扮演着重要角色。因为生意场上普遍存在着不守诺言或欺诈等现象，美国谈判人员往往注重防患于未然，凡遇商务谈判，特别是谈判地点在外国的，他们一定要带上自己的律师，并在谈判中一再要求对方完全信守有关诺言。一旦发生争议和纠纷，最常用的办法就是诉诸法律，因为此时友好协商的可能性不大。美国谈判人员提出的合同条款大多是由公司法律顾问、董事会研究决定的，谈判人员一般对合同条款无修改权，对法律条款一般不轻易让步。美国人习惯于按合同条款逐项讨论直至各项条款完全谈妥。

4.在谈判方案上喜欢搞全盘平衡的“一揽子交易”

所谓一揽子交易，主要是指美国商人在谈判某项目时，除探讨所谈项目的品质、规格、价格、包装、数量、交货期及付款方式等条款外，还包括该项目从设计到开发、生产工艺、销售、售后服务以及为双方能更好地合作各自所能做的事情等，从而达成一揽子交易。

美国商人既重视商品质量，又重视商品包装。商品的外观设计和包装，体现一国的消费文化状况，也是刺激消费者购买欲望、提高销售量的重要因素。美国人不仅对自己生产的商品不遗余力地追求内在品质和包装水平，而且对购买的外国商品也有很高的要求。

（二）美国商人的谈判礼仪与禁忌

跟美国商人在一起时不必过多地握手与客套，他们大多性格外向，直爽热情。美国商人见面与离别时，都面带微笑地与在场的人们握手；彼此问候较随便，大多数场合可直呼名字；对年长者和地位高的人，在正式场合下，则使用“先生”“女士”等称谓。

在比较熟识的女士之间或男女之间会亲吻或拥抱。美国商人习惯保持一定的身体间距，交谈时，彼此站立间距约0.9米，每隔2～3秒有视线接触，以表达兴趣、诚挚和真实的感觉。他们的时间观念很强，约会要事先预约，赴会要准时，但商贸谈判有时亦会比预定时间推迟10～15分钟。

在美国，多数人随身带有名片，但是，他们的名片通常是在认为有必要以后再联系时才交换，因此，美国商人在接受别人的名片时往往并不回赠。

美国商人也在周六、周日休息。此外，公定假日有元旦、退伍军人节、感恩节、哥伦布日等，不宜在这些时间找美国商人洽谈。美国商人对时间非常吝啬，因此与美国商人谈判必须守时，办事必须高效。美国商人喜欢一切井然有序，不喜欢事先没有联系，以及与突然闯进来的“不速之客”去洽谈生意，美国商人或谈判代表总是注重预约晤谈。

（三）与美国商人谈判的技巧

1.先发制人，顺水推舟

美国商人热情、坦率、豪爽的性格有利于人际关系的培养，营造良好的谈判气氛，加快谈判进程。对其自信、滔滔不绝的谈判作风，在适当的时候采用激将法，使其反道而行，转变立场，向我方靠拢，有助于扭转战局，创造成功的谈判机会。

2.尊重习惯，欲需则达

美国商人对表面的、形式上的东西看得淡薄，语言坚决、果断，追求实际利益。所以，我们在与其接触时，寒暄的语言不应过多，“是”与“否”要表达清楚。这是一条基本原则，尤其在无法接受对方提出的条件时，要明确告知对方不能接受，切忌含糊其词、似是而非的态度，迂回婉转、模棱两可的回答只会产生误解，造成法律纠纷。

3.巧借条件，趋利避害

美国商人在谈判方案上喜欢搞全盘平衡的“一揽子交易”，从而降低价格，减少价格在谈判中的阻力，习惯的做法是先总后分，即先定总交易条件，再谈具体分条件。我们相应的策略可先从具体的分条件着手，逐一审核，差别对待。因为谈判的项目不同，最终决策权不同，有的地方权限就可解决，有的则须中央报批，我们只有协调统一后方可进行一揽子交易。操作过程中，可以协调各种关系为借口推掉一些不合适的交易项目及我方不愿接受的一些条件，同时积极运用对方力量去促成更大范围内的联合协作，全局平衡，一揽子成交。

二、加拿大商人的谈判风格、礼仪禁忌及与其谈判的技巧

（一）加拿大商人的谈判风格

加拿大居民大多数是英国和法国移民的后裔，在加拿大从事对外贸易的商人也主要是英国后裔和法国后裔。

英裔商人谨慎、保守、重守信誉。他们在进行商务谈判时相当严谨，一般要对所谈事物的每个细节都充分了解后，才可能答应要求。

与法裔商人刚刚开始接触时，你会觉得他们都非常和蔼可亲，平易近人，客气大方。但是只要坐下来谈判，涉及实质问题时，他们就会变得异常坚韧不拔。因此，若希望谈判成功，就要有耐心。法裔商人对签约比较随意，常常在主要条款谈妥之后就急于要求签约。与他们谈判时应力求慎重，一定要在所有合同条款都定得详细、明了、准确之后，才可签约，以避免麻烦和纠纷。

（二）加拿大商人的谈判礼仪与禁忌

（1）见面或分手时要行握手礼，相互亲吻对方脸颊也是常用的礼节。除密友之外，一般不宜直接称呼小名，对法语是母语的加籍谈判者，要使用印有英、法文的名片。

（2）约会要事先预约并准时，款待一般在饭店或俱乐部进行。就餐时要穿着得体，男士着西服，系领带，女士则穿裙子。进餐时间可长达2～3小时。如被邀做私人访问，应随身携带小礼品或鲜花，也可派人给其赠送鲜花。

（3）加拿大谈判者比美国商人更显得有耐心和温和，他们的时间观念很强，所以要严格遵守合同的最后期限。对英裔商人要有足够的耐心，对法裔谈判者还须准备法文资料和将合同译成法文。

（4）在加拿大，人们忌讳白色的百合花，认为它会给人们带来死亡的气氛，因而，百合花通常在葬礼上使用。同时，加拿大人酷爱枫叶，并视它为国宝和友谊的象征。

（三）与加拿大商人谈判的技巧

（1）要注重礼节，情绪上要克制，不要操之过急。对英裔商人要有足够的耐心，与法裔商人谈判应力求慎重，不弄清对方的意图与要求切不要贸然承诺。

（2）加拿大公司的高层管理者对谈判影响较大，应将注意力集中在他们身上，以使谈判尽快获得成功。

（3）合同条款往往详尽而冗长，对法裔商人，还须准备法文资料和将合同译成法文。

三、拉丁美洲商人的谈判风格、礼仪禁忌及与其谈判的技巧

拉丁美洲商人大多为男性，最突出的特点是个人人格至上和富于男子气概，性格开朗直爽。

（一）拉美人商务谈判风格

1.非常自信

固执、绝不妥协的特点体现在拉美人的商贸谈判中，就是对自己意见的正确性坚信不疑，往往要求对方全盘接受，很少主动做出让步；如果他们对别人的某种请求感到不能接

受，就很难让他们转变。个人人格至上的特点使得拉美人特别注意的是谈判对手本人而不是对手所属的公司或者团体。

2.不太注重物质利益而注重感情

与拉美商人最好先交朋友，一旦你成为他们的知己后，他们会优先考虑你作为合作伙伴。

3.谈判节奏缓慢，时间利用率低

许多拉美国家假期很多，处理事务节奏较慢，往往会让性急的外国人无可奈何。最好的办法是放慢谈判节奏，始终保持理解和宽容的心境，并注意避免工作与娱乐发生冲突。

4.不太注重谈判协议的严肃性

拉美商人对信守合同的观念与众不同，常会在接到货物后不一定按期付款。对这类问题，必须要有足够的耐心催促。拉美国家有的商人对信用证付款的观念淡薄，甚至还有商人希望同国内交易一样使用支票付款。因此，交易时应注意寻找可靠的合作伙伴，必须与负责管理的人洽谈生意。

（二）拉美人谈判礼仪与禁忌

阿根廷人比较正统，非常欧洲化。他们同你一见面就会不停握手，在商谈中也不厌其烦地与对方反复握手。哥伦比亚人、智利人、巴拉圭人比较保守，他们穿着讲究，谈判时服饰正规，也特别欣赏彬彬有礼的客人。厄瓜多尔人和秘鲁人的时间观念相对淡薄，比较随意。但作为谈判另一方，在这一点上千万不能“入乡随俗”，而应遵守时间，准时出席。

拉美人热情、友好，特别好客，有送礼的习惯（墨西哥除外），所以你到拉美人家做客时千万不能空手去。送礼时，首先考虑的是礼物是否有用并适合受礼人的口味，礼物的价值是第二位的，注意商品要有商标。送给他们与客人本国历史、艺术有关的新奇物品对男女主人都合适。给妇女可以送香水（男士给女士送也不会引起误会），送给男士的礼品要新奇或是男士用的必需品。女士给男士送礼一定要特别谨慎（易引起猜疑），无论男女给孩子送礼都受欢迎。到巴拿马人家中做客可以送食品或小树苗；兰花（委内瑞拉的国花）是送给委内瑞拉妇女的好礼物。墨西哥人没有送礼的习惯，当别人送礼时他们也会高兴地接受。礼品要用包装纸包好。鲜花不常作为礼品，在墨西哥若送花不要送黄色或红色的，他们认为黄色意味着死亡，红色会给人带来晦气。白花是墨西哥人喜爱的花，他们认为可以驱邪。

禁送下列物品：任何数目为13的物品，任何黑色或紫色（意味着阴沉的天气，在巴西，紫色是死亡的象征）的物品，刀子（意味着断绝关系）和手绢（手绢常用来擦泪，容易使人有悲伤感）。不要在公务交往中送礼，最好的送礼时间是在商务谈判结束后的一个轻松的社交场合。

对拉美人的东西不要盯着看，也不要过分赞赏，否则他会坚持送给你。和拉美人交往，一见面就要像对待老朋友那样亲热。拉美人吃饭时有敬酒的习俗，要等主人敬酒后客人才能敬酒。

（三）与拉美商人谈判的技巧

1.同拉美代理商的谈判不可大意

在拉美做生意，至关重要的一点是寻找代理商，建立代理网络。大多数拉美国家普遍存在代理制度，如果在当地没有代理商，做生意时会困难重重。在选择代理商时必须非常慎重，要仔细进行审查。选定代理商后，必须与其签订代理合同，在合同中明确规定双方的权利和义务，更为重要的是应该详细清楚地规定代理权限，以免日后发生纠纷。

2.贸易谈判之前应尽量熟悉拉美的保护政策

大多数拉美国家近年来都采取了奖出限入的贸易保护措施，法律、法规也以此为根本出发点，进出口手续也比较复杂，一些国家还实行进口许可证制度。所以，在进行贸易谈判前，必须深入了解这些保护政策和具体执行情况，以免陷入泥潭。

3.适应拉美人的习惯

拉美各国中，巴西人酷爱娱乐，他们不会让生意妨碍其享受闲暇的乐趣。当举世闻名的巴西狂欢节来临之时，千万别去同拉美人去谈生意，否则会被视为不受欢迎的人。

第四节 欧洲商人的谈判风格与习俗

一、德国商人的谈判风格、礼仪禁忌及与其谈判的技巧

德国位于欧洲中部，是一个历史悠久、文化古老的国家。优越的地理位置和迷人的气候条件养育着具有鹰的力量和勇气的德意志各族人民。

德国人素有“契约之民”的雅称，他们具有自信、谨慎、保守、刻板、严谨的个性，以及办事富有计划性、注重工作效率、追求完美的特征。德国谈判人员身上所具有的这种日耳曼民族的性格特征会在谈判桌上得到充分的展现。

（一）德国商人的谈判风格

1.准备周密，讲究效率

德国商人讲究实效、注重计划。他们工作态度认真，谈判之前总是做周密的准备，他们不惜花费许多时间和精力搜集谈判对手的经营状况、银行资信、业务范围、市场定位等实际资料，因而一开局总能先占主动。谈判中，他们的思维系统性和逻辑性强，语气严肃，果断而节奏紧凑。他们喜欢直接表明所希望达成的交易，准确确定交易方式，详细列出谈判议题，提出内容详细的报价表，清楚、坚决地陈述问题。他们善于明确表达思想，准备的方案清晰易懂。如果双方讨论列出问题清单，德国商人一定会要求在问题的排序上应体现各问题间的内在逻辑关系，否则就认为逻辑不清，不便讨论。

2.自信而固执，讨价还价余地小

德国商人自信而固执。他们对本国产品极有信心，在谈判中常会以本国的产品为衡量标准。德国企业的技术标准相当严格，对于出售或购买的产品他们都要求很高的质量，因此要让德国商人相信你公司的产品能够符合交易规定的高标准，他们才会与你做生意。德国人重视体面，民族优越感较强；德国人性格倔犟、自负，缺乏灵活性和妥协，他们往往在签订合同的最后时刻还想尽办法逼迫对方做出让步。

3.崇尚契约，严守信用

受宗教及其他因素的影响，德国人比较注意遵守各种社会规范和纪律。在商业往来中，他们崇尚契约，严守信用，权利与义务的意识很强。与德国商人进行谈判时对此要有心理准备。和美国商人一样，德国人很注重合同，对合同条文研究得比较仔细，合同的执行也相当严格。因此在签订合同之后，任何关于要求交货日期或付款日期的稍微宽延、变更或另作解释等都是不会被理会的。

德国人最擅长讨价还价，这并不是因为他们具有争强好胜的个性，而是因为他们对工作一丝不苟，严肃认真。无论你的企业在你自己的国家里多么有信誉，他们都要调查你的企业的情况，只要有可能，还要让你的产品在他们的或你的工厂中作实际演示。在他们开始讨论你的产品价值之前，要向你和技术人员及客户了解情况。因此，你在交易的初期不能太着急。

（二）德国商人的谈判礼仪与禁忌

在谈判中，他们很注意别人对自己的称呼，尤其是有头衔的商人，特别喜欢别人称呼他的头衔。

德国人很重礼节，并希望对方也这样。因此，在同德国人谈判时，应该穿着正式的服装，要习惯于在所有场合穿一套西装。无论你穿什么，不要把手放在口袋里，因为这被认为是无礼的表现。德国人很守时，如对方谈判者迟到，德国人就可能会冷淡。另外，德国人不习惯与人连连握手，若你与他连连握手，他会觉得惶惶不安。

除宗教禁忌外，德国人对颜色禁忌较多，茶色、黑色、红色、深蓝色他们都忌讳；他们还忌吃核桃，忌送玫瑰花。

（三）与德国商人谈判的技巧

在谈判之前一定要做好充分准备，严密地组织，以便用满意的回答表明自己的实力。准备的内容包括：己方公司的资信情况，所提建议是否反映出这种资信，以及你所要购买或销售产品的有关专业资料等。我方谈判者应当掌握产品和合同细节的全面知识，所提建议应当具体切实，给人留下条理清晰、富有权威性的良好形象，以促成谈判的成功。

德国人非常守时，不论工作还是做其他事情，都是有板有眼、一本正经的。因此，与他们打交道，不仅谈判时不应迟到，一般的社交活动也不应随便迟到。对于迟到的谈判人员，德国商人对之不信任的反感心理会无情地流露出来，破坏谈判气氛，令对方处于尴尬的境地。

谈判时间不宜定在晚上，除非特别重要。虽然德国人工作起来废寝忘食，但他们都认为晚上是家人团聚、共享天伦之乐的时间，而且他们会认为你也有相同的想法。所以，冒昧地请德国人在晚上谈论商务或是在晚上对他们进行礼节性拜访会让他们觉得你不知趣。

二、英国商人的谈判风格、礼仪禁忌及与其谈判的技巧

英国是世界上资本主义发展最早的国家。历史上，英国一度在世界上建立起经济、政治和军事霸权。但19世纪以来，英国的经济地位一步步削弱。近年来，英国的经济增长速度不快，经济实力和水平不如美国、日本和德国。虽然如此，英国人“曾经称霸世界”的大国意识很强烈，总是表现出悠然自得的样子。而且，英国人依然保留着岛国民族的特性，比较保守和怕羞，对新事物裹足不前，并且高傲、矜持，给人难以接近的印象。

（一）英国商人的谈判风格

1.冷静持重，充满自信

英国人比较冷静持重，在谈判初期会与对手保持一定的距离，绝不轻易表露感情，因而在谈判初期，英国商人给人的感觉总是高傲、保守，不易接近。随着时间的推移，英国人才与对手慢慢接近，建立友谊之后，他们会十分珍惜并信任你。他们常常在开场陈述时十分坦率，愿意让对方了解他们的有关立场和观点，同时也常常考虑对方的立场和行动，他们对于建设性意见反应积极。英国商界赞同一句话：“不要说‘这种商品我们公司没有’，应该说‘只要您需要，我们尽量替您想办法’。”这一点，不仅反映了英国商人的灵活态度，也表现了他们十足的自信心。

2.注重礼仪，崇尚绅士风度

英国商人十分注重礼仪，崇尚绅士风度。他们谈吐不俗，举止高雅，遵守社会公德，很有礼让精神。无论在谈判场所内外，英国谈判人员都很注重个人修养，尊重谈判业务规律，不会没有分寸地追逼对方。同时，他们也很关注对方的修养和风度，如果你能在谈判中显示出良好的教养和风度，就会很快赢得他们的尊重，为谈判成功打下良好的基础。

英国商人的绅士风度还表现在他们谈判时不易动怒，也不易放下架子。谈判中，他们讲究程序性，注重逻辑，听取意见随和，采纳意见却很慎重，不肯轻易放弃自己的观点，做出让步；处理问题冷静而有分寸，比较看重秩序、纪律、责任。

（二）英国商人的谈判礼仪与禁忌

与英国商人洽谈贸易时，有三条忌讳：

（1）忌系有纹的领带，因为带纹的领带可能被认为是军队或学生校服领带的仿制品。

（2）不要把英国人称呼为“英国人”，应称为不列颠人（British）。因为英国的全称是大不列颠及北爱尔兰联合王国，由英格兰、威尔士、苏格兰、北爱尔兰四部分组成。英国虽然是统一的君主制国家，但是四个民族在处理事务上有许多微妙之处。英国人的原意仅指英格兰人，而谈话的对象可能是苏格兰人、威尔士人或北爱尔兰人。我们提到“英格兰”时，一般是指整个联合王国，但在正式场合使用就显得不妥，因为这样会不自觉地漠视了其他三个民族。所以，在正式场合不宜把英国人叫作“英格兰人”，涉及女王时要说“女王”或正规地说“大不列颠及北爱尔兰联合王国女王”，而不应说“英格兰女王”。

（3）忌谈政治，忌以皇室的家事为谈话的笑料，宜谈天气。在和英国人交谈时，话题尽量不要涉及北爱尔兰的前途、共和制和君主制的优劣以及大英帝国的崩溃原因等政治色彩较浓的问题。比较安全的话题是天气、旅游和英国的继承制度等。

英国人生活比较优裕舒适，每年夏冬两季有三周至四周的假期，他们会利用这段时间出国旅游。因此，他们较少在夏季和圣诞节至元旦期间做生意。英格兰从1月2日开始恢复商业活动，在苏格兰则要等到4月以后。在这些节假日应尽量避免与英国人洽谈生意。

英国人对数字除忌“13”外，还忌“3”，特别忌用打火机或火柴为他们点第三支烟。一根火柴点燃第二根烟后应及时熄灭，再用第二根火柴点第三个人的烟才不算失礼。与英国人谈话，若坐着谈应避免两腿张得过宽，更不能跷起二郎腿；若站着谈不可把手插入衣袋。忌当着英国人的面耳语，不能拍打肩背。英国人忌用人像做商品装潢，忌用大象图案，因为他们认为大象是蠢笨的象征。英国人讨厌孔雀，认为它是祸鸟，把孔雀开屏视为自我炫耀和吹嘘。忌送百合花，他们认为百合花意味着死亡。

（三）与英国商人谈判的技巧

英国是礼仪之邦，崇尚绅士风度。但是，英国商人在商务活动中有一些明显的不足。例如，他们经常不遵守交货时间，造成迟延，引起直接的经济损失。这使他们在谈判中比较被动，外国谈判者会利用这点预先在合同中加上延期交货的罚金条款等，以免日后扯皮或蒙受损失。

英国商人在商务活动中一般不善于进行日常的业务访问。英国商人都以使用英语为自豪，即使他们会讲第二外语，他们也不愿在谈判中使用。因此，与他们做生意要尽可能地讲英语或带英语翻译。

绅士风度常使英国谈判人员受到自我形象定位的约束，甚至成为他们的心理压力，对此应加以充分利用。在谈判中以确凿的论据、有理有力的论证施加压力，就会促使英国谈判人员因担心丢面子而放弃其不合理的立场，从而取得良好的谈判效果。

由于古老的等级传统使英国人的等级观念变得非常严格而深厚，他们颇为看重与自己身份对等的人谈问题。因此，洽谈生意时，在谈判人员的等级上，诸如官衔、年龄、文化教育、社会地位上都应尽可能对等，以示平等和尊重，这对于推进对话、加强讨价还价的力量有一定的作用。

三、法国商人的谈判风格、礼仪与禁忌

法国是一个令人神往的国家。法国人不仅创造了卢浮宫、凯旋门、巴黎圣母院等一系列迷人的建筑，也积累了高度的精神文明。法国人不仅勤劳智慧，而且热情友好，有着高度的礼仪文化。法国商人具有浓厚的国家意识和强烈的民族、文化自豪感。他们性格开朗、眼界豁达，对事物比较敏感，为人友善，处事时而固执、时而随和，时间观念淡薄，讲究情趣，注重个人力量。

（一）法国商人的谈判风格

1.对本民族的历史、文化和语言充满自豪

法国人对本民族的灿烂文化和悠久历史感到无比骄傲。他们时常把祖国的光荣历史挂在嘴边。重视历史的习惯使法国谈判人员也很注重商业与外交的历史关系和交易的历史状况，即过去的交易谈判情况。传统友好国家的谈判者会为双方外交关系的历史所鼓舞，利用其尊重历史的观念可以排除一定的现实干扰，比如现实中可能出现第三人的干扰。

法国人为自己的语言而自豪，他们认为法语是世界上最高贵、最优美的语言，因此在进行商务谈判时，他们往往习惯于要求对方同意以法语为谈判语言。即使他们的英语讲得很好也是如此，除非他们是在国外或在生意上对对方有所求。所以，要与法国人长期做生意，最好学些法语，或在谈判时选择一名好的法语翻译。

2.富有人情味，珍惜人际关系

法国人很有人情味，他们非常珍惜人际关系。法国商人很重视交易过程中的人际关系，一般来说，在结为朋友之前，他们是不会轻易与人做大宗生意的；而一旦建立起友好关系，他们又会乐于遵循互惠互利、平等共事的原则。因此，与法国人做生意，必须善于和他们建立起友好关系，这不是件十分容易的事，需要做出长时间的努力。在社会交往中，家庭宴会常被视为最隆重的款待。但无论是家庭宴会还是午餐招待，法国人都将其看作人际交往和发展友谊的时刻，而不认为是交易的延伸，在宴请招待时忌讳谈生意。

与法国商人洽谈生意时，不应只顾谈生意上的细节，这样做很容易被法国对手视为“此人太枯燥无味，没情趣”。要注意，法国商人大多性格开朗、十分健谈，他们喜欢在谈判过程中谈论一些社会或文化艺术、新闻等方面的话题，以活跃谈判的气氛。所以，在谈判中除非到了最后决定拍板阶段可以一本正经地只谈生意之外，其他时间可谈一些关于社会新闻和文化艺术等方面的话题来活跃谈判气氛。另外，要引起注意的是，法国商人在谈判中讲究幽默与和谐，但是，他们不喜欢涉及自己的私事和生意上的秘密。因此，在谈判中要注意回避此类问题。

3.偏爱横向谈判方式，对细节问题不太重视

在谈判方式上，法国商人具有横向型谈判风格，喜欢先就主要交易条件、原则达成协议，然后才谈合同条文，在谈判中要反复多次地涉及交易的整体内容。谈判的重点在于拟定一些重要的原则，而不注意细节。法国商人在谈妥合同的主要交易条件后，就会在合同上签字，在他们看来，一些次要条款完全可以在合同执行过程中双方协商解决。因此，在签字后，协议又常常被要求修改。因此，同法国商人谈成的协议，必须用书面形式相互确认，即使在签订合同后，也应这样做。

4.思维灵活，手法多样

法国商人谈判时思维灵活，手法多样，为促成交易，他们常会借助行政、外交的手段或让名人、有关的第三人介入谈判。这种承认并欢迎外力的心理和做法可以借鉴。例如，有些交易中常会遇到进出口许可证问题，往往需要政府出面才能解决。当交易项目涉及政府的某些外交政策时，其政治色彩就很浓厚，为达成交易，政府可以从税收、信贷等方面予以支持，从而改善交易条件，提高谈判的成功率。

5.注重依靠个人力量达成交易

法国商人大多注重靠自身力量达成交易。他们一般都受过职业培训，专业性强，熟悉产品，往往一人能独挡几面，因而决策迅速，谈判效率较高。这是因为法国企业组织机构明确，个人权力很大。但在法国中小企业中，也有许多法国人是不熟悉国际贸易业务的，与他们做生意时，应尽量把每个细节都商定清楚。

法国商人对商品的质量要求十分严格，条件比较苛刻，同时他们也十分重视商品的美感，要求包装精美。法国人从来就认为法国是精品商品的世界潮流领导者，巴黎的时装和香水就是典型代表。因此，他们在穿戴上都极为讲究。在他们看来，衣着可以代表一个人的修养与身份。所以，在谈判时，稳重考究的着装会带来好的效果。

（二）法国商人的谈判礼仪与禁忌

法国的时装领导世界潮流，一般法国人都很注意衣着。在他们看来，衣着代表着一个人的修养与身份、地位，因此在与法国人交往时必须注意自己的服饰。

法国人的时间观念不强，他们在商业往来或社会交际中经常迟到或单方面改变时间，

而且总会找一大堆冠冕堂皇的理由。在法国还有一种非正式的习俗，即在正式场合，主客身份越高，来得越迟。所以，要与他们做生意，就需学会忍耐。但法国人对别人的迟到往往不予原谅，对于迟到者，他们都会很冷淡地接待。法国全国在8月份都会放假，大部分法国人都会放下手中的工作去旅游度假，甚至在7月底和9月初，他们的心思都放在度假和休息上。所以，千万注意尽量避免在这一时期与法国人谈生意。

和法国人洽谈贸易时，严忌过多地谈论个人私事，因为法国人不喜欢大谈家庭及个人生活的隐私。

四、意大利商人的谈判风格、礼仪与禁忌

意大利是工业较发达的欧洲国家，意大利人的国家意识淡薄，他们不习惯提国名，而愿意提故乡的名字。意大利人文化素质高，既有德国人的精明能干，又有法国人的健谈。

（一）意大利商人的谈判风格

1.情绪多变，喜好争论

意大利人性格外向，善于社交，他们情绪多变，喜怒无常，做手势时特别激动，肩膀、胳膊和手随着说话声音的节拍挥动不止。他们生气的时候，简直近于疯狂。他们常常为了很小的事情而大声争吵，互不相让。如果允许的话，他们会整天争论不休。意大利人比德国人少了一些刻板，比英国人多了一些热情，但在谈判合同、做出决策时不会感情冲动，一般不愿仓促表态。与日本等国家的谈判人员不同的是，他们并非要与同事协商，只是因为比较慎重。如果对方给他们一个做出决策的最后期限，他们往往会眼都不眨一下而迅速拍板决定。这说明他们办事多是胸有成竹，而且有较强的处理紧急情况的能力。

2.注重节约

意大利人有节约的习惯，对合同条款的注重明显不同于德国人，而接近于法国人。他们对产品质量、性能以及交货日期等事宜都不太关注，当然他们希望所买或销售的产品能正常使用。这一点与德国人明显不同，德国人宁愿多付款来取得较好质量的产品和准确的交货日期，而意大利人却宁愿节约一点，力争少付款。

3.重视个人力量

意大利的商业交往大部分都是公司之间的交往，而在这种交往中起决定作用的是代表公司出面的个人。意大利企业的领导人与下属打交道时比较独断，与企业外的其他人打交道时，也是刻板、僵硬，缺乏民主色彩。所以，意大利商人在交往活动中比其他任何国家商人都更有自主权。

4.崇尚时髦

意大利商人崇尚时髦，他们衣冠楚楚，潇洒自如，通常坐在设备豪华的现代化办公室里工作。他们讲究饮食，重视家庭，对儿童有很大耐心。意大利的饭店都在某种程度上容忍孩子们吃饭时调皮捣蛋，有时甚至任其为所欲为。

5.时间观念不强

意大利商人也有明显的缺点，那就是常常不遵守约会时间，甚至有的时候不打招呼即不赴约，或单方面推迟会期。他们工作松松垮垮，不讲效率。

（二）意大利商人的礼仪与禁忌

意大利人忌菊花，因为菊花是他们祭坟扫墓时才用的花。在意大利，如果要送一件礼物给朋友，千万不要送手帕，因为那象征着情人的离别。在给意大利人倒酒时，切忌左手倒，这意味着“势不两立”，这源于黑手党的一种手势。

意大利人对动物有着特殊的兴趣，尤其是对狗和猫异常偏爱。有的人会把狗视作家庭成员。所以，到意大利人家中做客，切忌厌恶这些动物，否则会引起主人不快。

另外，在意大利从事商务活动，必须充分考虑其政治因素，特别是涉及去意大利投资的项目时，更要慎重从事，先了解清楚意大利一方的政治背景；否则，如果遇到政局发生变动，就难免蒙受经济损失。

五、俄罗斯商人的谈判风格、礼仪禁忌及与其谈判的技巧

俄罗斯地跨欧亚，但通常视其为欧洲国家。由于从统一的苏联中分离出来，俄罗斯的社会生活发生了极大的改变，人们的社会地位、生活方式、价值观念也有显著的变化。俄罗斯商人一般显得忧虑、自信心不足、进取心差，虽然待人谦恭，却缺乏信任。他们求成心切，求利心切，喜欢谈大金额合同，对交易条件要求苛刻，缺乏灵活性。

（一）俄罗斯商人的谈判风格

1.固执呆板，善于压价

俄罗斯中央集权的历史较为悠久，导致人们习惯固守传统。谈判中如果对方报价与己方原定目标有差距，则很难协商给予让步；相反，俄罗斯商人迫使对方让步的能力却极强，尤其倾向于谈判项目中技术内容和索赔条款的讨价还价。

2.注重文化传统

俄罗斯商人对研究过俄罗斯文化艺术的外商有着特别的尊重，这会给商务谈判带来友善的气氛。传统上，俄罗斯人有四大爱好：喝酒、吸烟、跳舞和运动。俄罗斯人不论男女，几乎没有不喝酒的，而且大多爱喝烈性酒，如伏特加之类。俄罗斯人吸烟也很普遍，而且爱抽烈性烟。跳舞是俄罗斯人的传统，一般每周末都有舞会。过去人们主要跳民族舞蹈，但现在的年轻人更愿意跳交谊舞，他们常在花园中的空地上或马路边的小广场上，在手风琴或吉他的伴奏下翩翩起舞。俄罗斯人重视体育运动，许多人都有一两项专长。

3.节奏缓慢，效率低下

俄罗斯人办事断断续续，效率很低。他们绝不会让自己的工作节奏适应外商的时间安排。除非外商提供的商品正是他们急切想要的，否则，他们的办事人员绝不会急急忙忙奔回办公室，立即向上级呈递一份有关谈判的详细报告。俄罗斯商人谈判，往往喜欢带上各种专家，这样不可避免地扩大了谈判队伍，各专家意见不一也延长了谈判时间，减慢了谈判节奏。因此，与俄罗斯商人谈判时，切勿急躁，要耐心等待。

（二）俄罗斯商人的谈判礼仪与禁忌

俄罗斯及东欧诸国，对其他国家商人是极其热情的。在同俄罗斯人洽谈贸易时，切忌称呼其为“俄国人”。

俄罗斯人性格豪放、开朗，喜欢谈笑，组织纪律性强，习惯统一行动。俄罗斯人非常有礼貌，见面时总是相互问好，言谈中离不开“请”“您”“谢谢”等词语。

俄罗斯人文明程度较高，不仅家中比较整洁，而且注意公共卫生。在公共场合注重言行举止，从不大声喧哗，更见不到随地吐痰、乱扔纸屑的现象，而且坐有坐相、站有站相，不管有多累也不会蹲着或坐在地上。

俄罗斯人很注意自己的形象，比如他们不把手插在口袋里或袖子里，即使在热天也不轻易脱下外套。在商务谈判中，他们也注意对方的举止，如果对方仪表不俗，他们会比较欣赏；相反，如果对方不修边幅就坐到谈判桌前，他们会很反感。

女士优先的原则在俄罗斯体现得也很充分，对妇女是否礼仪周全已成为衡量一个男士修养水平高低的标准。

俄罗斯人重视文化教育，喜欢艺术品和艺术欣赏。赠送鲜花是俄罗斯人常用的礼节。白色的表示纯洁，红色的象征爱情或赞美。黄色的花一般不要送，因为它意味着变节。另外，花束必须由单数组成，他们视单数为吉祥。

与俄罗斯人交往不能说他们小气，初次结识俄罗斯人忌问对方私事，不能与他们在背后议论第三人。对妇女忌问年龄等。

（三）与俄罗斯商人谈判的技巧

1.抬高价格，以求硕获

对于俄罗斯商人软磨硬泡的讨价还价，应坚持自己原有报价的态度。我们的应对措施是：公开在我们考察的标准价格上加一定溢价，并向其郑重解释这样做的理由是同他们做生意所承担的额外的费用与风险，因为在俄罗斯做生意的风险与费用确实比较大。

2.驱弊就利，贸易互补

针对中俄贸易的互补性及俄罗斯外汇短缺的现象，采取易货贸易形式，有助于开展双边贸易，加强技术合作。

六、北欧商人的谈判风格

北欧在一般意义上是指位于日德兰半岛、斯堪的纳维亚半岛上的芬兰、挪威、瑞典、丹麦、冰岛五国。它们有着相似的历史背景和文化传统，都信奉基督教，历史上为防御别国的侵扰而互相结盟或是宣布中立以求和平。现代的北欧国家政局稳定，人民生活水平较高。由于其宗教信仰、民族地位及历史文化，北欧人形成了心地善良、为人朴素、谦恭稳重、和蔼可亲的性格特点。

1.按部就班，沉着冷静

北欧人是务实型的，工作计划性很强，没有丝毫浮躁的样子，凡事按部就班、规规矩矩。与其他国家的商人相比，北欧人在谈判中显得沉着冷静。他们喜欢有条不紊地按议程顺序逐一进行，谈判节奏较为舒缓，但这种平稳从容的态度与他们的机敏反应并不矛盾，他们善于发现和把握达成交易的最佳时机并及时做出成交的决定。他们很注重交货期，在一个新合同履行时，国外出口商应明确具体的交货期，并及时完成交货义务。任何违背交货期，导致延期交货的，都有可能被北欧进口商取消合同。

2.谦恭、坦诚、固执、保守

北欧商人在谈判中态度谦恭，非常讲究文明礼貌，不易激动，善于同外国客商搞好关系。同时，他们的谈判风格坦诚，不隐藏自己的观点，善于提出各种建设性方案。他们喜欢追求和谐的气氛，但这并不意味着他们会一味地顺应对方的要求。实际上，北欧商人在自以为正确时，具有相当的顽固性和自主性，这也是一种自尊心强的表现。

与北欧商人谈判时，更多的时候应考虑如何与其配合。首先，以坦诚的态度对待来自北欧的谈判人员较好。这可以使谈判双方感情融和、交流顺畅，形成互相信任的气氛，以推进谈判。其次，要以理性的方式对付北欧人顽固的态度。北欧人看问题比较固执，这种固执与他们抱有的建设性的积极意愿相呼应。然而，伴随着积极的行动之后，一般是消极的固守。此时，外国商人不能太着急。为了不让北欧商人使性子，应充分注意论述的理由。不论理由的分量如何，均需有理可说。最后，利用北欧商人愿意追求和谐稳定的心理和善于提建设性方案的长处，可以为谋取较大的利益而有意制造僵局、激化矛盾，让他们提出方案，从中得利。但这样做必须注意火候，一般应在对方刻意追求解决的问题上或与之关系重大的条件上制造危机；否则，你就可能达不到目的了。

另外，北欧商人性格较为保守，他们更倾向于尽力保护他们现在拥有的东西。因此，他们在谈判中会更多地把注意力集中在怎样做出让步才能保住合同上，而不是着手准备其他方案以防做出最大让步也保不住合同的情况。

3.不喜欢无休无止的讨价还价

北欧商人不喜欢无休止的讨价还价。他们希望对方的公司在市场上是优秀的，希望对方提出的建议是他们所能得到的最好的建议。如果他们看到对方的建议中有明显的漏洞，他们就会重新评估对方的职业作风和业务能力，甚至会改变对对方企业水平的看法，进而转向别处去做生意，而不愿与对方争论那些他们认为对方一开始就应该解决的琐碎问题。

北欧商人为保证其竞争力，总是大规模地投资于现代技术，他们的出口商品往往是高质量、高附加值的产品，而他们进口的商品也多半是自己需要而在国内难以买到的高品质商品。北欧人有着强大的市场购买力，在谈判中，对于高档次、高质量、款式新奇的消费品，他们会表现出很大的兴趣，千方百计地想达成交易；而对一般性商品则不屑一顾，常以种种苛刻条件让对方知难而退。

4.代理商的地位很高

在北欧，代理商地位很高，尤其在瑞典和挪威，没有代理商的介入，许多谈判活动就难以顺利进行。因此，与北欧人做生意，必须时刻牢记这些代理商和中间商。

5.在商业交往中不太守时

北欧人特别是瑞典人在商业交际中往往不太准时，但他们在其他社交场合中非常守时。遇到他们迟到的情况，只要没有造成什么严重后果，就不要太计较，许多时候用一笑置之来展示自己的洒脱是明智的做法。

6.生活朴实有特色

北欧人较为朴实，工作之余的交际较少。晚间的招待一般在家里进行，不到外面餐馆去用餐。如果白天有聚餐，一般是在大饭店里预订好座位吃饭，这种宴会也不铺张浪费；如果是私下聚会，则往往只有咖啡和三明治。北欧人力戒铺张，他们把简朴的招待视为对朋友的友好表示，即使对待老主顾也如此。

北欧人将蒸汽浴视为日常生活中必不可少的一部分。大多数北欧国家的宾馆里都设有蒸汽浴室。与芬兰商人洽谈时，应重视行握手礼，应多称呼其“经理”之类的职衔。谈判地点多在办事处，一般不在宴会厅。谈判成功之后，芬兰商人往往邀请你赴家宴与洗蒸汽浴。这是一种很重要的礼节。洗蒸汽浴是芬兰人一项重要的礼节，表示对客人的欢迎，对此是不能拒绝的。因为芬兰人经常在蒸汽浴中解决重要问题和加强友谊。应邀赴宴时，忌讳迟到，且不要忘记向女主人送上5朵或7朵（忌双数）鲜花。在主人正式敬酒之前，客人不宜先行自饮。在畅谈时，应忌讳谈当地的政治问题。

7.交易习惯

丹麦进口商在与一个国外出口商做第一笔生意时，一开始为小金额的订单（以样品寄售或试销性订单）一般愿意接受信用证这种支付方式。此后，经常使用凭单付现和30~90天远期付款交单或承兑交单。

8.关税方面

丹麦会对从一些发展中国家、东欧国家以及地中海沿岸国家进口的商品给予最惠国待遇或者更为优惠的普惠制。但实际上，在钢铁和纺织品方面却很少能得到关税优惠，拥有较大纺织品出口商的国家往往采取自行限额的政策。

北欧人普遍喜欢饮酒，为了公众利益，北欧国家都制定了严厉的饮酒法。因此，这些国家的酒价十分昂贵。北欧人特别喜欢别人送如苏格兰威士忌酒之类的礼物，如果在商务谈判中以酒作为馈赠礼品，他们会十分高兴的。

北欧国家所处纬度较高，冬季时间长，所以北欧人特别珍惜阳光。夏天和冬天分别有三周与一周的假期。这段时间，几乎所有公司的业务都处于停顿状态，人们都休假去了。因此，做交易应尽量避开这段时间。当然，也可以假期将至为由催促对方赶快成交。

第五节　大洋洲商人和非洲商人的谈判风格

大洋洲是世界上陆地面积最小的一个洲。大洋洲目前有10多个独立国家，还有近20个地区分别受英国、美国、法国、澳大利亚和新西兰管辖。

一、澳大利亚商人的谈判风格

澳大利亚居民主要为白种人，约占总人口的95%。大多数澳大利亚人信奉天主教和基督教。澳大利亚人在处事待人、风俗习惯上介于英国人和美国人之间。

澳大利亚商人在商务谈判中很重视办事效率。他们派出的谈判人员一般都有决定权，同时也希望对方的谈判代表有决定权，以免在决策中浪费时间。他们不愿意采用开始报高价，然后慢慢讨价还价的做法。他们采购货物时大多采用招标的方式，以最低报价成交，根本不给对方讨价还价的机会。

澳大利亚商人在签约时非常谨慎，不太容易签约，一旦签约，也较少发生毁约现象。

人们相见时行握手礼，并且喜欢握得很热烈。称呼也和一些国家不同，往往直接以名相称而不称姓。澳大利亚人很热情，容易接近，也喜欢接近陌生人（女性除外）。他们办事认真，时间观念强，约会必须事先联系并准时赴约。

在待人接物方面，澳大利亚人比较随便，若你应邀到他们家里做客，可以葡萄酒一瓶、鲜花一束为礼。在着装上，平时穿着很随便，但男子在办事时须穿西装、打领带，在非常正式的场合还须打黑色领结。天热时，澳大利亚男士会穿上土黄色短裤，配以长袜，打上领带，这是一种很考究的装束。无论是办理公事还是做客赴宴，女士都可以穿裙子，配上衬衫或上装，偶尔也可以穿牛仔裤或短裤。

袋鼠在澳大利亚受到国家重点保护。澳大利亚人不喜欢别国用袋鼠作商标，他们认为使用这种动物图案是澳大利亚的特权。

二、新西兰商人的谈判风格

新西兰全境多山，山地面积占全国面积的二分之一，经济上以农牧业为主，盛产肉类、奶油、乳酪和羊毛，并出口到世界各国。国民绝大部分是英国移民的后裔，讲英语。

新西兰人中有的信奉基督教圣公会、长老会，有的信奉天主教。

新西兰人待人友好、含蓄，说话声音轻，见面和分别时也行握手礼。在商务活动中要事先联系，客方要早到一些。他们重视信誉，责任心很强，精于谈判，很难应对。

新西兰人在衣着上比较讲究，即使在体育活动中也很注意仪表。新西兰人崇尚平等主义。因此，在与新西兰人打交道时，不要随意打听对方的身份和级别。他们最忌把人划分为不同的等级。

他们喜欢谈论政治、天气和体育，但要避免谈及种族问题。

三、非洲商人的谈判风格、礼仪与禁忌

非洲是人类的起源地之一，它也走过了同世界其他地区大致相同的发展道路，为人类文明的发展做出了重大贡献。其中，尼罗河流域不仅是非洲也是世界上古文明最早的发祥地之一。非洲人种主要属两大种族，即黑色人种和欧罗巴人种（又称白种人）。非洲各民族有着不同的语言和礼俗，这是我们与之打交道时需注意的。

按地理习惯，非洲可分为北非、东非、西非、中非和南非五个部分。不同地区、不同国家的人在种族、历史、文化等方面的差异极大，因而他们的生活、风俗、思想等方面也各具特色。

（一）非洲商人的谈判风格

非洲各部族内部的生活具有浓厚的大家庭色彩。他们认为，有钱人帮没钱人是天经地义的。只要其中有人有职业、有收入，他们的亲戚就会来要钱。这种风俗使得很少有人愿意去积极谋职，努力赚钱，大多数人都将希望寄托在已有职业或家境富裕的族人身上。由此带来的后果就是，非洲人工作效率低下，办事能拖就拖，时间观念较差。谈判时，他们较少准时到会，即使到了也要寒暄一阵才会开始正式谈判，对此，其他国家的谈判人员只能忍耐。

非洲人的权利意识很强，由于历史的原因，整个非洲从事商务谈判的人员对业务并不熟悉，因此与其洽谈时，应把所有问题乃至各个问题的所有细节都以书面确认清楚，以免日后产生误解或发生纠纷。另外，在非洲还要避免与那些“皮包商”做生意。他们往往只为骗取必要的许可证再转卖出去，或为了拿到你提供的样品，积极找你谈生意并一口答应你的条件和建议，得手后便逃之夭夭。非洲国家的法制不够健全，很难依靠法律追究他们的责任。

在非洲诸国中，南非的经济实力最强，黄金和钻石的生产流通是其经济的最大支柱。南非商人的商业意识较强，他们讲究信誉，付款守时。他们一般会派出有决定权的人负责谈判，一般不会拖延谈判时间。尼日利亚的经济实力也较强，虽以农业为主，但石油储量丰富，工业发展很快。很多商人都受过高等教育，能巧妙运用关税政策，低价进口物美价廉的外国商品。扎伊尔以农业为主，是重要的矿产国，其国民缺乏商业知识和技巧。坦桑尼亚、肯尼亚和乌干达三国位于非洲东部，已形成共同市场，期望经济合作。三国的地方资本已有所发展，但商人缺乏经验，推销也不可靠，因此与这三国的商人洽谈时，不能草率行事。

（二）非洲商人的谈判礼仪与禁忌

非洲各国内部存在许多部族，各部族之间的对立意识很强，其族员的思想大都倾向于为自己的部族效力，对国家的感情则显得淡漠。非洲人有许多禁忌需要注意，比如，他们崇尚丰盈，鄙视柳腰，因此在非洲妇女面前，不能提“针”这个字。又如，非洲人认为左手是不洁的，因此尽管非洲商人也习惯见面握手，但千万注意别伸出左手来握，即使对方人很多也一样，否则会被视为对对方的大不敬。

与非洲商人洽谈时，首先要尊重其礼仪风俗，维护对方的自尊心，力求通过日常的交往增进友谊，为谈判顺利进行创造良好的基础。洽谈时不要操之过急，而应适应其生活节奏，尽量按照其生活习惯，使对方感到我方对他的尊重与关照，增进认同感。谈判中要对所有问题乃至各种术语和概念、条款细节逐一阐明与确认，以免日后发生误解与纠纷，那样既伤了感情，又会蒙受损失。针对南非与其他非洲国家的不同之处，以及中国与南非合作的已有基础，充分利用已在南非建立的企业，加强与发展和南非的经济合作，并以此为据点，绕过各种关税与非关税壁垒，向周边国家辐射。

学思践悟

党的二十大报告指出，推进高水平对外开放。依托我国超大规模市场优势，以国内大循环吸引全球资源要素，增强国内国际两个市场两种资源联动效应，提升贸易投资合作质量和水平。稳步扩大规则、规制、管理、标准等制度型开放。推动货物贸易优化升级，创新服务贸易发展机制，发展数字贸易，加快建设贸易强国。合理缩减外资准入负面清单，依法保护外商投资权益，营造市场化、法治化、国际化一流营商环境。推动共建“一带一路”高质量发展。优化区域开放布局，巩固东部沿海地区开放先导地位，提高中西部和东北地区开放水平。加快建设西部陆海新通道。加快建设海南自由贸易港，实施自由贸易试验区提升战略，扩大面向全球的高标准自由贸易区网络。有序推进人民币国际化。深度参与全球产业分工和合作，维护多元稳定的国际经济格局和经贸关系。

一方水土养一方人，不同国家地理环境、物质资源、生活习性孕育出了不同国家商人的谈判风格。君子和而不同，不同国家的人民都希望看到商业上的开放、合作和共赢的世界关系。中国与非洲和大洋洲之间存在着紧密的经贸合作关系。共建“一带一路”是促进共同发展、实现共同繁荣的合作共赢之路。中国积极支持非洲大陆自贸区建设，同有关国家一道推进自由贸易试验区、海关特殊监管区域等建设。有序推进人民币国际化。人民币国际化有利于提高中国在全球贸易体系中的地位，帮助中国企业更好地开拓海外市场。同时，也有利于促进国际贸易和投资便利化，降低交易成本。中国积极参与全球经济治理和规则制定，推动建立更加公正合理的国际经济秩序。同时，中国也加强与其他国家的经贸往来，维护多元稳定的国际经济格局和经贸关系。深度参与全球产业分工和合作，维护多元稳定的国际经济格局和经贸关系是中国对外开放的重要内容之一。

复习思考题

1.如何看待谈判过程中的文化差异？

2.简述韩国商人的谈判风格。

3.美国商人有哪些谈判风格？

4.英国商人有哪些谈判风格？

5.法国商人有哪些谈判风格？

6.俄罗斯商人有哪些谈判风格？

7.阿拉伯商人有哪些谈判风格？

8.联系实际说说德国商人的谈判风格。

实训题

1.日本商人在同外商进行初次商务交往时，喜欢先进行个人的直接面谈，而不喜欢通过书信交往。对于找上门来的客商，他们则更倾向于选择那些经熟人介绍来的，因此在初访日商时，最好事先托朋友、本国使馆人员或其他熟悉的人介绍。日本商人善于把生意关系人性化，他们通晓如何利用不同层次的人与谈判对方不同层次的人交际，从而探明情况，研究对策，施加影响，争取支持。

问题：

（1）上述事例突出说明了哪种文化因素会影响国际商务谈判的风格？

（2）日本商人的谈判风格有哪些？

（3）日本商人的谈判禁忌有哪些？

2.王经理到日本出差，一下飞机，顾不上换衣服就赶到合作商稻本家做客。稻本留下王经理共进晚餐。稻本劝酒，王经理以有事为由拒绝，后来实在盛情难却，勉强答应喝一杯。一杯酒后，王经理径自把酒杯扣下，表示不能再喝了。席间，王经理拿出“中华”牌香烟敬稻本，见稻本推辞，便自己点上了。席后，稻本请王经理喝茶，想让他体会一下“和敬清寂”，王经理说有事要走，便起身告辞。王经理走后，稻本心中很不痛快。

案例来源　曹浩文．如何掌握商务礼仪［M］．北京：北京大学出版社，2004：207.

请你指出王经理在做客期间，有哪些地方不大符合日本人的礼俗习惯。

案例分析题

【案例】一中国企业谈判小组赴中东某国进行一项工程承包谈判。在闲聊中，中方负责商务条款谈判的成员无意中评论了“伊斯兰国”，引起对方成员的不悦。当谈及实质性问题时，对方较为激进的商务谈判人员丝毫不让步，并一再流露撤出谈判的意图。

问题：

（1）案例中沟通出现的障碍主要表现在什么方面？

（2）应采取哪些措施克服这一障碍？

（3）从这一案例中，中方谈判人员要吸取什么教训？

（4）在关于国际商务谈判文化差异方面，本案例给了我们哪些启示？

第八章案例分析题参考答案

主要参考文献

［1］DIETMEYER，BRIAN J，KAPLAN R．Strategic negotiation：a breakthrough 4-step process for effective business negotiation［M］．Chicago：Dearborn Financial Publishing，2004．

［2］FURUSAWA T．The negotiation of sustainable tariffs［J］．Journal of International Economics，1999（48）：321-345．

［3］KERMAN J，RIEZMAN R．Do big countries win tariff wars?［J］．International Economic Review，1988（29）：81-85．

［4］MAYER W．Theoretical considerations on negotiated tariff adjustments［J］．Oxford Economic Papers，1981（33）：135-153．

［5］MCLAREN J．Size，sunk costs and Judge Bowker's objection to free trade［J］．American Economic Review，1997（87）：400-421．

［6］NASH J．The bargaining problem［J］．Econometrica，1950（18）：155-162．

［7］OLIVER，DAVID．How to negotiate effectively［M］．London：Kogan Page，2003．

［8］PARK J．International trade agreements between countries of asymmetric size［J］．Journal of International Economics，2000（50）：473-495．

［9］ROSINSKI，PHILLIPPE．Coaching across cultures：new tools for leveraging national corporate and professional differences［M］．London：Nicholas Brealey Publishing，2003．

［10］WATKINS，MICHAEL．Breakthrough business negotiation— a toolbox for managers［M］．New York：Jossey-Bass，2002．

［11］ETHIER W J．Theoretical problems in negotiating trade liberalization［J］．European Journal of Political Economy，2001（17）：209-232．

［12］YOUNG-HAN K．The optimal trade bargaining strategies in the negotiation of DDA［J］．Journal of Policy Modeling，2004（26）：65-80．

［13］刘白玉．国际商务谈判礼仪中的文化差异研究［J］．集团经济研究，2006（4X）．

［14］陈文汉，甄冰．商务谈判实务［M］．3版．北京：人民邮电出版社，2021．

［15］甘华鸣，许立东．谈判［M］．北京：中国国际广播出版社，2001．

［16］李颖，李炎．谈判其实很容易［M］．北京：中国纺织出版社，2002．

［17］汤秀莲．国际商务谈判［M］．2版．天津：南开大学出版社，2008．

［18］张玲莉．公共关系原理与实务［M］．3版．北京：高等教育出版社，2015．

［19］张践．公共关系学［M］．北京：中央广播电视大学出版社，2004．

［20］曹浩文．如何掌握商务礼仪［M］．北京：北京大学出版社，2004．

［21］赵宏中. 公共关系学［M］. 武汉：武汉理工大学出版社，2005.

［22］丁建忠. 商务谈判教学案例［M］. 北京：中国人民大学出版社，2005.

［23］刘文广，张晓明. 商务谈判［M］. 北京：高等教育出版社，2005.

［24］吕维霞，刘彦波. 现代商务礼仪［M］. 北京：对外经济贸易大学出版社，2006.

［25］刘园. 国际商务谈判［M］. 6版. 北京：首都经济贸易大学出版社，2021.

［26］潘舟. 东西方文化差异对商务谈判的影响［J］. 天津职业院校联合学报，2007（4）.

［27］王海云. 商务谈判［M］. 2版. 北京：北京航空航天大学出版社，2007.

［28］王建设，等. 榆神煤炭液化项目融资谈判技巧分析［J］. 现代企业教育，2007（2）.

［29］仰书纲. 商务谈判理论与实务［M］. 3版. 北京：北京师范大学出版社，2018.

［30］白远. 国际商务谈判：理论、案例分析与实践［M］. 6版. 北京：中国人民大学出版社，2022.

［31］杜焕香. 国际商务谈判［M］. 北京：北京大学出版社，2009.

［32］黄卫平，丁凯，宋洋. 国际商务谈判［M］. 2版. 北京：中国人民大学出版社，2017.

［33］申纲领. 谈判与推销［M］. 北京：电子工业出版社，2010.

［34］马淑英. 国际商务谈判［M］. 2版. 北京：对外经济贸易大学出版社，2015.

［35］王威，李莉. 国际商务谈判［M］. 厦门：厦门大学出版社，2014.

［36］赵益华. 国际市场开拓与商务谈判［M］. 杭州：浙江大学出版社，2014.

［37］左连村. 国际商务谈判案例［M］. 广州：中山大学出版社，2018.